谨以本书献给

导师李伯谦先生八秩华诞

知者乐水，仁者乐山；

知者动，仁者静；

知者乐，仁者寿。

名山

作为思想史的早期中国博物馆史

Great Foundations:
An Intellectual History of Early Chinese Museums

徐　坚◎著

科学出版社
北　京

封面山西稷山县兴化寺壁画由加拿大皇家安大略博物馆授权使用

图书在版编目（**CIP**）数据

名山：作为思想史的早期中国博物馆史/徐坚著. —北京：科学出版社，2016.10

ISBN 978-7-03-050069-4

Ⅰ.①名… Ⅱ.①徐… Ⅲ.①博物馆事业—文化史—中国 Ⅳ.①G269.29

中国版本图书馆CIP数据核字（2016）第233877号

责任编辑 樊 鑫
责任校对 张凤琴
责任印制 霍 兵
封面设计 美光设计
出版发行 科学出版社
北京东黄城根北街16号
邮政编码 100717
网 址 http://www.sciencep.com
印 刷 北京中科印刷有限公司
经 销 各地新华书店经销
版 次 2016年10月第一版 2024年12月第六次印刷
开 本 720×1000 1/16
印 张 27 1/4
字 数 550 000
定 价 88.00元
（如有印装质量问题，我社负责调换）

目　　录

绪论

告别收藏史，走向思想史

作为保存和再现人类社会成就和记忆的关键机制之一，博物馆自身的历史却长期以来湮没在失忆和误表之中。

虽然行业史和学科史具有重要的追认价值，但是中国博物馆史的写作为数寥寥[1]。20世纪上半叶硕果仅存的中国早期博物馆学著述中，博物馆史虽不可避免地占有一定篇幅，但几乎悉数转译自西文或者日文，因此仅仅涉及欧美和日本个案，彼时正蓬勃发展的中国博物馆实践基本遗珠在外。包遵彭（1916～1970）于1964年出版的《中国博物馆史》虽不到百页，但足以计为这个领域的开山之作。该书以故宫博物院、历史博物馆、中央博物院和河南博物馆等为中心，首开述评中国博物馆进程的先河，在相当长的时间内是同类其他著述无法逾越的，甚至连堪比肩者也阙如[2]。20世纪80年代之后涌现的以中国博物馆史为题的大批

---

〔1〕 近年值得关注的中英文著述包括：Lu L D. *Museums in China: Power, Politics and Identities*. New York and London: Routledge, 2013; 徐玲：《博物馆与近代中国公共文化》，北京：科学出版社，2015年。

〔2〕 包遵彭：《中国博物馆史》，台北：中华丛书编审委员会，1964年。

论文填补了众多历史空白[3]。但是，过于简化和僵硬的社会发展史框架长期占据正统地位，导致以直接因果律解释历史变迁和以宽泛的社会背景解释具体的历史事件的流行，在一定程度上揭示出博物馆史乃至博物馆学的思想困境。

理解早期中国博物馆史的基本格局是由李济（1896～1979）和曾昭燏（1909～1964）合著的《博物馆》奠定的[4]。虽然篇幅短小，但是该书若干认识一直被奉为圭臬。《博物馆》提出了中国博物馆的中、西二源，以张謇南通博物苑和国子监历史博物馆筹备处为正脉，以“岁有增加”的渐进线索描述中国早期博物馆进程。嗣后的博物馆史研究基本秉承了这个体系，多着眼于辨识细节和完善脉络[5]。

然而，随着史料的积累，“二源一脉”体系非但没有丰满起来，反而暴露出更多结构性缺陷。首先，博物馆史不可任由外在历史规律或者理论评估甚至切割，这一认识引导研究者采纳具有情境主义和历史特定主义倾向的博物馆内在视角重新认知和组织博物馆史。博物馆内在视角主要通过博物馆内部界面和外部界

---

〔3〕 本章仅能列举部分代表性文献，包括：梁吉生：《旧中国博物馆历史述略》，《中国博物馆》1986年第2期，第10～15、96页；傅振伦：《三十年代中国博物馆事业发展的历史条件》，《中国博物馆》1987年第2期，第76～78页；蒋伟国：《中国早期博物馆述评》，《博物馆研究》1995年第3期，第20～23页；梁丹：《北京早期博物馆概述》，《中国博物馆》1988年第4期，第82～84页；傅公钺：《北京博物馆事业的历史及现状》，《中国博物馆》1996年第1期，第90～95页；吕军：《东北早期博物馆概述》，《中国博物馆》1991年第4期，第13～15页；王莉明：《安徽省博物馆事业回顾与展望》，《中国博物馆》1993年第4期，第58～64页；傅振伦：《河北省博物馆事业史略》，《中国博物馆》1986年第2期，第86～88页；胡昌健：《六十年来重庆文博事业发展概述》，《史志文汇》1996年第3期，第37～43页；李永平、李天铭：《甘肃博物馆事业发展述略》，《中国博物馆》1988年第4期，第89～91页；黄启善：《广西博物馆早期史略》，《中国博物馆》1992年第3期，第76～78页；胡进：《贵州早期博物馆事业发展概述》，《贵州文史丛刊》1999年第6期，第79～81页。

〔4〕 李济、曾昭燏：《博物馆》，重庆：正中书局，1943年，第4～6页。

〔5〕 梁吉生：《中国博物馆史上一个值得澄清的问题》，《博物馆研究》1987年第2期，第97～100页；梁吉生：《论旧中国博物馆事业的历史意义》，《中国博物馆》1988年第2期，第10～15、96页；张文立：《日伪在东北地区创建的博物馆及其评价》，《中国博物馆》1992年第4期，第89～94页。

面表现出来。其中，内部界面指博物馆如何组织、结构和活动，外部界面则是博物馆与社会的沟通、妥协和互动[6]。其次，博物馆史不是缀合博物馆事件编年的自然产物，这将重申观察博物馆史的能动的唯物主义立场，表明博物馆史必然存在于博物馆情境之中，灵动地参与博物馆运作。博物馆史并不是具有纪念或者阐释价值的物质如何汇聚成博物馆馆藏的历史，而是超越了孤立的物件，指导如何收藏、保存、展示和阐释的思想的历史。博物馆史从未独立于博物馆运作之外，相反，却是博物馆潮流的风向标：随着对博物馆的定义、工作内容和社会角色界定的转变，博物馆史表述也需要适时重整；而博物馆史的再释则成为博物馆调整乃至蜕变的先声。

I.1 从神庙到论坛：新博物馆运动下的博物馆史

邓肯·卡梅隆（Duncan Cameron）曾经质问，博物馆究竟是神庙（temple）还是论坛（forum）[7]。这不是一个新鲜的问题；或者说，卡梅隆之问只是一个亘古问题的翻新。神庙抑或论坛，曾经是回答不言自明的问题，也曾经是回答非黑即白，要求回答者选择立场的问题，晚近成为可以调和勾兑的问题，现在又重新回到毋庸辩论的状态，只是当下与最初的不言自明已有云泥之别。但是，无论如何回答，答案都直接关涉博物馆结构和目标等本体论认知和博物馆的社会角色界定。同时，基于在追认的行业或者学科传统中界定自身地位的需求，不同的回答也将引发博物馆史叙事的重组。

神庙和论坛一直是博物馆的两个主要面相，两者之间存在错综复杂的时间和空间关系。对不同面相的青睐或规避，以及由此选择和组合的博物馆史都清晰无误地表明博物馆人的倾向。神庙具有不言自明和不可挑战的神圣性，神庙收藏

---

〔6〕 其他学人也有类似表述，将博物馆能力和资源视为内部要素，将博物馆环境视为外部要素。Anderson G. A Framework: Reinventing the Museum//Anderson G. *Reinventing the Museum: Historical and Contemporary Perspectives on the Paradigm Shift*. Lanham and New York: AltaMira Press, 2004.

〔7〕 Cameron D. The Museum, A Temple or the Forum. *Curator: the Museum Journal*, 1971, 14(1). 收录于Anderson G. *Reinventing the Museum: Historical and Contemporary Perspectives on the Paradigm Shift*. Lanham and New York: AltaMira Press, 2004: 48-60.

以典藏价值为重要衡量标准，甄别标准唯一且恒定。拜谒神庙是一种被动、单向度地接受启示和教育的行为。论坛则是沟通和妥协的表达场所，是掩饰分歧、谋求共识的公共场域。博物馆的神庙和论坛面相并无早晚之分。语源学意义上的博物馆清晰无误地指向神庙，而至迟公元前3世纪出现的亚历山大大博物馆被视为最早的博物馆则表明了博物馆的公共属性。但是，以集体记忆为形式的社会意见长期以来被识字阶层垄断，他们巧妙地用“真理”和“规律”掩盖了社会认同，并且机缘巧合地得到启蒙思潮和科学主义的支持。因此，博物馆的神庙面相一度被视为理所当然，亘古不变；收集和保管构成博物馆工作的主要甚至全部内容，表达和阐释被有意识地虚饰成为公共意见或者客观知识。直到第二次世界大战之后，在后现代主义和文化研究思潮的影响下，博物馆人才开始反思神庙面相的客观性和绝对性，重新启封早已存在的论坛面相及其教育和表达功能。

卡梅隆之问不是偶然的私人性质询，而是博物馆本体论上整体转型的缩影；新博物馆学就是卡梅隆之问的情境。20世纪70年代兴起的新博物馆运动和新博物馆学是自近现代意义博物馆出现以来最深刻的一次重组。虽然针对传统博物馆的机制和智识隔绝，乃至不断加剧的社会边缘化的批判早已出现，但是，直到晚近之后才形成整体性潮流，对博物馆群体产生实质性影响，并且提出建设性和可行性解决思路。新博物馆运动代表人物戴瓦兰（Huges de Varine）曾经系统总结催生新博物馆运动的诸多诱因，既包括博物馆内部对既有展陈、教育和经营方式的批判，前殖民地地区独立运动和种族平等运动带来的反思，也包括后现代主义思潮的兴起和1968年学潮等更广泛的社会文化情境[8]。博物馆高高在上、不容挑战的神庙感，基于单一社会价值的收藏观，单向度、俯视性的教育甚至灌输方式，与社会生活的隔离都成为众矢之的。因此，新博物馆运动针对单一的以物为中心的馆藏结构提出了多手段、多媒介、多元的转变，针对自上而下的俯视视角提出了自下而上的基层视角，针对单一的灌输教育功能提出了多元的沟通和妥协方式。提出神庙与论坛之辨时，在如何扭转博物馆困局上，卡梅隆和众多博物馆人其实已经成竹在胸，这就是被凯尔·安德生称为“重置（re-inventing）”博物

---

〔8〕 雨果·戴瓦兰：《20世纪60—70年代新博物馆运动思想和“生态博物馆”用词和概念的起源》，《2005年贵州生态博物馆国际论坛论文集》，北京：紫禁城出版社，2006年，第72～79页。

馆的动议：重置并不是简单地增加新的部门、工作和活动，而是博物馆的目标、策略和经营的整体性变局[9]。换言之，“重置”博物馆是化学变化，而不是物理变化。“重置”博物馆学必然引发“重置”博物馆史。

I.1.1　博物馆定义的更代

长期以来，经国家或者国际性组织讨论和采纳的博物馆定义和关键词的变迁和更迭被描述成从草创走向完善的线性进步，基本忽略了新旧博物馆范式的转型。尽管不同地域文化传统或者意识形态会施加一定影响，但是新博物馆观念和实践的形成趋势是普遍可见的。

作为博物馆行业最大的国际性非政府组织，国际博物馆协会（ICOM, International Council of Museums）对博物馆及其主要目标的界定和修改即形象地说明了这一进程。博物馆最初定位于与图书馆和档案馆平行的收藏保管机构。1951年的修改中增加了娱乐（delectation）功能。十年之后，1962年的重新定义中更换用词，以enjoyment替代delectation，以education取代instruction，旨在削减用词的主观用意和单向度感。同时，通过增加历史遗迹、自然保护区、自然景观等类型，强调博物馆馆藏不可与其原生环境相分离，在一定程度上中和了对脱离情境的孤立馆藏的过度倚重。1974年定义强调了博物馆的公共属性和基本职能，提出“博物馆是服务于社会及其发展，面向公众开放，为了研究、教育和愉悦目的，收集、保管、研究、沟通与展示人类及其环境的物质证据的永久性非营利机构”[10]。1986年在布宜诺斯艾利斯大会提出，2001年和2004年两度修正的《博物馆伦理规则》将博物馆的工作内容和对象进一步扩展到“非物质性证据”。如果在逾半个世纪的时段上进行观察的话，收集、保管和展示的传统价值不断弱化，博物馆工作的重心逐步转移到研究、教育和愉悦上。当收集、保管和展示价值占据主导地位时，馆藏就顺势拥有博物馆灵魂的地位，实体建筑和空间也连带性地成为基本要素。新博物馆运动之后，这些要素本身的重要性相对下降，但是

〔9〕 Anderson G. A Framework: Reinventing the Museum//Anderson G. *Reinventing the Museum: Historical and Contemporary Perspectives on the Paradigm Shift*. Lanham and New York: AltaMira Press, 2004: 2.

〔10〕 Ambrose T, Paine C. *Museum Basics*. New York: Routledge, 2006.

作为介质表达的沟通、教育和阐释价值却得到强化。

类似转型也见于多个国家博物馆机构的表述中。美国博物馆协会（AAM, American Association of Museums）在界定博物馆上很早就完成了从物质性标准到行为性和认知性标准的转型。1973年的《博物馆伦理规则》仍然强调“拥有和利用实物”，1988年的修改就取消了这一物质性标准，将博物馆界定为基于收集、保存和阐释现存物质，对公共社会具有独特贡献的组织〔11〕。英国博物馆协会（MA, Museum Association）于2000年颁布的《博物馆伦理规则》将博物馆界定为基于人类知识的刺激以及娱乐目的，学习和探求收藏的场所。博物馆的泛化界定与20世纪末出现的人类记忆和记忆地点相关，博物馆也被视为人类记忆地点之一。不过，其他国家的博物馆机构中，也有倾向以修改传统定义的保守方式界定博物馆的范例。法国将博物馆界定为拥有永久收藏，基于公益性目的保存和展示，服务于公众的知识、教育和娱乐目的的组织。日本于1951年颁布的《博物馆法》定义，博物馆“是收集、保管、展示历史、艺术、民俗、产业、自然科学等有关资料，供人群众利用以接受教育，有助于这种教养、调查研究和娱乐等进行必要的工作，并以对这些资料作用调查研究为目的的机关”。尽管立场有激进和保守之别，但是各国博物馆协会界定博物馆的方式的过渡却是不约而同的。

苏维埃博物馆传统基于博物馆和图书馆等社会文化机构都是意识形态斗争工具的理念，较早而且较清晰地界定了博物馆超越物质层面的教育和宣传价值。虽然苏维埃博物馆学也承认博物馆的“珍贵宝物的储藏库”和“进行研究工作的广大场所”身份，但是，这些身份都不能剥离其意识形态色彩，“教育任务和科学活动之间不能有脱节现象”〔12〕。甚至，保存和研究的功能必须服膺于意识形态斗争，“苏联博物馆是宣传共产主义思想和共产主义世界观的有效工具，从而也是进行共产主义教育的有效工具”〔13〕。在具有奠基价值的1930年第一届博物馆工作会议中，苏联博物馆确认了博物馆展陈工作的主要目的，“作为陈列过程的

---

〔11〕 爱德华·亚历山大、玛丽·亚历山大著，陈双双译：《博物馆变迁》，南京：译林出版社，2014年，第2、3页。

〔12〕 苏联博物馆学科学研究所编，博物馆科学工作研究所筹备处编译：《苏联博物馆学基础》，北京：文物出版社，1957年，第2、3页。

〔13〕 苏联博物馆学科学研究所编，博物馆科学工作研究所筹备处编译：《苏联博物馆学基础》，北京：文物出版社，1957年，第1页。

新的要素，不是实物历史文物，而是辩证法的发展规律”，充分表明了博物馆展陈的介质价值。

第二次世界大战之后的智识环境中成长的新博物馆运动敦促博物馆人反思以脱离时代、地域和族群，具有永恒的纪念价值的物质为中心，将其圣物化和启蒙化的神庙式博物馆运作方式，转而强调博物馆的功能性价值和作为认知表达的本质。有趣的是，游离于新博物馆运动之外的苏维埃博物馆基于博物馆的意识形态价值，反倒在更早的时候就已经取得类似认识。不过，强烈的意识形态色彩也限定了苏维埃博物馆表达的可能性，特定阐释以客观真理的形式表达出来，其他的阐释却不得发声。博物馆的新旧范式之变体现出单向与互动、隔绝与参与、一元与多元等多组关系的切换。

I.1.2 博物馆物质文化的重新定位

新博物馆运动的整体性贡献目前仍被严重低估。在博物馆形式上，作为新博物馆运动标志的生态博物馆以全新形态和运作理念给博物馆界造成强烈冲击，这常常掩盖了新博物馆运动引起的传统博物馆及其理念的范式转型。在时间轴线上，有研究者提出新博物馆运动应该区分成为特征有别的两轮浪潮，前一轮浪潮以视野和实践的拓展为标志，而新一轮浪潮则以理论和方法的提升为标志。由于线性特征不够明显，新浪潮可能被前一轮浪潮的光芒所遮蔽[14]。无论从水平层面还是历时层面，将新博物馆运动等同于生态博物馆，将生态博物馆的价值局限在内容上，都会造成对新博物馆运动的低估和误解。新博物馆运动的贡献不限于博物馆类型的新增，而是博物馆认知和运作的整体性变迁，因此，传统博物馆无法在新博物馆运动之外独善其身。

新博物馆运动对传统博物馆及其理念的贡献根植于物质文化观念的转型。作为神庙的传统博物馆向作为论坛的新博物馆的转型中，以具象的物质作为整体性对象过渡到以物质和物像作为媒介，而以制造和使用物质的人类及其社会作为研究对象。物质的绝对和客观地位遭到挑战，表达和阐释取而代之成为博物馆的核心。正如丽莎·罗伯茨（Lisa Roberts）指出，博物馆已经从以物质馆藏为基础转

---

〔14〕 MacDonald S. Expanding Museum Studies: An Introduction//MacDonald S. *A Companion to Museum Studies*. Oxford: Blackwell Publishing, 2006: 1-2.

变成以观念、经验和诉求为基础[15]。

传统博物馆中物质的单一属性和垄断地位一直饱受诟病。面对以多元化为特征的第二个博物馆黄金时代，史蒂芬·康恩（Steven Conn）甚至提出一个激起热烈争论的议题，“未来的博物馆还需要物质吗？”康恩从如何建构博物馆知识体系的角度提出，在19世纪末至20世纪初的第一个博物馆黄金时代，博物馆借助不同类型的物质收藏界定其自身的类型，表达博物馆知识结构。现在，在建构博物馆知识的过程中，图像复原或者再现的技术手段已经足以弥补“实物”的不足，甚至取消对“实物”的依赖，“物质收藏已经丧失了曾经在博物馆建设的前一个时代拥有的视觉或者认识论意义上的力量”[16]，物质收藏曾经不容置疑地拥有的核心地位可能已不再笃定。博物馆人频繁提出的博物馆究竟是仓储还是试验场的身份厘定问题，构成了反思物质在博物馆的地位问题的另一种表述。传统博物馆偏重典藏功能，以多元分野的馆藏搭建百科全书式知识结构，展示、研究和教育都是派生性功能，因此，馆藏的完整性、不可复制性甚至稀缺性都成为值得追逐的目标，也成为评估博物馆的主要指标之一。但是，在以教育和愉悦为主要导向的博物馆中，典藏和利用的相对地位几乎逆转，是否拥有独一无二的馆藏，甚至是否拥有作为馆藏的物质都变得无足轻重。这个疑问实际上是曾经困扰了美国博物馆界的“物质的本真性”问题的延续。20世纪70～80年代，美国博物馆协会曾经对博物馆是否应该“拥有”馆藏进行激烈辩论，最终以修改此项约束性条件，以符合存在大量没有独特馆藏的科学馆和教育博物馆的现实告终。这也就是康恩所指“以物质为导向的认知论”的挫折[17]。但是，无论是从知识结构角度，还是从博物馆的社会功能角度，当物质的地位从主体转变成为介质，物质的多元性就成为值得关注的特征[18]。如果将康恩之问表述成为“未来的博物馆

---

〔15〕 Roberts L. *From Knowledge to Narrative: Educator and the Changing Museum*. Washington: Smithsonian Institution Press, 1997.

〔16〕 Conn S. *Do Museums Still Need Objects?* Philadelphia: University of Pennsylvania Press, 2010: 56.

〔17〕 Conn S. *Do Museums Still Need Objects?* Philadelphia: University of Pennsylvania Press, 2010: 7.

〔18〕 爱德华·亚历山大、玛丽·亚历山大著，陈双双译：《博物馆变迁》，南京：译林出版社，2014年，第3页。

是否还需要实物”，答案可能早已呈现出来。很多博物馆的确并无馆藏，而且，在展陈过程中，“实物”毫无疑问可以被各种各样技术性实现的物质转换形式替代。但是，“物像”本身就是“物质”的一种形式，“物像”甚至可以超越物质性，以其他形式存在。无论是康恩之问，还是仓储与试验场之辨都不能动摇物质在博物馆中的核心地位，相反，它揭示出，对物质的僵化概念才是全面认识博物馆及其历史的障碍。未来的博物馆非但不可能离开物质，相反有必要更好地发掘物质的意义和价值。

成形于20世纪80年代的全新物质文化研究范式为重新认识博物馆中的物质提供了理论和方法基础。以物质作为研究对象，分别衍生出独立方法论系统的考古学、艺术史、科学和技术史、社会史、人类学等学科纷纷意识到物质在反映人类社会和文化上具有统一性，但却被人为设置的学科分野割裂开来，因此吁求形成具有整体性的物质文化研究取向〔19〕。物质文化研究潮流的出现也是第二次世界大战之后的社会思潮影响所致。物质与精神、经济基础与上层建筑、主观与客观的绝对二分法的失效也瓦解了此前对物质的僵化认识。此外，物质文化研究还是晚近兴起的文化研究在物质性问题上的具体表现形式〔20〕。詹姆斯·迪兹（James Deetz）将物质定义为“我们通过特定文化行为改造的物质环境的组成部分”，这明确表达，物质从未独立于人类行为或者文化而存在；物质就是文化〔21〕。不同的物质文化研究范式逐步放弃描述性和传统鉴赏家式的视角，转而采纳了多

---

〔19〕 Kingery W D. Introduction//Kingery W D. *Learning from Things: Method and Theory of Material Cultural Studies*. Washington and London: Smithsonian Institution Press, 1996: 1-15.

〔20〕 Mason R. Cultural Theory and Museum Studies//MacDonald S. *A Companion to Museum Studies*. Oxford: Blackwell Publishing, 2006: 17-32.

〔21〕 Deetz J. *In Small Things Forgotten*. Berkeley: University of California Press, 1977: 24-25.

元、互动和情境主义或者历史特定主义的观察立场[22]。物质文化研究范式的多元化也表明物质文化的阐释可能性是多元的，这既源于物质文化本身的多元多面特征，又暗示物质文化的阐释在一定程度上深受阐释者所处情境的影响。

未来的博物馆仍然离不开物质。一方面，无论是实物还是物像，只是物质的不同转化形式。具有整合倾向的物质文化研究甚至可以将基于物质的口承文本和书写文本纳入到研究范畴之中。物质的丰富程度是此前的僵化唯物主义所始料不及的。另一方面，博物馆中出现的多元化倾向远远超出表现手段的多元，阐释多元和价值多元更值得关注，而这种多元性是以物质为媒介表达出来的。这要求在多元、互动、表达性的博物馆中，物质的地位非但不能被削弱，反而应该得到更多的关注和阐释。这个认识也巩固了物质在博物馆史写作中的地位。

I.1.3 两种博物馆，两种博物馆史

新博物馆学观念将博物馆区分为两种基本类型，即新博物馆运动崛起之前的单向度的作为典藏机构的博物馆，和作为多元和互动的社会工具的新博物馆。两种博物馆的差异固然在馆藏内容和类型上有所表现，但更集中地体现在运作机制上。

两种博物馆思想之下的博物馆史也呈现出不同的面相。与后现代主义思潮保持千丝万缕关联的新博物馆学尤其相信，博物馆史的价值在于厘定博物馆自身的道统地位，因此，就是博物馆当下实践的历史投影，这样，博物馆实践和博物馆史之间的对应关系就更加彰显出来。单向度的神庙类型博物馆滋生出单线式博物馆史，而互动的论坛类型博物馆也相应地青睐多元式博物馆史。

---

〔22〕 传统的物质文化研究范式以蒙哥马利模式为代表，参见Montgomery C F. The Connoisseurship of Artifacts//Schlereth T J. *Material Culture Studies in America*. Walnut Creek: AltaMira Press, 1999: 143-152. 全新的物质文化研究以弗莱明模式、布劳恩模式和佩尔斯模式为代表，参见McClung-Fleming E. Artifact Study: A Proposed Model. *Winterthur Portfolio*, 1974, 9: 153-73; Prown J D. Mind in Matter: An Introduction to Material Culture Theory and Method. *Winterthur Portfolio*, 1982, 17(1): 1-19; McClung-Fleming E. Style as Evidence. *Winterthur Portfolio*, 1980, 15(3): 197-210; Pearce S M. Thinking about Things//Pearce S M. *Interpreting Objects and Collections*. London: Routledge, 1994: 125-132.

新博物馆学的博物馆史分期方案深受福柯的影响。托尼·贝纳特（Tony Bennett）和艾琳·胡珀—格林希尔（Eilean Hooper-Greenhill）先后系统阐发了福柯风格的博物馆史观〔23〕。贝纳特接受了福柯对精神医院的研究，将博物馆和图书馆等同地视为实现社会“约束”的工具。贝纳特厘定出现代博物馆的代表性和可接触性，由此推导出博物馆体现的“政治理性”。在这一组假设和概念基础之上，贝纳特重构了博物馆的生成历史〔24〕。胡珀—格林希尔则借鉴了福柯对历史的连续性和断裂性的观察，特别是“有效史（effective history）”观念，提出两种博物馆史写作范式。两种范式先后出现，也暗藏更代关系。早期的博物馆史写作按照年代顺序编辑成连续的线性历史。馆藏的积累，机构的演进和人员的更新构成基本脉络。在相当长的时间里，这是博物馆史的主流写作方式，至今也未完全销声匿迹，福柯称之为传统写作方式〔25〕。线性年代关系和空间共享关系都被默认用于确认直接亲缘关系〔26〕。晚近的福柯主义博物馆史写作则按照“有效史”观念，将连续发展的历史还原成为在不同的情境下发挥功能的多个片段，分别予以阐释。福柯提出了三种知识结构（*epistemes*），即文艺复兴、古典和现代，胡珀—格林希尔继承了福柯对连续、渐进、整体性历史的拒绝，甚至借用福柯的三种知识结构概念，将博物馆史分隔成三个不同的框架。文艺复兴式博物馆自15世纪开始出现于欧洲，重在收藏。古典式博物馆与工业革命相匹配，注重馆藏分类和建构百科全书式知识。20世纪后半叶的现代式博物馆则将阐释作为博物馆工作的核心。虽然乍看起来显得碎片化，但是有效史和知识结构的思路无意于抽取任何贯穿始终的线索，而是关注特定馆藏和展陈的设计初衷和价值实现，反而在结构上更具有连贯性和完整性。

多元、互动、阐释性的博物馆史就是新博物馆学的产物和表象。多元史不

---

〔23〕 Bennett T. *The Birth of the Museum: History, Theory, Politics*. New York and London: Routledge, 1995; Hooper-Greenhill E. *Museums and the Shaping of Knowledge*. New York and London: Routledge, 1992.

〔24〕 Bennett T. *The Birth of the Museum: History, Theory, Politics*. New York and London: Routledge, 1995.

〔25〕 Foucault M. *Language, Counter-Memory, Practice*. New York: Cornell University Press, 1977: 153.

〔26〕 Taylor M A. Mr. George Ruthven's Cabinet. *Museum Journal*, 1987, 84(4): 202.

仅仅是多线史，尤其不是依照任意标准切割的多线史。在福柯的有效史和知识结构观念下，无论是单线还是多线，线性史实际上已被解构；线性史只是不同知识结构下的多个片段的串联形式。对于博物馆史而言，作为主体或者介质的物质才是分辨不同知识结构的标准。因此，多元的博物馆史是以物质为基础的阐释性历史，博物馆史的表述将与博物馆学立场相唱和。

I.2 思想史的下降和收藏史的上行：作为思想史的博物馆史

新博物馆学和新博物馆运动的崛起带来了博物馆史的重组契机。在1989年的总结中，彼得·维尔戈（Peter Vergo）指出，新博物馆运动给博物馆带来的变化是使博物馆运作问题从技术性层面转向理论性和人文性层面[27]。按照作为博物馆学的博物馆史的观念，新博物馆运动也迫使研究者转向理论和人文层面观察博物馆史。如果前一个阶段以馆藏为中心，而后一个阶段以观念为中心的话，新旧博物馆范式交替就不能简单地映射成从收藏史到思想史的更替。新博物馆运动下的博物馆史并不否定物质的中心地位，无论是思想史，还是收藏史，都等同地受到影响博物馆转型的社会和学术潮流影响。因此，新博物馆史范式呈现出思想史下降和收藏史上行的两股趋势，即思想史表现为基于物质表达的思想史，而收藏史则转变为有观念的收藏史，二者最终合流于全新的物质文化研究中。

I.2.1 思想史的边缘化和超文本化转向

推动新博物馆运动的多元思潮同样影响了历史学。以历史上的思想、观念和智识模式为研究范畴的思想史在这一冲击下也面临着转型问题[28]。尽管早在20世纪初，新史学奠基人詹姆斯·罗宾逊（James Harvey Robinson）就已频频提及思想史，并以此为名开设课程，但是直到第二次世界大战之前，思想史尚未定名，与观念史、哲学史甚至政治史的边界都无法明晰划定出来。米勒所著《新英

〔27〕 Vergo P. *The New Museology*. London: Reaktion Book, 1989: 3.

〔28〕 Gordon P. *What is Intellectual History? A Frankly Partisan Introduction to a Frequently Misunderstood Field*. Cambridge: Harvard University Press, 2012.

格兰思想》被视为奠立思想史的学科地位的标志之作[29]。但是，确立学科内涵和边界之后不久，思想史就面临了从学科研究范畴到学科方法论的全面挑战。

传统意义的思想史研究具有显著的孤立主义和精英主义倾向。前者将思想视为与社会政治和文化无关的封闭领域，任何特定思想都只是它的前一个环节的衍生物。因此，思想史的追溯往往表现为不同思想的排序。后者则将思想片面锁定在特定的载体和社会阶层上，常常是拥有书写能力、权力和条件的阶层。传统意义的思想史暗藏的精英主义历史观和进化主义单线线索都符合传统范式的历史学观念，而且基于对形上之学的推崇，思想史占据了传统史学的皇冠位置。

第二次世界大战之后，思想史的传统核心地位遭遇挑战，到20世纪80年代中期，思想史的颓势乃至危机已成共识[30]。思想史危机爆发于多重合力之下。在历史学之外，多元主义否定了包括思想史在内的多个史学分支的单线式模式，福柯的知识结构理论解构了连贯、顺滑的线性历史，并取而代之提出“有效史”观念。线性历史的破产并不必然导向历史虚无主义，相反，通过甄别线性历史编纂背后的选择和取舍等活动表达的写史者的观念，研究者转向对各个断裂片段的情境主义分析，反而能更有效地接近特定的时刻和情境中的思想和观念[31]。在历史学内部，思想史危机和转型过程中最主要的威胁和竞争对手，同时兼为最主要的影响来源是社会史。思想史地位的下滑和边缘化与社会史风生水起形成鲜明对比，思想史的转型也可以在社会史中找到影响渊源[32]。传统范式的客观地位和绝对价值瓦解之后，脱离具体的时间、空间和情境，具有永恒价值的思想也遭到否定。思想史并不是仅仅由伟大的思想家构成的历史，思想史的观察也不应该局限在有书写权力的少数精英身上，历史上更没有不具有思想史价值的平庸时代。

---

〔29〕 Baumer F L. Intellectual History and Its Problems. *Journal of Modern History*, 1949, (21): 191.

〔30〕 Higham J. *Writing American History: Essays on Modern Scholarship*. Bloomington: Indiana University Press, 1970: 169; Wise G. The Contemporary Crisis in Intellectual History Studies. *Clio*, 1975, (5): 55; Darnton R. Intellectual and Cultural History// Kammen M. *The Past before Us: Contemporary Historical Writing in the United States*. Ithaca: Cornell University Press, 1980: 327.

〔31〕 在中国思想史的研究中，史华慈提出了“对内在世界的完整了解”的观念，参见史华慈：《古代中国的思想世界》，南京：江苏人民出版社，2004年。

〔32〕 LaCapra D. *Soundings in Critical Theory*. Ithaca: Cornell University Press, 1989: 199.

因此，思想史的表达多元借鉴了社会史的“眼光向下”视角，重新发现不具有伟大思想的时代和地域，发现不具有书写能力和权力的人群的思想表达。这个转型可以被界定为思想史的下降[33]。

思想史的下降表现出边缘化和超文本化取向。首先，思想史确认在阶级、性别、年龄、地域等各种意义的边缘都存在具有阐释价值的观念和思想。但是，书写的局部性和片面性导致边缘思想缺乏传统范式熟悉的材料，迫使思想史观察转而关注书写文本之外的表达。思想史的超文本化表现为文本介质多元和多元介质文本化两种形式。非官方书写文本和呈现于其他介质的文本，如金石碑刻，最先进入研究视域，随后，原本作为载体的物质和口承形式也赢得了文本地位。思想史的边缘化和超文本化取向应该都是社会史流风所致。

思想史和社会史的边缘化和超文本化都对物质文化研究形成巨大的压力和挑战。如果其他介质上的文字乃至没有文字的物质都只是“证据”或者“证据”的载体的话，原本存在于思想史或者社会史的书写文本中心地位以及由此产生的精英主义倾向并未受到实质性挑战。而且，将以物质为载体的文本或者作为文本的物质从其自身情境中剥离出来，当作孤立的证据的作业方式已经被情境主义潮流证明是失效的。因此，实现真正意义上转型的思想史和社会史都吁求具有情境主义倾向的全新物质文化研究范式。在同样的时代潮流影响下，考古学和艺术史几乎各自独立生成了情境主义研究倾向。在考古学中，伊恩·霍德（Ian Hodder）率先明确界定出情境考古学，而在艺术史中，迈耶·夏佩罗（Meyer Shapiro）提出了母题、形式关系和表现的层进式阅读方式[34]。两者都为具有唯物主义倾向的思想史观察提供了方法论支援。

I.2.2　收藏史的诗意性和政治性逆袭

与思想史的下降相呼应的是收藏史的上行。新博物馆运动兴起之前，基于将物质性馆藏视为博物馆灵魂的观念，博物馆史往往被简化成为收藏史。传统意义

---

〔33〕　中国思想史的写作也出现了同样的转型。参见葛兆光：《中国思想史》，上海：复旦大学出版社，2001年。

〔34〕　Hodder I. *Reading the Past*. Cambridge: Cambridge University Press, 2003; Schapiro M. *Words, Script and Pictures: Semiotics of Visual Language*. New York: G. Braziller, 1996.

上的收藏史将馆藏视为客观存在、本质内蕴且不受外部环境影响的物质，因此采取隔离立场的客观主义方式予以描述。杰曼·巴赞（Germain Bazin）的《博物馆时代》就是以馆藏形成过程替换博物馆形成过程的典型范例[35]。《收藏史研究》（*Journal of the History of Collection*）的创刊宗旨更表明以收藏史作为博物馆史缩略形式的风行。收藏史过于片面地关注馆藏的物质构成，建筑和展陈空间仅仅只是馆藏的背景，更遑论博物馆人的能动地位。

收藏史的上行需要建立在博物馆观念的更新之上。只有不再将博物馆仅仅视为容纳馆藏的无意识建筑和空间，认同博物馆的表达价值，博物馆史才有可能超越线性的收藏史。在新博物馆学下，博物馆从具象的物质和空间转型到抽象的知识和机制。宝拉·范德林（Paula Findlen）提出，博物馆就是一系列基于文艺复兴晚期文化的观念、形象和机制的认识论结构[36]。王嵩山更明确地指出收藏和博物馆的能动关系，“收藏创造博物馆，而不同的博物馆更以其特殊的方式对收藏下定义”[37]。无论是馆藏，还是空间，都只是观念表达的元素。这一认识为发掘博物馆史的思想史价值提供了背书。

促使收藏史上扬的动力同样分别来自博物馆内外世界。博物馆内部话语中，对博物馆史的反思集中在博物馆的行为主体上，即究竟博物馆以物为主，还是以人为主。在对博物馆发展历程的回顾上，博物馆人类学思路与收藏史思路长期平行发展。基于对博物馆中的行为者，特别是策展人（curator）在博物馆运作中的能动作用，博物馆的历史回顾出现以博物馆人的意图与活动为核心，博物馆馆藏成为人的活动的对象和产物的思路，这种以人类学方法运用于博物馆研究的取向甚至被界定为博物馆人类学[38]。虽然深受罗兰·巴特的“作者已死”论调的影响，博物馆内的讨论抛出“策展人已死”的概念，将同样的能动价值赋予赞助人、艺术史家甚至社会公众，但并未动摇博物馆人类学的学科基础。收藏史

---

〔35〕 Bazin G. *The Museum Age*. New York: Universe Books, 1967.

〔36〕 Findlen P. The Museum: Its Classical Etymology and Renaissance Genealogy. *Journal of the History of Collection*, 1989, 1(1): 59.

〔37〕 王嵩山：《差异、多样性与博物馆》，台北：稻乡出版社，2003年，第55页。

〔38〕 1976年创刊的《博物馆人类学协会通讯》（*Council of Museum Anthropology Newsletter*）于1986年更名为《博物馆人类学杂志》（*Journal of Museum Anthropology*）。

的外部冲击和压力仍然来自福柯。福柯的规训和惩罚理论将博物馆视为和监狱、学校一样，都是实施权力，建构知识的强制性机构。因此，贝纳特没有将近现代意义的博物馆的诞生当成物质性自然发展和积累的结果，而将其放置在与社会大众文化的关联之下[39]。苏珊·佩尔斯（Susan Pearce）虽然回避了特定的福柯理论，但也强调博物馆研究需要接纳心理学、人类学、语言学等学科的理论和方法，以文化研究的方式进行观察[40]。佩尔斯选择重新从博物馆的收藏出发，提出了“收藏（collection）”和“收藏实践（collecting practice）”两个既有关联又有区别的概念，并进而询问，“收藏是诗意的，还是政治的？”[41]所谓诗意（poetics），指作为独立的、内向的体系的收藏；而政治（politics）则指收藏作为社会结构和意识形态的指标。虽然“诗意”和“政治”不足以描述收藏的研究转型的全幅图景，但是佩尔斯清晰地表达了“收藏”研究的内部提升和向“收藏实践”转化的两条途径。

在内外压力之下，博物馆史不得不超越以物为中心的收藏史叙事方式：一方面将能动的主导地位赋予博物馆史上的不同人群；另一方面，则需要将割裂后孤立的收藏史重新嵌入到社会文化之中。换言之，收藏史需要上行，与下降的思想史汇合。

I.3 博物馆史的情境主义叙事

在确认了博物馆史的新博物馆学和思想史归属关系后，博物馆史写作就必然从客观描述走向阐释性和情境性再现（representation），从边界分明的单线线索走向错综复杂的多元格局。试图从博物馆发展历程中挑选一些“典型性”或者“关键”事件构成连续的发展线索，并印证特定的“发展规律”是徒劳无益的，采取具有历史特定主义倾向的情境分析成为重整博物馆史的必经途径。

---

〔39〕 Bennett T. *The Birth of the Museum: History, Theory, Politics*. New York: Routledge, 1995.

〔40〕 Pearce S. *Museums, Objects and Collections*. Washington, D. C.: Smithsonian Institution Press, 1993.

〔41〕 Pearce S. *On Collecting*. London: Routledge, 1995.

I.3.1　基于再现的多元格局

在博物馆史的研究和写作上，多元意识既不新鲜，也不罕见，在新博物馆运动兴起之前就已涌现，但是界定多元的标准以及对多元格局性质的判断大相径庭。早期的多元格局往往指内容层面，直到晚近才上升到再现层面。

至迟到19世纪晚期，内容多元已经被提出和讨论，并且形成了影响全球博物馆的范式。在两本具有开创价值的专著中，康恩都不吝繁缛地引用了古德分类体系，并以此为标准重整早期博物馆史[42]。1895年，曾任史密森学会助理干事长的乔治·古德（George Brown Goode）将博物馆区分成六个基本类别，即美术博物馆、历史博物馆、人类学博物馆、自然史博物馆、技术博物馆和商业博物馆[43]。古德分类体系看似基于馆藏内容，实则表达了对博物馆的社会功能和价值的判断。古德表示，他有志于“将摆满小摆设，墓地般死气沉沉的博物馆改造和重建成为培育活生生思想的苗圃”[44]。以“墓地”和“苗圃”指代两种博物馆，并且明确地表达后者正是他对博物馆的愿景，这也暗示在古德分类体系中，博物馆并非分门别类的仓储空间，而是社会教育工具。如果博物馆是百科全书式收藏和展陈场所，博物馆馆藏内容分类法就是知识体系的表达方式。古德分类体系在一定程度上与19世纪晚期的博物馆发展状况相契合，同时也表达了对未来博物馆发展去向的前瞻。除了记录已经有目共睹的美术和历史博物馆，古德预测了当时尚在萌芽阶段，也未定位的人类学博物馆和事实上从未跻身主流的商业博物馆。古德分类体系明确无误地影响了20世纪60年代之前欧美社会博物馆的发展，不过，也遗留了诸多问题：博物馆馆藏内容之别是否必然暗示运作机制乃至知识体系之别？古德分类体系所代表的百科全书式知识结构是否是精确界定、格局完

---

〔42〕 Conn S. *Museums and American Intellectual Life, 1876-1926*. Chicago: The University of Chicago Press, 1998. 中译本见史蒂芬·康恩著，王宇田译：《博物馆与美国智识生活，1876—1926》，上海：上海三联书店，2012年。Conn S. *Do Museums Still Need Objects?* Philadelphia: University of Pennsylvania Press, 2009.

〔43〕 Goode G. *The Principles of Museum Administration*. York: Coultas and Volans, Exchange Printing Words, 1895: 22.

〔44〕 史蒂芬·康恩著，王宇田译：《博物馆与美国智识生活，1876—1926》，上海：上海三联书店，2012年，第21页。

备、甚至客观存在的？

不同于古德基于知识分野的分类体系，其他学人通过区分馆藏来源类型，以发生机制提出其他的分类方案。阿尔玛·魏特林（Alma Stephanie Wittlin）认为，入藏方式类别在一定程度上就是博物馆分类。她将收藏分成仓储式收藏、权贵式收藏、魔法收藏、表现群体忠诚度的收藏、激发好奇心和研究兴趣的收藏以及唯美收藏七种类型〔45〕。克日斯托夫·波米扬（Krzysztof Pomian）延续了魏特林的思路，从入藏属性进一步回溯到入藏动因，将收藏分成传统、革命、慈善和商业四种模式〔46〕。魏特林和波米扬分类体系都超越了具象的物类区分，着眼于不同入藏方式背后的社会价值和行为。

二元格局也是日本博物馆史写作的基本特征，只是不同学人对二元的具体内涵的理解存在差歧。日本博物馆史的二元格局是由博物馆学奠基人棚桥源太郎奠定的。棚桥源太郎将严格意义上的近现代博物馆视为明治维新的产物。甫一出现，日本博物馆就呈现出鲜明的双轨特质，分别反映明治维新的两个主要倾向，即以“文明开化”为号召的文化欧美化和以“殖产兴业”为号召的产业近代化。一方面，基于对博物馆作为学校辅助教育机构和社会通俗教育机构价值的意识，衍生出文部省博物馆，随后转型成为东京博物馆和国立科学博物馆。另一方面，废佛毁寺激发起对传统文化财的保护意识，导致内务省辖下博物馆的出现〔47〕。与古德分类体系相比较，棚桥源太郎的日本博物馆二元结构实际上是科学类博物馆与历史遗产类博物馆之别。棚桥二分法影响深远，几被日本所有博物馆学教材采纳，博物馆史家椎名仙卓就忠实地继承了这一体系〔48〕。长期工作于地方博物馆的金山喜昭袭用了自棚桥源太郎至椎名仙卓的二元学说之名，但指出了这一体系的“官式”本质，因此将既往认定的二元系统视为同一传统的不同分支。金山喜昭强调战后发展尤其迅速的民间博物馆群体，建构了与“官”相对应的“民”

〔45〕 Wittlin A S. *The Museum: Its History and Its Tasks in Education*. London: Routledge and Kegan Paul, 1949.

〔46〕 Pomian K. *Collectionneurs, amateurs et curieux, Paris-Venise: XVIe-XVIIIe siècle*. Paris: Gallimard, 1987.

〔47〕 棚桥源太郎：《博物馆学纲要》，东京：理想社，1950年。

〔48〕 椎名仙卓：《日本博物馆发达史》，东京：雄山阁，1988年。

的博物馆体系[49]。官民二分体系不仅与博物馆的归属和管理机制相关，也隐含了自上而下和自下而上之分的意味。

博物馆史多元线索的表达上也存在多元并存现象，从年代较早的，依馆藏内容划分的表现性多元到年代较为晚近，依馆藏形成机制划分的再现性多元。尽管多种多元线索可能在未来还将并存下去，但是馆藏多元、展陈内容和形式的多元、管理机构的多元最终将让位于创设和维持博物馆的意图以及博物馆表达的多元。同时，相对于旧范式下的多元性的整饬，全新的多元性可能表现得更为灵动，更不均衡，也更容易随机而变。正如莎朗·麦克唐纳（Sharon MacDonald）指出，博物馆及其内容从恒定且边界分明蜕化成为随情境而变，偶然不定[50]。

无论从馆藏内容和结构、展陈方式，还是以馆藏为介质的教育和表达上，中国早期博物馆的多元面相都是确凿无疑的。仅从馆藏内容和结构着手，由于博物馆生成环境和表达诉求的差异，将博物馆当成百科全书式表现的观念在中国并不流行，中国早期博物馆的分类方案不必合辙于古德分类体系。如果认同博物馆是以物为介质进行表达的"苗圃"的话，魏特林或者波米扬分类法可能更为适用，但是在1949年之前中国的特定情境下，多元结构的具体内容有所不同。中国缺乏可供直接继承的传统收藏，也几乎没有慈善和商业收藏。革命收藏以及基于重要的社会政治变迁的其他收藏则异常丰富多样，既有传统收藏的改造类型，又有变革之后表达群体认同和忠诚的类型，还有基于特定的政治潮流和社会运动的类型。波米扬分类法也有亟待补充的收藏模式。无论在欧美，还是在东亚，教育收藏都是不容忽视的类别。在1949年之前，中国已经出现基于教育，服务于教育目的，以及深受教育目的驱动的不同的博物馆收藏。此外，具有实证和田野倾向的学科也催生了早期的科学收藏。按照福柯和胡珀—格林希尔的知识结构体系，古典式收藏在中国并不多见，但是文艺复兴式和现代式收藏则显示出复杂、多元、多变的面相。多元传统不会同时萌生，也不会长期并存，在不同的情境下，多元传统会呈现出各领风骚三五年的态势。有的传统广泛地见于不同的国家，有的则是中国独有，也有见于其他国家的传统从未出现在中国。不同传统的相对地位并

〔49〕 金山喜昭：《日本的博物馆史》，东京：庆友社，2001年。

〔50〕 MacDonald S. Introduction//MacDonald S. *A Companion to Museum Studies*. Oxford: Blackwell Publishing, 2006: 3.

不均衡对等，有的灵光一现后永寂无声，有的则屡经转型之后延绵至今。

I.3.2 在去情境化和再情境化中往复

情境是博物馆的核心观念。博物馆研究中的情境意识萌发较早，弗兰克·马瑟（Frank Jewett Mather）早在1930年就强烈反对博物馆尝试复原展陈品的原始环境，强调博物馆的首要任务就是要表现出“博物馆价值”。这是馆藏和展陈品情境变迁观念的早期萌芽，但是系统表达和运用则是新博物馆运动之后才出现的[51]。在充分意识到博物馆和馆藏的相互形塑关系基础之上，研究者提出，作为馆藏的物质需要经过“去情境化（de-contextualization）”和“再情境化（re-contextualization）”过程，才能成为博物馆的有机成分。去情境化就是摆脱原生意义的过程，而再情境化是博物馆赋予馆藏以意义的过程。在选择馆藏和赋予馆藏以意义的过程中，博物馆也完成了自身的再情境化。毫无疑问，这组观念只有在边界模糊性、价值相对性和阐释多元性得到认可和接受的情况下，才可能被提出和讨论。这就是新博物馆运动在博物馆史上的诉求。

博物馆的情境观念脱胎于物质文化研究，是后者在博物馆领域的具体表现形式。考虑到博物馆的馆藏来源，考古学、艺术史和人类学中的情境主义都可能附着在研究对象上，对博物馆研究施加直接而强烈的影响。人类学中的情境观念出现最早。19世纪中晚期，在博物馆环境中成长起来的人类学和考古学一样，将物质视为技术和艺术的索引形式，以自然史方式收集和研究脱离了原生情境的孤立物质。20世纪初，人类学中出现情境意识，导致向直接观察和研究前工业时代社会孑遗的转型，客观描述转变为功能主义分析。瑞德克里夫—布朗（Alfred Radcliffe-Brown）提出的推测历史（conjectural history）观使人类学的焦点从具体的器物转移到制造和使用器物的人群和文化，作为技术指标的物质转变为作为文化组成成分的物质。瑞德克里夫—布朗和马林诺夫斯基倡导通过长时期浸淫于被观察客体的文化之中，获得整体性的内在视角，形成民族志书写范式[52]。40

〔51〕 Mather F. Atmosphere versus Art. *Atlantic Monthly*, 1930, 146: 171-177.

〔52〕 Radcliffe-Brown A. *The Andaman Islanders*. Cambridge: Cambridge University Press, 1922; Malinowski B. *Argonauts of the Western Pacific*. London: Routledge & Kegan Paul, 1922.

年代之后，情境意识进一步转变成为结构—功能主义和结构—象征主义。整体性内在视角就是情境，有助于人类学研究超越脱离了原生环境和意义的孤立之物，以整体性观念认识文化，而孤立之物也在文化整体中重新获取意义。这一意识虽内蕴于众多研究之中，但却始终没有得到系统阐发。

与人类学同生共存于"博物馆时代"的考古学中，情境观念出现稍晚，但是得到了后过程主义考古学的鼓吹和推广。第二次世界大战之前，克拉克的斯塔卡尔遗址发掘和研究，以及他对史前英格兰和欧洲经济生活的研究中都清晰可见对情境的考量[53]。身处文化—历史范式的考古学试图摆脱片面而狭隘地关注物质本身的做法，但在物质与人和人类社会的关系上采取过于直白的因果律甚至决定论。新考古学全面确立之后，情境观念才被广泛接受。伦福儒特别说明，孤立的物质无法根据任何普遍适用的法则说明任何问题，甚至物质的名称及功能都是由物质所存在的情境决定的。因此，伦福儒以情境意识作为考古学和古物学的分水岭，对于真正的考古学研究而言，情境才是研究主题[54]。但是，由于新考古学预置的科学主义倾向，情境蜕变成为客观而恒定的背景和决定因素。直到后过程主义考古学中，情境才被赋予灵活、能动的特质。伦福儒针对作为考古学研究对象的遗物提出情境三要素，即基体（matrix）、出处（provenance）和关联（association）[55]。基体指周围的物理环境，出处指相对于基体的位置，关联则指与其他考古学对象的组合关系。伦福儒界定的情境局限在见诸遗址的遗物上，既忽视了遗物本身通过形式风格表现的发展脉络和亲缘关系，又否认了考古学发现和阐释都可能受到发现者、研究者以及他们所从属的时代和地域传统的影响。因此，在后过程主义考古学中，得到修正和完善的情境应该至少包括物理性情境、物质性情境和发现性情境[56]。博物馆的去情境化和再情境化进程可以归

---

〔53〕 Clark J D. *Prehistoric England*. London: Batsford, 1940; Clark J D. *Prehistoric Europe: The Economic Basis*. London: Methuen, 1952; Clark J D. *Excavations at Star Carr*. Cambridge: Cambridge University Press, 1954.

〔54〕 Renfrew C. *Loot, Legitimacy and Ownership*. London: Duckworth, 2000: 11.

〔55〕 Renfrew C, Bahn P. *Archaeology: Theories, Methods and Practice*. New York: Thames and Hudson, 1991: 42.

〔56〕 徐坚：《时惟礼崇：东周之前青铜兵器的物质文化研究》，上海：上海古籍出版社，2014年，第87～90页。该书将情境总结为物质性情境、空间性情境和学术史情境。本书中，物理性情境对应空间性情境，发现性情境对应学术史情境。

入到发现性情境。

与“去情境化”和“再情境化”进程关联最为密切的是行为考古学的“转型”概念。迈克·施斐尔以“文化过程（cultural process）”和“转型（transform）”一组概念描述物质的生命史。其中，“文化过程”指考古学遗物的形成过程，这是功能—过程主义考古学已经作出巨大贡献的领域[57]。“转型”则指考古学遗产在形成之后至发现之前经历的一系列变化。施斐尔将转型区分为自然转型（N-transform）和文化转型（C-transform）。前者主要受到自然原因，如风力、水力或者动植物活动的影响，而后者则指各种人为原因造成的变化[58]。施斐尔的转型理论的重要贡献在于补充了此前常常被遗忘的考古学后埋藏过程，完善了考古学发现的全幅形成机制。任何考古学发现都是经历了一系列后埋藏转型之后才被发现的，转型过程对考古学发现的最终呈现方式施加了重要的影响。施斐尔试图说明，转型过程是系统性的和有章可循的。显然，“去情境化”和“再情境化”就是，引人入胜的转型内容。由于归属于过程主义考古学家阵营，施斐尔低估了转型过程的复杂程度，尤其是文化转型上的多行为者、多动因和多效果特征。事实上，文化转型并不是以行为意义的发现为终点，认知意义的发现也非一蹴而就。

“去情境化”和“再情境化”概念为博物馆史的情境主义观察提供了一条独特的路径。但是，有必要剥离某些基于特定的学术史情境的偏见，恢复其往复和互动特质。无论是伦福儒还是施斐尔，基于对科学主义的笃信，他们的情境观或者转型观都是局部的，也是绝对的和客观的，可以如同文化过程一样托付给科学计算。事实上，任何博物馆馆藏结构和展陈空间都不是经历一次单向度的“去情境化”和“再情境化”进程就永久固定下来的。两者是一组交互作用，切换自如的因素，发生在物质、物质组合、空间和景观等多个层面。物质脱离原生或者再生情境进入博物馆情境，物质组合可能经历多次拆分和组合的循环。博物馆空间和景观是前所未有的，它们可能新创，也可能改造旧有的空间和景观。两者也贯

---

〔57〕 Schiffer M. *Behavioral Archaeology: First Principles*. Salt Lake City: University of Utah Press, 1995.

〔58〕 Schiffer M. *Behavioral Archaeology: First Principles*. Salt Lake City: University of Utah Press, 1995: 49-50.

彻博物馆生命始终，入藏、展陈、研究、阐释等每个环节都既是“去情境化”进程，又是“再情境化”进程。不同层面之间还会交互影响，馆藏和馆舍定义了博物馆，博物馆也可以反向重构馆藏和馆舍。然而，每一次转型都能精确地展示博物馆从观念到行为的转向。

I.3.3 是文本，更是诗歌和神话

虽然物质文化研究的主要范式大多生成于博物馆环境，但是很少有学人将观察视域扩展到博物馆本身，而苏珊·佩尔斯是显著的例外。在大多数研究仍将博物馆仅仅看成容纳物质累积的空间时，佩尔斯就成功地建立了完整、系统的博物馆史物质文化研究范式。在颇有争议的欧洲收藏史研究中，佩尔斯开门见山地提出，收藏是利用物质建构有意义的物质环境及自身的过程[59]。换言之，收藏是物质性的，更是文化性的。她进而分析收藏研究的多个层次，指出器物的形式分析仅仅只是研究的组成成分之一，此外还必须包括收藏及其历史的研究[60]。佩尔斯总结出博物馆收藏的三项共性，即所有的馆藏都是物质性的，所有的物质都来自过去，馆藏在一定程度上体现收藏者或者策展人的意旨，特别是作为整体的收藏意义并不是各个组成部分意义的累加[61]。因此，收藏是传承的价值观、当代表述以及个性冲动等要素合力作用的结果[62]。在告别了直白、扁平、见物质不见人的收藏后，佩尔斯提炼了“收藏”和“收藏实践”一组概念，并进而提出“诗意的收藏”和“政治的收藏”。无论是诗意还是政治，都是在无休无止的“去情境化”和“再情境化”进程中获取的。因此，佩尔斯完整地描述出物质如何一步步从原生情境流入博物馆情境，如何随着情境的变迁重新自我定位[63]。

---

〔59〕 Pearce S. *On Collecting: An Investigation into Collecting in the European Tradition*. London: Routledge, 1995.

〔60〕 Pearce S. *Museum, Object and Collection: A Culture Study*. Leicester and London: Leicester University Press, 1992.

〔61〕 Pearce S. *Museum, Object and Collection: A Culture Study*. Leicester and London: Leicester University Press, 1992: 4-7.

〔62〕 Pearce S. *Museum, Object and Collection: A Culture Study*. Leicester and London: Leicester University Press, 1992.

〔63〕 Pearce S. Museums of Anthropology or Museums as Anthropology? *Anthropologie et Musees*, 1999, 41(1): 26.

博物馆叙事不应该是平铺直叙，而应该成为充满修辞技巧的诗歌，甚至是饱含暗喻形式的神话。麦克唐纳曾经忧虑，过度强调事实性的收藏内容和活动会抹杀博物馆的特质[64]。佩尔斯更是从方法论层面提出解决之道：博物馆研究至少应该包括三个方面的内容，即对馆藏的形式阐释，对收藏及其故事的分析和对作为文化现象的博物馆的分析[65]。里安农·马森（Rhiannon Mason）将依照叙述结构和策略的方式阅读博物馆称为“文本法”[66]。罗格·西弗斯顿（Roger Silverstone）则引用“诗意”概念，表明博物馆可能作为故事叙述者、神话制造者和现实模仿者的媒介[67]。这些立场实际源自物质文化研究，裘利安·布劳恩（Jules Prown）已经提出，物质不是一望可知的“文本”，而是需要解读的“诗歌”甚至“神话”[68]。

如何诗意地或者神话地阅读博物馆？诗意和神话需要表达，才可以被接收和再释。如果通过“去情境化”和“再情境化”实现了从物质到馆藏的过程，构成了博物馆的内里线索，则诗意和神话需要在展陈——另一个“去情境化”和“再情境化”过程中实现博物馆的外部宣示。威廉·弗劳尔斯（William Flowers）提出，“为其树立价值的并非博物馆展陈品本身，而是展陈方式，以及它们作为教育工具的功能”[69]。虽然不必极端地否定展陈品本身的叙事价值，但是展陈方式无疑更值得关注。有研究者袭用佩尔斯的“诗意”和“政治”的概念，提出

---

〔64〕 MacDonald S. Collecting Practices//MacDonald S. *A Companion to Museum Studies*. Oxford: Blackwell Publishing, 2006: 88.

〔65〕 Pearce S. *Museum Studies in Material Culture*. Leicester and London: Leicester University Press, 1989: 9.

〔66〕 Mason R. Cultural Theory and Museum Studies//MacDonald S. *A Companion to Museum Studies*. Oxford: Blackwell Publishing, 2006: 26.

〔67〕 Silverstone R. Heritage as Media: Some Implications for Research//Uzzell D. *Heritage Interpretation, vol. 2: The Visitor experience*. London: Frances Pinter, 1989: 138-148.

〔68〕 Prown J. The Truth of Material Culture: History or Fiction?//Lubar S, Kingery W D. *History from Things: Essays on Material Culture*. Washington: Smithsonian Institution Press, 1999: 10-18.

〔69〕 Winchell N H. Museums and their Purposes. *Science*, 1891,18: 109-110.

两种展陈的理论[70]。如果“诗意”是内蕴、自为而恒定的话，“政治”则是外在、关联而易逝的，表现在博物馆展陈上，正是常设展和临时展之别。常设展相对稳定而审慎，基本只调用博物馆的永久馆藏，鲜明地展现博物馆的基本定位和宗旨；临时展则灵活地应对时势变迁，既可能调用自身的馆藏，也可能临时借助他人的馆藏，准确、甚至颇富有戏剧技巧地发表群体意见[71]。甚至进一步说，常设展是神庙，而临时展则是论坛[72]。如果从总体史角度看，临时展关注作为短历史的事件，而常设展则关怀作为中历史的局势和作为长历史的结构[73]。

重组1949年之前中国博物馆发展图景的路径因此浮现出来。作为收纳和使用物质的空间，博物馆的观察无法绕开作为起点的物质。然而，物质、物质组合、空间和景观都不是疏离的客体，也不是直白的表述，而是充满情境意味的诗歌和神话。只有在连接物质和精神，跨越从文本到神话的物质文化研究方法中，才可以见到物质聚散和空间移易背后的人群和思想的跃动。

---

〔70〕 Karp I, Lavine S D. *Exhibiting Culture: The Poetics and Politics of Museum Display*. Washington: Smithsonian Institution Press, 1992; 王嵩山：《特展双刃》，《博物馆学季刊》第17卷第1期，2003年。

〔71〕 Alexander H P. *Museums in Motion: An Introduction to the History and Functions of the Museums*. Nashiville: The American Association for the States and Local History, 1989.

〔72〕 张崇山：《博物馆特展的根本问题和策略规划》，《博物馆学季刊》第17卷第1期，2003年。

〔73〕 Braudel F. *La Méditerranée et le Monde Méditerranéen à l'Epoque de Philippe II*. Paris: Armand Colin, 1949. 中译本见布罗代尔著，唐家龙、曾培耿、吴模信译：《地中海与菲利普二世时代的地中海世界》，北京：商务印书馆，2013年。

第一章

权舆：从封闭单线到开放多元

作为引进观念在中国的最早实践，博物馆的初生问题毋庸置疑地在本土与外来、机构与行为者、理念与效果等多组概念上呈现出错综复杂的面相，也不可避免地卷入到殖民主义与国族主义对抗之中。任何试图撇清甚至佯装与这些概念无关，而依靠某些“客观”标准衡量孰先孰后，以此复原扁平的中国博物馆的诞生过程的努力不仅徒劳，甚至是误导的。本章即尝试在上述多组概念下，重新梳理博物馆观念和实践初现中国的过程。随着更多细节的填补，在超越时间和名称的简单罗列的同时，博物馆的观察视角问题也浮出水面。单向度视角需要让位于多元情境，习而不察的隔离感需要让位于历史特定分析方法。

对中国博物馆发展历程的追本溯源的兴趣是博物馆学学科意识兴起和学科边界形成的表现。最早的博物馆学定调之作不可回避地承担了界定其历史合理性的重任。虽然从本质上说，博物馆在中国是前无古人的社会文化机构，博物馆入华就是西方社会制度、观念和实践传播的结果之一。但是，基于国族主义观念，和19、20世纪入华的诸多学科的学科史写作一样，博物馆史写作的一个重要任务就是努力在本土和外来之间维持微妙的平衡。1931年写就的费畊雨和费鸿年合著《博物馆学概论》率先提出西来说，“至于有博物馆的模型的，则开始于1870年左右的上海徐家汇博物院”[1]。在抗战军兴背景下，中国的博物馆肇始于由法国天主教传教士创办的上海徐家汇博物院的外来移植说迅速转变成为中西二元说，而且本土渊源得到更多的强调。抗战期间刊印的李济和曾昭燏合著《博物馆》中提出，“我国博物馆之设，始于同治七年（1868）法人韩伯禄在上海所创

---

〔1〕 费畊雨、费鸿年：《博物馆学概论》，上海：中华书局，1936年，第23页。

之震旦博物馆，及同治十三年（1874）亚洲文会创之上海博物院，然此皆为外人建立者。国人自办者，则始于光绪末年张謇设之南通博物苑"[2]。这是中国博物馆中、西二元起源线索的初次登场。根据这种说法，西方渊源的博物馆设立在前虽不容置疑，但是与随后次第成立的中国博物馆之间的关联却被斩断，而20世纪初由张謇创办的南通博物苑被奉为本土始祖。张謇的开创性价值在1956年全国博物馆工作会议上得到官式认定，南通博物苑被赋予"祖庭"地位[3]。折中调和，以中为主之说被多家沿用，遂成中国博物馆学史在博物馆初诞问题上的基本观点。二元调和论建立在创设者的国籍归属和政治阵营划分上，但却疏于考察博物馆的内容和情境。以人代事，事因人分是国族主义的简单化处理方式，对西方线索的暗流化处理方式也为政治风向进一步变化时实施污名处置埋下伏笔。

1905年，实业家张謇（1853～1926）在南通启动了创办南通博物苑的历史进程，在中国本土社会中的先进性是无出其右的，但是，在此之前，来华西人已经在中国创建和运营博物馆，而且，这并非孤例或个案，西来渊源的博物馆的创设呈现出群体特征。虽然大部分史料不足，但迄今已知的此类博物馆多达十余处，包括由法国天主教会创办于上海法租界徐家汇天主教堂附近，先以上海自然史博物馆和徐家汇博物院为名，后迁至吕班路，并入私立震旦大学的震旦博物院；由英国亚洲文会北中国支会创办于上海公共租界的上海博物院；由法国遣使会谭微道（Pere Armand David, 1826～1900）创办于北京北堂的自然博物馆[4]；由

〔2〕 李济、曾昭燏：《博物馆》，重庆：正中书局，1943年，第5页。

〔3〕 郑振铎在1956年5月21日全国博物馆工作会议的开幕词中强调了南通博物苑的首创价值，参见中华人民共和国文化部全国博物馆工作会议秘书处：《全国博物馆工作会议与全国地志博物馆工作经验交流会议汇刊》，1956年，第5页；南通博物苑：《江苏人民委员会函》，《南通博物苑文献集》，1985年，第100页。但是，在1956年博物馆工作会议之前，几乎没有出现"第一"的界定，参见1950年11月5日《南通博物苑修建委员会征募函》，1951年4月24日《南通市地方事业委员会呈文》，《南通博物苑文献集》，1985年，第92～94页。博物馆工作会议之后，1957年4月9日的官方文件中才出现"全国第一个民办的博物馆"的定性之论，《江苏省人民委员会函苏文管字第9027号》，《南通博物苑文献集》，1985年，第100页。

〔4〕 萧若瑟：《天主教传行中国考》（卷八），《民国丛书》（第一编11册），上海：上海书店，1989年。

美国长老会郭显德（Hunter Corbett, 1835～1920）创办于烟台的博物院福音堂；由英国浸礼会怀恩光（John Sutherland Whitewright, 1858～1926）创办于青州，后迁往济南的广智院[5]；由格致书院创办于上海的知新堂[6]；由英国伦敦会赫立德（Larington Harte）创办于天津的华北博物院和法国天主教会桑志华（Emile Licent, 1876～1952）创办于天津的北疆博物院[7]。此外，还存在已有动议但未能最终实现，或者由于记录缺失而被遗漏在外的个案[8]。

中国博物馆的生成过程中的确可见中西分野的二元格局，但与创立者的国籍区分和政治立场标签无关，而是博物馆观念及其实现过程的差异，也反映出知识类型的差异。作为西来观念，“博物馆”是启蒙运动和社会公共文化的组成部分，在中国并没有本土渊源。因此，中国博物馆的初诞过程就是博物馆观念如何被中国人认知和再释，并进而深入人心成为社会共识的过程。而在技术性的过程层面上，博物馆的诞生就是不同的博物馆在何种初衷，何种情境之下，以何种馆藏基础和特定表达方式出现的过程。一方面，中国最早出现的博物馆并不能按照创立年代的早晚关系进行简单排序，这将忽视和抹杀所有博物馆的独特内核，而将内容和价值不同的博物馆混杂一体；另一方面，最早的博物馆的年代排序问题不是简单的技术性问题，不同排序标准的选用和不同博物馆的取舍都构成了博物馆学和博物馆实践主体对博物馆史的再释性干预。这也再度证明，博物馆史就是博物馆学理论立场的表达。作为社会文化实体的博物馆的基本馆藏和展陈的设计，以及博物馆存在的智识和物质情境，才真正具有阐释价值。只有关注情境之

---

〔5〕 梁容若：《中国创办最早的一个博物馆——广智院》，《教育与民众》第3卷第7期，1932年，第1463～1469页。

〔6〕 傅兰雅：《上海格致书院》，《格致汇编》1876年6月。

〔7〕 Whitewright J S. Pioneer Museum Work in China. *The Museum' s Journal*, February 1909: 266-274. 黄化龙：《纪念桑志华创立北疆博物院八十周年》，《化石》1995年第3期，第23、24页；李振强：《北疆博物院》，《生物学通报》第42卷第9期，2007年，第62页；房建昌：《天津北疆博物院考实》，《中国科技史料》第24卷第1期，2003年，第9页。李振强以1922年兴建主楼为标志，不过主楼至1923年才落成。房建昌以1924年4月3日正式对外开放为北疆博物院创办日期，但也有说法认为北疆博物院迟至1928年才对外开放。

〔8〕 程军：《1842—1900年间中国博物馆发展状况》，《博物馆研究》2007年第1期，第3～7页。

中的最早的博物馆，才使中国博物馆的初诞问题既能挣脱国族主义的桎梏，又不致堕入虚无陷阱之中。

1.1 从各表其义到众口一辞：博物馆概念的形成

19世纪晚期之前，作为社会公共文化机构的博物馆并不见于中国。虽然中国有漫长的收藏史和盛极一时的公私收藏，也有公开展示收藏的雅集活动，但是，近现代意义的博物馆的公开性和社会性是中国社会前所未知的[9]。这导致博物馆观念入华后，在选择合适的汉译方式上经历了从众说纷纭到定于一统的过程。毫无疑问，这个词汇的翻译和确定过程就是全新概念的输入和被接纳的过程，也是中国智识阶层认识和追寻博物馆内涵和情境的过程。

"前博物馆时代"的中国已经出现了规模、规格和归属不等的公私收藏。至迟在汉代，内府之中有天禄、石渠、兰台、武库、大仓之属，收藏典籍文物。班固《两都赋》作，"又有天禄，石渠，典籍之府"。《汉书·高帝纪下》有，"萧何治未央宫，立东阙、北阙、前殿、武库、大仓"。《南史·徐勉传》有，"方领矩步之容，事灭於旌鼓；兰台石室之典，用尽於帷盖"。收藏的沿革制度为博物馆观念进入中国之后，厘定汉译提供了经验性认知基础和比附对象。文物分别贮藏于多处，可能和对其属性的判断有关。以石渠、兰台为代表的地点与图书典籍密切相关，典籍文物的匹配关系贯穿历史时期，也构成20世纪将博物馆与图书馆、档案馆捆绑在一起的认知的历史基础；而以武库、大仓为代表的地点则与名物甚至宝藏联系起来，暗示了20世纪博物馆发展的另一条线索。"前博物馆时代"的收藏悉数为历史性和艺术性收藏，对于此类收藏，传统态度显得模棱两可，一方面，将古物视为无关紧要的玩物，从屠隆《考槃馀事》到文震亨《长物志》虽属反其道而行，但主流观念可见一斑；另一方面，又赋予古物证经补史的价值。与具有补史倾向的古物收藏平行，具有自然史倾向的本草学在"前博物馆

---

〔9〕 有关中国公私收藏沿革，参见卫聚贤：《中国考古学史》，上海：商务印书馆，1937年。该书虽然过度扩大了"考古"的外延，将20世纪初期以北京周口店、河南渑池仰韶、山西夏县西阴村和河南安阳殷墟等地的发掘为代表的科学考古学之前的古物出土和收藏皆视为考古学史是不准确的，但是较为全面地收集和记录了中国历史上的古物发现、收藏和辑录情况。

时代”的中国极不发达。虽然《隋书·经籍志》已著录本草文献，但是本草学在中国一直未得充分发展，本草收藏缺失而形成的历史空白为外来的自然史传统在中国寻求发展提供了契机，但也预示了它与中国本土社会的隔膜。无论是典章制度上可以追溯到西汉时期的内府收藏，还是至迟在北宋中晚期，如吕大临《考古图》所示的私家收藏，均秘不示人，“藏”的功能远高于其他一切，罕有公开，更遑论公共性。因此，“前博物馆时代”给19世纪末20世纪初中国博物馆的发展留下了物质性和精神性遗产，既诱导和暗示了未来博物馆的发展之路，又先天性地预定了冲决之道。

无论在义理还是辞章上，“博物馆”约在19世纪中期始见于汉文。最初为未知情境，语焉不详的转译，随后得到欧游官员、商人和学生的目验，“博物馆”及其观念逐步进入中国。“博物馆”译名入华几乎同时采纳了音译和意译两种方式，译名的取舍和修改折射出中国在理解博物馆观念上的思想转型。早于欧游官员和学生的记录，鸦片战争前后的汉译西文文献中就已经出现“博物馆”。《四洲志》记录了英国大英图书馆和博物馆，“兰顿建大书馆一所，博物馆一所”，同书美国条中还有“设立天文馆、地理馆、博物馆、义学馆”等记录，可见该书已经相对稳定地采纳“博物馆”一语。《四洲志》系林则徐主持编译的文献，可能以1836年出版的慕瑞（Hugh Murray）等人编著《地理百科全书》（*The Encyclopedia of Geography*）为原本。《四洲志》未获单独刊印，被收入1849年刊刻的魏源《海国图志》中，“海国图志何所据，一据前两广总督林尚书所译西夷之四洲志”〔10〕。但是，读者对于博物馆全无印象，缺乏认知基础，而且译文对博物馆又无解释，导致这一译名行之不远，并未甫一出现就赢得主导地位。同样缺乏欧游经历的徐继畬在福建布政使任上以五年时间完成《瀛寰志略》，西班牙“马德里地”条有“学署、医院、观星台、军功厂、古玩库、药草圃、疗畜馆”并列，葡萄牙“里斯玻亚”条有“军功厂”，普鲁士“百尔灵”条有“有军器局，贮之大炮”。由于语焉不详，“军器局”、“军功厂”、“药草圃”和“古玩库”等词汇所指对象颇为雷同，有可能包含博物馆，但是无法精确厘定〔11〕。

〔10〕 魏源：《海国图志》卷一《海国图志叙》，清道光二十九年古微堂刻本，第1页。另见于《海国图志》，长沙：岳麓书社，1998年，第1页。

〔11〕 徐继畬：《瀛寰志略》，上海：上海书店出版社，2001年，第217、221、143页。

有直接目验经验的早期欧游人士以更富细节的方式描述了西方社会中的博物馆。前一个时代就已经出现的音译、意译平行的现象延续下来，但是，意译没有袭用《四洲志》倡导的“博物馆”，而是在传统词汇基础之上另起炉灶，而且作者之间全无沟通和承继，因此这个时期的译名多属自说自话，五花八门。欧游人士既有私人出行，也有官方代表，两者在对博物馆的认识上并无高下之差。林鍼《西海纪游草》被视为精准地描述了博物馆内容的早期文献代表，其中有，“博古院明灯幻影，彩焕云霄”。“博古”一词显然出自起于北宋的金石学传统。张德彝在《航海述奇》、《欧美环游记》和《随使法国记》中多次提到博物馆，先后使用了“集字院”、“集古院”、“积骨楼”、“集新院”、“积新宫”、“军器楼”、“军器库”、“万物楼”等多种译名。同一作者选用不同译名虽可能反映随着年代推移作者认识的变迁，但更为可能的是博物馆的多样性造成的。“集古”和“集新”并用就是不同类型博物馆并存的明证。志刚《初使泰西记》选用“藏骨洞”和“古器库”，郭连城《西游笔略》选用“博览院”、“方物院”和“博古院”，均微妙地透露出作者们目验的博物馆的馆藏特征。王韬《漫游随录》偶用“博物院”一词。不过，这种译法并不稳定，在其他章节中，他兼用音译和意译，既有“访古院，其名曰缪齐英”，又有“有奇观院，名百里的谬翁”[12]。郭嵩焘也是类似情形，在《伦敦与巴黎日记》中既用意译“博物院”，又大量使用音译“秒西因”、“秒西阿姆”和“妙西恩”[13]。刘锡鸿则纯用音译，在《英轺私记》中分别以“母席庵”和“慕齐亚姆”称博物馆[14]。颇值玩味的是，同日同游大英博物馆的郭嵩焘、刘锡鸿和张德彝分别使用“妙西恩”、“播犁地士母席庵”和“博物院”[15]。

自19世纪中期开始，欧游华人的游历文字中频繁可见对博物馆的细致记录。这是此前不见的新气象，为未来中国博物馆的登场提供了他山之石。欧游作者们

---

〔12〕 王韬：《漫游随录》，长沙：岳麓书社，1985年，第87、89、112页。

〔13〕 郭嵩焘：《伦敦与巴黎日记》，长沙：岳麓书社，1984年，第136、225、700、927页。

〔14〕 刘锡鸿：《英轺私记》，长沙：岳麓书社，1986年。

〔15〕 张德彝：《随使英俄记》，长沙：岳麓书社，1986年，第409页；刘锡鸿：《英轺私记》，长沙：岳麓书社，1986年，第147页；郭嵩焘：《伦敦与巴黎日记》，长沙：岳麓书社，1984年，第136、225页。

对博物馆的收藏内容和结构有直观的认识，甚至可能联想到中国历史上曾经存在的内府和武库，也与自北宋以来的金石学联系起来，为导入“集古”等观念提供了便利。更令他们感到耳目一新的是博物馆的公开性和教育功能，林鍼提到，“有一院集天下珍奇，任人游玩”[16]，李圭也记录卢发博物馆（卢浮宫）“任人游观弗禁”[17]。同治七年（1868），王韬游览大英博物馆时对博物馆的社会教育功能留下深刻印象，“英之为此，非徒令人炫奇好异，悦目怡情也。……所以佐读书之不逮而广其识也，用意不亦深哉”[18]。李凤苞在参观柏林工业博物院后更是直言，“博物院诚有益于民生者矣”[19]。但是，此类文献的价值不可一味夸大。在欧游作者们笔下，博物馆只是不见于中国的众多社会文化设施之一，他们对博物馆的观察也只是浮光掠影，浅尝辄止，对于博物馆的细节以及运作机制毫无了解。最早目睹甚至醉心于参观西方博物馆的国人并没有在中国博物馆的诞生上起到推波助澜的作用。

从观念史角度考虑，汉文文献中出现“博物馆”的译法，甚至最终定于一统都只是问题的表象，博物馆观念如何在中国得到再释才是问题的核心。孤立地将博物馆的各种译名排列出来，按照年代关系串联等同或者近似译名，以确定博物馆观念是如何形成的做法是不足取的。真正具有重要价值的是，特定专有名词的文化价值是如何传递到异语言，并且恰当地表达出来。

19世纪80年代，museum的汉文译法突然出现整齐化倾向，高频率地采用“博物馆”。有论者认为这与东京国立博物馆于1875年成立，以及日文中museum被统一译为“博物馆”有关[20]。此说精准地指出了汉文词汇“博物馆”在多种译法中最终胜出的日本渊源。事实上，中国博物馆的日本渊源远非仅在译

〔16〕 林鍼：《西海纪游草》，长沙：岳麓书社，1985年，第36页。

〔17〕 李圭：《环游地球新录》，长沙：岳麓书社，1985年，第296页。

〔18〕 王韬：《漫游随录》，长沙：岳麓书社，1985年，第103页。

〔19〕 李凤苞：《使德日记》，收录于王云五：《丛书集成》（初编），北平：商务印书馆，1936年，第45页。

〔20〕 谢先良：《晚清域外游记中的博物馆》，中国美术学院硕士学位论文，2009年，第15～18页；陈建明：《汉语“博物馆”一词的产生与流传》，《回顾与展望——中国博物馆发展百年》，北京：紫禁城出版社，2005年，第211～218页；梁吉生：《旧中国博物馆历史述略》，《中国博物馆》1986年第2期，第16页。

名一项，而且，正因为博物馆是重要的社会公共文化机构，对中日之间博物馆的关联的考察不可局限在博物馆本身。如果放宽观察的社会尺幅，我们即可发现，博物馆观念的形成只是更庞大的社会思潮的表现之一。

和中国一样，日本传统社会缺失建立在公共性基础之上的博物馆传统，因此，博物馆观念和实践的兴起都建立在与西方世界的交往之上。日本在翻译museum一词上的踌躇和反复并不亚于中国。在编订于庆应二年（1866）的最早的字典《英和对译袖珍辞书》中，museum尚采取意译释名方式，“为学术目的设立的场所、学堂书库等设施”。至开拓使于明治二年（1869）出版的《英和对译辞书》中，museum首次以固定术语，即“博物馆”予以表示。此后《英和和英字集大全》（明治十八年，1885年），《附音插图英和字集》（明治十八年）、《英和对译辞典》（明治十八年）、《英和字集》（明治十八年）、《增补订正和英对译初级字典》（明治二十年，1887年）、《英和双解字典》（明治二十年）、《露和字集》（明治二十年）、《插图独和字典大全》（明治二十年）等悉数采纳“博物馆”译法。反观中国，虽然早在由台山人邝其照（1836~1891）编辑，同治八年（1869）出版的《字典集成》就采纳“博物院”译法，光绪十三年（1887）出版的该字典第三版，《英华字典集成》依旧采用“博物院”译法。但是，这一译法既不统一，也不稳定，并没有被广泛采纳。对比揭示，到19世纪70年代初，之前纷争不断的museum的日文译名已经基本定于一统，而中国则稍显滞后，仍然译法杂陈。十数年后，以中国域外游记记录观之，博物馆译名才基本稳定下来[21]。

和中国类似的是，日本所见对博物馆的最早记录也出自出访欧美使节团的报告。但是不同于中国，而且明显胜出的是，幕末明初的欧美使节团在随后的日本近代化进程中起到了举足轻重的作用，欧美游历见闻没有止步于供人消遣或者增长见识，而是转化为行动指南，欧美使节团报告直接促成了日本博物馆的诞生。其中，起到至关重要作用的是福泽谕吉（1834~1901）和栗本锄云（1822~1897）。福泽谕吉随1860年使团出访欧美，归国后根据出使途中日记《西航记》和《西航手帐》，于1866年出版了《西洋事情初编》，1867年他再度

---

〔21〕　谢先良：《晚清域外游记中的博物馆》，中国美术学院硕士学位论文，2009年，第17页。

访美，1868年出版《西洋事情外编》，1870年又出版《西洋事情二编》。据推测，《西洋事情》三编正版盗版印量达到25万部之多，被视为系统地改变近世日本人思想的巨著[22]。虽然万延欧美使节团名村五八郎在《亚行日记》中开“博物馆”一词先河，但是，《西洋事情初编》卷一中才首见对作为社会文化机构的博物馆的详细论述，博物馆被定义为“收集和展示世界物产、古物和珍物，以供增广见闻的机构”。《西洋事情外编》卷二《政府职分》中将博物馆定位于民众教育机构[23]。至此，“博物馆”一词在日文之中被确定下来。而栗本锄云于1875年在《邮便报知新闻》上发表《博物馆论》，系统地介绍博物馆的目的、资料、目录、经营和收藏等工作[24]。由于福泽渝吉对社会具有整体性影响，导致其博物馆主张也更广为人知[25]。自《西洋事情》之后，博物馆的内容和功能在日本基本家喻户晓，也辗转影响了从日本输入新知的中国。

因此，作为从未见诸中国的观念，博物馆入华并不是通过早期欧游人士的译介实现的，也不是未来的博物馆从业者的鼓吹结果，而是作为日本对华影响的组成部分波及所至。博物馆观念在东亚社会的风行都与福泽渝吉影响深远的《西洋事情》密不可分。这样，未来博物馆在中国的出现也不仅仅是一种全新机构的设立，而是中国效法日本步入近代化进程的组成部分。博物馆观念的出现并不是博物馆的“内部话语”，而是作为社会文化的“公共话语”的主要内容之一。

1.2 “最早”博物馆之争：以年代线索为中心

迄今为止，在中国博物馆的诞生环节上，自20世纪30年代起形成的中西二元结构虽屡经修补，但并未受到根本性冲击。针对诸家博物馆早晚关系论争的焦点集中在评估标准和采样范畴上。一方面，重新甄核已知诸家博物馆的创设过程细

---

〔22〕 福泽谕吉：《西洋事情初编》、《西洋事情外编》，收录于《福泽渝吉选集》（第一卷），东京：岩波书店，1980年。

〔23〕 福泽谕吉：《西洋事情外编》，收录于《福泽渝吉选集》（第一卷），东京：岩波书店，1980年。

〔24〕 栗本锄云：《博物馆论》，《邮便报知新闻》第790号，1875年。

〔25〕 椎名仙卓：《福泽谕吉の启蒙した博物馆》，《博物馆研究》第21卷第8号，1996年。

节，辨析判断标准的同一性程度；另一方面，在更大的范围内寻找目前尚未知晓的年代更早的环节。这样，对中国博物馆的初诞问题的学理探索就转变为易于操作的年代序列问题。

自20世纪30年代开始，法国天主教会创办的徐家汇博物院和英国亚洲文会北中国支会创办的上海博物院已经成为中国博物馆史写作中的显性环节[26]。近年对徐家汇博物院和上海博物院年代关系的讨论尝试重新梳理诸家博物馆的创设顺序时，自然地提出了判断博物馆年代关系的标准问题，这将诱发对博物馆甄别标准的深入讨论。

长期以来，徐家汇博物院被视为由法国传教士韩伯禄（Pierre Heude, 1836～1902，亦有译作韩德、休特、赫特等）创办的中国境内首家博物馆。在早期博物馆学文献中，费畊雨和费鸿年昆仲率先提出创始于1870年之说。其他文献更将徐家汇博物院的始创年代提前至1868年[27]。这个判断被陈端志《博物馆学通论》和李济、曾昭燏《博物馆》承继[28]。嗣后其他论著基本因袭，遂成定谳[29]。徐家汇博物院创办于1868年之说应系天主教会及博物馆认定的官方说法。韩伯禄的继任者柏永年司铎（S. J. Courtois）于《自然界》中提出，“此博物馆系创于韩伯禄神父到上海以后，即西历一八六八年正月九日”[30]。震旦博物院的官方表述亦如此，“韩司铎于公元一八六八年一月九日抵沪，本院之历史，即由是时起”[31]。脱胎于徐家汇博物院的震旦博物院于1939年5月下旬开

〔26〕 王重民在《记亚洲文会博物院的开创》中写到，“我国最古的两个博物馆都在上海，一个是吕班路震旦大学里面的‘震旦博物院’，一个是博物院路二十号的‘亚洲文会博物院’”。该文刊载于1948年6月6日《大公报》。

〔27〕 上海通社：《上海研究资料续集》，《民国丛书》（第四编第81册），上海：上海书店出版社，1992年。

〔28〕 陈端志：《博物馆学通论》，《上海市博物馆丛书》（甲类第一种），上海：上海市博物馆，1936年，第24、25页。

〔29〕 包遵彭：《中国博物馆史》，台北：中华丛书编审委员会，1964年，第15页。《中国大百科全书·文物博物馆卷》，北京：中国大百科全书出版社，1993年，第749页；王宏钧：《中国博物馆学基础》，上海：上海古籍出版社，2001年，第94页。

〔30〕 柏永年：《徐家汇博物馆》，《自然界》第3卷第2期，1928年，第143～150页。

〔31〕 《震旦博物院概况》，《中国博物馆协会会报》第1卷第3期，1935年，第3页。

始免费开放两周，拉开了纪念博物馆创办70周年庆祝活动的帷幕[32]。1936年中国博物馆协会编辑《中国博物馆一览》也采信了1868年陈说，“清同治七年，由韩司铎创办”[33]。另有说法将韩伯禄创办徐家汇博物院的时代前提至1867年，这应该是年代换算舛误[34]。而费畊雨和费鸿年采纳的1870年创设说则可能出自传教士高龙鞶（Augustinus Chlombel）《江南传教史》[35]。高龙鞶与韩伯禄曾经同时供职于江南科学委员会，对徐家汇博物院的创办过程有其他作者无法比拟的近距离观察的机会。

从机构沿革史角度看，法国天主教会在上海法租界设立的博物馆分为三个阶段。博物馆最初附设于徐家汇天主教会，以上海自然史博物馆为名。1883年5月，徐家汇天主教堂南侧建成独立的新馆舍，博物馆搬迁至此，更名为徐家汇博物院（Le Musée de Zi-ka-wei）。1931年，馆舍年久失修，不敷使用，徐家汇博物院搬迁到吕班路新馆舍，开办经费由震旦大学董事会拨发，管理权也让渡给大学，博物馆因而更名为震旦博物院。为了纪念被尊为创始人的韩伯禄，震旦博物院兼用法文馆名韩伯禄博物馆（Le Musée de Heude）。根据馆名、馆舍和管理机构的变迁，法国天主教会在沪博物馆的历史就可以划分成为上海自然史博物馆时代、徐家汇博物院时代和震旦博物院时代。

吕建昌率先明确质疑徐家汇博物院的首创地位。他指出，1868年系韩伯禄来华年代，尽管韩伯禄对徐家汇博物院有创设之功，但不可将其来华年代当成博物馆的创始年代。不过，吕建昌亦不认为徐家汇博物院晚至1883年新馆舍落成之时才开放。他引用曾纪泽和黄式权的同时期记录，侧证在新馆舍落成之前，附属于徐家汇天主教堂的博物馆已经面向公众开放[36]。曾纪泽《出使英法俄国日记》于光绪四年（1878）农历十月二十六日提到，“同至徐家汇观法国教堂，一有女

---

〔32〕《科学》第23卷第5/6期，1939年，第328～330页。

〔33〕《震旦博物院》，《中国博物馆一览》，北平：中国博物馆协会，1936年，第75页。

〔34〕赵锦福：《震旦博物院参观记》，《科学趣味》第4卷第2期，1941年，第111页。

〔35〕高龙鞶（Augustinus Chlombel）：《江南传教史》（第5卷），上海土山湾印刷所，1900年原刊，上海：译文出版社，1983年，第446页。

〔36〕吕建昌：《近代中国博物馆史上需要澄清的一个问题——上海徐家汇博物院创建年代质疑》，《上海文博论丛》2011年第4期，第69页。

育婴堂，一有男育婴堂，一有博物院，游览极久”[37]。成书于1883年的黄式权《淞南梦影录》也记录，“徐家汇隔河教堂侧建博物院一所，珍禽奇兽。毒蟒巨蛇，并蓄兼收，不下数千百种”[38]。两处记录清晰无误，但是与天主教会博物馆的演化序列比较可知，至少曾纪泽所见并非徐家汇博物院，而很可能是已经有限度开放的上海自然史博物馆。

吕建昌考证的重要价值在于提出了博物馆史研究中以何为判断标准的议题。从博物馆诸要素角度考虑，无论是馆舍和馆藏等物质性要素，还是博物馆展陈及面向公众开放等社会性要素都具有标尺价值，对博物馆具有奠基价值的创始人的人生历程与博物馆有深刻的关联，若干节点兼具个人生涯和公共生活的重要转型价值，被当成博物馆史上的标志性事件并无不可，但是需要谨慎区分关键人物的个人事件和公共事件。由于创始人多是经晚期学术史回顾追认的，其个人事件常常容易被神圣化处理而赋予公共价值。显然，韩伯禄来华就属此类范例。

韩伯禄与徐家汇博物院关系的暧昧表述早已被学人关注。韩伯禄既不可能专为收集自然标本来华，也没有甫一入华就全身心投入此项工作。韩伯禄原本被派往安庆和宁国地区传教。1869年底安庆教案爆发之前，韩伯禄一直生活在该地。教案事件中侥幸逃脱后，因为无法重返安庆教区，韩伯禄只能以上海为基地，“编写他的学术论文和编排他找到的动植物标本”[39]。这也是韩伯禄专职筹备博物馆的起始年代。此外，费畊雨和费鸿年别有深意地指出，收集标本并非始于韩伯禄。“休特可说是第二位神父，从事于中国博物学的研究而有重大贡献的”，意指如果以馆藏基础的始建年代为博物馆的创设年代的话，则韩伯禄尚不算是最早的环节。费氏昆仲没有直白表明的言下之意是，韩伯禄之前的确有传教士达维特（A. David）在华北搜集生物标本[40]。而且，达维特的早期工作也应是众所周知的。20世纪50年代初期接管震旦博物院的沈之瑜重整从徐家汇到震旦的历史时，表述就有异于天主教会的官方说辞，“这（震旦博物院）是以修道院院长达维特1860年左右在华北采集的生物标本，及1868年以来韩伯禄、柏永年在

〔37〕　曾纪泽：《出使英法俄国日记》，长沙：岳麓书社，1985年，第133页。

〔38〕　黄式权：《淞南梦影录》，上海：上海古籍出版社，1989年，第138页。

〔39〕　柏永年：《徐家汇博物馆》，《自然界》第3卷第2期，1928年，第143～150页。

〔40〕　吕建昌：《近代中国博物馆史上需要澄清的一个问题——上海徐家汇博物院创建年代质疑》，《上海文博论丛》2011年第4期，第69页。

长江流域各省采集的珍奇标本为基础的”[41]。沈之瑜仅仅将韩伯禄视为徐家汇博物院的奠基人之一，而且暗示徐家汇博物院的成立年代在1868年之后。

博物馆不会自发出现，也不是收藏积累到一定数量，“物质”自然转化成为“知识”而形成的，相反，博物馆的创设不可避免地是文化和思想的成果，需要从智识活动的高度予以认识。从这个意义上说，徐家汇博物馆应该被视为1872年8月成立的天主教江南科学委员会的产物。在具有定调意义的徐家汇会议上，江南科学委员会决定四项主要任务，即高龙鞶负责气象台和科学杂志的出版；韩伯禄负责自然科学工作和筹备博物馆；费赖之负责中国史地研究；出版关于科学和护教的杂志[42]。这是天主教会日程中首次出现博物馆计划。四项计划中最早实现的是1872年落成的气象台。徐家汇博物院馆舍建设成为紧随其后的工作重点，“邻近天文台的是徐家汇自然博物院，创建博物院是郎主教确定的在天文台之后的第二项工作”，“光绪九年开始建筑馆舍于徐家汇耶稣会总院之南”[43]。戴丽娟将此次会议上郎怀仁主教宣布韩伯禄负责博物馆的建造事宜视为徐家汇博物院的起始[44]。此说亦有可商之处，如果将博物馆视为知识实体，无论是馆藏还是馆舍的建成，或者面向公众开放，才更具标尺价值。但如果将筹办议定日期视为博物馆的创建时间，恐绝大多数博物馆的成立日期皆可显著前提。

相较于法国天主教会的博物馆，亚洲文会（the Royal Asiatic Society，今译皇家亚洲学会）北中国支分会创办的上海博物院的线索则相对简明清晰[45]。1857年9月24日，在华英人尼克逊（Sir. Frederick W. Nicolson，亦有译作尼柯逊）、裨治文（E. C. Bridgman）、帅福守（E. W. Syle，亦有译作帅礼）等18人发起成立上海文理学会（Shanghai Literary and Scientific Society）[46]。1859年，该组织

---

〔41〕 沈之瑜：《最早的两个博物馆》，原载《上海滩》1989年第5期，收录于《沈之瑜文博论集》，上海：上海古籍出版社，2003年，第99页。

〔42〕 史式徽：《江南传教史》（卷二），上海：上海译文出版社，1983年，第206、207页。

〔43〕 高龙鞶：《江南传教史》（卷五），上海：上海译文出版社，1983年，第446页。

〔44〕 戴丽娟：《从徐家汇博物院到震旦博物院——法国耶稣会士在近代中国的自然史研究活动》，《中研院史语所集刊》第84本2分，2013年。

〔45〕 王重民误将格致书院博物馆视为亚洲文会博物院的前身。王重民：《记亚洲文会博物院的开创》，《大公报》1948年6月6日。

〔46〕 *North China Herald*. 1857 Ⅲ (374):34.

加入1823年成立于伦敦的皇家亚洲文会，因为此时香港已有分会，故更名为皇家亚洲文会北中国支会（The North-China Branch of the Royal Asiatic Society）。亚洲文会创办之初并不一帆风顺，甚至一度中断。上海文理学会时期，裨治文在阐释组织目的时提及，“我们需要存储图书和科学标本的房屋”，就已模糊地将创设图书馆和博物馆视为自身的主要工作[47]。“设立图书馆及博物院”的动议于1858年最终明确纳入亚洲文会的日程[48]。但是，这一宏图并未实现，连作为基体的亚洲文会都一度难以为继。1864年，由金思密（T. W. Kingsmill）、伟烈亚力（Alexander Wylie, 1815 ~ 1887）和巴夏礼（Sir Harry Smith Parkes, 1828 ~ 1885）恢复的亚洲文会拟定调查研究中国与邻近国家、创办图书馆、博物馆和出版《会报》三项工作目标[49]。在馆舍上，亚洲文会博物馆不同于徐家汇博物院，并没有单独馆舍，而是作为亚洲文会的重要组成部分，同栖于一幢楼房之中。1868年，英国政府同意将圆明园路和北京路交界的地块拨予亚洲文会，建造包含博物馆、图书馆和演讲厅的大楼，有效建筑时限三年。在文友辅仁会和汉璧礼（Thomas Hanbury）的经济支持下，金思密义务绘制图样，亚洲文会大楼才最终于1871年落成[50]。在馆藏上，早在1869年，比塞特（J. P. Bisset）就已受命负责动植物标本的收集和管理。亚洲文会博物馆的创办之议于1874年2月的理事会通过之后，次月即启动筹办进程。筹备委员会由米吉（A. Michie）、葛罗（E. A. Groom）、费慈格拉尔特（C. P. Fitzgerald）和朴赉懿（W. B. Pryer）组成。分管博物馆各个收藏部门皆是在沪西人一时之选，包括负责植物学的麦华陀（W. H. Medhurst）和苏德鲁那许（Stronach）、负责地质学和贝类学的金思密、负责爬虫类和动物学的凯丝威、负责鳞翅类的朴赉懿、负责考古学和钱币学的伟烈亚

〔47〕 Bridgman E C. Inaugural Address. *Journal of the Shanghai Society of Literary and Scientific Society*, 1858, (1):12.

〔48〕 胡道静：《上海博物院史略》，上海通社：《上海研究资料续集》，《民国丛书》（第四编第81册），上海：上海书店出版社，1992年，第393、394页。

〔49〕 *The North-China Branch of the Royal Asiatic Society, North-China Herald*, March 12, 1864. 转引自王毅：《皇家亚洲文会北中国支会研究》，上海：上海书店出版社，2005年，第17页。

〔50〕 胡道静：《上海博物院史略》，上海通社：《上海研究资料续集》，《民国丛书》（第四编第81册），上海：上海书店出版社，第394页。

力、负责鱼类的魁克特（Quekett）、负责人种学的高第（Henri Cordier）和福勃士（F. B. Forbes）、负责鸟类学的科提尔（M. Hawtrey）和费慈格拉尔特、负责实业与生产的廷得尔（E. C. Taintor）和古特堡（W. Gottburg）、负责显微镜观察的韩德森（J. Henderson）[51]。筹备委员会的成立被视为上海博物院的起点，不过建立馆藏和面向公众开放应该稍晚才实现。如果从资金来源角度考虑，亚洲文会无力维持上海博物院，1877年，上海博物院首度得到工部局拨款，此后一直在工部局和法董局的扶持之下，因此，对于上海博物院而言，1877年意味着社会公共价值上的重要转折。但是，上海博物院应该在1877年之前就确立了自身在自然史收藏中的地位。鉴于标本制作对于自然史收藏的重要价值，北京北堂谭微道于1874年离开中国时，特地将助手王树衡介绍到上海博物院[52]。韩伯禄也在1877年帮助对动物标本进行分类[53]。上海博物院逐步成为远东地区自然史收藏最丰富的博物馆之一。1886年，由于上海博物院声誉日隆，工部局甚至将博物院所在的下圆明园路更名为博物院路[54]。

天主教会和亚洲文会博物院的相对年代关系上的分歧来自于博物馆创始年代的判断标准的模糊性，以及由此造成的前者始建年代的不确定性。如果认同博物馆的公共属性，则博物馆面向社会大众开放是比搭建馆藏甚至议定创设博物馆等更具说服力的标准。在这个标准下，上海博物院的创设年代相对较为清晰，诸家基于展陈空间的出现认可1874年之说。而上海天主教会在法租界区的博物馆则较为复杂，创设年代固不能提早到创始人韩伯禄抵华的1868年，但也不至晚至徐

---

〔51〕 Report of the Council of the North-China Branch of the Royal Society for 1874. *JNCBRAS*, 1874(VIII): xi-xii.

〔52〕 Carle Sowerby A. The History of the Shanghai Museum. *The China Journal of Science and Arts*, 1933, 19(5): 220.《上海博物馆史略》记载，“在一八七四年之初，著名的博物学家但维特神父因被疾病苦缠，不得已地放弃了他的研究中国的工作，经过上海准备取道回至法兰西，那时他带了一位名叫王树衡的中国人，那是一个技巧精熟的动物剥制家”。参见《上海博物馆史略》，上海通社：《上海研究资料续集》，《民国丛书》（第四编第81册），上海：上海书店出版社，1992年，第395页。

〔53〕 Carle Sowerby A. The History of the Shanghai Museum. *The China Journal of Science and Arts*, 1933.

〔54〕 熊月之：《上海通史》（15卷），上海：上海人民出版社，1993年，第307页。

家汇新馆舍落成的1882年，而存在于两者之间的上海自然史博物馆已经面向社会公众开放也能得到侧证，但是开放时间应该晚于1872年江南科学委员会徐家汇会议，因此与上海博物院的早晚关系变得松动灵活起来。

徐家汇博物院和上海博物院孰早孰晚尚未有定论之际，有论者先后抛出更早于两家的个案，构成了绝对年代上“最早”的博物馆。既往研究虽然准确地认定博物馆观念和实践都是西来文化影响的结果，但是，眼光过于狭隘地局限于1840年之后的开埠口岸和传教地区。首先暴露的疏漏是殖民地被遗忘在学术史观察范围之外。1855年，香港殖民政府成立了一处陈列“文物（cultural things）”的博物馆[55]。虽然缺乏更多细节，但早于上海诸家博物馆却是不争的事实。更为重要的是，近代中西交往虽然受扼，但仍保留了一定的渠道，博物馆观念和实践的东渐无须等到1840年之后。基于长期以来未被关注的逗留澳门的英国东印度公司商人资料，卜嘉（Rogério Miguel Puga）提出，澳门的英国博物馆才是中国最早的博物馆[56]。

卜嘉的研究揭示，早于鸦片战争，来华交易的欧洲商人社区中已出现博物馆，并且以明确的公共性成为澳门社会文化中不可忽视的内容。18世纪后期起，珍奇橱（cabinet of curiosities）在欧洲公私收藏中大为流行，为在非贸易季节不得不滞留澳门的商人们提供了一种生财之道、业余爱好乃至志业。他们利用闲暇时间收集珠江三角洲一带的动植物物种标本，销往欧洲[57]。1700年，英国东印度公司抵达中国，在香港殖民地建立之前一直驻留澳门。1829年2月22日，

---

〔55〕 Endacott G B. *A History of Hong Kong*. Hong Kong: Oxford University Press, 1977: 104-105; Cros H D, Lee Y S F, Sauvigrain-McClelland A, et al. The Pearl River Delta: One Region, Three Systems//Cros H D, Lee Y F. *Cultural Heritage Management in China: Preserving the Cities of the Pearl River Delta*. New York: Routledge, 2007: 31.

〔56〕 Puga R M. The First Museum in China: The British Museum of Macao (1829-1834) and Its Contribution to Nineteenth-Century British Natural Science. *Journal of the Royal Asiatic Society*, 2012, 22: 575-586.

〔57〕 Kaup J J. *Catalogue of Lophobranchiate Fish in the Collection of the British Museum*. London, 1856. 转引自Puga R M. The First Museum in China: The British Museum of Macao (1829-1834) and Its Contribution to Nineteenth-Century British Natural Science. *Journal of the Royal Asiatic Society*, 2012, 22: 576.

“数名年轻的英国自然史爱好者创建了博物馆”[58]。供职于英国东印度公司的约翰·里弗斯（John Russell Reeves）、亨利·克拉克（Henry Mathew Clarke）和乔治·瓦谢尔（George Harvey Vachell）联合成立了澳门英国博物馆（British Museum in Macao）。在创设博物馆之前，创办人皆以收集自然史标本著称，由于身处远东，他们已经成为英国国内博物馆或者协会收藏的稳定供应商，供货内容包括动植物、矿石、动物，甚至涉及中国古物等。有清晰记录显示，里弗斯同时向大英博物馆的图书馆和古物部提供了其他藏品，他的宏富的中国古钱币收藏屡屡被人提及[59]。斯图尔德（Charles Samuel Stewart）等人可能因为创办人的职业身份，将博物馆误认为英国东印度公司的机构[60]。不过，这家博物馆纯属创办人的个人事业。英国博物馆开办期间，参观记录显示有人负责看管展品和导引展览，但是博物馆的三个管理职位，分别为总干事、司库和策展人，则一直由三位创办人担任。然而，博物馆也得到由官商、私商和家属构成的整个英国社区的支持。作为私立博物馆，英国博物馆的运作依靠年度额度为30元的会员认捐，认捐范围仅限于英国人士，但是博物馆恪守公共性原则，面向整个澳门社会开放。不过，1833年法案之后，英国东印度公司因丧失垄断地位而离开澳门，澳门英国博物馆随之关闭，其收藏部分转入到加尔各答亚洲协会，部分转入英国多家博物馆[61]。

中国最早的博物馆由来华西人创设之说已无疑义，但是，何人何馆才构成最早的环节还争讼不休。相关探索和研究在行为者层面从华人扩展到来华传教和贸易的西人，在地域层面从鸦片战争之后的开埠口岸和传教地区扩展到殖民地，甚至早已独立存在的西人社区，在时代层面从1840年之后延伸到1840年之前。但

---

〔58〕 *The Canton Miscellany*, 1831, (5): 381.

〔59〕 *The Journal of the Proceedings of the Linnean Society: Zoology*, 1857, 1: xliii-xlv.

〔60〕 Stewart C S. *A Visit to the South Seas: In the U. States Ship Vincennes During the Years 1829 and 1830*. New York: John P. Haven, 1831: 259.

〔61〕 *The Calcutta Monthly Journal and General Register of Occurrences throughout the British Dominions in the East Forming an Epitome of the Indian Press from the Year 1836*. Calcutta: Samuel Smith, 1837: 218. 转引自Puga R M. The First Museum in China: The British Museum of Macao (1829-1834) and Its Contribution to Nineteenth-Century British Natural Science. *Journal of the Royal Asiatic Society*, 2012, 22: 584.

是，无论是行为者，地域还是时代，甚至研究材料的保存状况上都存在鲜明的阈限。也许还有若干早期博物馆遗珠在外，不过，博物馆观念和实践入华的渠道和年代、地域和人物上可供延伸的空间均甚为有限，因此可以填补的环节越来越少。

不过，越是有此前从未知晓的环节的发现，就越能揭示出这种作业方式在观念和方法论上的贫乏。如果博物馆史的研究价值在于确认当前博物馆思想遗产的话，执意于从将近一个世纪的学术史回顾都从未言及的黑暗之中打捞绝对年代意义上的更早环节就会变得毫无价值。作为显性环节的徐家汇博物院、上海博物院和南通博物苑都对随后的中国博物馆事业实践提供了借鉴和参考价值，而发现此前闻所未闻的环节，无异于表明这些环节在很长时间内既未被人提及，也没有任何随后的博物馆群体征引或者效仿，因此几无影响。长期以来存在于社会公众的视野和记忆之外，对于作为社会文化公共机构的博物馆而言，无疑构成对其基本价值的否定，因此缺乏智识遗产价值的“最早”环节是无意义的。我们需要转换思路，挣脱出单纯的时代线索的诱拐，确认在后世博物馆中真正得到继承的遗产成分。

1.3　超越单线式年代脉络：作为表达方式的馆藏与展陈

和单线式排列诸家博物馆的年代关系相比，辨析来华西人在中国设立的最早的博物馆的内容、特征和价值更为关键。因此，判断和排列中国最早的博物馆时，需要排除两个单线式思路的干扰。首先，无论早期博物馆如何数量稀少，不可将所有的博物馆视为同一知识类型的样本。由于行为者的多样性，中国最早的博物馆之间的差异可能较其他国家的范例更为显著。其次，对于博物馆而言，年代不是唯一标准，甚至都不是重要标准，通过馆藏和陈列等物质性、可观察的方式表达的博物馆价值观和知识结构更具有示范和传承价值，因此也应该成为博物馆史观察的焦点。不过，由于资料保存状况和受关注程度上的差异，19世纪至20世纪初期，来华西人创办的博物馆可供分析的资料有限。

法国天主教会在上海租界中先后设立的博物馆中，位于徐家汇教堂附近的自然史博物馆的馆藏和展陈均无法追溯，最初独立兴建的徐家汇博物院现存零散记录，而由谓水学和赖鸿那设计的吕班路震旦博物院则保留了更多细节。徐家汇博

1949年之前原貌

现状（作者自摄）

图1.1　震旦博物院

物院仅为二层楼房，其空间布局可见于初版《上海指南》，“大门内园地蓄活物一二种。楼下贮兽类及鱼鸟之枯骨。楼上陈列约分数种，如甲虫、贝介、兽类之皮骨，禽鸟蛇类是也。其中尤以皮骨一种为最多”〔62〕。可见徐家汇博物院为标准的自然史博物馆，馆藏基本覆盖自然史收藏主要门类，展陈依内容分野予以分区。吕班路震旦博物院为四层西式建筑，地面一至三楼按照展陈内容分配，包括古物陈列室、植物标本室、动物标本室和昆虫标本室，每层各有研究室、图书室、写字间和暗房等，此外另有仓库和机房（图1.1）。楼外南面尚有一座植物园。震旦博物院时代，馆藏结构发生重大转型。自达维特、韩伯禄和柏永年筹办开始，自然史收藏一直就是天主教会博物馆的重点，也是特色。不同奠基人的征集倾向不同，达维特在华北采集，韩伯禄和柏永年在长江流域采集，松梁材（P. Savio）和郑璧尔（P. Piel）的采集工作覆盖了从苏皖至粤闽浙的广大地区，但总体而言，震旦博物院中，南方物种的全面性和代表性都更为突出〔63〕。柏永年“精禽鸟门”，松梁

〔62〕 商务印书局编译所：《上海指南》（卷四），上海：商务印书馆，1909年。

〔63〕 相对于长江以南的南方物种资料的完善程度，20世纪早期已有博物馆中华北地区的自然史收藏数量不足，门类不齐，这成为桑志华成立北疆博物院的主要驱动力之一。郑津春、李庆奎：《北疆博物院百年历史回顾》，《大众文艺》2011年第21期，第218页；马金香：《北疆博物院的追溯、传承与展望》，《中国博物馆》2014年第4期，第83页。

材和郑璧尔“注重于昆虫学的研究”[64]。历史和艺术收藏的出现是震旦博物院时代的一项主要变化。葛修士（Fr. Al Beck）历年积累了数量达3000件的中国古代艺术收藏，此前长期存放于土山湾孤儿院，从未对外公开，在徐家汇博物院的自然史收藏移交震旦博物院之际，也一并转入，形成独立的收藏和陈列部门，震旦博物院从自然史博物馆一变而成为综合博物馆。鉴于馆藏分为自然史和中国古物两部分，博物院相应成立了生物研究所和古物部。两者规模和价值显著有别，前者包括动植物、昆虫和矿物标本的研究，后者包括青铜器、玉器、陶瓷、钱币、墓俑等，但在分类作业上，仅仅列出金属品、玉石类和瓦器三个方向，藏品规模达到万件之上[65]。

遵从中国观众的参观预期，震旦博物院的中国古物收藏被安排在最显著的展陈位置上，即入楼的一层展厅。展陈品包括古代青铜器、玉器、瓷器、漆器、钱币、鼻烟壶等。有的展陈品应该出自上海本土，有观众提及“崇明海滨发现的明朝帝皇殉葬物件”[66]。不过，整体而言，震旦博物院的中国古物收藏仅能起到填补空白和完善门类之用，精品甚少，缺乏惊喜。一楼门厅之中，仿照19世纪中晚期欧美的自然史博物馆，以“各种奇形异状的鹿头鹿角”装饰，提醒观众注意该馆的“动植物科学标本的宝库”的身份标识[67]。震旦博物院真正足以傲人的是自然史收藏，分别展陈在博物院大楼的二楼和三楼。二楼陈列动植物标本，包括哺乳类、鸟类、两栖类和鱼类等，其中尤其引人注目的是一具鲸鱼头骨。三楼的陈列分成两室，以昆虫标本为主，但在入口处有狮虎标本各一具。此二层展陈品是天主教会自19世纪60年代以来一直倾力搜罗的动植物标本。部分动植物标本来自日本、菲律宾、越南、泰国、马来西亚等地，据称这正是韩伯禄晚年所力倡的，“尽其最后十五年之心力，考察中国邻邦物产”[68]。震旦博物院颇以自然

〔64〕《国内消息震旦博物院昆虫部概况》，《昆虫与植病》第3卷第6期，1935年，第123页；《震旦博物院史略》，上海通社：《上海研究资料续集》，《民国丛书》（第四编第81册），上海：上海书店出版社，1992年。

〔65〕《震旦博物院》，《中国博物馆一览》，北平：中国博物馆协会，1936年，第75～79页。

〔66〕赵锦福：《震旦博物院参观记》，《科学趣味》第4卷第2期，1941年，第111页。

〔67〕赵锦福：《震旦博物院参观记》，《科学趣味》第4卷第2期，1941年，第111页。

〔68〕《震旦博物院概况》，《中国博物馆协会会报》第1卷第3期，1935年，第3页。

史收藏为傲，自诩“贮藏中国所产之植物等标本之富，实为远东第一”[69]。院舍南侧还有植物园，栽种震旦博物院多年采集的植物品种，后来有意识地集中栽种长江中下游地区植物。在展陈上，除大件标本，如第二层的鲸鱼和第三层的狮虎采取开放式陈列外，其他展品均放置于玻璃橱匣之中。橱柜式孤立展陈方式实是此时博物馆陈列的主流，但也有观众因此提出批评，“虽是异常丰富，不过未能布置天然景物，较难引起参观人士的兴趣，这是不能不引为遗憾的”[70]。但是，到1949年之后接管时，沈之瑜却发现，“这些标本并没有见到，只有一些昆虫标本”[71]，而且，他极端反感震旦博物院的历史收藏，“不少是有损中华民族自尊心的糟粕，如鸦片烟具及女人绣花小脚鞋，等等”[72]。

震旦博物院的展陈体现出纪念性和科学性、本土和外来、自然史和历史艺术等多种倾向杂陈和角力的状况。因为以韩伯禄博物馆作为西文馆名，博物馆入口悬挂“韩司铎之游猎区域”和“本院物品之出产地区”等图，既可为参观者提供背景说明，又可以作为博物馆自身记忆的重要建构方式。来华西人创设的博物馆的自然史部分系中国此前未见，而其历史艺术部分则由于收藏、展陈者和中国观众的立场差异，容易被视为西人的文化误解甚至曲解。

在展陈空间上，有别于徐家汇博物院和震旦博物院的是，上海博物院从未独立于亚洲文会，因此，其空间演化就是亚洲文会建筑演化的组成部分，而其展陈活动也是亚洲文会的主要活动的表现。1868年，亚洲文会获得圆明园路和北京路交叉口东北地块营建亚洲文会大楼。初期大楼主要得到汉璧礼捐款支持，建成一幢两层楼房。一楼为演讲厅，二楼为图书馆和博物馆。上海博物院最初不过两间陈列室，仅能满足陈列自然史收藏之用。按照类别的大致区分，一间展室陈列兽类、贝介类、蛇类、鱼类等，另一间则陈列禽鸟类、昆虫类标本。由于长期遭受

---

〔69〕《震旦博物院概况》，《中国博物馆协会会报》第1卷第3期，1935年，第3页。

〔70〕赵锦福：《震旦博物院参观记》，《科学趣味》第4卷第2期，1941年，第111页。

〔71〕沈之瑜所见状况可能和震旦博物院历年出售藏品有关。20世纪30年代郑璧尔主持震旦博物院时期，曾经出售标本460套给美国国家博物馆，1945年又出售443种标本给美国哈佛大学R. Tucker，参见李枢强：《韩伯禄及其动物标本收藏》，《生物学通报》第39卷第3期，2004年。

〔72〕沈之瑜：《最早的两个博物馆》，原载于《上海滩》1989年第5期，收录于《沈之瑜文博论集》，上海：上海古籍出版社，2003年，第99页。

蚁蚀，亚洲文会大楼已成危楼，得到伍连德捐款后，1928年亚洲文会拆旧建新。1933年，亚洲文会新大楼落成，博物院仍设于大楼之中。因为整体空间增大，博物馆空间也相对增加，整座大楼地上五层，地下一层。其中，除首层为供集会之用的伍连德厅，二层为图书馆之外，三、四、五楼皆辟作博物馆，分别为生物标本陈列室、文物陈列室和美术品陈列室〔73〕。从展陈空间可知，上海博物院从最初的自然史收藏，逐渐扩大到自然史、古物和人类学收藏并重格局。

上海博物院的馆藏创建起步于亚洲文会创立之时。文会从一开始就将收集动植物标本当成自身的主要工作之一。同时期报端复原亚洲文会的展陈情况为"在本埠设立一院，将中国与东洋各物齐集聚院中，事虽创始，而所罗列者业已不少"，"计属毛虫者，……羽族者，……又有水族中名物，不能殚述"〔74〕。从列举内容看，上海博物院也以自然史收藏见长。《申报》报道时甚至以"将飞禽走兽以及各动物并列于内，以便博物者随时赏玩"为博物馆定义〔75〕。但是，在1874年的成立会议上，上海博物院显然按照综合博物馆予以设计，指定了依内容区分的部门的负责学人，至少包括了植物学、地质学与贝壳学、爬虫学与动物学、考古学与钱币学、鱼类学、鸟类学、实业产品七个部门，可以大致划分成自然史、考古学、民族学和殖产兴业三个组群。但是各个部门的实际馆藏规模并没有齐头并进，有些部门甚至乏善可陈，譬如实业产品部门几无增长。上海博物院也整体性地接收了具有重要纪念价值的综合性私人收藏。1946年辞任的馆长苏柯仁（A. de C. Sowerby）将古文字和生物标本等藏品捐给博物馆，博物馆也相应地另辟一室，命名为苏室（The Sowerby Hall），以便完整保存其收藏原貌〔76〕。1920年的馆藏清点显示，"鸟类标本3000余种，代表500个种类，估计价值在10000元；哺乳动物之收藏价值已达到1500元；爬行和两栖动物有1500余种中国标本，代表100个物种，价值在2000元；矿石和化石价值达2000元，总计达20000元"〔77〕。1934年，在苏柯仁任内，博物馆的主要业务部门包括包达甫

---

〔73〕 傅振伦：《英国亚洲文会》，《七十年所见所闻》，上海：华东师范大学出版社，1997年。

〔74〕 《创设博物院》，《申报》1875年11月4日。

〔75〕 《创设博物院》，《申报》1875年11月4日。

〔76〕 Proceedings. *JNCBRAS*,1946, LXXII:2.

〔77〕 Proceedings. *JNCBRAS*, 1920, LI:15.

（W. M. Porterfield）负责的植物部，威金生（E. S. Wilkinson）负责的鸟类部，栢达（Herald Porter）负责的考古部，裘毕胜（H. E. Gibson）负责的钱币部，以及朱元鼎负责的鱼类部[78]。此时的博物馆展陈主要采用玻璃橱展柜形式，馆内共设130余个展柜。超过70个展柜展陈自然史内容，但是，也有接近20个展柜展陈“中外钱币”、“明代之甲胄”、“中国古代之兵器”、“汉砖”等历史文物，以及若干个展柜展陈“四川土著民族之服装和乐器”、“东亚人之各类服装”、“非洲黑人之长矛”等民族志或者风俗资料[79]。到1951年接管之时，博物馆“生物标本（包括小部分矿物标本）共20328件，历史文物及艺术品共6663件”[80]。具体分类包括人类学、考古学、博物学、地质学与矿物、古生物学五个大类。

无论是震旦博物院还是上海博物院，虽先后都成为综合性博物馆，但皆以自然史收藏著称，在整个东亚地区都属首屈一指，而两馆的历史古物和美术收藏都乏善可陈，完全无法与后起之中国本土博物馆相提并论。两家博物馆在1949年之后先后关闭，在其馆藏基础之上，1956年，上海市文化局和上海市科普协会联合筹办了上海自然博物馆[81]。

澳门英国博物馆的收藏和展陈以自然史为绝对主体。由于创始人有向英国博物馆和私人收藏长期提供哺乳类、鸟类、鱼类、爬行类和昆虫等类别标本的经历，自然史收藏的主导地位不言自明。但是，值得注意的是，自从成立开始，澳门英国博物馆就明确表现出在类别上超越自然史收藏和在地域上超越珠江三角洲地区的倾向。莫理循（Robert Morrison）帮助翻译了发送给十三行和其他华商请

---

〔78〕 苏阿德著，戚铭远译：《中国博物馆：上海博物院指南》，亚洲文会华北支会，1937年。转引自王毅：《皇家亚洲文化北中国支会研究》，上海：上海书店出版社，2005年，第63页。

〔79〕 苏阿德著，戚铭远译：《中国博物学：上海博物院指南》，亚洲文会华北支会，1937年。

〔80〕 《文化部关于召开全国博物馆工作会议的通知及我局汇报上海各博物馆的工作报告》，上海档案局（B172-1-220）。转引自王毅：《皇家亚洲文化北中国支会研究》，上海：上海书店出版社，2005年，第64页。

〔81〕 亚洲文会因经费断绝而申请接管，于1952年6月27日接管，震旦博物院于1953年1月25日接管。参见沈之瑜：《最早的两个博物馆》，《沈之瑜文博论集》，上海：上海古籍出版社，2003年。

求襄助征集的文书，指明澳门英国博物馆“收集本土及异域奇珍，既含艺术品，又包自然史”[82]。1833年，博物馆的宗旨略作调整，“博物馆以收藏自然史和艺术品为务”[83]。1834年途经澳门的博物学者乔治·贝纳特（George Bennett）描述博物馆收藏时提及“来自世界各地的鸟类、哺乳动物、兵器、化石等”多元特色[84]。

来华西人在中国创立的早期博物馆显示出诸多共同特征。诸家博物馆都偏重于收集和展陈动植物和昆虫等自然史标本事出有因。在华的自然史收藏并非孤立的系统，而是欧洲的自然史收藏网络的重要延伸部分：既构成欧洲自然史收藏的供应链，又将自然史收藏风尚及其内涵倾向扩展到远东一带。这一特征导致中国出现的最早博物馆与中国社会并无密切联系，甚至也不符合本土观众的预期。在同时代中国作者眼中，“上海博物院以收藏东方古物与珍异禽兽为主旨，……徐家汇博物院以收藏中国动植物标本为主旨”[85]。无论是震旦博物院还是上海博物院都先后出现了与中国相关的收藏，但既相对年轻，也缺乏有价值的收藏渠道，无法形成有竞争力的馆藏成分。从最早的数家博物馆的社会开放程度看，澳门英国博物馆仅仅提及面向澳门的西人社区开放，是否同样向华人社区开放则未可知。上海最早的两家博物馆中，上海博物院更具开放性，全无门槛限制。“中外人有往观者，但不取值也”[86]。亚洲文会特别提到，“博物院的方针是为上海社会所用，使公众在闲暇时间能来参观”[87]。创办之初，上海博物院每周六下午和周日全天均对外开放，对观众身份无任何要求。到新楼落成之后，博物院每天都开放。天主教的博物院最先并不开放，需有熟人介绍方得参观，“苟有熟识之人，即可入门玩玩”[88]。即使面向社会开放之后，观众只能午后前往参

〔82〕 Morrison R. *Memoirs of the Life and Labours*. London: Longman, Orme, Brown, and Longmans, 1839: 427.

〔83〕 *The Quarterly Journal of Education*, 1833, 6(11): 187.

〔84〕 Bennett G. *Wanderings in New South Wales ... Being the Journal of a Naturalist during 1832, 1833 and 1834*. London: Richard Bentley, 1834, 2: 35-36.

〔85〕 《上海市博物馆建设经过》，上海通社：《上海研究资料续集》，《民国丛书》（第四编第81册），上海：上海书店出版社，1992年，第365页。

〔86〕 《创设博物院》，《申报》1875年11月4日。

〔87〕 Proceedings. *JNCBRAS*, 1934, LXV:V.

〔88〕 黄式权：《淞南梦影录》（卷四），上海：上海古籍出版社，1989年，第138页。

观，虽然不要门票，但是需投名刺于管事教士，是否得允全由教士判断。这也与博物馆展陈中表现出来的重收藏轻展陈的倾向相吻合。徐家汇博物院有限度、有条件的开放性导致华人纷起效仿，以牟利方式经营，“华众会主人仿而行之，罗致异物，锁闭室中，入观者必先输青蚨五十翼”〔89〕。反衬之下，从属于自然史收藏全球网络的中国最早的博物馆也从未以中国本土社会为服务主体。

1.4 “国人自创之始”：张謇与南通博物苑

张謇是国人中最早提倡并实现博物馆计划者，其先驱价值不容置疑，但是他的博物馆观念和主张，以及南通博物苑的发展历程都不能过于孤立地看待，而需要在更为宏大的历史情境中理解和评估。基于追认行业发展脉络，正本清源的目的，既往对张謇的博物馆活动的研究有意无意地形成了扁平化和孤立化两种倾向。前者忽略了张謇的博物馆观念和实践中可能存在的各种转向，而以固定僵化的形象一言以蔽之。后者则为了凸显张謇对于中国博物馆史的价值，人为地将张謇的活动按照现代分类观念分割到不同的领域之中。至少两个侧面的割裂影响了对张謇的判断：其一是将张謇的博物馆活动与他的其他活动的关联，尤其是殖产兴业活动及与之配套的展会活动分离开来，忽视了南通博物苑的现实目的和功能。其二是过于孤立地突出张謇及南通博物苑的划时代价值和本土属性，割裂了与同时期其他博物馆活动的关联，尤其是域外博物馆对张謇的博物馆观念和实践的影响。深受国族主义影响的中国博物馆起源二元观念尤其纵容了后一种割裂。多重情境的复原揭示出张謇的博物馆观念和实践的多元特征超乎想象，同时始料不及地呈现出张謇的博物馆理念和实践的日本渊源。

1.4.1 基于日本经验的博物馆主张和实践

作为光绪甲午（1894）恩科状元，张謇在清季民初以兴办实业著称。张謇对博物馆的兴趣的萌生以及转型，以及博物馆实践都与实业观有关。1903年参访日本大阪博览会成为张謇实业观的转变契机，而博物馆观念的吸纳和实践不过是余绪之一。自1905年开始，张謇在博物馆问题上的种种创见创举几乎都可以在日本

〔89〕 黄式权：《淞南梦影录》（卷四），上海：上海古籍出版社，1989年，第138页。

找到出处，甚至可以说，张謇以一人之力，重演了日本近现代意义博物馆崛起过程中曾经涌现的种种可能及其挫折。

作为中国最早博览会的倡导者和主要组织者，张謇于1903年东渡观展构成他认识博览会和博物馆的起点和基础[90]。1903年2月，日本驻江宁领事天野恭太郎邀请张謇观摩日本第五次内国劝业博览会，即大阪博览会。此次博览会于3月1日在大阪府天王寺开幕，持续至7月1日闭幕。大阪博览会是日本历次内国劝业会中规模最大的，包括中国在内的多达18个国家组团参加，俨然已成国际博览会规模。大阪博览会的观摩经验使张謇认识到，博览会是殖产兴业的重要手段，而将有时间限定的博览会以更加长期而固定的形式保存下来就形成了以促进实业为基本导向的博物馆。这并非日本最早期博览会展业的独到之见，事实上，日本对博览会的热衷与幕末明初众多遣使团在欧美的观摩密切相关，其中尤以1862年的竹内保德遣欧使节团和1871年岩仓具视遣美欧使节团为著。自伦敦和巴黎博览会以来，在公众观念之中，博览会、博物馆和实业之间已经形成牢不可破的纽带，博物馆被视为极富时代特色和进步价值，鼓吹工业文明的重要社会文化机构[91]。因此，张謇的博物馆观念具有强烈的殖产兴业导向。此后，张謇几乎参与了中国参加的所有重要的国际展会，如1906年的米兰渔业赛会和中国最初的国内展会——1910年的南洋劝业会的筹办活动。在服膺于博物馆即是常设博览会的观念之后，张謇认为实业和物产应是博物馆陈列的最重要的成分。《变法平议》中，张謇提出在省会及通商大埠建立“工艺局及博览所”，意在辅助实业发展。《农工商标本急策》又提出，“派大员集合资本，博采各省著名精巧之器，入巴黎大会，并选挈名商慧工同往，察视各国好尚风俗，以便推广制造”[92]。因此，对大阪博览会上中国展区以历史古物为展陈大端的做法，张謇表达了强烈不满，“劝业以开来，而此以彰往，若移置中国博物院，差不倍耳”[93]。古董收藏和

〔90〕 张謇：《癸卯东游日记》，通州：翰墨林书局，1903年，收入张謇：《张謇全集》，南京：江苏古籍出版社，1994年。

〔91〕 Conn S, Rydell R. World Fairs and Museums//MacDonald S. *A Companion to Museum Studies*. Oxford and Malden: Blackwell Publishing, 2006: 135-151.

〔92〕 张謇：《农工商标本急策》，《张謇全集》（第2卷），南京：江苏古籍出版社，1994年，第12页。

〔93〕 张謇：《柳西草堂日记》，《张謇全集》（第6卷），南京：江苏古籍出版社，1994年，第483页。

陈列在张謇的博物馆设计中起初并无地位。不过，大阪博览会并非张謇的博物馆观念的唯一来源。虽然目前并无确凿的文字证据证明张謇滞日期间曾经参访过日本的博物馆，但是张謇归国后所上条陈文字却显示出他对日本博物馆，尤其是东京帝室博物馆的熟稔〔94〕。而张謇在南通的博物馆主张和实践甚至暗示他对帝室博物馆之外的其他博物馆也有一定程度的了解。因此，张謇的博物馆思想的日本渊源既有大阪博览会和殖产兴业观的明线，也有帝室博物馆和其他博物馆的伏笔。

返国之后，张謇在博物馆事业上的最初主张并没有着力阐发大阪博览会和殖产兴业观形成的明线，而提出以东京帝室博物馆为范本，创建中国的帝室博物馆。1905年，张謇分别提交《上南皮相国请京师建设帝国博物馆议》和《上学部请设博览馆议》，皆以博物馆事业为要旨，内容基本近同，只是后者略加延伸而成为“博览馆”。张謇开篇明义地将博物馆定位成为社会政治和学术参考的重要机构，“夫近今东西各邦，其所以为政治、学术参考之大部，以补助于学校者，为图书馆，为博物苑。大而都畿，小而州邑，莫不高阁广场，罗列物品，古今咸备，纵人观览”〔95〕。“盖有图书馆、博物苑以为学校之后盾，使承学之彦有所参考，有所实验，得以纵合古今，搜讨而研论之耳”〔96〕。这一定位自然有别于基于博览会，倡导殖产实业的博物馆。虽然在条陈之中，张謇以上起《周官》制度，下迄康乾《四库全书》和《西清古鉴》、《石渠宝笈》、《秘殿珠林》等编纂集成工程为中国博物馆事业先导，强调帝室博物馆的本土基础，但言及具体的设施和管理方式时，却明显流露出日本影响。帝室博物馆的拟名出自日本，张謇亦不讳言，“日本帝室博览馆之建设，其制则稍异于他国，且为他国所不可及”〔97〕。博物馆的组建和维持上显示出更多源自日本的经验。日本帝室博物馆的最初推动力源自皇室捐献宫廷收藏，因此张謇也相应提出，“当奏请皇太后、

---

〔94〕 张謇日记中全无博物馆参观记录，但是孙渠回忆录提及张謇曾经参观帝室博物馆，参见孙渠：《回忆南通博物苑见闻》，《南通文史资料选辑》（第二辑），1982年。

〔95〕 张謇：《上南皮相国请京师建设帝室博物馆议》，原收入《张季子九录教育录》，现收入《南通博物苑文献集》，1985年，第24页。

〔96〕 张謇：《上学部请设博览馆议》，《南通博物苑文献集》，1985年，第29页。

〔97〕 张謇：《上南皮相国请京师建设帝室博物馆议》，《南通博物苑文献集》，1985年，第24页。

皇上颁赐内府所藏，以先臣民，钦派王大臣一二人，先领其事”。张謇提出，帝室博物馆应该归口由学部管理，“俟开办后，则隶其馆于学部，特遴专员，任其职守”[98]。如观察日本早期博物馆布局，这一建议的源头也就昭然若揭了。日本早期博物馆区分为两个体系，一是从属于内务省和宫内省的帝室博物馆，另一则是从属于文部省和高等师范学校的教育博物馆。张謇对在中国创建帝室博物馆的设想恰是日本方案的折中结果。张謇分别从建筑、陈列、管理、模型、采辑、表彰等多个方面陈述帝室博物馆的具体设想，日本影响随处可见。在建筑选址上，张謇提出“其地便于交通、便于开拓者为宜”，有别于中国重藏不重展的传统。在馆藏组成上，张謇提出，“当以天然、历史、美术别为三部，分别部居，不相杂厕”，在陈列上，“天然部以所产所得之方地为等差，历史、美术二部以所制造之时代为等差”。天然、历史和美术三分法在日本早期博物馆中已经形成共识，而强调以产地和时代排序也是当时博物馆陈列的基本倾向。对作为辅助教学手段模型的重视导致张謇特别提出设置独立的“模型之部”，而这正是日本教育类博物馆的经验[99]。

在《上学部请设博览馆议》中，张謇的图博一体观虽然有别于基于博览会的博物馆观念，但这一观念同样可见于日本，“采用博物、图书二馆之制，合为博览馆，饬下各行省一律筹建。更请于北京先行奏请建设帝室博览馆一区，以为行省之模范”[100]。此处博览馆乃是博物馆的延伸和扩大。如果说由来有自的图博一体观无须引入的话，张謇提出以帝室博物馆为模范，逐层逐级皆办博物馆的层级式建制在日本已经是卓见成效的体制了，“上自皇家，下迄县郡地方学校，咸有博物馆之设”[101]。虽然张謇并没有大张旗鼓地以日为师，仅在奏议中轻描淡写地提及日本帝室博物馆，但是这一动议从整体到细节都有不可否认的日本印记。不过，建立在皇家主动捐献收藏以充公用的基础之上的帝室博物馆经验在中国根本没有复制的可能。张謇两度博物馆之议均未获支持。

---

〔98〕 张謇：《上南皮相国请京师建设帝室博物馆议》，《南通博物苑文献集》，1985年，第25页。

〔99〕 张謇：《上南皮相国请京师建设帝室博物馆议》，《南通博物苑文献集》，1985年，第27页。

〔100〕 张謇：《上学部请设博览馆议》，《南通博物苑文献集》，1985年，第29页。

〔101〕 张謇：《上学部请设博览馆议》，《南通博物苑文献集》，1985年，第29页。

1.4.2 南通博物苑的创设

在通过国家自上而下的支持，以帝室博物馆为表率，建立基于行政等级的博物馆体系之路无法走通的情况下，张謇改弦更张，回到殖产兴业模式的博物馆旧路，将博物馆当成促进实业的组织方式。由于中国早期的博览会事业不发达，其自身维持都堪虞，因此无法立即建立脱胎于博览会的博览馆或者博物馆，张謇转而寻求建立直接依附和服务于实业和教育的博物馆。他将见诸日本的多类博物馆的经验都用于南通博物苑的运营和维持上，这也暗示了张謇在南通博物苑定位上的犹豫和反复。张謇以自身掌控的民间工商力量为基础，一方面，这有效地克服了官僚机构的低效和制掣，但是另一方面，这导致与官方的博物馆运动的疏离，运营上过度依赖于张謇的商业活动。事实上，在张謇身后，南通博物苑的维系就显得力不从心，甚至濒于破产。

张謇视“择地”为“最注重者”，而南通博物苑的择地则为其展陈和社会功能预置了诸多特色。南通博物苑与先期创办的通州师范学校密切相关[102]。南通博物苑就是在南通师范学校的公共植物园地块上发展而来的。几在上书吁请建立国家博物馆之时，张謇已经决意将通州师范学校植物园改造为博物苑。植物园位于濠河外，与学校隔河相望，在辟为植物园之前，该地块为坟场，因而住家甚少。1905年，张謇并购了多家之地，“购并地二十九家，凡三十五亩有奇”[103]。新生的博物馆起初定名为通州博物馆，但旋即改成博物苑，应与作为基础的植物园相关。按照张謇对择地的评判，此地固易于拓展，但是并不算交通便捷之地，因此，择地于此势必在功能设计上以服务于师范学校为主。南通博物苑和通州师范学校的配置关系与明治二十二年起附属于东京高等师范学校的教育博物馆不谋而合。究其创设原意，南通博物苑以提供通州师范学校的博物学科实习之用为主要目的[104]。博物苑的自我定位表述为“为本校师范生备物理上之

---

〔102〕 管劲丞：《通州师范的创办和发展》，《南通文史资料选辑》（第二辑），1982年，第79页。

〔103〕 《博物苑》石额题语。

〔104〕 管劲丞：《通州师范的创办和发展》，《南通文史资料选辑》（第二辑），1982年，第79页。

实验，为地方人民广农业上之知识”[105]。张謇自述创建博物苑的初衷，“博物馆不备，物理之学无所取证”[106]。可见，南通博物苑以服务于通州师范学校的教学为主，面向社会开放为辅。张謇在南馆阳台悬挂楹联“设为庠序学校以教，多识鸟兽草木之名”，也清晰地界定了南通博物苑的教育目的。《南通博物苑品目序》再度重申，“设苑为教育也”。事实上，博物苑建成之后，“南通各校，凡讲关于动、植、矿物，常由教师率往参观，因之人多称为南通各校专设之标本室也”[107]。南通博物苑虽号称面向社会开放，但是开放极其受限，仅仅接纳社会精英和学校团体，甚至在博物苑和师范学校发生冲突后，张謇决意长期暂停开放[108]。因此，南通博物苑的自身定位并未立足于一般意义上的社会教育，而更接近于东京教育博物馆。在管理上，南通博物苑也原意附庸于通州师范学校[109]。

虽然自曾昭燏起，博物馆学文献皆将南通博物苑的创始年代推定在1905年，但与前述由来华西人创设的早期博物馆一样，需要讨论创建年代的判定标准。以1905年作为南通博物苑的起点一说可能肇始于创设者本人。张謇《南通博物苑品目序》自述“清光绪乙巳，以师范教授博物之须有所证也，始营苑于校河之西”[110]。但是，明确无误的是，1905年是南通博物苑开始施工时间，并非开放时间。而且，直至年末，南通博物苑才开始施工，当年仅完成围墙。张謇日记12月9日条记，“规划博物苑”，三天后又记，“复与孙子鈇钺、宋跃门规度博物

〔105〕《博物苑观览简章》，《南通博物苑文献集》，1985年，第36页。

〔106〕《通州博物馆敬征通属先辈诗文集书画及所藏金石古器启》、《张季子九录教育录》，《南通博物苑文献集》，1985年，第30页。

〔107〕陈翰珍：《二十年来之南通》，《通州日报》1930年9月，收录于《南通博物苑文献集》，1985年，第66页。

〔108〕孙渠：《回忆南通博物苑见闻》，《南通文史资料选辑》（第二辑），1985年，第119页。

〔109〕孙渠提出南通博物苑和学校之间关系的三阶段说，1904～1911年苑校合一，博物苑附属于南通师范学校。开苑后师范学生不当举止引起张謇的斥责，导致苑校分离，博物苑脱离师范学校独立。1928年后附属于南通学院。孙渠：《回忆南通博物苑见闻》，《南通文史资料选辑》（第二辑），1985年。

〔110〕《南通博物苑品目序》，《南通博物苑文献集》，1985年，第39页。

苑之建筑，拟测候室三间，动矿物陈列室楼三间”[111]。次年完成中馆和南馆的建筑，北馆则到1911年才完工。三馆之外的办公楼于1912年建成。至此，南通博物苑的主体建设基本完成。由于南通博物苑脱胎于植物园，布局上可以看出传统园林设计的痕迹，主体建筑之外还有诸多小品建筑设计，包括花竹平安馆、藤东水榭、谦亭等。张謇曾经先后在谦亭、花竹平安馆和濠南别业居住[112]。

1.4.3 南通博物苑的馆藏和展陈

对于史无前例的南通博物苑而言，仅有建筑尚且不够，馆藏才是博物苑的灵魂和核心。建馆之时，南通博物苑尚无馆藏。1907年11月，博物苑刊印《征集通属先辈诗文书画及所藏金石古器启》，此举被视为“征集物品之始”[113]。南通博物苑的藏品结构设计为“中外动植矿工之物，乡里金石，先辈文笔”，可见其依常见的综合博物馆类型设计，不过历史文化类馆藏限于乡土地方[114]。张謇采取了捐赠和制作两条途径建立南通博物苑馆藏。历史类型藏品多以捐赠方式入藏。张謇率先捐出自家收藏，“謇家所有，具已纳入”，以此吁请其他藏家响应，“外而欧美澳阿，内而荐绅父老，或购或乞，期其百一”。“拟求官府寺庙唐宋元明之碑，旧家金石车服之器”[115]。显然，南通一地并不具有强大的收藏基础，张謇也清醒地意识到这点，遂缩小征集范畴，“不能及全国也，以江苏为断；不能得原物也，以拓本为断”[116]。南洋劝业会后，张謇利用组织者身份便利，为南通博物苑征集了各省送展的矿物样本。1910年，张謇派孙钺“往南

---

〔111〕张謇：《张謇日记》，《张謇全集》（第6卷），南京：江苏古籍出版社，1994年，第565页。

〔112〕南通市政协文史资料研究会：《情系南通》，北京：中国文史出版社，1990年，第248页。

〔113〕《南通地方自治十九年之成绩》，翰墨林印书局铅印本，1914年，收入《南通博物苑文献集》，1985年，第61页。

〔114〕南通博物苑石额，录文见《南通博物苑文献集》，1985年，第55页。

〔115〕《通州博物馆敬征通属先辈诗文集书画及所藏金石古器启》，《张謇全集》（第4卷），南京：江苏古籍出版社，1994年，第297页。

〔116〕中馆匾题语，录文见《南通博物苑文献集》，1985年，第56页。

洋劝业会征集及价购各别馆物品”[117]。这是南通博物苑藏品数量增长最迅速的时期。张謇往来信函中清晰可见他为南通博物苑争取吕四海滨搁浅鲸鱼骨架的努力，函件不厌其烦提及“海大鱼全体骨骼务须设法运通博物苑，为垦牧赠品”，“海大鱼全体骨骼大约可拆取，须令挖泥人逐节挖，勿伤其接笋处”[118]。此外尚有多笔函件记载赠送博物苑活体动物或者标本之事。南通博物苑定位在教育博物馆上，甚至教育专辟一部，展陈品中制作标本也占有更大比重。南通博物苑创始主任孙钺先后就学于江阴南菁书院、南京东文学堂和通州师范学校，得到通州师范学校监理江谦和日籍教师木村忠治郎的推荐进入南通博物苑，而木村忠治郎也一直或亲自或指导制作南通博物苑所需标本。1907年开始，南通博物苑在馈赠动物的基础之上饲养陆生和水生动物[119]。经过多方努力，南通博物苑迅速聚集成一定规模的收藏。由陈师曾、褚宗元、宣子野、尤金墉和金泽荣编辑审定的《南通博物苑品目》分成两册，上册为天产部，包括动物、植物和矿物三种，编号达1870号；下册分历史、美术和教育三部，编号达1103号，合计藏品达2973号。1933年孙钺离任移交时编辑《品目号外》，收入藏品编号632号，藏品总数达到3605号[120]。

建成之后的南通博物苑建筑群实现了张謇提出的“分别部居，不相杂厕”的理想，即按照建筑区分陈列空间。博物苑“精筑北馆、中馆、南馆，藏历代珍器、名人字画及各种标本外，尚有楼台、花木、池沼、假山，俨然一苑园也”[121]。各馆建成年代有先后之别，而博物苑的藏品和陈列结构也有扩充和调整。展陈部门分类上，原本按照张謇数年前主张，分天产、历史和美术三部，后又增教育一部。开办初期的展陈集中在南馆，待馆藏扩充之后，南、北馆及其

---

〔117〕　《南通地方自治十九年之成绩》，翰墨林印书局铅印本，1914年，收入《南通博物苑文献集》，1985年，第62页。

〔118〕　《啬翁垦牧手牒》（第四册），1918年；《南通博物苑文献集》，1985年，第50页。

〔119〕　《南通地方自治十九年之成绩》，“三十三年二月，贵池刘君聚卿世珩赠白鹤二，为苑饲动物之始。四月，长沙马君惕吾晋羲赠鲵于苑，始饲水族”。《南通地方自治十九年之成绩》，翰墨林印书局铅印本，1914年，收入《南通博物苑文献集》，1985年，第61页。

〔120〕　孙渠：《回忆南通博物苑见闻》，《南通文史资料选辑》（第二辑），1982年，第114页。

〔121〕　陈翰珍：《二十年来之南通》，《南通博物苑文献集》，1985年，第97页。

他空间皆用于展陈。其中，作为主要的展陈空间，南馆楼下陈列动植物和矿物标本，楼上为历史文物。中馆为行政等多种用途建筑，包括会客室、职员寝室等，东侧为建造时设定的“测候室”，屋顶则是观象台。北楼楼上展陈金石书画及刺绣，而楼下则是于吕四海滨发现的鲸鱼骨架和其他化石。苑中另外设有兽室、鸟室、蜂房、花房，分别饲养和栽培动植物。整组建筑基本实现了按照展陈品属性分门别类排列的初衷（图1.2）。

张謇对于南通博物苑的过度包揽导致南通博物苑形成独特的运作机制，这一体制既无可能推广，自身也不可能持续。南通博物苑自倡立到运营，都是在张謇的直接支持下实现的。“计用银四万八千七百六十元八角六分八厘，均謇捐助”[122]。在张謇去世之前，南通博物苑事无巨细皆由张謇决策，但费用相对充

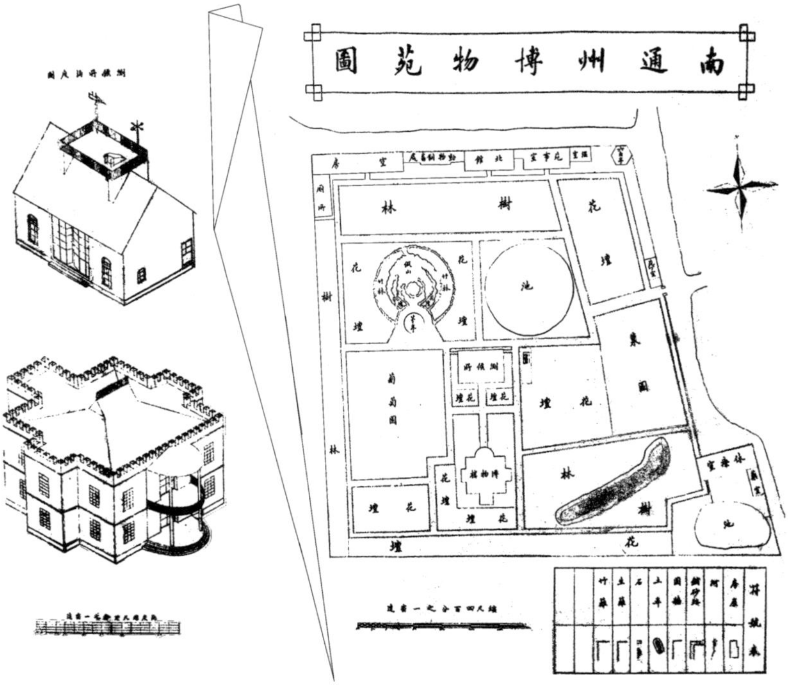

图1.2　南通博物苑平面图

（据严乃钊测绘）

〔122〕　《南通自治十九年之成绩》，《南通博物苑文献集》，1985年，第64页。孙渠记录博物苑前期基建经费达42000元，由师范学校支付。孙渠：《回忆南通博物苑见闻》，《南通文史资料选辑》（第二辑），1982年，第109页。

盈，博物苑运作整体而言相对平静。此时亦有人指出南通博物苑经营隐患，“虽皆吾国人努力所经营，徒以国人轻视文化之故，率为经济束缚，莫由发展，良可慨也”[123]。1926年张謇去世之后，南通博物苑就面临经费不足、管理不善、设施失修乃至破败的颓境。“苑中各处建筑，无在不急须修理，而南馆屋顶，势将倾覆，尤为险极”[124]。20世纪30年代初，作为社会教育组成成分的博物馆在中国大行其道时，南通博物苑反而由于过于隔绝而面临年久失修，藏品流失，甚至倒闭的厄运[125]。1932年底，博物苑发生盗案，南馆展陈品被盗80余件[126]。虽然此案数日告破，失窃藏品自上海追回，但是也揭露出南通博物苑在管理上的诸多窘况[127]。1938年春，南通沦陷后，南通博物苑的命运走向终结。抗战结束后，有人记录了劫后余生的南通博物苑，建筑凋零破败，除了南馆的石像、铁像，北馆之中的鲸鱼骨骼等巨大、不易移动的文物外，大部分展陈品已经散落不见[128]。

南通博物苑也不是国人创设唯一的早期博物馆。有研究认为，早期博物馆亦见于清季最早实施新政的直隶，并且具有更明显的官办色彩。1902年，袁世凯接任直隶总督后，保留了都统衙门设立的诸多新式机构，其中工艺局以鼓励实业，振兴工艺为务，下辖可能为博物馆的考工厂和教育品陈列馆。1902年，考工厂开办于天津北马路，五年后迁往河北中州会馆劝业会场，并更名为劝工陈列所[129]。学部侍郎严修1905年在天津城隍庙开办教育品陈列馆，“陈列理化仪器、博物馆标本，纵人观览”。此外，1906年后次第成立的北京农商部农事试验

〔123〕《中华博物院组织缘起》，《中华民国史档案资料汇编》（第三辑文化），南京：江苏古籍出版社，1991年，第286页。

〔124〕《博物苑主任及会计孙子鈇葛进夫等昨忽呈请引咎辞职》，《南通博物苑文献集》，1985年，第77、78页。

〔125〕落花生：《从五公园游到博物苑》，《通光日报》1932年9月4日。

〔126〕《城南博物苑南馆失窃大宗古物》，《南通报》1932年11月8日。

〔127〕《博物苑巨窃案在沪破获》，《通通日报》1932年11月9日；《博物苑窃案巨赃今由沪提回》，《五山日报》1932年11月12日。

〔128〕言水：《城南文化地区凭吊记》，《五山日报》1946年2月23日。

〔129〕陆惠元：《天津考工厂是中国第一个博物馆》，《中国博物馆》1987年第1期，第82、83页。

所、陶斋博物馆和泰安教育博物馆也被视为国人创办的早期博物馆的范例[130]。更有研究提出，20世纪之前，京师同文馆博物馆、张焕纶梅溪书院植物园、孙家鼐主持的官书局陈列室、京师劝工陈列所、京师大学堂仪器院等机构也有可能是中国最早的博物馆[131]。不过，以上诸例有的仅具其名，缺乏实质性证据，有的属“类博物馆”或者“前博物馆”，无论在规模、延续性，还是影响力上，都无法与南通博物苑相较。

1.5　博物馆之生：一个比较的视角

近代日本构成了近代中国的特殊镜像和参照系统，博物馆仅仅只是表象之一。日本的文化底层中包含了众多源自中国或者以中国为意象的成分，又在与中国相差无几的时代和近似的社会情境下接触西方，因此，对于入侵的异质强势文化的回应有近同之处。明治、大正时代的日本和清季民初时代的中国的国家实力和相对文化地位都在发生微妙转变，日本对中国由羡至厌，而反观中国，无论愿意与否，日本在一定程度上转变成为中国近代化进程的范本和尺规[132]。因此，一方面，日本的近代化进程可能是理解中国近代化进程的平行参照系。另一方面，近代日本构成近代中国的新现象、事物、制度和思想的源头。博物馆就是在社会文化机制方面最好的范例之一。日本和中国几乎在同时，在类似的历史时机接触西方社会的博物馆，由此形成的博物馆观念也呈现为同步趋势。政治和文化差异导致日本和中国在博物馆观念的实践上很快分道扬镳，数十年后，日本竟逆转成为中国博物馆运动的观念来源和实践范本。因此，对于中国博物馆史，尤其是诞生阶段而言，对相同历史阶段的日本博物馆的观察既可以揭示新生的中国博物馆观念和实践的出处和来源，又可以在两者的差歧中厘定各自的历史独特性。

---

〔130〕　《中华博物院组织缘起》，《中华民国史档案资料汇编》（第三辑文化），南京：江苏古籍出版社，1991年，第286页。

〔131〕　程军：《1842～1900年间中国博物馆发展状况》，《博物馆研究》2007年第1期，第3～7页；陈为：《京师同文馆博物馆考略》，《中国博物馆》2014年第3期，第84～89页。

〔132〕　野村浩一：《近代日本の中国認識——アジアへの航跡》，东京：研文出版，1981年，中译本见野村浩一著，张学锋译：《近代日本的中国认识》，南京：江苏人民出版社，2014年。

博物馆在日本诞生前夜的社会基体与同时期中国既具有类同之处，又存在显著差别。以帝室和巨家为代表的私人收藏形成也见诸日本，并且同样构成未来公共化的潜在资源。至迟在宽政年间（1789～1801），京都大德寺为防虫害，年度性地公开晒经书和法物，法隆寺、四天王寺等都有专门讲解橱子和壁画的说绘僧[133]。虽然这些都不算是近现代博物馆活动的伏线，但可计为宝物公开和宣教活动的先导。与中国显著有别的是，自中国输入的本草学不仅传承有序，而且至迟在江户时代晚期形成了特有的具有自然史倾向的本草学收藏。以"药品会"、"本草会"、"物产会"为名的展览活动自宝历七年（1757）开始频见于江户、京都和近江一带，构成与未来博物馆的兴起的接口。以浅草寺为中心的"见世物"展示上出现了最早的分类，即由工艺品构成的"细工"、各种动植物和矿物构成的"天然奇物"以及有杂耍等娱乐表演构成的"伎术"[134]。浅草寺"见世物"经过多次风化整顿后，成为明治初年受到欧美博览会影响出现的内国劝业博览会的基础[135]。19世纪早期，自欧赴日的桑博格（C. P. Thunberg）和塞博德（D. F. Siebold）输入西方博物学，将本草学传统改造成为以自然史为基础的现代博物馆收藏[136]。

但是，博览会和博物馆仍然不是江户时代的见世物、药品会和本草学自然发展的结果，而需要近代思潮的直接发酵。1860年的新见丰前守遣美使节团和1862年的竹内保德遣欧使节团构成了近代意义博物馆的启动环节。赴美使团在华盛顿参观了史密森学会，而赴欧使团不仅参观了巴黎的皇家植物园和英国"龙嘓博物馆"，更是第一次正式而全面地观摩了伦敦万国博览会。这成为日后日本兴办各类劝业会以及基于劝业会的博物馆的直接基础。日本博物馆奠基人物之一田中芳男（1838～1916）即应伦敦万国博览会要求，携带了日本昆虫标本出席[137]。1871年派出的岩仓具视遣美欧使节团直接导致了明治十年（1877）在东京上野召开的第一回内国劝业博览会[138]。该次博览会分成东本馆、西本馆、美术馆、机

〔133〕　金山喜昭：《日本的博物馆史》，东京：庆友社，2001年。
〔134〕　朝仓无声：《见世物研究》，京都：思文阁，1977年。
〔135〕　井上洋一：《町田久成》，东京：雄山阁，2010年。
〔136〕　金山喜昭：《日本的博物馆史》，东京：庆友社，2001年。
〔137〕　椎名仙卓：《日本博物馆成立史》，东京：雄山阁，2005年。
〔138〕　久米邦武：《特命全权大使米欧回览实记》，1878年。

械馆、农业馆、园艺馆和动物馆等，后来的博物馆分类格局在上野劝业博览会上就已露出端倪。1872年日本组团正式参加维也纳国际博览会，佐野常民于次年提交的报告书就提出以南肯兴顿博物馆（South Kensington Museum，现维多利亚及阿尔伯特博物馆Victoria & Albert Museum）为范本建立博物馆。创办于1861年，以伊藤圭介（1803 ~ 1901）和田中芳男为首的蕃书调所物产局，和以大偎重信（1838 ~ 1922）及佐野常民为首的独立的澳国博览会事务局先后并入到文部省博物局和内务省博物馆。内务省博物馆先设于内山幸町，1881年迁入由英国建筑师肯德尔（Josiah Corder, 1852 ~ 1920）设计的上野国立博物馆馆舍。1875年，文部省博物局分离，基于对全国中小学教师进行物理和化学培训的初衷，田中不二摩（1845 ~ 1909）以加拿大多伦多教育博物馆为榜样，于1877年在上野山内创立教育博物馆。1889年后，教育博物馆依附于东京高等师范学校，进一步强化了它的教育属性。

棚桥源太郎率先提出，日本博物馆的早期发展史呈现出二元格局，即分为属于内务省和宫内省体系的帝室博物馆—国立博物馆，和属于文部省的教育博物馆—科学博物馆。随着大正十二年（1923）关东大地震之后的博物馆馆藏调整，两者之分得到进一步强化，东京帝室博物馆最终以历史和美术为核心，而东京教育博物馆则形成强烈的科学主导风格[139]。

与日本博物馆的生成过程参照对比，中国传统社会虽然存在各种以神诞或者佛诞为名义的商业性质庙会活动，但是都没有与“前博物馆”收藏和展示形成良性循环。中国固有的本草学既没有构成连续的传统，更没有形成对应的收藏。因此，当西方自然史传统进入中国时，并没有本土传统与之结合。

与西方传教士、旅行家和殖民者密切相关的早期博物馆正是自然史类型。无论是徐家汇博物院、上海博物院，还是济南广智院、华北博物院，来华西人创设的博物馆在建馆宗旨和馆藏成分上都不约而同地显示出这种风格。由于中国缺乏本土的药材会或者物品会和本草学传统，同时，也由于这些博物馆从创设开始就有鲜明的文化归属，甚至服务倾向性，导致它们在中国社会得到的回应寥寥，甚至在特定的政治环境下可能被视为文化特务行为或者殖民主义的物证。

以张謇为代表的中国本土博物馆实践就是在日本影响下出现的。张謇从未提

---

〔139〕 棚桥源太郎：《博物馆学纲要》，东京：理想社，1950年。

及过先期存在于上海租界，由来华西人设立的博物馆，相反，无论他本人，还是继承者都一再确证1903年东游对他实业活动和博物馆实践的关键性影响〔140〕。他的博物馆理念出自日本，实践也以日为师。但是，张謇的博物馆实践是在清季民初的社会环境中实现的，因此也因时势而不得不改弦更张，绝非简单固执地一以贯之。张謇以一己之力，经历了中国博物馆早期进程的多个转型。南通博物苑仅仅是其博物馆实践的一个侧面，是在帝室博物馆和殖产博物馆两类皆不可得的情况下，依托民间实业力量创立的教育类博物馆的范例。

中国博物馆初诞期的多元格局由此水落石出。这个多元格局并不基于创立者国籍身份的差异，而是博物馆的主题及其表达的知识体系的差别造成的。在日本居于主导地位的两类博物馆均不见于中国。帝室收藏只能在共和之后才成为待处理的帝制遗产，而且由于避之不及的政治联想，虽然最终仍然转型成为历史和美术类博物馆收藏，但是蕴藏的政治象征意义截然不同；而基于博览会的博物馆在中国晚至1929年西湖博览会以及20世纪30年代基于民众教育的物产会之后才出现。与田中不二摩倡导的教育博物馆类似的博物馆也是30年代初期的新生事物。中国最早的本土博物馆——南通博物苑兼具学校博物馆和区域博物馆属性，但是由于这家博物馆基本是张謇独手支撑而成的，与南通的乡土社会的关系若即若离，一旦割清与通州师范学院的关系之后就会陷入举步维艰的境地。而更早的由来华西人设立的具有自然史特质的博物馆在智识层面上更倾向于欧洲社会，虽然徐家汇博物院和上海博物院都有本土化和综合化转型倾向，甚至后者对中国本土社会采取更为开放的姿态，但是始终未能融入中国社会。

---

〔140〕　《张孝若慰留孙子钺》，《南通博物苑文献集》，1985年，第80页。

第二章

化私为公：以古物陈列所和故宫博物院为中心的帝室遗产转型

对于中国博物馆的早期发展历程而言，1911年的辛亥革命和次年的清帝逊位是一个不可回避的关键节点。此前近五百年作为皇室起居地点、管理中心乃至象征符号的宫殿群，以及至迟自乾隆时期以来形成蔚然大观之势的帝室历史和艺术收藏，都成为清室“善后”问题的核心内容。无论在理念上还是在操作上，皆无前例可循。清帝逊位时达成的《关于大清皇帝辞位后优待之条件》（下文简称《优待条件》）暗藏的帝室在法律地位上的悖论随后十余年不断发酵，即使以断然方式解决，仍然影响了在帝室收藏基础之上成立的古物陈列所和故宫博物院的日常运作和长期走向。紫禁城建筑群及其古物收藏的法律地位和象征符号意义是首当其冲，不可迂回的核心问题。宏大的建筑群及保存其中的艺术收藏究竟属于共和体制下宽泛而抽象的国家或者人民，还是曾经拥有它们的帝室及其继承人？帝室遗产的改造应该采用温和的备价赎买方式，还是激烈的革命没收方式？帝制残余的象征符号价值也引起共和制度拥护者的警觉，是应该潜移默化地通过拆分和组合变旧为新，还是断然取缔乃至夷平以绝后患？紫禁城及帝室收藏的改造不可避免地依照政治遗产的解决方式处理。起先以温和方式试水，但是，无法剥离的政治象征意义在民初数次事件中愈演愈烈，最终导致1924年的驱宫运动以及随后故宫博物院的仓促创办和艰辛成长。直到抗战前夕，紫禁城才初步实现了从帝制遗产到共和瑰宝的转型。古物陈列所和故宫博物院构成革命类型博物馆的典范，但是革命引起的震荡在很长时间之后才最终平息下来。

对紫禁城遗产转型的认识仍然受限于若干误解。一是基于地缘原因，将古物陈列所和故宫博物院混为一体，二是将紫禁城的博物馆化改造看成起始于1912年的连续发展线索和统一整体，三是将紫禁城从宫廷禁苑变身为艺术博物馆视为毋庸置疑的国际惯例[1]。三者都是脱离具体历史情境，无视民国初年围绕紫禁城存废问题长达十余年的激烈争论乃至冲突，将紫禁城的博物馆化进程视为别无选择的预设之道的皮相之论。1929年，经历了最初五年震荡，地位甫定的故宫博物院回顾历史，提及"夫由一故宫蜕化而为博物院，此为国体变更应有之结果，若法、若俄、若德，何莫不然"，"而不知吾国之有故宫博物院，既非由国体变更而一蹴即几，则故宫成立为博物院，自非有其相当之曲折而以演成若干年艰难缔造之经过，且耗费若干人之心血不可矣"[2]。换言之，虽然王朝时代宫苑改造成为公共博物馆有例可循，但是故宫博物院在中国的最终出现绝非"历史规律"使然，也不是一气呵成的。紫禁城及其古物收藏本身就是政治议题，紫禁城宫殿群的改造和故宫博物院的最终成立都是政治斗争和策略的组成部分。从解决政治遗产的角度出发，紫禁城从一开始就注定了拆分的命运，在各自独特的情境下，不同来源的帝室收藏演化成为属性不同、地位有异的公共收藏。但是，紫禁城独特的原址价值和帝室收藏的至高代表性也不断鼓动重新融合统一。从紫禁城到故宫博物院就是空间、馆藏、展陈和管理上的拆分和合并的过程。

民初的紫禁城格局是1912年妥协的结果。根据《优待条件》，民国政府在清帝承诺和平逊位的情况下，接受了诸多临时性条款，"尊号仍存不废，中华民国以待各外国君主之礼相待"，"暂居宫禁，日后移居颐和园"，"其原有之私产由中华民国特别保护"。以清帝逊位方式实现从专制到共和的历史巨变是前所未见的平和革命典范，但也暗藏了政治隐患。与紫禁城的博物馆化密切相关的逊帝去留、居址和财产问题上都遗留了不少手尾，虽然约定逊清帝室移居颐和园，但是民国政府无力采取断然方式处理清廷的暂住之议，造成了紫禁城空间的分割；"其原有之私产由中华民国特别保护"条款未能明确界定帝室私产的范畴，导致宫内艺术收藏究竟是国家宝藏还是个人财产一直含混不清。

---

〔1〕 马衡曾于1925年《晨报》刊文，提及"自民国二年政府将奉天、热河两行宫古物移运北京，陈列于武英、文华二殿，设古物陈列所，始具博物馆之雏形。此处大规模之博物馆尚无闻焉。有之，自故宫博物院始"。马衡：《故宫博物院开放》，《晨报》1925年10月12日。

〔2〕 栗亭：《故宫博物院前后五年经过记》，《故宫周刊》第1期第4版，1929年10月10日。

政治原因导致紫禁城内三家博物馆次第出现和其他来源收藏的涌入。拆分和变更构成20世纪30年代之前改造紫禁城的基调。在馆藏来源和组成层面，紫禁城中两家博物馆与前清帝室收藏相关；但是在博物馆政治层面，三家皆是帝室政治遗产解决方案的组成部分，只是由于馆藏成分不同，处置方式和意义也就不同了[3]。1912年古物保存所的成立和三大殿收归古物陈列所管理是外廷空间去政治化的处理方案。1914年，原热河和奉天行宫的古物收藏迁京，成为古物陈列所的基本馆藏。1912年成立于国子监，隶属于教育部的国立历史博物馆（下文简称历史博物馆）于1917年迁至午门，次年即对外开放。历史博物馆志在成为国家的文化象征，但是这一努力并不成功。1928年北伐成功之后，历史博物馆就面临改组之虞，1930年，历史博物馆改隶中央研究院，成为日后创办中央博物院的基础。故宫最主要的建筑以及原本保存于内廷的古物构成了1924年驱宫成功之后成立的故宫博物院的基本成分。1924年，冯玉祥以革命方式驱逐逊帝离开内廷，变明清帝室宫苑为公共博物馆，但是随后五年间，故宫博物院的存废之争成为政局变幻的风向标。晚至北伐成功之后，在争执已久的故宫的去留问题上，国府委员经亨颐甚至提出“废除故宫博物院”的动议。这一为绝帝制联想而不惜毁坏故宫的建议，虽然令人惊骇，但并不能引起实际共鸣。李煜瀛举重若轻地回应，“惟有不重文化偏尚物质者，偶倡消灭故宫博物院之议”[4]。当然，经亨颐此论也有文化教育界派系倾轧的原因。故宫博物院理事张继称，“一代文化，每有一代之背景，背景之遗留，除文字以外，皆寄于残余文物之中。大者至于建筑，小者至于陈设，虽一物之微，莫不足供后人研究之价值”[5]。故宫不容置疑的保存价值基本是朝野共识。发生在故宫历史上的种种冲突不仅仅是昌明愚昧之辨，也是各种政治势力之争的表现。自故宫博物院的视角看，各种质疑或者推翻之声自是狼子野心，但是将其放置在20世纪前期的政治史和社会史情境中也就可以理解了。

---

〔3〕 吉开将人也提出需要对故宫博物院、古物陈列所和历史博物馆予以重新定位和分析，参见吉开将人：《宣统十六年の清室古物问题（一）：故宫博物院成立史の再检讨》，《北海道大学文学研究科纪要》第144期，2014年，第59、60页。

〔4〕 李煜瀛：《故宫博物院纪略》，《故宫周刊》第2期第1版，1929年10月19日。

〔5〕 郑欣淼：《紫禁城肇建600周年的思考》，《故宫纪事》，北京：紫禁城出版社，2013年，第138页。

与紫禁城被拆分成为多个空间和器物组合，洗刷帝制印记成平行之势的是，重新组合完整故宫之声也从未消弭。历史博物馆的挫折表明，在故宫原址上新建国家博物馆的计划并无可取之处，故宫走向撇清帝制联想的艺术和历史类博物馆之路。古物陈列所和故宫博物院在争夺代表权上呈现出此消彼长之势，北洋时代古物陈列所发展风生水起，但北伐之后故宫博物院最终胜出〔6〕。一度嵌入紫禁城，力图谋求国家博物馆地位的历史博物馆最终只能黯然收场。早在1930年，易培基（1880～1937）就提出“完整故宫保管计划”，并且有所进展，国民政府已经认可古物陈列所并入故宫博物院，但是直到1948年才最终部分尘埃落定。“完整故宫”既意味着空间的统一，也意味着馆藏的统一。事实上，易培基本人正因为故宫“完整性”的争执而陷入法律纠纷之中〔7〕。在最初的二十年中，故宫不仅空间逐步恢复，馆藏有所增加，属性也悄然改变。1930年，故宫博物院一度接管古物陈列所，初次实现故宫统一，但是不久之后古物陈列所又划拨给教育部和中央研究院。抗战胜利后，1946年12月3日行政院会议重新决定，将未及迁往南京的古物陈列所及其主体馆藏皆划拨故宫博物院，从而实现了故宫的再度统一。1948年10月，国民政府修订《国立北平故宫博物院暂行组织条例》规定，“旧紫禁城全部，并所属天安门以内及大高殿、清太庙、景山、皇史宬、清堂子等处之建筑物”皆归故宫博物院。作为博物馆，故宫实现了前所未有的扩张。

与空间拆分和合并相平行的是紫禁城的博物馆化进程，而1935～1936年伦敦中国艺术国际展览会（下文简称伦敦中国艺展）就是这个进程的蝶变环节。伦敦中国艺展是中国高规格古物收藏第一次走出国门的机会，从遴选到展陈的过程中，无论是组织者还是观众，皆以作为国家甚至中华文明的最高代表目之，而故

---

〔6〕　段勇：《武英殿与古物陈列所》，《紫禁城》2005年第1期，第59、60页。

〔7〕　易培基于1929年被任命为故宫博物院院长。易培基因为故宫博物院变卖丝绸、茶叶等引起争议，又因与故宫博物院理事张继夫妇矛盾，1937年江宁地方法院对易培基、李宗侗、吴瀛提起第二次公诉，以“盗宝”议罪。易培基、李宗侗、吴瀛只能出逃避祸。那志良：《典守故宫国宝七十年》，北京：紫禁城出版社，2004年；李宗侗：《李宗侗自传》，北京：中华书局，2010年；朱家溍：《有关易培基冤案的一些情况》，收录于《故宫退食录（下）》，北京：紫禁城出版社，2009年，第581、582页；朱家溍：《观真迹展览小记》，《故宫退食录（下）》，第584、585页。

宫在此次展览中贡献了最大宗的展陈品。在国家实现古物外交和文化外交目标的同时，故宫博物院也实现了自身向具有国家代表性的艺术类博物馆的转型。

2.1 认知错位的共识：古物陈列所的成立

古物陈列所是逊清帝室与民国政府就帝室文化遗产的一次和平合作〔8〕。民初收归内务部管理的紫禁城外廷两翼空地为人觊觎，但因此地块强烈的政治象征意义而悬而未决；任职于内务部，有丰富欧美游历经验的金城（1878～1926）提议仿效法国卢浮宫成例，在东、西华门内闲置空地上建立古物陈列所；进入民国之后，原存于热河和奉天行宫的帝室古物保存状况堪虞；时任内务总长的朱启钤（1872～1964）早有筹办古物陈列所的计划，意在防止宫廷文物流散。金城之议充分利用各种资源，同时也解决诸多实际和隐藏的问题，因此一经提出即被采纳，1913年12月内务部宣告古物陈列所的成立〔9〕。古物陈列所设址于已经收归国有的紫禁城外廷，以“备价收归国有”的方式征集原在京外，逊清帝室已经无力保护的宫廷收藏为馆藏基础，构成了温和地改造帝室遗产，重建政治象征意义的典范。因此，古物陈列所的出现是民国时期处理前清帝室文化遗产的试水，无论是法律和行政程序，还是文化认知上都为处置故宫遗物主体部分提供了可以援引的前例。只是云谲波诡，紫禁城内廷遗产的最终解决并没有按照古物陈列所的方式进行。

进入民国后，热河行宫和奉天故宫缺乏保护人手，保存其中的古物安全堪虞。1913年夏季甚至出现牵涉到内阁总理熊希龄的“盗卖热河避暑山庄前清古物

---

〔8〕 姜舜源：《古物陈列所成立前后》，《紫禁城》1988年第5期，第48页；段勇：《武英殿与古物陈列所》，《紫禁城》2005年第1期，第54～61页。

〔9〕 杭春晓指出，1913年9月朱启钤就任内务部总长，成立古物陈列所之前，尚存以先农坛为所址的古物保存所；1913年9月后古物保存所变更为古物陈列所。参见杭春晓：《绘画资源：由“秘藏”走向“开放”——古物陈列所的成立与民国初期中国画》，《文艺研究》2005年第12期，第119、120页。但是，古物保存所和古物陈列所的活动主旨和范围差异明显。古物保存所以“保存古物为主，……专征取我国往古物品，藉存国粹之实”，并未以紫禁城或帝室为限。参见《内务部古物保存所开幕通告》，《政府公报》第238期，1912年。

案”[10]。民国政府内务部和清室内务府协商，启动两地古物京运计划。内务部杨乃赓、赵秋山偕同清室内务府文绮、曾广龄负责热河行宫古物运京。热河行宫古物迁运自1913年11月18日起，次年10月28日结束，运京文物有7批，合计1949箱，117700件。内务部治格、沈国钧偕同内务府福子昆等负责奉天故宫古物运京，自1914年1月起，同年3月结束，运京文物有6批，合计1201箱，114600件。两笔运京古物合计逾23万件之多，类别涵盖铜器、玉器、字画、书籍、钟表、文玩、家具等。运京文物以“备价收归国有”的方式纳入公藏，内务部委托北京古董商协助作价，共计逾350万元[11]。

热河古物着手运京之际，内务部于1913年底成立古物陈列所，并公布《古物陈列所章程》[12]。与常见博物馆组织机构不同，古物陈列所仅设文书、陈设和庶务三课[13]。由此可见，古物陈列所是收藏和展陈范畴内容明确，边界分明的特例。次年1月12日古物陈列所筹备处呈文，“委办理古物陈列所，亟须设置筹备处，拟借武英殿西配殿之北二间作为办公地点，业经两翼护军管理处函准拨借，于上年十二月三十日迁入办公”。3月27日，治格被任命为古物陈列所所长。

古物陈列所的创办是紫禁城空间改造的关键一步。民国之后，由太和、中和、保和三大殿为中心的外朝划归民国政府内务部管理。三大殿空间在袁世凯时代一度仍是主要的政治活动场所，但是太和门外内金水桥两侧的武英殿和文华殿

---

〔10〕《大总统令国务院查办热河行宫古物窃盗案有关文件》、《许世英查办被盗古物情况致大总统呈》、《许世英查办被盗古物情况再致大总统呈》、《熊希龄关于案情出入殊异事致大总统呈》，《中华民国档案资料汇编》（第三辑文化），南京：江苏古籍出版社，1991年，第206～219页。

〔11〕溥仪的英文教师庄士敦提供了不同的数据。庄士敦估计自热河和奉天运京的古物总数达70万件之多。运京古物原总估价达400万元，逊清帝室收回的奉天故宫古物计价52万元，收回的热河行宫古物计价3万元，因此由古物陈列所接收古物计价总额为350万元。虽然帝室收回部分古物可能导致庄士敦和古物陈列所统计古物总数差异，但是差别亦不应达50万之巨。参见庄士敦著，陈时伟译：《紫禁城的黄昏》，北京：求实出版社，1989年，第241页。

〔12〕《内务部为筹设古物保存所致大总统呈》1912年10月1日，《中华民国史档案资料汇编》（第三辑文化），南京：江苏古籍出版社，1991年，第268页。

〔13〕《古物陈列所章程》，《中华民国史档案资料汇编》（第三辑文化），南京：江苏古籍出版社，1991年，第269页。

基本闲置。武英殿曾是李自成登基和多尔衮摄政地，康熙早年一度移居此地，乾隆之后成为宫中最主要的校勘、刻印图书场所，以精湛著称的“殿本”即出自于此。依中国传统的收藏观念判断，闲置的武英殿几是新成立的古物陈列所的不二之选之址。

图2.1　武英殿

（采自段勇《古物陈列所的兴衰及其历史地位述评》）

作为博物馆的核心，古物陈列所的展陈空间是以武英殿为中心扩展形成的（图2.1）。这可能在古物陈列所将办公地点选定在武英殿西配殿就已经计划的。现存武英殿系同治八年（1869）失火后重建。基于宫殿单体建筑面积不敷展览之需，古物陈列所通过新建过廊连接其他宫殿的形式扩充展览空间。1914年，由德国罗克格公司设计，武英殿和敬思殿连接在一起，改造成为“工”字形结构的展室，于同年双十节起对公众开放。1915～1916年，文华殿和主敬殿也以同样的方式改造成为另一展室。武英殿和文华殿构成古物陈列所的主要展陈空间，前者主要展陈古物，后者主要展陈书画。文物库房是在武英殿西侧地块上新建的。在曾经作为八旗子弟学习之所，后毁于火灾的咸安宫旧址地块上，1914～1915年建造了宝蕴楼库房。宝蕴楼系三层四面坡顶西洋建筑风格，亦为由过廊连接的前后两栋楼房。

古物陈列所的进一步扩展是接收三大殿。1917年张勋复辟失败之后，三大殿区因为强烈的帝制联想而彻底退出现实政治舞台。内务部将其划归古物陈列所，古物陈列所决意保留三大殿历史原貌，不更改殿内原有陈设，按照历史原址方式予以展示。武英殿和文华殿的展陈品虽然属于广义上的帝室收藏，但出自紫禁城以外，情境感已经丧失，与武英殿和文华殿并无历史关联，故按照艺术品方式展出。因此，古物陈列所展现出两种展陈策略，即原址陈列和展厅陈列。属性不同

图2.2　古物陈列所
（采自《故宫博物院八十年》）

的两片区域在开放上也区分对待，分别出售门票。

虽然古物陈列所开创了逊清帝室和民国政府共同保护清室遗产的合作模式，但这是特殊形势使然，绝无复制可能（图2.2）。相反，古物陈列所在适用法律上的模糊性和实际经营上的不可控性导致它永远无法成为真正的公共博物馆。逊清帝室的合作姿态是在无力有效保护北京之外帝室产业的现实困境和《优待条件》中诸多妥协性条款的情况下做出的。民国政府的备价收购方案实际上承认了逊清帝室对奉天和热河宫廷古物的所有权，但是由于财政困窘，作价收购协议从未落实，导致逊清帝室有理由将古物陈列所收藏视为未最终售出的自有财产，而且援引《优待条件》中“私产”受“特别保护”原则重申所有权，甚至以《优待条件》第一条“中华民国以待各外国君主之礼相待”划割古物保存所收藏与“中华民国”乃至国家认同之间的关联〔14〕。古物陈列所的馆藏因此成为法律身份未明，甚至连道统归属都可疑的成分。而在实际运营中，逊清帝室自有充分理由相信古物陈列所馆藏是尚未交割的“私产”，可以任意提调。而民国政府也全然缺乏古物国有的观念，时常以各种理由提调和处置古物陈列所馆藏。博物馆的公共性原则遭遇严重的践踏。

2.2　帝制遗产的解决：故宫博物院的肇起

逊清帝室以“尊号不废”的国中之国的地位，在紫禁城中“暂居”超过十

〔14〕　1916年9月，段祺瑞上黎元洪呈文中称，“本拟由政府备价收归国有，徒以财政支，迄未实行”。转引自季剑青：《“私产”抑或“国宝”：民国初年清室古物的处置与保存》，《近代史研究》2013年第6期，第68页。

年，已经成为共和体制下的奇景。民初政潮中，帝室对共和体制的威胁从隐患变成明险，袁世凯于1913年即照会帝室，“申明紊乱国宪，即照内乱罪，从严惩办”[15]。1917年张勋复辟中，帝室又扮演了极不光彩的角色，章太炎直斥帝室已负民国，“按溥仪于民国六年违誓复辟，罪在当诛；侍从群僚，悉宜骈戮。我国家屡加姑息，未正典刑，已为幸逃显戮，黜之海隅，同于黔首，何负于彼？纵令还宫，仍复帝号，优以禀气，如民国纪纲何？”[16]。虽然逊帝出宫之议存在日久，但是冯玉祥入京后实施逼迫溥仪即刻出宫则是各种势力影响下的政治突发事件。对于政治势力而言，溥仪出宫即达目的；但是，帝制遗产的清算并不以溥仪出宫为终结，相反，这是帝制和共和之间的矛盾和斗争升级的起始。此外，作为极具政治象征意义的事件，紫禁城的处置也纳入到不同政治派系的争斗中。因此，作为“清宫善后”的直接结果，故宫博物院从诞生之日起就身陷政治纷争的漩涡，任何政治斗争都可能影响故宫博物院的命运。就是在来自各个方面的质疑之声下，故宫博物院完成了界定自身地位的历史任务，蝶变成为中国最重要的历史艺术博物馆。

国立故宫博物院的成立和成长与民国元老李煜瀛（1881～1973）的努力密不可分。李煜瀛系河北高阳人，为晚清重臣李鸿藻之子，在民国时期的政治、文化、教育和国际交流活动中都发挥了无可替代的作用，是中法大学、国立故宫博物院和北平研究院等文化教育重镇的创办人之一。李煜瀛虽然直接见证了逊帝出宫一幕，并未更早参与策划，但是紫禁城该如何处置则早在他的社会改造和文化建设蓝图之中。逊清帝室撤离之后，紫禁城的确在李煜瀛的引导和布局下一步步走向国立故宫博物院的成立。1924年11月5日之前数日，国民军对守卫清宫及景山的卫兵实施缴械，调驻北苑听候改编。4日晚，黄郛内阁紧急磋商修改《优待条件》。李煜瀛称，“次早军警当局鹿瑞伯张玉衡电我，往天安门会同施行此事”[17]。5日上午，作为社会代表，李煜瀛与京畿警卫司令鹿钟麟和警察总监

---

〔15〕《朱启钤关于整顿清皇室礼仪待遇令函及会拟接洽条款》，《中华民国史档案资料汇编》（第三辑政治），南京：江苏古籍出版社，1991年，第326页。

〔16〕章太炎致吴佩孚电，收录于栗亭：《故宫博物院前后五年经过记（续）》，《故宫周刊》第55期第4版，1930年10年25日。

〔17〕李煜瀛：《故宫博物院纪略（一）》，《故宫周刊》第1期增刊版，1929年10月10日。

张璧自神武门进入紫禁城内庭，会晤内务府大臣绍英和朱益藩，出示修改《优待条件》和溥仪即时出宫的手令。虽然溥仪及内务府众臣以多种理由拖延，但是驱宫代表坚决不退让，坚持溥仪下午三时出宫，"送至北府（醇王府）"。故宫内太监、宫女近600人即行遣散，所有房屋即刻封存。11月5日的驱宫运动基本实现了冯玉祥的"名副其实的共和国"计划[18]。次日，政府以文告方式公布了驱宫事件。

玉玺接收本是驱宫行动中最具政治象征意义的一幕。作为政治合法性象征物，即使在清帝逊位时也没有上缴的玉玺成为驱宫之后接收行动的首要目标。接收方核查，清室玉玺在乾隆朝之前有29枚，宣统朝存25枚。逊帝出宫之时，收缴两枚最重要的玉玺，即"皇帝之宝"和"宣统之宝"，即刻封存于国务院[19]。不过，在博物馆化之后的故宫博物院的历史回顾中，当时极具象征意义的事件因为情境变迁反而变得不再重要。

虽是临时加入驱宫行列，但是李煜瀛的故宫保护意识早已形成，仿效卢浮宫成例改造帝制遗产的思路一开始就表露无遗[20]。多人记录到，驱宫当日，逊清几度要求展期时，李煜瀛坚决予以拒绝，"物品不必收拾，有关历史文化之物品，以不搬走为是，因系国宝，不宜归一人一姓所有"[21]。此语已明确表达，除个人用品外，故宫遗物皆应当成国宝对待。溥仪出宫后，李煜瀛立即建议封存故宫，"三处齐封，一为国务院，一为京畿警卫总司令部，一为清室内务府"。李煜瀛当天前往旃坛寺会晤冯玉祥和黄郛，就提出办理清室善后委员会的建议，发出成立国立故宫博物院的信号。摄政内阁正式发布"关于清室财产，……共组一委员会将所有物件分别公私，妥为处置。其应归公存者，拟一一编号交存于国

---

〔18〕杜春和、林斌生、丘权政：《北洋军阀史料选辑（下）》，北京：中国社会科学出版社，1981年，第165页。

〔19〕栗亭：《故宫博物院前后五年经过记（续）》，《故宫周刊》第6期第4版，1929年11月16日；吴瀛：《故宫尘梦录》，北京：紫禁城出版社，2005年。

〔20〕李煜瀛的故宫保护意识有不同的来源，既可能是旅法期间以卢浮宫为蓝本改造紫禁城的想法，也可能是统一北京城内文化教育资源的想法。参见蒋复璁：《李石曾先生与国立故宫博物院》，《李石曾传记资料》（第3辑），台北：天一出版社，1981年，第6页。

〔21〕李玄伯：《玄武笔记》，《故宫周刊》第101期第4版，1931年9月13日。

立图书馆博物院中”[22]。国立故宫博物院随后的成立进程基本在李煜瀛的设计和掌控之中。驱宫事件在国内外引起一片哗然，有赞有弹。“有谓此为民国以来最大之成绩，应为热烈之庆祝，当远过于双十节国庆者，如钱玄同君之言是也。有谓溥仪出宫，已有当然之结果，但吾人对此纪念日，不必过分张扬，致伤民族间之情感者，如王儒堂君之言是也。有谓溥仪出宫，固已得一结果矣，然此去民国应有之结果尚远者，如于右任君之言是也”[23]。逊清帝室及围绕周围的遗老遗少自然竭力对抗，“归还”之吁从未消停。包括胡适在内的其他人对民国政府违背《优待条件》提出抗议[24]。段祺瑞以有悖公约为由反对驱宫，因此也连带否定清宫善后及随后成立的故宫博物院。段祺瑞入京后与李煜瀛等的会面不欢而散。“段芝泉到京次日，吾与张溥泉、王励斋往见之，伊大不满于故宫事，有言论之冲突，此后更屡欲干涉”[25]。反对者立场的多元性给未来改造紫禁城设置了复杂的障碍。

从一开始，紫禁城的博物馆化进程就走上一条特殊之路。1924年11月7日，溥仪出宫之后第三天，临时执政府即宣布组成善后委员会，“着国务院组织善后委员会会同清室近支人员协同清理公产私产，昭示大公。所有接收各公产，暂责成该委员会妥慎保管。俟全部结束，即将宫禁一律开放，备充国立图书馆、博物馆等项之用，藉彰文化，而垂永远”[26]。可见，故宫在整理之后作为博物馆开放的计划已经定型。在善后委员会的归属和办理方案上，李煜瀛提出“须多容纳几分社会及公开性质，不作为官办，遂决定委员长及委员不用任命而用聘请”[27]。这种“非官办”方式虽然在执政更迭时代几度造成故宫博物院难以为继的困局，甚至在经济意义上有破产之虞，但是避免了因官办色彩过于浓重而随

〔22〕 李宗侗：《故宫博物院回忆录》，《李宗侗自传》，北京：中华书局，2010年，第153页。

〔23〕 石曾：《一年来故宫经过与工作之我观》，《京报副刊》1925年11月5日，第一版。

〔24〕 《胡适往来书信选》，北京：中华书局，1979年，第271页。

〔25〕 李煜瀛：《故宫博物院记略（一）》，《故宫周刊》第1期增刊版，1929年10月10日。

〔26〕 《大总统发布清室宫禁充作博物馆令》，《中华民国史档案资料汇编》（第三辑文化），南京：江苏古籍出版社，1994年，第292、293页。

〔27〕 李煜瀛：《故宫博物院记略（一）》，《故宫周刊》第1期增刊版，1929年10月10日。

着政府一同垮台的厄运，同时也逃脱了北洋政府对故宫博物院的过度干涉。清室善后会议原定民国方5人，清室2～3人，后增加至民国方7人，清室4人，但是一直未获清室的认可和合作[28]。一周之后，《清室善后委员会组织条例》即获通过和公布。善后委员会首要任务是“负物品保管及点查之责”。12月20日，善后委员会召开第一次会议，公布《点查清宫物件规则》，清点工作自兹开始。随着清点工作的展开，故宫馆藏也按照现代博物馆的库房管理方式集中保管。古物馆的库房沿用内东路北五所敬事房、古董房、如意馆、四执库和寿药房。转变成为现代意义博物馆后，在维持原貌的情况下对博物院库房进行了修缮，“可为库房之用者酌加整理，所有门窗、墙垣、地基等改用洋灰铁板，但使严密燥洁，即已适用”[29]。

故宫博物院的保护计划并非以紫禁城内廷画地为牢。1927年8月，自明清时期内城最大的宫廷道教建筑大高玄殿清理出的档案移交国务院，故宫博物院旋即于23日以保护院藏明清内阁档案和宫中档案的完整性为由，吁请国务院将大高玄殿档案转拨故宫博物院，得到国务院公函161号第2函，“俟工作完毕后，自当移贵院保管”[30]。

1925年双十节，国立故宫博物院在乾清宫正式开幕（图2.3）。这是20世纪中国最具政治象征价值的关键时刻之一。开幕仪式由庄蕴宽主持，李煜瀛报告筹备故宫博物院情形。内阁总理黄郛致辞中盛赞紫禁城“化私为公”之变，甚至将故宫博物院的新生和民国国庆纽结在一起，称“破坏博物院者，即为破坏民国之佳节”，以表力撑[31]。开放当天参观费减价，在北京引起轰动。“故宫实行开放，都中人士趋之若鹜，而双十节之三路齐开，票资仅收半元，尤为创举，禁城之内，六宫之中，无处不如蚁聚焉”。“是日万人空巷，咸欲乘此国庆佳节，以

---

〔28〕 栗亭：《故宫博物院前后五年经过记（续）》，《故宫周刊》第2期第4版，1929年10月19日。

〔29〕《沈瑞麟、刘尚清拟订整理故宫办法致大元帅函》1927年10月，《中华民国史档案资料汇编》（第三辑文化），南京：江苏古籍出版社，1991年，第296页。

〔30〕 栗亭：《故宫博物院前后五年经过记（续）》，《故宫周刊》第77期第4版，1931年3月28日。

〔31〕 吴瀛：《故宫五年记》，上海：上海书店出版社，2000年，第60页。

图2.3 故宫博物院开幕
（采自《故宫博物院八十年》）

一窥此数千年神秘之蕴藏”[32]。数年后，吴瀛回忆当天被如潮观众堵在坤宁宫东夹道两个小时动弹不得，其场景宛在眼前[33]。此时清点工作尚在进行之中，已经清点的有乾清、坤宁、钟粹、景阳、景仁、承乾、永和、建福、咸福诸宫和昭仁、弘德、端凝、懋勤、奉先、太极等殿。上列已清点诸宫殿稍加收拾，故宫博物院即宣告向公众开放[34]。同时，故宫博物院的基本管理格局也是在此时确定的。故宫博物院开放之际，分成古物和图书两馆，1928年恢复故宫博物院名称后，又增设文献馆。

作为政治斗争的产物，故宫博物院的初期岁月注定无法脱身于重重政治漩涡。故宫博物院管理班底最初搭建于冯玉祥主政时期，而且从创建开始就一直在李煜瀛的掌控之中，导致故宫博物院的亲国民党色彩颇为明显。因此，围绕其法统地位的争执，一方面是共和和帝制之争，另一方面则是北洋与国民党之争。而在共和与帝制之争中，既有关于帝制存废之争，又有对于帝室遗产如何处置之争。围绕故宫博物院的法统地位的激辩一直持续到张学良易帜。1929年创刊的《故宫周刊》前百期连载了吴瀛（以栗亭笔名）的《故宫博物院前后五年经过记》，他将五年来的故宫分成五个时期，即办理清室善后委员会时期，草创期，

---

〔32〕 栗亭：《故宫博物院前后五年经过记（续）》，《故宫周刊》第46期第4版，1930年8月23日。

〔33〕 栗亭：《故宫博物院前后五年经过记》，《故宫周刊》第1期第1版，1929年10月10日。

〔34〕 陈钦育：《国立故宫博物院的展览动向（1925～2001）》，《博物馆学季刊》第15卷第4期，2001年，第19、20页。

维持期，奉方管理委员会时期和国府接收之后[35]。虽然从长时段上看，这种分期方式失之琐碎，但是恰好说明故宫博物院在最初五年间面临风波不断，几有颠覆之虞。驱宫运动之后不久，冯玉祥国民军退出北京。首先是李煜瀛被迫出走，无法继续庇护故宫。1926年3月，执政府以李煜瀛为共产党为由实施通缉，李煜瀛被迫出走东交民巷。故宫董事会会议决定以卢永祥和庄蕴宽为维持员。随后，北京政局更迭频繁，历届政府皆有或急或缓的侵吞计划，1926年，杜锡珪内阁时期成立故宫保管委员会，赵尔巽受命接管故宫，鉴于赵尔巽明确的遗老政治倾向，故宫委员和职员多番抵制，陈垣要求政府申明不发还、不变卖和不毁灭原则[36]。1927年，奉系控制北京后也曾另组管理委员会，以王世珍为委员长，准备强行接收，但也在故宫职员的集体抵制之后作罢。故宫博物院成立之初预埋的“非官方”色彩有助于抵制保管委员会和管理委员会，但政府接收不成后，故宫被迫切断官方经济支持，进入自生自灭的自治状态。真空状态的故宫成立以江瀚、庄蕴宽和王宠惠为首的维持会，但是由于制掣颇多，故宫博物院举步维艰，多次出现断供之虞，竟发展到庄蕴宽个人担保从银行借款才渡过难关的地步。最初的五年间，故宫博物院失去了对颐和园、太庙和堂子等处房产的控制，大高殿军机处档案和观海堂藏书也被政府胁迫退还，维持时期甚至发生直鲁联军强占故宫的事件，而逊清帝室以及同情帝室人士不时发动对故宫博物院的冲击[37]。直到1928年北伐革命胜利后，故宫博物院才渡过了最初的艰难岁月。

存亡已毋庸再议，但是故宫博物院仍然面临寻找自身定位的问题，直到1935年，这个问题才最终得以解决[38]。

---

〔35〕 栗亭：《故宫博物院前后五年经过记》，《故宫周刊》第1期第4版，1929年10月10日。

〔36〕 那志良：《典守故宫宝藏七十年》，北京：紫禁城出版社，2004年，第42页；单士元：《故宫札记》，北京：紫禁城出版社，1990年，第172页。

〔37〕 那志良：《典守故宫国宝七十年》，北京：紫禁城出版社，2004年，第38～46页。

〔38〕 事实上，1928年6月27日经亨颐在国民政府第74次会议上提出的“废除故宫博物院”案是故宫存废的最后一次风波。

2.3 故宫的离散和整合：帝室文物遗产的分合变迁

至迟在北宋晚期，内、外收藏都已成规模，并且清晰分流；虽然经历了元明两代的低谷，这个传统到康乾时期得到全面复兴。《西清四鉴》编辑之时，清代宫廷的典籍古物收藏格局已基本奠立〔39〕。帝室收藏随后既有增添，也有删减〔40〕。清末民初之际，著名的私家收藏逐一衰落，“故家零落殆尽，惟攀古楼、澄秋馆两家独存，亦不无散失矣”〔41〕。内府收藏虽然也遭遇冲击，但大体维持相对稳定，其大端最终以故宫博物院馆藏形式保存下来。

清朝覆亡之前宫廷收藏的离散已经成为瞩目的社会和政治问题，其中最主要的冲击是作为剧烈政治冲突结果的西方军队的数次洗劫，尤以1860年英法联军攻占和焚烧圆明园和1900年八国联军攻占北京为著。英国大英博物馆和法国枫丹白露中国馆中，据推测合计逾5万件文物出自圆明园〔42〕。八国联军虽然没有最终占领和瓜分紫禁城，但是从中抢劫和流散艺术珍品的记载不绝如缕〔43〕。当时尚

---

〔39〕《西清古鉴》40卷，由梁诗正等编撰，成书于乾隆十六年，刊印于乾隆二十年，收入自商至唐铜器1529件。《西清续鉴》甲乙编40卷，由王杰等编撰，成书于乾隆五十八年，未刊印，收入自商至唐铜器1875件。《宁寿鉴古》16卷，由王杰等编撰，成书约在乾隆末年，收入铜器701件。《天禄琳琅书目》10卷，由于敏中、王际华、彭元瑞等编撰，收入自宋至明善本书429种。《石渠宝笈》初编44卷，成书于乾隆十年（1745）；二编40卷，成书于乾隆五十八年（1793）；三编28函，成书于嘉庆二十一年（1816）。《秘殿珠林》24卷，张照、梁诗正、励宗万、张若霭等编撰，成书于乾隆九年（1744）。

〔40〕《天禄琳琅书目续编》20卷，收录宋辽金元明善本663种。

〔41〕容庚：《海外吉金图录》序，《容庚学术著作全集》（第一二册），北京：中华书局，2011年，第431页。

〔42〕郑欣淼：《天府永藏：两岸故宫博物院文物藏品概述》，北京：紫禁城出版社，2008年，第10、11页。

〔43〕万依、王树卿、刘潞：《清代宫廷史》，沈阳：辽宁人民出版社，1990年，第542页。

不在约定保护范畴之内的颐和园和三海则损失更加惨重〔44〕。除恭王府和庆王府以外的多座王府遭受彻底洗劫。劫掠之外，不少典籍文物毁于战火之中。帝制时代也有宫廷内盗，不过尚在零星、偶发的可控范围之内。

民国之后，紫禁城内古物骤然面对多重导致分析离散的威胁，而且诸多威胁相互勾连，互为表里，竟形成多米诺效应。从另一个侧面说，紫禁城古物的窘境也说明民初采用的赎买帝室遗产的和平过渡方案基本不可行。民初政府的财政危机导致古物陈列所尝试的“备价收归国有”温和赎买方式无法真正实现。法理上，在没有履约付款的情况下，民国政府无权支配紫禁城内，甚至已经成立的古物陈列所内任何财物。古物陈列所和保存于内廷的帝室收藏理论上仍属逊清帝室，这使得逊清帝室自信可以自由支配宫中古物，甚至以各种理由“提调”已经收归国有的古物。同样的财政危机导致民国政府无法按时履行《优待条件》规定支付逊清帝室年额400万元的条款，即使施行，额度上也大打折扣〔45〕。对于逊清帝室而言，一方面在用度上本无节流计划，另一方面由于从未放弃复辟想法，需要筹措为数不小的政治活动经费，因此，所有费用都唯有依赖于变卖紫禁城内古物所得。逊清曾经多次在以内府收藏古物抵押贷款，其中多件瓷器抵押给金城、大陆、盐业和中南多家银行，到期无法赎回时遭银行拍卖，英国收藏家大维德因此机缘而建立起瓷器收藏〔46〕。此外，多笔器物先后抵押给日本大仓、三井和三菱等财团。1922年年初，因筹集逊帝大婚费用，内务府以120万元的价格向各国使馆推销原藏于奉天行宫的《四库全书》，经北大研究所国学门诸先生

---

〔44〕《义和团档案史料》（下册），北京：中华书局，1959年，第667页；富田升较为详尽地记录了侵入和洗劫颐和园和三海的过程，见富田升著，赵秀敏译：《近代日本的中国艺术品流转与鉴赏》，上海：上海古籍出版社，2005年，第5～13页。绿蒂有略带夸张的记录，见Loti P. *Les Derniers Jours de Pékin*. Paris: Megallen, 1992，另见藤村俊太郎：《秘录北清事变》，东京：人物往来社，1967年。

〔45〕根据统计，1912～1923年间，民国政府本应支付4800万给逊清帝室，但是实际支付总计2465万元，仅及半数。富田升著，赵秀敏译：《近代日本的中国艺术品流转与鉴赏》，上海：上海古籍出版社，2005年，第49页。

〔46〕那志良：《典守故宫国宝七十年》，北京：紫禁城出版社，2004年，第26页。

抗争才未最终成交[47]。1924年5月，内务府与北京盐业银行签订抵押合同，以金印、金册、金宝箱、金塔、金壶、金盘、金杯，以及各种金镶嵌宝石器物等抵押，一年为期，贷款80万元[48]。由于此笔金器数量巨大，包括金宝、金册、金箱、金塔，合计超过一万两，此外还包括珍珠1500颗和宝石184块，仅金器一项，纯粹按照计重估价，市值就远远超出贷款总额，而且逊清帝室毫无赎回能力，抵押之后势必导致流散，因而引起举国哗然。

古物国有观念在民初仍然非常淡薄，无论是民国还是清室皆无此观念，因此内外皆有以提调为名的损害之举。政府高官视古物陈列所为可随时提取的礼物仓储。顾颉刚引《岳南新报》报道徐世昌贺陆荣廷寿辰事，“徐世昌因陆荣廷本届寿辰，特派武官朱少伟……前赴武鸣致送。闻有武英殿中所陈之大花樽二尊，玉器四具，……各物统共值四十万元。陆荣廷以此等皆属公物，除将题有上下款之寿屏寿序酌收外，其余珍物已交来使赍还，即日护送出港云”[49]。颇值得玩味的是，武夫军阀反较文人总统更具有公物保存意识。在国家政治之中，古物陈列所保存的古物是最宜于馈赠的“礼物”。仅在1918～1919年一年内，国务院秘书厅提调作为馈赠国际友人的古物就多达50余件[50]。在大多数情况下，“礼物”从未被退回。

帝制时代尚屡禁不绝的宫廷宝物外流在清帝逊位之后变本加厉，而且，由于从法律规范的愿景上，宫廷古物归国家所有，导致原本作为主人的帝室也加入到偷盗行列之中。国民党元老吴稚晖以诙谐笔调评说溥仪清宫旧藏面临蚕食鲸吞的种种危险。他指出，溥仪周遭围绕着三种人物，“耗子，遗老是也”，“痨虫，皇室奴才是也”和“鳄鱼，奸商及古董贩子是也”，都处心积虑地偷盗和变卖宫

---

〔47〕《为清室倒卖〈四库全书〉敬告国人速起交涉启》，《北京大学日刊》第1005号，1922年4月20日。

〔48〕《附抄清室内务府与北京盐业银行签订之古物抵押合同》，《中华民国史档案资料汇编》（第三辑文化），南京：江苏古籍出版社，2004年，第224、225页。

〔49〕《岳南新报》1919年10月20日。

〔50〕《国务院秘书厅为惠赠友人提取古物陈列所古物清单》，《中华民国史档案资料汇编》（第三辑文化），南京：江苏古籍出版社，2004年，第220～222页。

廷古物。吴稚晖忍不住大声疾呼“危哉，溥仪先生”[51]！此论对清宫旧藏加速流失现状的描述可谓一针见血，但是，溥仪不是被动的受害人，仍在溥仪控制下的清宫旧藏也不是如吴稚晖所言的私产。事实上，导致清宫旧藏加速外流的最主要的势力恰好是逊帝本人。帝室收藏尚未变卖时，恭亲王府收藏的离散方式提供了一种变现可能性[52]。对于逊帝而言，故宫古物是折现提供各种用途的最佳物品。逊清帝室以赏赐为名，事实上是提供宫外复辟势力活动的经费，大量字画因此流出宫外。1925年7月31日，善后委员会清点，在养心殿发现《赏溥杰单》和溥杰的《收到单》，以赏赐名义流散的文物计有书籍502函，210部；书画1285件，册页68件，稀见印章45枚，皮包14件[53]。清室善后委员会1926年编辑的《故宫已佚书籍书画目录四种》就包括溥杰以及内廷众臣等受赏书画目录，其中部分赏赐携出宫廷之后即抵押贷款。编辑者指出，“皆属琳琅秘籍，缥缃精品，《天禄》书目所载，《宝笈》三编所收，择其精华，大都移运出宫。国宝散失，至堪痛惜”[54]。溥仪也用故宫收藏馈赠政治人物。1923年曹锟当选大总统，溥仪赠送礼物包括瓷器、玉器、铜器、珐琅器和雕漆等类别，计有14种16件[55]。民国之后，内务府甚至多次组织拍卖会，竞价销售“库存瓷玉古铜物件”。以日本东京茧山龙泉堂保留的1920年代的一份拍卖纪录看，当时拍卖的古铜器100余件，玉器280余件，陶瓷器100余件，总计估计达到27000余元。茧山龙泉堂参加的那次拍卖已经是第14次[56]。逊帝周围的官僚成为故宫古物外流的帮凶。多人以请赏甚至借阅的方式，将宫廷收藏据为己有。逊帝溥仪的英文老师庄士敦直

---

〔51〕栗亭：《故宫博物院前后五年经过记（续）》，《故宫周刊》第28期第4版，1930年4月19日。

〔52〕富田升著，赵秀敏译：《近代日本的中国艺术品流转与鉴赏》，上海：上海古籍出版社，2005年，第50、51页。

〔53〕郑欣淼：《有多少国宝流传宫外》，《紫禁内外》，北京：紫禁城出版社，2008年，第128、129页。

〔54〕国立北平故宫博物院：《故宫已佚书籍书画目录四种》，故宫博物院图书馆铅印本，1933年。

〔55〕郑欣淼：《天府永藏：两岸故宫博物院文物藏品概述》，北京：紫禁城出版社，2008年，第14、15页。

〔56〕富田升著，赵秀敏译：《近代日本的中国艺术品流转与鉴赏》，上海：上海古籍出版社，2005年，第52～59页。

陈内廷面临的“被赠送、出售或典押，甚至被偷窃”的命运[57]。宫廷之中的盗窃愈演愈烈。收贮铜器、瓷器和宗教陈设的建福宫曾经是溥仪大婚时期用具和仪仗的存放点。1923年6月27日，恰在内务府计划清点库存前，建福宫大火，内务府事后统计被焚毁的物品包括金佛2665尊，金佛事用具1675件，佛教字画1157件，瓷器、铜器和宝石435件和古书数万册[58]。虽然火灾一直是紫禁城的重大隐患，但一般认为，如此巧合的建福宫大火应该是监守自盗的宫内官员或者太监纵火所致。迟至抗战时期，漱芳斋前檐木炕的炕板下还意外发现了包括王献之、欧阳询、颜真卿、黄庭坚等名家墨宝的十二帖，合为《法书大观》，乾隆御题已被刮去。这应该是宫中太监盗宝的转运藏匿点，盗运者恐不易出手而将御题刮去[59]。民国之后，清宫收藏通过赏赐、拍卖、失盗和抵押出卖等方式迅速衰减，古物流失速度惊人[60]。因此，1924年的驱宫运动至少以断然方式遏制了紫禁城清宫收藏几成溃决之势的流散。

在故宫博物院的最初数年中，逊清帝室数度借助自民初形成的帝室“私产”概念与故宫博物院发生直接冲突，也导致故宫收藏结构出现若干变化。溥仪曾经抱怨，“历代祖宗所遗之衣物器具文字，一概扣留，甚至日用所需饭碗茶盅及厨房器具，亦不许拿出”[61]。在随后的十余年中，被逐出紫禁城的逊清帝室正是以日用所需、私人财物和祖宗遗物等为借口与故宫博物院争夺的。1924年11月5日驱宫之时，李煜瀛区分“国宝”和“私产”是为了确保当日能顺利实现紫禁城内廷收归国有的权宜之计，但是不仅当日就造成大量宫廷细软珍宝以“私产”的名义流出紫禁城，也给帝室在未来数年中不断以“私产”为由蚕食故宫收藏提供了口实。驱宫之时，议定宫女和太监即刻解散出宫，为保证紫禁城财物安全，仅允许其携带随身衣物。尽管如此，宫女和太监出宫仍持续数日，诸多可随身携

---

〔57〕 庄士敦著，陈时伟译：《紫禁城的黄昏》，北京：求实出版社，1989年，第240页。

〔58〕 庄士敦《紫禁城的黄昏》称被毁金佛像达2685尊。

〔59〕 朱家溍：《法书大观上被刮去的御题》，《故宫退食录（下）》，北京：紫禁城出版社，2009年，第583、584页。

〔60〕 郑欣淼：《天府永藏：两岸故宫博物院文物藏品概述》，北京：紫禁城出版社，2008年，第13～18页。

〔61〕 溥仪：《我的前半生》，北京：东方出版社，2007年，第161页。

带的珍宝首饰因此流失宫外[62]。随后，逊清帝室多次以撤离匆忙，原宫廷人员需要取寒衣和私人用品要求进宫启封。1925年1月21、22日两天，宝耆率内务府员役及内监至养心殿，以取冬衣为由，申请派员进入已经被封存的故宫。入宫人员将宫内皮毛细软搜罗殆尽，出宫之后迅速甩卖折现。宝耆甚至要求携“乾隆磁器”和“仇十洲汉宫春晓”，不过遭到拒绝[63]。虽然此事引起故宫博物院的警觉，但是宫中细软、珠宝和皮毛等经多次搜罗后已基本不存，导致故宫博物院的此类收藏数量甚少。此外，清宫善后委员会议定，内廷库房之中的银两不属古物或者国家财物，因此归还给逊清帝室。11月，商议瑜瑨两太妃出宫时，清室代表提出归还库存元宝，17日下午由清室善后委员会和清室共同监视，统计库存银两合计101328两，清室悉数取出[64]。驱宫之后，逊清帝室和故宫博物院纠纷不断，而且法律也并非一边倒地支持故宫博物院。1927年1月，收藏清代帝后像的景山寿皇殿屋漏，出于保护的考虑，故宫博物院将帝后像提入神武门。溥仪即以帝后像为逊清帝室家族祖先画像，寿皇殿不在故宫范围之内为由，提出诉讼，要求将帝后像发还给逊清帝室。起初被驳回，但在1930年12月由高等法院判决，“清室历代帝后遗容及行乐图，共三百九十七件，交由原告领回”。故宫博物院遂以“故宫一切物品，已为国家所有”为由，向高等法院申诉[65]。

化私为公之后的古物首先面临清点问题。古物陈列所的基本馆藏早有鉴定之议，但可能与相对宽松的外部环境有关，藏品鉴定工作起步较晚，最终完成鉴定工作的主要是书画和铜器两种。1926年，古物陈列所成立鉴定委员会。鉴定会委员“由委员长聘请富有鉴定古物之学识经验者充之”，鉴定委员分成书画、陶瓷、金石和杂项四类[66]。“十六年二月，周肇祥所长以所中古物之真伪

〔62〕 这一流失假设得到随后的故宫馆藏清点的证实，台北故宫收藏之中，玻璃器、金银器等均甚少。郑欣淼：《天府永藏：两岸故宫博物院文物藏品概述》，北京：紫禁城出版社，2008年，第205页。

〔63〕 吴瀛：《故宫五年记》，上海：上海书店出版社，2000年，第36页。

〔64〕 李宗侗：《李宗侗自传》，北京：中华书局，2010年，第178页。

〔65〕 《本院为清帝后像经地方法院判还清室案致北平高等法院书》，《故宫周刊》第65期第1版，1931年1月3日。

〔66〕 《内务部古物陈列所鉴定委员会简章并委员名单》，《中国民国史档案资料汇编》（第三辑文化），南京：江苏古籍出版社，1994年。

杂糅也，设古物鉴定委员会，凡二十人，分书画、金石、陶瓷、杂品四组，任鉴定古铜器者，为李盛铎、徐鸿宝、陈汉第、王禔、马衡、邵季诸先生”[67]。“星期开会一次，奉天行宫铜器八百鉴定甫竣，而周氏去职，会亦停顿”[68]。周肇祥去职导致正在进行的鉴定工作中断，已经完成的鉴定结果无法刊布，直以“付诸游川不期”相况[69]。作为鉴定委员，容庚决意将自己挑选和整理的笔记及拓片公之于众。1928年，容庚在奉天行宫798件彝器之中挑选92件，由哈佛燕京学社于1929年2月出版《宝蕴楼彝器图录》，宝蕴楼即古物陈列所新建的库房所在[70]。收录于《宝蕴楼彝器图录》中铜器多见于《西清续鉴》乙编，不过容庚认定“伪者累累”[71]。随后，在古物陈列所张起凤和柯璜的同意下，容庚自1930年夏天开始审定热河青铜器。最终，他挑选了100件，1934年仍由哈佛燕京学社出版，以古物陈列所的主要青铜器展厅武英殿命名为《武英殿彝器图录》。鉴于古物陈列所的铜器鉴定未最终出版目录，《宝蕴楼彝器图录》和《武英殿彝器图录》虽属容庚个人编纂，但可视作未获官方公布的两处青铜器收藏资料的弥补。

古物陈列所的书画目录编辑和刊印也是一波三折。最初的编辑之议出现于1919年，但是从一开始，经济困窘就是阻碍甚至搁浅目录编辑工作的最大原因。起初之议就没有将书画纳入编目范畴，“嗣因款绌，先将瓷铜器各目约略编成”。随后数年，古物陈列所的书画保存情况堪虞，何煜力促重新装池部分画迹，编纂之议也重新提出，但经济问题仍然未得解决，“会因官款拮据延滞数稘，风云数更”。何煜邀集谢刚国、吴瀛和汤涤等，承担编纂之责，直到1925年

〔67〕 容庚：《武英殿彝器图录》自序，《容庚学术著作全集》（第一一册），北京：中华书局，2012年，第249、250页。其他鉴定委员计有罗振玉、萧愻、福开森、徐宝琳、陈承修、庆宽、陈时利、郭葆昌、宝熙、陈浏、颜世清、王国维、袁励准、容庚等。

〔68〕 容庚：《武英殿彝器图录》自序，收录于《容庚学术著作全集》（第一一册），北京：中华书局，2012年，第2、3页。

〔69〕 周肇祥：《宝蕴楼彝器图录》跋，1928年，收录于《容庚学术著作全集》（第一一册），北京：中华书局，2012年，第4页。

〔70〕 容庚：《宝蕴楼彝器图录》例言，收录于《容庚学术著作全集》（第一一册），北京：中华书局，2012年，第9页。

〔71〕 容庚：《宝蕴楼彝器图录》例言，收录于《容庚学术著作全集》（第一一册），北京：中华书局，2012年，第9页。

才编辑完成，由京华印书局刊印[72]。《内务部古物陈列所书画目录》共计14卷，另附3卷，收录了奉天和热河两宫书画共计4651件（图2.4）。

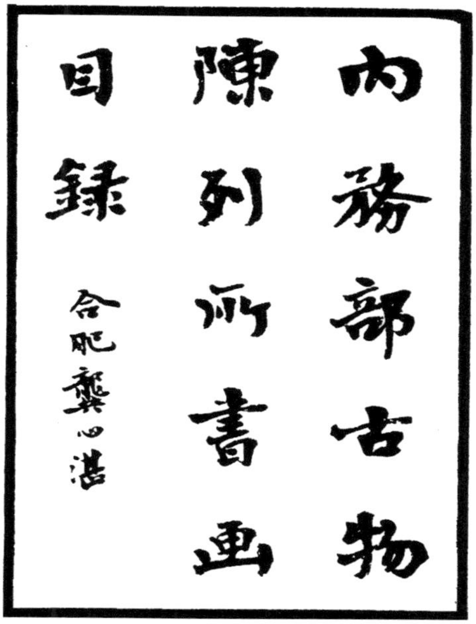

图2.4　《内务部古物陈列所书画目录》封面

不同于古物保存所，由于身处政治斗争的风口浪尖上，故宫博物院的清宫旧藏文物清点必然非常迅疾地安排和进行。故宫文物的清点工作在故宫博物院成立月余之后就立即展开了。这是紫禁城内的清宫收藏第一次按照现代博物馆规则予以准确编号，在中国博物馆史上实有首创价值。和若干由皇家宫殿改造而成的博物馆一样，清宫物件的特殊之处在于器物与建筑之间的原生配置关系，因此，善后委员会设计出由保存地点和器物号码联合组成的编号系统，首先按照千字文顺序对宫殿进行编号，乾清宫和坤宁宫分别编以“天”、“地”二号，其余顺延。在同一宫殿内再按照物件顺次编号。清宫物品清点工作持续5年才完成，完成之时编辑了《清宫物品点查报告》共计6编28册，计入文物编号达117万件，构成了特殊时代，特殊情境下，点数博物馆馆藏的典范。这也是乾隆时期定局的清室收藏的首次全面清点。

原本设于紫禁城之中的古物陈列所和故宫博物院均以清宫帝室收藏为范围，并不接纳非清宫藏品，但是博物馆化之后也有添加新藏的特例。其中，甘肃定西所出新莽权衡的入藏就是罕见的主动收藏典范。新莽权衡于1929年出土于定西县称钩驿，共计8件。其中6件原藏于兰州教育馆，权、衡各一流入北京黄濬尊古斋。1931年，兰州教育馆遗失了除大权之外的其他5件，时隔两年之后才在天津缴获。因为系列完整的新莽权衡极为罕见，定西权衡能在千里之外失而复得已属侥幸，为了防止国宝再度流失，时任故宫博物院院长马衡开故宫收购外物先

〔72〕　何煜：《内务府古物陈列所书画目录》，北京：京华印书局，1925年。

河，接纳了衡和律九斤权两件，剩余的则被中博院购得[73]。故宫博物院基金以5100元价格购买了此两件器物[74]。定西新莽权衡在1934年的西北文物展览中始公之于众[75]。此外，抗战胜利之后，故宫博物院接收了数笔重要收藏。首当其冲的是伪满宫廷收藏残余。1946年7月，故宫博物院在天津接收了分别存放于溥仪和溥修旧宅的两笔文物，前者分装21匣，包括金银器、瓷器、玉器、书画和珠宝等，共1085件，后者计有222件，此笔收藏填补了1924年驱宫之时可随身携带珠宝收藏流失而造成的空白[76]。其次，杨宁史青铜器收藏和郭葆昌瓷器收藏虽性质不同，但同因在宋子文的支持下进入故宫。其中，前者是由德国商人杨宁史（Werner Jannings）建立起来的商周时期青铜礼器和兵器收藏。经古董商中介，杨宁史购入了多笔战争期间河南出土的青铜器精品，总计约240余件。杨宁史曾经委托罗樾（Max Loehr）和康斯顿（E. von Canstent）编目[77]。郭葆昌曾为袁世凯督烧洪宪瓷，后以陶瓷收藏既富且珍著称，著有《觯斋瓷乘》。杨铜原本可划入战争逆产，但是接收过程颇多不顺，既有杨宁史的犹豫偏摆，试图逃脱，又有接收单位之间的不睦，而郭瓷必须采用价购方式，但故宫博物院缺乏资金，后经朱启钤斡旋，宋子文拨专款，终于1946年年初，故宫接纳了两笔以捐赠方式入藏的收藏[78]。杨铜和郭瓷于景阳宫后专辟陈列室，直到1949年才撤销。再次，被战争侵犯的收藏战后让渡给故宫博物院。朱启钤存素堂丝绣文物系“中国唯一的一个收藏”，1929年为筹办中国营造学社抵押给东北边业银行，后转归伪满中

---

〔73〕 马衡：《凡将斋金石题跋录》，《故宫学刊》（总第一辑），北京：紫禁城出版社，2005年，第159页。

〔74〕 《北平故宫博物院理事会致该院公函稿》理字第2号，1934年5月26日。

〔75〕 存于兰州民众教育馆的大权于1959年转入中国历史博物馆馆藏。

〔76〕 《马衡关于查获溥仪出宫时携出的存津部分文物经过致故宫博物院委员函》，《中华民国史档案资料汇编》（第三辑文化），南京：江苏古籍出版社，1991年，第229～241页；郑欣淼：《天府永藏：两岸故宫博物院文物藏品概述》，北京：紫禁城出版社，2008年，第36页。

〔77〕 罗樾战后于美国刊布了杨宁史旧藏青铜兵器图录，Loehr M. *Chinese Bronze Age Weapons: The Werner Jannings Collection in the Chinese National Palace Museum, Peking*. Ann Arbor: The University of Michigan Press, 1956。

〔78〕 王世襄：《回忆抗战胜利后平津地区文物清理工作》，《锦灰堆》，北京：生活·读书·新知三联书店，1999年，第549～551页。

央银行。丝绣类恰是故宫博物院短缺的类别，故战后欣然接受了朱启钤捐赠丝绣收藏3300余件[79]。陈仲恕所藏汉印500余方在其南迁时抵押给银行，后被王克敏购去，暂存伪善后救济总署，1945年10月也移交给故宫[80]。此外，故宫还接收了“福兰克福中国学院友谊会古物图书七百四十余件”。

对于完整故宫的不同理解导致古物陈列所馆藏先纳后析的命运。北伐成功时，古物陈列所已经形成约20万件的庞大馆藏，但一时竟陷入进退维谷的境地。故宫博物院基于完整故宫的观念，认为古物陈列所馆藏不属于严格意义上的故宫，因而不愿接手。古物陈列所改隶内政部和中研院后，中研院一度颇为踌躇，甚至质疑古物陈列所馆藏质量。古物陈列所几乎面临还址于故宫，还物于热河和奉天的拆分命运。在一切尚未尘埃落定之时，战火迫近，北平古物南迁。根据内政部指示，古物陈列所部分精品随故宫博物院文物南迁，迁至上海的馆藏计有5415箱。但是，1937年再度仓皇内迁时，未能迁出而被迫留在南京的有112箱。即使迁出逾5000箱文物，古物陈列所超过四分之三的馆藏主体都滞留北平。抗战胜利之后，1946年9月的行政会议决定，自1947年年初起，南迁文物并入中博院收藏，而遗留在北平的15万件藏品及全部建筑都划拨故宫博物院。“北平紫禁城内行政，自九月一日起始变为一元化。历史的两个产物，由此统一”[81]。至此，作为改造故宫试水的古物陈列所寿终正寝，故宫空间的拆分和整合，清宫收藏的纳入和分析周期终告结束。

2.4　重构紫禁城：古物陈列所和故宫博物院的馆藏和展陈

对于紫禁城原址而言，将原本具有强烈政治象征意义的空间分解成为多家博物馆空间，为不同的博物馆搭建特征不一的馆藏，重新规划和设计不同于政治空间的陈列方式和参观线路，都是博物馆化的改造过程。在政治变革导致的紫禁城空间分割基础之上，古物陈列所和故宫博物院表现出三种不同的空间重构策略。

---

〔79〕　向达：《战后两年来的国立图书馆与博物院》，《中华教育界》复刊第2卷第2期，1948年，第19页。

〔80〕　郑欣淼：《天府永藏：两岸故宫博物院文物藏品概述》，北京：紫禁城出版社，2008年，第37页。

〔81〕　《北平故宫博物院接收古物陈列所》，《燕京学报》第33期，1947年，第306页。

首先是新生。古物陈列所的武英—文华二元体系率先成为故宫空间的新生典范。闲置旧地改造成为新的博物馆空间。但是，武英殿和文华殿分别在金水桥两侧，空间并不连贯，对于博物馆经营而言不可不谓遗憾。其次是分割，不仅古物陈列所和故宫博物院的空间并不沟通，甚至还出现开门出入的争执，即使是古物陈列所，也将新造的文物陈列空间和传统政治中枢的三大殿区域分割开来。武英殿和文华殿被改造成为“专门展览”空间，而三大殿区则保留成为“原状展览”空间。最后是空间重构，古物陈列所和故宫博物院都重新规划了参观路线，尤其是后者，以三条纵路乃至扩充到五条纵路的方式重新诠释了紫禁城内廷空间。

门票的销售分野可以揭示故宫内的空间分割情形。1925年之后，古物陈列所和故宫博物院同时开放，各自售票，且并无通票一说。三大殿加古物陈列所联合售票，如自东华门、西华门进入紫禁城，则另收文华、武英两殿门票各一元。廉价期内，两殿门票折半。古物陈列所的前三殿门票售价为二元六角，而地处内廷的故宫博物院已开中东西三路，门票售价三元。参考20世纪20年代末期的北平物价，参观券门票非普通人所能承受，连顾颉刚都直叹价高〔82〕。

古物陈列所按照艺术类博物馆方式设计陈列。无论是武英殿组还是文华殿组，均被当成单纯的展陈空间。初期展陈集中在武英殿组，到文华殿组投入使用后才形成展陈内容的区分，其中，武英殿以青铜器为主体，而文华殿则以书画为主体。武英殿开放之时，《申报》报道，“东厢房所陈列者均景泰蓝一类，西厢房所陈列者则周汉以来铜制鼎瓿釜甑之属。正殿之中所悬古字画四幅，并恭设袁总统肖像，又有红木家具，上置鼎彝，其两旁则瓷器漆器，雕刻物件，笔墨图章，名人册页，人工花卉，均精致异常。正殿后身则陈列佛像及经典，其与后殿联络之甬道两旁亦悬清初名画，并设洋式大围椅，……后殿所陈者，则有各种玉器、织锦、绸缎、花铺垫”〔83〕。古物陈列所展陈均按照常设展设计，展陈品的类别和数量均多，且开放之初仅有一处展厅，面积不足，导致排列过于紧密，

---

〔82〕 顾颉刚：《古物陈列所书画忆录》，《现代评论》第1卷第19～24期，1925年，第182页。

〔83〕 《陈列所与社稷坛游览记》，《申报》1914年10月16日。

而且展陈品之间缺乏内在关联，杂乱感至今仍可从文字中体味出来〔84〕。有批评认为，“纷若列市，器少说明，不适学术之研究”〔85〕。1929年，容庚陪同商承祚、关藻新参观古物陈列所。三人在武英殿中，“评定真赝，论列甲乙，发表言论，左右周行，何止十次”，费时两个多小时，不过容庚仍有“走马观花”之感，展陈密集程度可见一斑〔86〕。

文华殿展出书画作品大约在200幅左右，颇为密集，且定期调整〔87〕。贺履之提及文华殿中自北宋至清历代书画作品，“昨与诸君诣文华殿，观清室大内之所藏矣，其大殿及东西两内之所陈列，如唐岱、方琮、袁涛、金廷标等内廷供奉之画，弥望皆是，彼皆羁身画院，濡染富贵习气，故笔墨未免恒蹊，其宋元以来流传之真迹，则有若惠崇、王诜、郭熙、马远、倪瓒、王蒙、赵孟頫诸家，均属精妙之品，为近今所罕见，次则明清诸家，如仇英、唐寅、董其昌、王翚、王原祁、恽格等作，亦属可观，然尚非其精者，诸君以仓卒之时间，驰马看花，未必能一一领会”〔88〕。文华殿的书画展陈已经影响了北京画家群体。陈师曾提及“恽南田虽为徐氏没骨画，其实与熙不同，观夫文华殿二人所列之画，一比便知”〔89〕。

对古物陈列所馆藏和展陈格局影响最大的是福开森（John Ferguson,

〔84〕 不过，钱玄同曾于1915年年初和1916年年初两度参观古物陈列所，“又至武英殿，看古物陈列所中器物，只有磁（瓷）器、漆器及字画笔墨数种而已，其他概未之见，岂尽于此乎？抑未移尽乎？抑残留此数乎？”，所得观感与众不同。这究竟是元旦时期的临时调整，还是钱玄同为随后质问的铺垫，尚未可知。参见《钱玄同日记》，北京：北京大学出版社，2014年。

〔85〕 《中华博物院组织缘起》，《中华民国史档案资料汇编》（第三辑文化），南京：江苏古籍出版社，1991年，第286页。

〔86〕 商承祚：《评宝蕴楼彝器图录》，《语言历史学研究所周刊》第10集第100期《百期纪念号》，收录于《商承祚文集》，广州：中山大学出版社，2004年，第40页。

〔87〕 顾颉刚：《古物陈列所书画忆录》，原载《现代评论》第1卷第19～24期，1925年，现收入《顾颉刚全集·宝树园文存》（卷五），北京：中华书局，2011年，第179页。

〔88〕 贺履之：《篑公论画》，《三六九画报》1941年第18期，第26页。

〔89〕 陈师曾：《清代花卉之派别》，《湖社月刊》11～20合册，1928～1929年。

1866 ~ 1945）收藏的寄存。先后创办了汇文书院、南洋公学和《新闻报》的福开森在华期间建立了门类齐全、规模庞大的古物收藏，“陆续出资集购铜、玉、瓷、陶器等，砚、墨、书画、碑帖，金石及其他拓本，积至一千余件”[90]。此笔收藏原拟悉数捐赠金陵大学，但囿于后者尚无展陈空间，故福开森于1934年秋，暂将收藏寄存于古物陈列所，并且约定公开展览。次年7月，古物陈列所于文华殿设立“福氏古物馆”，面向社会公众开放[91]。由于此时古物陈列所的馆藏精华已经随故宫文物南迁，因此，福开森寄存之举实际上纾解了古物保存所展陈上的燃眉之急。1936年春，福开森甚至将先期送至金陵大学的甲骨和钱币迁往北平，加入文华殿的展陈中。寄存规模逐年扩展，竟覆盖了金石、陶瓷、书画、丝绣、文玩、家具、碑帖、照片、甲骨、钱币等类别。寄存古物数量从入藏时将近千件，飙升到移交时超过5000件，俨然不输同类最好的公共收藏[92]。抗战之后，鉴于古物陈列所由中博院和故宫博物院分别接收，该笔收藏最终于1949年10月归还给金陵大学。

由于古物陈列所坚持常设展的恒定特征，不设临时展，故在解决馆藏和展陈关系上采取轮番展览的折中方式，而且更换频率颇高，“或旬月一换，或逢令节纪念等日减价期间，分别选择更易”[93]。即令并非出自紫禁城内廷收藏，古物保存所仍然以“宝物”姿态展示馆藏。东华门、西华门外，古物陈列所还设立公告牌，广告展陈品。据统计，1928年7月至1934年的观众达到42万之多。

故宫博物院的展陈设计过程就是紫禁城内廷空间的改造过程。无论在实际层面还是象征性层面，建筑和空间的使用都已发生显著变化。原址博物馆面临互为表里的两个难题，一是原址的保护，另一则是博物馆空间的生成。故宫博物

[90] 《美人福开森之古物草约》，《内政消息》1934 ~ 1935年，第565页。

[91] 《福开森捐赠古物在平公开展览》，《中央时事周报》第4卷第25期，1935年，第40、41页。

[92] 故宫博物院：《故宫博物院八十年》，北京：紫禁城出版社，2005年；张科生：《福开森捐赠文物始末》，《纵横》2006年第4期，第54 ~ 58页。钱桐：《古物陈列所福氏古物馆成立周年纪念报告》，北平，1936年；许凯：《美国人福开森与古物陈列所“福氏古物馆”》，《故宫学刊》（第5辑），北京：紫禁城出版社，2009年，第823 ~ 834页。

[93] 《（古物陈列所）办事细则》，转引自梁吉生：《旧中国博物馆历史述略》，《中国博物馆》1986年第2期，第76页。

院提出了基于建筑的历史价值的两种解决方案。具有重要历史意义的宫殿，如乾清宫、坤宁宫、储秀宫、养心殿、交泰殿等和原本就是宫廷收藏集中存储场地的宫殿，如收储《四库全书》的文渊阁，收储《四库荟要》的摛藻堂，皆保存原貌。被认定为重要性偏薄弱的建筑则予以整修后，作为陈列室开放[94]。这样就形成两种类型的展览，前者形成了“原状展览”，而后者则形成“专门展览”[95]。这一解决思路事实上是古物陈列所提出和实践的“武英—文华”模式和“三大殿”模式的延续。

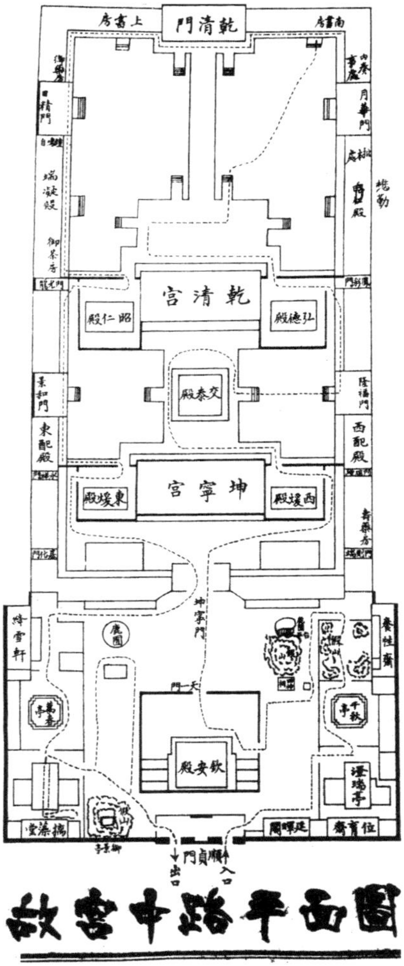

图2.5　故宫博物院中路平面图
（采自《故宫博物院八十年》）

与古物陈列所被割裂的多块空间不同，故宫博物院管理的内廷空间原本就是统一的。故宫博物院更需要设计线路重构博物馆化的内廷空间。故宫博物院确立以三条到五条的平行纵线参观路径，即中路、内东路、外东路、西路和外西路。中路为皇帝寻常朝会处及祭神处。东西两路为皇帝皇后及各宫眷寝宫与皇帝读书处。外东路旧为清乾隆为太上皇时居处，殿廷悉仿中三路而规模略小。外西路为历朝皇太后居所，亦有殿廷多处[96]（图2.5）。

东路主要包括乐寿堂和文澜阁，陈列计有宋元明书画、清代瓷器、青铜器、宋元明

〔94〕　陈钦育：《国立故宫博物院的展览动向（1925—2001）》，《博物馆学季刊》第15卷第4期，2011年，第20页。
〔95〕　包遵彭：《中国博物馆史》，台北：中华丛书编审委员会，1964年，第28页。
〔96〕　庄文亚：《全国文化机关一览》，上海：世界书局，1934年，第217页。

瓷器、钟表、玉器、历代名臣图像、光绪大婚图、乾隆南巡图、乾隆行乐图、清代戏服和剧本、奏折和档案、慈禧文物等。故宫博物院成立之前，乐寿堂就已经开放，特地展陈金梁、康有为等人密谋复辟的证据，此外，养心殿、储秀宫和长春宫的逊帝及后宫“形形色色手札及胡乱文章”也汇聚于此，批揭和嘲讽意味有目共睹[97]。

中路主要由乾清宫、坤宁宫、景阳宫、钟粹宫等构成。钟粹宫辟为书画陈列室，以宋、元、明、清书画33轴3册1卷为陈列内容，后殿则陈列成扇76柄。坤宁宫东配殿陈列拓片201份，印谱3部，西配殿陈列陈设品20件，东暖阁陈列剔红116件，西暖阁陈列文具442件。日精门北屋为景泰蓝陈列室，有景泰蓝93件，南屋为雕刻室，陈列雕刻17件12幅。御茶房如意陈列室有如意162柄。清画分藏两处，一在坤宁宫东板房，计有14轴2卷9册，另一在批本处，计有17轴4册。

西路主要包括储秀宫和养心殿等。主要的陈列室中展陈多宝格、木器家具、佛画像与刻本佛经、武英殿版图书。故宫开幕之时，储秀宫里的桌子上特别保留了一枚咬了一口的苹果和打开盖子的饼干筒，床上也被褥不整，日历牌停留在逊帝出宫之日，实是立场鲜明的场景复原[98]。

其余各路则以清代帝后宫廷生活原貌展示为主。1928年之后的调整以新增主题馆为主。故宫博物院采用每周六天开放制。每个开放日仅在东、西、中选择一路开放[99]。

故宫的观览线路较古物陈列所长，维持尤其不易。一方面，有人批评线路上各馆位置，“大都廊庑偏院，殊贻就简之讥”，另一方面，作为原址博物馆的维护能力不佳，“宫内各处，丛榛遍地，中外观者恒生慨叹，至若缎库、茶库、如意馆、寿药房、四执库、古董房等以及外东、外西两路各处，尤觉有荆棘满目之感”[100]。

---

〔97〕《国内要闻》，《大公报》1925年10月12日。

〔98〕朱家溍：《一个参观者对故宫博物院的印象》，《故宫退食录》，北京：北京出版社，1999年。

〔99〕陈钦育：《国立故宫博物院的展览动向（1925—2001）》，《博物馆学季刊》第15卷第4期，2001年，第21、22页。

〔100〕《沈瑞麟、刘尚清拟订整理故宫办法致大元帅呈》，《中华民国史档案资料汇编》（第三辑文化），南京：江苏古籍出版社，1991年，第297页。

1946年故宫接收古物陈列所后重新规划了观览线索，呈现为三线格局。中路自午门到神武门，将穿行紫禁城建筑群中最庄重、最具有公共性的建筑群，被界定为“专门为建筑物展览”。另有东西两路。中路每天开放，而东西两路则按照单双日轮流开放[101]。

值得一提的是，1930年故宫城墙修复开放。这是紫禁城博物馆化改造的另一个重要时刻。紫禁城城墙的开放之议是故宫博物院、古物陈列所和中研院历史博物馆筹备组联合确定的。此举一方面默认了中研院历史博物馆筹备处作为历史博物馆继承者的地位，另一方面以合作姿态重启了紫禁城统一话题。在中华教育文化基金会、美国柯洛奇夫妇、周作民、倪幼舟及中山公园董事会的支持下，紫禁城的四角楼和环城马道先后得到修复。工程完成后，观众可以登临城墙，鸟瞰北京城。“紫禁城上，马道宽阔，登城而望，全市风景，历历在目”[102]。登临城墙的门票每券一角，可以在三馆任一购得。不过，1930年仅仅开放7次[103]，城墙修复和开放的象征性意味更为重要。原本分割紫禁城内部空间的各家机构尝试在一处不可分割的景观的修复和开放上予以合作，在一定程度上预言了未来故宫的重新融合。

2.5 伦敦中国艺术国际展览会与故宫博物院的转型

1935～1936年于伦敦伯灵顿宫（Burlington House）举办的中国艺术国际展览会对于中国博物馆事业、文化事业乃至国家形象的重要性，在整个20世纪都是

〔101〕《北平故宫博物院接收古物陈列所》，《燕京学报》第33期，1947年，第307页。

〔102〕《民国十九年北平故宫博物院报告》，转引自宗绪盛：《民国时期的故宫博物院报告》，《北京观察》2014年第1期，第76页。

〔103〕《国立中央研究院历史语言研究所十九年度报告》，《傅斯年全集》（第6卷），长沙：湖南教育出版社，2003年，第273页。

图2.6　伦敦中国艺展
（采自《故宫博物院八十年》）

无出其右的[104]。在现实政治层面，此时中国正笼罩在战争阴影之下，伦敦艺展为中国赢得了广泛的国际认可和尊重，开启了文物外交的先河。在文化层面，与19世纪中期以来，中西社会之间强烈的冲突和碰撞相伴生，欧美和日本逐步形成中国艺术收藏，但是中国艺术的形象仍然相对模糊，长期以来受到日本风甚至东南亚因素的干扰而没有得到准确认识。无论通过暴力冲突形式，还是通过更为常见、平和的古物流通网络体系，海外中国收藏无论在数量还是质量上都突飞猛进，亟待总结当前中国艺术收藏的全球分布。通过伦敦中国艺展清晰地展现中国艺术的全貌，中国文化和艺术重新回到了东亚文明的中心位置，海外中国艺术收藏也得到背书。在学术层面，具有里程碑价值的大型艺术展览与艺术史研究相辅相成的关系已经为人熟知，不仅西方学术传统中，具有严格学科自觉意识的中国艺术史萌蘖于此次展览，即使在中国，通过甄选展陈品和编辑图录，传统的器物之学也出现了范式转型。对于博物馆事业而言，这是成功地将帝室遗产转化成国家瑰宝的宣示活动，而故宫博物院在此次展览中大放异彩，转型成为中国传统艺术的代表，最终完成了在中国博物馆群体之中的定位（图2.6）。

---

〔104〕　在伦敦中国艺展之前，国民政府曾经组织参加1930年比利时纪念独立百周年国际博览会。中国政府专门成立参加比国博览会代表处和征集出品委员会。根据《征集物品规则》共征集物品14大类，180余箱，另有历代名人书画180余幅。展览会期间，中国举办了“中国美术展览会”。但是，这并非中国美术主题展，中国也仅是出席展览会的外国之一。因此，无论规模、参展地位，还是意义都无法与伦敦中国艺展相媲美。

伦敦中国艺展是20世纪中国文化外交上首次重大成功，成为随后诸多以文化手段开展的政治活动效仿的典范。在中国驻英大使郭泰祺的积极推动下，中英双方联合主办了空前绝后的艺术展览会。一般舆论依官方说辞，将伦敦中国艺展视为由中国政府发起的活动，“中华民国二十三年十月，国民政府行政院既决定选送本国艺术品于英伦，供国际展览”〔105〕。英国政府也极力配合，甚至动用军舰萨福克号巡洋舰运送文物。展览缘起和目的都依国族主义表述方式表达，中方视缘起为“谋中国艺术品之国际欣赏，藉以表扬我国文化，增进中英感情”〔106〕，中方自视“目的在使西方人士得见中国艺术之伟美”〔107〕。郭泰祺引用意大利在英国的艺术展为例，“使英意过去之误会根本销除，两国由是亲善”〔108〕。而中国古代艺术精华尚不为欧洲社会所知。“我国艺术文化之精华在欧洲国际大规模表见此为首次，其于国际观念、中英感情获益必大，比之历次欧洲各国之展览，说者预料此次成果倘非过之，亦当相等”〔109〕。其后虽有1938年纽约世界博览会借展之议，故宫博物院也有多次借展和出国巡展经历，但都无法与伦敦中国艺展相提并论〔110〕。

虽然此次展会是中国艺术在西方社会的初次登台，但并不是由一国独立操办的，甚至最早都不是任何国家政府提议的，而是数位中国艺术收藏家鼓噪，成功说服英国成为此次艺展的主办国。伦敦中国艺展以中国艺术为名，但中国仅是主宾国，参展国家达15个之多，因此，伦敦中国艺展在一定程度上的确是一次国际性展会，而且在适当时机下，主办国、主宾国、收藏家及脱胎于帝室遗产

〔105〕　伦敦中国艺术国际展览会筹备委员会：《参加伦敦中国艺术国际展览会出品图说》序，上海：商务印书馆，1936年。

〔106〕　王世杰：《伦敦中国艺术国际展览会筹画近况报告》，《北平故宫博物院理事会致行政院秘书处公函稿》附件一，1934年10月3日。

〔107〕　伦敦中国艺术国际展览会筹备委员会：《参加伦敦中国艺术国际展览会出品图说》序，上海：商务印书馆，1936年。

〔108〕　王世杰：《伦敦中国艺术国际展览会筹画近况报告》，《北平故宫博物院理事会致行政院秘书处公函稿》附件一，1934年10月3日。

〔109〕　王世杰：《伦敦中国艺术国际展览会筹画近况报告》，《北平故宫博物院理事会致行政院秘书处公函稿》附件一，1934年10月3日。

〔110〕　陈钦育：《国立故宫博物院的展览动向（1925—2001）》，《博物馆学季刊》2001年第15卷第4期，第21、22页。

的博物馆怀抱着不同的愿景一拍即合。中国方面也以此类展会“各该国国、省办理博物院所藏珍品为本，而征求各国团体及私人之收藏以补充之”为办理基本原则[111]。中英双方按照高规格政府活动的方式组织了此次展览会。“定以两国元首为监理，两国行政首长为名誉会长，两国政治、社会领袖及外交、内政、财政、教育等部部长为副监事”[112]。出于近似的目的，展陈品遴选按世界和中国分头进行。中国按照官方组织的形式于1934年10月成立直接隶属行政院的专门机构“伦敦中国艺术国际展览会筹备委员会”[113]。外方则由收藏家和鉴赏家成立了包括猷氏（George Eumorfopoulos）、赫伯森（R. L. Hobson）、伯希和、大维德（Sir. Percival David）和拉斐尔（Oscar Ralphael）五人的遴选委员会，负责挑选中国之外的藏品，合全世界力量举办了有史以来选择范围最为广泛的中国艺术博览会。伦敦中国艺展筹备委员会负责中国选送的展陈品，“选聘艺术专家若干人别组专门委员会司征选之责”[114]。入选展陈品安排器类排列，以铜器、陶瓷器、书画、玉器、考古出土器物、版本古籍为大宗。“以故宫所藏为本”是遴选之初就提出的原则，实际上，展陈品出自故宫博物院、古物陈列所、中央研究院、北平图书馆、河南博物馆和安徽省立图书馆共计6家机构，其中绝大部分出自故宫博物院和古物陈列所[115]。此外，筹备委员会提出了“非精品不入选”和“凡绝品不入选”的原则。中国的参展艺术品总计1022件，其中超过三分之二出自故宫。铜器之中，61件出自故宫，36件出自古物陈列所。河南博物馆和安徽省立图书馆分别提供了两组专项组别“新郑器群”和“寿县古铜器群”。玉器之中，半数出自故宫，半数出自张乃骥私人收藏。“考古选例”113种悉数出自中央研究院，“珍本古籍”50种则全部由北平图书馆提供。在陶瓷器和书画之中，

---

〔111〕 王世杰：《伦敦中国艺术国际展览会筹画近况报告》，《北平故宫博物院理事会致行政院秘书处公函稿》附件一，1934年10月3日。

〔112〕 王世杰：《伦敦中国艺术国际展览会筹画近况报告》，《北平故宫博物院理事会致行政院秘书处公函稿》附件一，1934年10月3日。

〔113〕 亦有其他文献将此委员会称为“准备委员会”。

〔114〕 伦敦中国艺术国际展览会筹备委员会：《参加伦敦中国艺术国际展览会出品图说》序，上海：商务印书馆，1936年。

〔115〕 《参加伦敦中国艺术国际展览会出品目录》序，《故宫周刊》第460期第1版，1935年6月5日。

除5件之外，悉数出自故宫[116]。伦敦中国艺展的五人甄选委员会负责挑选中国之外的展品。共计14个国家提供了展品，其中，英国及英联邦共计提供1579件，包括古董商卢芹斋在内的法国提供215件，美国115件，瑞典113件。这样，总数就达到3000件以上。在挑选展陈品过程中，中外双方也保持了沟通和协调。猷氏、大维德和拉斐尔都曾来华协助挑选。此次中国政府甄选的展陈品超出实际展陈需求，由于伯灵顿宫展览空间所限，中方展陈品中，“考古选例”基本未陈，“珍本古籍”砍去半数，其他类别各减数件，余857件（图2.7）。

图2.7　伦敦中国艺展展厅
（采自《故宫博物院八十年》）

伦敦中国艺展是战前的一次重大文化事件，参展各方，尤其是中方，处理慎之又慎。展陈品挑选耗时半年。1935年6月7日自上海前往英国，7月25日到达普利茅斯港。同年11月28日开展，1936年3月7日结束，参观人数多达42万之数。伦敦中国艺展期间，中国派出了以外交部顾问郑天锡为特派员的代表团，庄尚严、傅振伦、那志良、宋际隆、牛德明分管各类展陈品。由于时局紧张，入选者多属国宝，国内舆论多有猜测，因此1934年12月伦敦中国艺术国际展览会筹备委员会第二次会议特别提议，“选送物品运英展览前，应在上海开一预展会，时间拟定明年三月间；物品回国后，并应在南京展览一次，以昭明信”[117]。1935年4

〔116〕　中国赴展之前曾经两度编辑《参加伦敦中国艺术国际博览会出品目录》。1935年4月出版竖排刻印本，1936年2月出版横排排印本，其中排印本较刻印本多收入五代画和宋画各一，即传为五代的刁光胤《花卉写生册》和传为宋刘松年《丝纶图》。

〔117〕　《行政院秘书处致北平故宫博物院理事会笺函》第2032号，1934年12月27日。

月，赴英展陈品在离境之前在上海外滩中国银行大楼展览〔118〕。归国之后，选展珍宝又在南京考试院展览。此外，伦敦中国艺展期间制作的国外藏中国古代艺术照片展于1937年2月于北平景山公园绮望楼展览。

《参加伦敦中国艺术国际展览会出品图说》（下文简称《图说》）是为筹备伦敦中国艺展遴选参展品编辑的图录，但是其价值远远超出记录20世纪中国艺术瑰宝第一次出国展览的明细。《图说》按照内容分册，计为铜器、瓷器、书画和其他〔119〕。通过挑选和阐释展品，在实现向西方社会说明中国艺术精髓所在的实用目的之外，编辑者在《图说》中暗埋学术转型的头绪，试图阐发出有别于传统的金石书画之学。

在《铜器照片目录》中，唐兰试图对起源、分类、年代、地域、艺术和历史价值进行全盘整理。在起源上，唐兰谨慎地提出，青铜器最晚出现于商初，但是也指出商代铜器"制作之技巧已极进步矣"〔120〕。唐兰将铜器按照20世纪的认识区分成为烹饪器及食器，容器、温器及饮器，寻常用器，乐器和兵器五个类别。对传统上认定的"礼器"观念提出了不同意见，并进一步提出"无论何种铜器，皆含有用器、礼器、明器三种用途，不能以礼器一名包括之也"〔121〕。这基本代表了20世纪30年代中国青铜器研究最与时俱进的认识。

郭葆昌承担了《图说》第二册《瓷器》的编辑和解说。《瓷器概说》中，郭葆昌以瓷器源起问题入手，以"历代名窑"交代伦敦中国艺展展出瓷器范畴和类别，随后叙述瓷器的胎体、釉色和纹饰，末尾特别详述景德镇窑和珐琅瓷两种。入选伦敦中国艺展的瓷器共计352件，数量庞大，其中包括北宋瓷器64件，南宋瓷器48件，元瓷11件，明瓷78件，清瓷151件。从具体选择内容看，几乎完整涵

---

〔118〕伦敦中国艺术国际展览会筹备委员会以中国银行大厦为驻沪办事处，并租用中国银行仓库三间作为赴展古物临时仓库，《伦敦中国艺展筹委会致北平博物院理事会公函》，1935年2月21日。

〔119〕伦敦中国艺术国际展览会筹备委员会：《参加伦敦中国艺术国际展览会出品图说》，上海：商务印书馆，1936年。

〔120〕伦敦中国艺术国际展览会筹备委员会：《参加伦敦中国艺术国际展览会出品图说》（第一册铜器），上海：商务印书馆，1936年，第5页。

〔121〕伦敦中国艺术国际展览会筹备委员会：《参加伦敦中国艺术国际展览会出品图说》（第一册铜器），上海：商务印书馆，1936年，第5页。

盖了当时所知主要窑口的精品，与《概说》之中专辟“历代名窑”几可对应。针对《概说》中单独列出的两类瓷器，清宫珐琅彩入选数量的确惊人，但是景德镇窑则分布较为分散。

伦敦中国艺展的意义因此是多重的。伦敦中国艺展肇起于若干迫切希望自我定位的中国艺术收藏家，最终他们初衷得偿。伦敦中国艺展全盘总结了19世纪晚期到20世纪早期世界范围的中国古物流通，富田升因此称之为“正统美术之集大成”〔122〕。对中国而言，官方因势利导，将展会发展成为战争阴云下的文物外交，而参展诸机构中，故宫博物院大放异彩，借伦敦中国艺展确立了自身在传统中国艺术领域的至高地位。虽然在筹备和参展的过程中，故宫博物院的古代美术收藏受到中研院提供的“考古选例”，甚至20世纪新发现“新郑器群”和“寿县古铜器群”的竞争威胁，青铜器和陶瓷器的研究上都有顺应新材料而转型的压力，但是故宫博物院的地位并未动摇。在抗战前夕对中国美术精华的全面检阅中，故宫博物院最终赢得了最具代表性的古代艺术类博物馆的地位。

2.6　渐行渐远的卢浮宫和故宫

卢浮宫曾经是故宫最好的参照系。两者都脱胎于宫廷禁苑和皇室收藏，都是大革命的产儿，都以独一无二的空间、建筑和馆藏赢得世界级典藏机构的地位。故宫和卢浮宫的关联甚至远超出物质性层面，在故宫的前博物馆时代，卢浮宫就成为故宫博物院化的楷模。然而，两者前博物馆时代的基础不尽相同，博物馆化进程也不是随着革命一锤定音的，无论是卢浮宫还是故宫，都几经波折乃至反复才最终定型。卢浮宫和故宫起于近似，但终于渐行渐远。

卢浮宫源自宫廷收藏，因大革命狂潮忽至而骤然化私为公，但是随后在博物馆进程中资源组合数度变迁，卢浮宫也相应调整，最终转型成为国家博物馆。卢浮宫的艺术收藏起步于16世纪初期的佛朗索瓦一世时代。最初收藏的不过是作为宫廷外交馈赠的艺术品，随着与意大利艺术之争的白热化，卢浮宫成为法国艺术最主要的赞助和收藏机构。到路易十四时代，随着法国政治和文化的成功，卢

〔122〕　富田升著，赵秀敏译：《近代日本的中国艺术品流转与鉴赏》，上海：上海古籍出版社，2005年，第266页。

浮宫已经确立了欧洲艺术收藏巅峰的地位。大革命前卢浮宫已经有限度地开放，以至于1765年，狄德罗在《百科全书》中就有化卢浮宫为中央博物馆之议。事实上，不仅仅是卢浮宫，15世纪以来形成的欧洲主要收藏都已经接受有限度的开放，只是这全然依赖于所有者的好恶倾向。收藏开放观念为大革命之后的博物馆化奠定了基础，在一定程度上排除了大革命之后帝室收藏何去何从上的杂音。但是，卢浮宫最终成为国家博物馆则取决于大革命之后对公共收藏和公共知识的重新定义。任何特定类型的博物馆不会自然而然进化而来，也不是特定时势的必然产物。

卢浮宫的国家博物馆之路起于大革命。首先是宫廷收藏结构的改造。1792年国民会议决定，王室、贵族和教会的收藏分别收归卢浮宫和国家自然史博物馆。因此，卢浮宫中不仅有数世纪积累的帝室艺术收藏，也有来自宫廷之外的其他艺术收藏。馆藏成分的改变一方面稀释了卢浮宫的帝制色彩，导致1792年卢浮宫顺利更名为国立美术馆（museum national: Monument Consacre a l'Amour et a l'Etude des Arts）；另一方面将卢浮宫改造成为大革命的利益共同体，甚至不久之后即有“卢浮宫所需就是国家所需”的论调，卢浮宫进一步改名为法国博物馆（Musée Francais）。卢浮宫参与大革命时代的社会变革越来越深入，成为各种战利和罚没美术品的集中收藏点，随着拿破仑势力的膨胀和军事胜利，卢浮宫已经成为名副其实的欧洲艺术收藏中心，于1796年更名为中央美术馆（Musée central des arts）。拿破仑复辟时期，卢浮宫更是一度改称拿破仑博物馆（Musée Napoleon）[123]。不过，拿破仑时代军事征服的成功和失败都导致卢浮宫和整体性欧洲艺术品收藏经历了收缴、扩充、归还和调整的震荡。其次是宫廷收藏属性的转变。卢浮宫面向公众开放并不是基于对艺术的普世价值的考量，而是充满深意的革命行为。卢浮宫的开放试图表明，无论是宫殿还是其中艺术收藏的所有权都已经从国王和贵族转移到人民手中，但是如何将“化私为公”的意思传递给公民们，如何帮助他们认识全新的宫廷收藏？大革命之后的卢浮宫实现了以10天为周期的免费开放。面对历史上的精英艺术收藏，卢浮宫的改造者们确立了两个基

〔123〕 Alexander E P. *Museum Masters: Their Museums and their Influences*. Nashville: Association for State and Local History, 1983: 30; Seling H. The Genesis of the Museum. *Architectural Review*, 1967: 109.

调，首先是打破国王和贵族对古代美术的垄断，让普通人民得到等同的欣赏机会。其次则需要割清精英艺术与历史上的统治阶级的纽带，对国王和贵族独占包括艺术在内种种资源的奢侈生活进行批判。爱恨交织，推崇和鞭笞一体两面的情绪表达就是卢浮宫奠立的，也是嗣后其他基于革命转型的博物馆乐于追随的。换言之，贯穿大革命时代，卢浮宫经历了从国王私慕到共和瑰宝的转型过程。由于成功地更新意识形态关联，巴赞甚至直言，原属于国王和贵族的卢浮宫实际上已成新生的共和国家的洗脑机构〔124〕。

明清紫禁城及其艺术收藏是20世纪中国政治变革中不可迂回、亟待解决的遗产。在保留遗产的同时，紫禁城需要清除帝室印记，换言之，需要“去神存形”乃至“存形换神”，政治性议题最终以中国早期博物馆史的一个关键片段的形式表达出来。有论者提出，故宫显示了旧有的帝制象征如何转变为全新的国家文化象征〔125〕。但是，这一转型屡经震荡，最终并未彻底完成。故宫虽然拥有价值类似的馆藏基础，但前博物馆时代就匮乏的公开性到革命时代演化成帝室“私产”的界定，卢浮宫曾经出现的帝制色彩的稀释和礼制意义的重释都没有出现在故宫，相反却出现了对帝室文物的“完整性”和“纯洁性”的追求。卡罗尔·邓肯（Carol Duncan）和阿兰·沃拉克（Alan Wallach）精确地指出，成功实现公共化转型的帝室和贵胄收藏虽然不可避免继承了收藏固有的礼制功能，但必须在历史压力下重塑并形成全新特征〔126〕。拒绝“换神”或者“去神”堵塞了故宫成为国家博物馆之路。延迟十余年才最终解决的故宫及其艺术收藏不得不转向谋求艺术类博物馆典范的地位。

---

〔124〕 Bazin G. *The Museum Age*. New York: Universe Books, 1967: 194; Kaplan F. *Museums and the Making of "Ourselves": The Role of Objects in National Identity*. London: Leicester University Press, 1994.

〔125〕 Hamlish T. Preserving the Palace: Museums and the Making of Nationalisms in Twenty-century China. *Museum Anthropology*, 1995, 19(2); Ju J C. The Palace Museum as Representation of Culture: Exhibitions and Canons of Chinese Art History, 收录于黄克武：《画中有话：近代中国的视觉表达与文化构图》，台北：中研院近代史研究所，2003年，第477～507页。

〔126〕 Duncan C, Wallach A. The Universal Survey Museum//Carbonell B M. *Museum Studies: An Anthology of Context*. Oxford: Blackwell Publishing Ltd, 2004: 55.

第三章

体国经野：从帝国博物馆到中央博物院

作为塑造认同感的文化和政治利器，博物馆与政治实体和文化认同体之间的密切关联不言而喻[1]。卡普兰进而强调，国家博物馆是博物馆与国家认同之间错综复杂关系的焦点。西方世界的国家博物馆根植于文艺复兴，18世纪得到科学实验和理性主义的鼓励，19世纪在殖民主义和爱国主义的推动下逐步形成稳定的博物馆类型。近现代意义的博物馆和同时期形成热潮的世界博览会构成了分别面向内外，历时长短的宣示形式组合[2]。国家通过国家博物馆的馆藏组成、馆舍建筑、展陈方式和相关研究表达国家政治意识，而国家博物馆也在这些途径上追逐代表性、卓越性和独特性，以期获取尊崇的地位。国家博物馆就是国族主义及其骄傲的代言。但是，卡普兰的讨论局限在西方世界的国家博物馆，前殖民地国家以及20世纪之后经历了激烈的政治革命的国家都遗珠在外。崔格尔关于考古学类型的著名论断提出，在历史叙事和建构上，殖民主义国家和在前殖民地基础上新生的民族国家之间并不是水火不容，泾渭分明的[3]。对于基于前殖民地转型

〔1〕 Duncan C. *Civilizing Rituals: Inside Public Art Museum*. London and New York: Routledge, 1995; Low T. What is a Museum? //Anderson G. *Reinventing the Museum: The Evolving Conversation on the Paradigm Shift*. Lanham: Altamira Press, 2012: 34.

〔2〕 Kaplan F E S. *Interdisciplinarity in Museology. Museological Working Papers, vol. 1*. Paris and Stockholm: UNESCO, 1981; Kaplan F E S. Making and Remaking National Identities//Macdonald S. *A Companion to Museum Studies*. Chichester: Wiley-Blackwell, 2006: 152.

〔3〕 Trigger B. Alternative Archaeologies: Nationalist, Colonialist, Imperialist. *Man, new series*, 1984,19(3): 355-370.

或者其他政治转型的国家而言，国族主义表达愿望毫不逊色，只是具体内容有别于殖民主义国家。本尼迪克·安德森（Benedict Anderson, 1936 ~ 2015）指出，在殖民地转型国家的创建过程中，博物馆就是不可或缺的建构政治想象的场所，作为国家凝聚力素材的文化遗产必须服务于政治权力[4]。转型国家历史遗产价值的吊诡之处在于其割裂性，遥远、悠久的历史有利于建立新生国家的道统地位和历史合理性，而晚近的历史则可能成为需要回避甚至割裂的内容。新生的国家博物馆在馆藏成分、展陈方式和教育内容上都得显著地有别于其前身，甚至在必要的情况下，需要否认或者遗忘其前身的存在。这常常导致新生的国家博物馆更倾向于全盘新建；阐释性和观念性创造居于核心地位，往往通过馆舍、馆藏、展陈和研究的新建表达出来。

设立国家博物馆，并通过收藏、陈列、展示和研究等活动营构国家象征的意识在清季即已露出苗头，但是这个理想的实现过程却是筚路蓝缕，直至20世纪20年代才雏形初现，又经过十年其面目才逐渐廓清。由于政局动荡，作为国家形象的国家博物馆在1949年之前都未能以稳定而成熟的形态示人。1905年，张謇在《上南皮相国请京师建设帝室博览馆议》中提出建立帝室博览馆。此议复见于《上学部请设博览馆议》。这是国家博物馆之议的最早发声。前者之中，张謇提出以日本帝室博物馆为模范创设中国帝室博物馆；后者之中，张謇又折中回到图博一体的旧路，“采用博物、图书二馆之制，合为博览馆，饬下各行省一律筹建”[5]。但是，无论张之洞还是学部，都没有给予任何积极回应。民国之后，张謇继续发出《国家博物院图书馆规划条议》，虽然仍未得重视，但是以紫禁城和北海作为选址，以奉天和热河行宫旧藏为主要馆藏基础营建国家博物馆的设想在嗣后其他人的博物馆实践中均得以实现。

民初，蔡元培出掌教育部，力促增设社会教育司，主管图书馆、博物馆和通俗教育事业，博物馆事业始纳入到政府工作范畴[6]。蔡元培曾经饱含激情地

---

〔4〕 Anderson B. *Imagined Communities: Reflections on the Origin and Spread of Nationalism(revised edition)*. London: Verso, 2006:178-185.

〔5〕 张謇：《上学部请设博览馆议》，原收录于《张季子九录》，《张謇全集》（第4卷），南京：江苏古籍出版社，1994年，第272页。

〔6〕 高平叔：《蔡元培教育论集》，长沙：湖南教育出版社，1987年；蔡建国：《蔡元培口述传略（上）》，《蔡元培先生纪念》，北京：中华书局，1984年。

详尽阐述多元化博物馆理想，“有科学博物院，或陈列各种最新的科学仪器，随时公开讲演，或按着进化的秩序，自最简单的器械，到最复杂的装置，循序渐进，使人一览了然。有自然历史博物院，陈列矿物及动植物标本，与人类关于生理病理的遗骸，可以见生物进化的痕迹，及卫生的需要。有历史博物院，按照时代，陈列各种遗留的古物，可以考见本族渐进的文化。有人类学博物院，陈列各民族日用器物、衣服、装饰品以及宫室的模型、风俗的照片，可以作文野的比较。有美术博物院，陈列各时代各民族的美术品，如雕刻、图画、工艺、美术，以及建筑的断片等，不但可以供美术家的参考，并可以提起普通人优美高尚的兴趣”〔7〕。不过，五馆并立只是美丽的愿景。在很长的时间里，国家仅有历史博物馆，而且经营状况不容乐观。1912年，国立历史博物馆（下文简称历史博物馆）筹办于国子监。1917年迁入故宫午门，1926年双十节正式对外开放。历史博物馆原本志在填补国家博物馆的空白，其定位在迁入紫禁城后表现得愈加明显。但是，由于一直缺乏创设和调度具有全国代表性和独特性收藏的能力，历史博物馆发展缓慢，远不孚预期，逐渐沦为毗邻先后成立的古物陈列所和故宫博物院阴影下的弱者。1928年北伐告成之后，另起炉灶重建国家博物馆已成昭然之势。恰在此时，无论在学术研究还是政治象征上，中研院史语所1928年起在安阳殷墟的发掘的价值都已经显露无遗，与之相伴生的安阳出土遗物的保管权也令人烦恼地成为政争核心议题。创建全新的国家博物馆成为解决这一具体问题的最佳方案，并且会对中央学术机构嗣后主持的其他田野活动的后续研究和保管问题起到示范作用。1931年通过的《古物保存法》进一步确保了国家博物馆的地位。1933年正式起步的中央博物院（下文简称中博院）的筹办显然较前次审慎而隆重得多，这也无疑是抗战之前营建国家形象的诸多努力的表现之一。但是，直到1949年，中博院都未能全面开放。不过，国家博物馆的建设之路已经启动，即便缺乏永久性正式馆舍，甚至颠沛流离之时，中博院筹备处仍然是中国博物馆事业中不可替代的脊梁。

---

〔7〕 蔡元培：《何谓文化》，《北京大学日刊》第806号，1921年2月14日。

3.1 未遂的努力：国立历史博物馆

中博院不是中国最早的国家博物馆的尝试，在此之前的历史博物馆即志在承担国家博物馆功能，但是由于诸多原因，最终沦为未竟的事业。历史博物馆筹备处于1912年7月9日成立于北京国子监，胡玉缙主掌，罗庸和裘善元参与其事[8]。历史博物馆以国子监和孔庙为基础，不仅接管了供展陈和办公之用的衙署房屋共计210间，也接管了原藏于国子监的国学故物，多为石刻、雕版和礼器之属，总计达57000件之数，这构成了历史博物馆的奠基馆藏。“国子监旧署，毗连孔庙，内有辟雍、彝伦堂等处建筑，皆于典制学问有关，又藏有鼎、石鼓及前朝典学所用器具等，亦均足为稽古之资，实于历史博物馆性质相近”[9]。但是，仅以选址和馆藏基础论，历史博物馆实际上是先天不足的。馆藏成分上，国学故物太过偏狭单调，创办之初，历史博物馆曾有意整笔收入盛京故宫藏品，但由于犹疑不决而错失良机[10]；选址上，虽然历史博物馆毫无悬念地出现于北京，但是在充满政治象征意味的首都空间中，国子监旧址地位难免相形见绌[11]。

1917年，教育部原拟同时搬迁历史博物馆和京师图书馆至故宫午门到端门之间，但是启动不久就发现经费短绌，捉襟见肘，不得不中止京师图书馆的搬迁工作，而将午门一带悉数留给历史博物馆[12]。1918年，午门和端门在重新修缮之

---

〔8〕《教育总长请拨国子监筹设历史博物馆呈并大总统批》1914年6月28日，《中华民国史档案资料汇编》（第三辑文化），南京：江苏古籍出版社，1991年，第274、275页。《部令第一百二十三号》1920年11月10日，《教育公报》1920年第12期。

〔9〕《教育部筹设历史博物馆简况》1915年8月，《中华民国史档案资料汇编》（第三辑文化），南京：江苏古籍出版社，1991年，第275页。

〔10〕《盛京清宫藏品录》，《国立历史博物馆丛刊》第一年第一册，1926年。

〔11〕时任职于教育部社会教育司的鲁迅评论历史博物馆筹备处，“筹备处云者，即里面并无历史博物的意思”。《谈所谓“大内档案”》，《语丝》第4卷第7期，1928年1月28日，第270、271页。

〔12〕《教育部致函内务部，要求将端午二门一带拨归教育部》1916年12月26日，史语所档案，元286-1。教育部原拟以在较为宽敞的午门容纳京师图书馆，而将历史博物馆安置在端门。

后，形成了作为历史博物馆的空间格局，以午门城楼和两翼亭楼为陈列室，以端门城楼为大件古物贮藏室，两廊朝房也是文物贮藏室，而门下朝房则为办公室。从空间的象征意义上看，历史博物馆迁移至午门，用意不言自明。虽然空间规模和相对位置都不见得佳，“端门仅门楼一座，孤悬无薄，与午门相距长远，并不联署”[13]，但是楔入紫禁城内城空间，历史博物馆无疑承担了抹除帝制色彩，新构作为国家形象的国家博物馆的重任。在馆藏成分上，由于偶然原因导致历史博物馆并没有浓厚帝制色彩的收藏，太庙和国子监遗产有助于历史博物馆在全新的政府体系中自我定位。但是，如何克服国子监旧藏的局限，搭建更全面、更高规格、更具代表性的馆藏结构，确定独特的馆藏来源成为当务之急。历史回顾显示，历史博物馆并没有跨越这道障碍，也就注定了夭折命运。虽然在成立将近十年之后，历史博物馆将自身工作总结为十余项，包括调查、发掘、考订、保存、摹拓、模造、摄影、研究、编辑、讲演[14]。归结起来，即征集、保管、研究和教育四项并进。但是，这仅仅是历史博物馆的美好愿景。自开办之初，历史博物馆就严重受制于经费不足，“惟是历史博物品之搜集，欧式博物馆房舍之增建，陈列器具之制造，种种扩张计划则皆以绌于经费，未能大举兴办”[15]。虽然馆址迅速得到调整，但是馆藏却始终没有如预期逐步完善，而午门和端门的展览也差强人意。历史博物馆的迅速边缘化使以法律形式保障其法统地位成为奢望。

搭建馆藏结构、确定馆藏来源、规范入藏途径和以立法形式确保国家博物馆的优先地位，看似是技术性问题，实则是博物馆政治和伦理问题。国家博物馆的建造和维系能力，从一定程度上讲，就是中央政府行政能力的折射。因此，仓促成立于民国元年的历史博物馆定位一直游离，直到1928年北伐胜利之前都没有明确的发展计划，而北伐成功也明确昭示了历史博物馆分析重组的命运。尽管如此，在长达20年的时段内，对于国家博物馆应该具有何种等级和规模的收藏，历史博物馆的早期博物馆人也形成了朦胧的认识，并且尝试沿着这个方向努力。

---

〔13〕《教育部致函内务部，要求将端午二门一带拨归教育部》1916年12月26日，史语所档案，元286-1。

〔14〕《中华民国国立历史博物院概略》1925年，《中华民国史档案资料汇编》（第三辑文化），南京：江苏古籍出版社，1991年，第276页。

〔15〕《教育部筹设历史博物馆简况》1915年8月，《中华民国史档案资料汇编》（第三辑文化），南京：江苏古籍出版社，1991年，第275页。

历史博物馆建立在数量有限，类型单调的旧藏基础之上。原国子监收藏统称为“国学旧藏”，包含两个部分：一是清高宗临雍所用器物，包括御座、御案、围屏、笔墨以及各种材质礼器，共计171件；另一则是乾隆三十四年（1769）移交给国子监的宫廷旧藏铜器，约10余件[16]。历史博物馆成立之初曾经计划整体接收奉天故宫古物，筹备处成立不久，即有部员戴克让、许丹和齐宗颐前往奉天调查。在奉天都督张锡銮的支持下，调查人员编辑了包括书画、瓷器、古物及珍宝在内的藏品目录。但是，由于教育部办事拖沓，犹豫不决，以至于朱启钤执掌的内务部反而后来居上，于1913年当机立断迁移奉天故宫古物至古物陈列所。对于这笔“有关历史甚巨”的收藏，历史博物馆失之交臂[17]。历史博物馆的新增收藏仍然主要系购买所得。最为显著的几笔包括：1913年，胡玉缙在洛阳采购多达245件汉唐明器和墓俑；数年后，胡玉缙再度征集了数量不菲的隋唐碑刻[18]；1923年，历史博物馆采购“古玉兵器汉唐古鉴魏唐墓俑”[19]。历史博物馆在征集馆藏上全无国家权威以及优先便利。在缺乏法律保护的情况下，民初就已经出现的政府备价收购的馆藏扩充方式将历史博物馆推向自由竞争的市场，而经费短绌导致历史博物馆毫无优势可言，因此无法获得任何显赫收藏。

收购之外，历史博物馆也通过接受划拨，转送等官方形式和藏家捐赠等私人形式扩充馆藏。1923年，国务院将两方太平天国玉玺移交给历史博物馆。1925年，农商部地质调查所转交多达500余件新石器时代陶器和石器，皆属安特生发现和收集。私人藏家对历史博物馆馆藏的扩充也有重要的贡献。作为历史博物馆继承者的中研院历史博物馆筹备处在1929年的年度报告中列出陈列在第六室的捐赠物品，计有“施景琛先生捐赠铜器，米和伯先生捐赠陶瓶漆盘，张庆瑞先生捐赠宋瓷碗，刘勉成先生捐赠影青瓷碗，周豫才先生捐赠明青花瓷碗，东亚考古学会捐赠日本石器时代贝冢出土贝壳，暹罗教育总长但尼亲王捐赠伯里文贝叶经，

---

〔16〕《国立中央研究院历史语言研究所十八年度报告》，《傅斯年全集》（第6卷），长沙：湖南教育出版社，2003年，第98页。

〔17〕《盛京清宫藏品录》，《国立历史博物馆丛刊》第一年第一册，1926年。

〔18〕《国立中央研究院历史博物馆筹备处十八年度报告》，《傅斯年全集》（第6卷），长沙：湖南教育出版社，2003年，第98页。

〔19〕《国立中央研究院历史博物馆筹备处十八年度报告》，《傅斯年全集》（第6卷），长沙：湖南教育出版社，2003年，第90页。

崔通约先生捐赠汉文本，卫西琴先生捐赠天龙造像拓本，徐森玉先生捐赠汉石经残石、魏三体石经残石等拓本，金拱北先生捐赠明季永历四年宁圣慈肃皇太后烈纳上罗马教皇书影片，又明太监庞亚基楼上罗马教皇书影片，马叔平先生捐赠模制古尺等件”[20]。由于自历史博物馆时代以来，这个陈列室就用于展陈捐赠品，一有新品入藏即随时更换，因而远不能代表历史博物馆接收捐赠的全貌，只是可以管窥捐赠频率和范围。1933年，历史博物馆在双十节展览西北古物，虽然展陈品以出自敦煌等地遗物为主，但也包括“吴辉山氏旧藏贝泉铲币，张景苏氏所藏图画陈列”[21]。不过，无论在数量还是在完整程度上，其他政府机构划拨和私人捐赠的遗物都太过零碎而不足以形成整体性改观。

在征集“旧藏”几乎一筹莫展的情况下，历史博物馆对于“新藏”的追求使其成为积极推动“前考古学”发展的主要力量之一。早在20世纪20年代，历史博物馆就竭尽全力参加了主要考古发掘，但是，几项关键的制约因素导致历史博物馆的考古活动步履维艰。首先，历史博物馆并无早期考古学家的储备，无法独立组织考古调查和发掘。其次，历史博物馆也没有和任何学术机构建立稳定的合作关系，更何况此时国家考古学机构缺位，大学之中也极度缺乏考古学专业学者。这都导致历史博物馆的地下探索只能着眼于偶尔出现的“地不爱宝”的发现，无力进行有计划、有步骤的调查和发掘，因此始终无法摆脱随机而任意的特质。同时期华北一带震荡的政局和分裂的社会既增加了考古学田野活动的难度，也严重削弱了历史博物馆征集各地考古发现的能力。

1921年的河北巨鹿故城发掘构成了历史博物馆参与考古活动的肇始，甚至被认作“我国考古学发轫之秋……创举也”[22]。巨鹿故城在文献中记录清晰，毁于宋徽宗大观二年（1108）黄河泛滥（图3.1）。此次发掘因年前北京古董市场上突然涌现传出自巨鹿故城的古物而起，“全县人民肆意挖掘，所出古玩名器，约有万余件，其不完全者不计其数”。不仅乡民参与，甚至县知事都不惜

〔20〕《国立中央研究院历史博物馆筹备处十八年度报告》，《傅斯年全集》（第6卷），长沙：湖南教育出版社，2003年，第99页。

〔21〕天津《大公报》，1933年10月10日。

〔22〕《巨鹿宋代故城发掘记略》，《国立历史博物馆丛刊》第一年第一册，1926年，第9页。

图3.1　巨鹿宋代壁画
（采自《河北第一博物院半月刊》）

为私利动用公权，“贪心顿生，……贱价勒买”[23]。事实上，巨鹿乡间的古物私掘和流通已经活跃多年，受历史博物馆委托前来调查的裘善元推测，大约在1918～1919年间，“邑人忽于土中掘得瓷类数十件，视之皆宋器”，由此引起古董商云集，“阖邑若狂”，巨鹿甚至因私掘获利而平安度过了1920年的华北大旱灾。裘善元抵达之时，早期出土器物早已散尽，搜罗不得，因此与农会协商在一块公地上进行发掘。具体发掘面积未知，但应规模不小，因为裘善元推测此地为三明寺旧址，而且以“藉考宋代庙宇之建筑”为发掘目的。发掘过程无法复原，裘善元仅记录“忽得宋代古宅一，再掘，又得古宅一”，但是两者

〔23〕　巨鹿县绅民刘荫南等控告县知事丁某勒买乡民1920年私掘所得瓷器，并售予给美国人。《巨鹿县绅民刘荫南等致内务部呈》，《中华民国史档案资料汇编》（第三辑文化），南京：江苏教育出版社，1991年，第244、245页。裘善元认为巨鹿发现和私掘的时间应该前提到1918～1919年。《巨鹿宋代故城发掘记略》，《国立历史博物馆丛刊》第一年第一册，1926年，第8页。

为何种关系已不可知。裘善元推测两宅都是巨鹿水浸之时匆忙放弃的，因此，门窗、桌椅、铜鉴、铁鼎、钱币、砖瓦以及瓷器等宋代器物遗留数量不少，其中瓷器尤多，总计达200余件〔24〕。遗憾的是，历史博物馆并不能垄断，甚至主导巨鹿城的发掘。北京古董市场所见巨鹿遗物已经引起多家机构、多位学人的关注。北京大学国学门也视巨鹿城发掘为扩充馆藏建立博物馆的契机。河北博物院派遣李祥耆和张厚璜数次前往搜集瓷器等物，“为天津博物院汇集宋代瓷器，其中屡见墨迹题识”〔25〕。1924年春，历史博物馆又聘请毕士博和董光忠为顾问，在河北、山西、陕西和河南等地多番调查和发掘，其中在山西与山西省图书馆合作发掘了万荣荆村等遗址〔26〕。同一年，在河南信阳传为淮南王墓的王坟窪和传为楚庄王鸣鼓处的擂鼓墩，历史博物馆先后发掘了3座“汉墓”，出土器物包括陶壶、陶鼎、陶瓶、五铢钱、永元十一年墓砖、人骨、棺钉等，总计亦在200件以上〔27〕。1926年，裘善元和董光忠在湖北枝江发掘，获得墓砖和铜镜等遗物〔28〕。前考古学时代最重要的发现新郑李家楼器物群见诸报道时，裘善元于1922年年底代表历史博物馆前往郑州调查，希望将此笔铜器纳入到历史博物馆，遭到吴佩孚和靳云鹗的委婉但果断的拒绝〔29〕。在北京城内，历史博物馆也尽力参与历史遗迹的保护。20世纪30年代初，历史博物馆和北平市政府接洽，以购置的方式获取南锣鼓巷洪承畴祠，在此基础之上举办了洪承畴展〔30〕。既无连续

---

〔24〕《巨鹿宋代故城发掘记略》，《国立历史博物馆丛刊》第一年第一册，1926年，第9、10页。

〔25〕严智怡：《河北第一博物院沿革要略》，《河北第一博物院半月刊》第1～4期，1931年；张厚璜、李祥耆：《巨鹿宋器丛录》，天津博物院石印本，1923年。

〔26〕《本馆开馆纪事》，《国立历史博物馆丛刊》第一年第二册，1926年，第2页。

〔27〕《信阳汉冢发掘记》，《国立历史博物馆丛刊》第一年第二册，1926年，第1、2页；《国立中央研究院历史博物馆筹备处十八年度报告》，《傅斯年全集》（第6卷），长沙：湖南教育出版社，2003年，第93页。

〔28〕《国立中央研究院历史博物馆筹备处十八年度报告》，《傅斯年全集》（第6卷），长沙：湖南教育出版社，2003年，第93页。

〔29〕徐坚：《暗流：1949年之前安阳之外的中国考古学传统》，北京：科学出版社，2012年，第270页。

〔30〕《国立中央研究院历史语言研究所二十年度报告》，《傅斯年全集》（第6卷），长沙：湖南教育出版社，2003年，第345～347页。

性，也无计划性，历史博物馆屈指可数的考古学经历宣告了以偶然方式获取考古新发现的馆藏扩充之道的失败。

尽管多方寻求馆藏来源和结构问题的解决方案，但是历史博物馆始终未获成功。仅仅馆藏层面上的不充足和不具代表性，就已经构成对历史博物馆地位的否定。内阁大库档案事件更是演化成严峻的指控，历史博物馆颜面尽失。内阁大库位于紫禁城东南角，原内阁大堂东侧，收藏至少包括明太祖、成祖、熹宗实录，明天启、崇祯题行稿，兵科抄出题本和奏本，揭帖，塘报，咨文，清太祖、太宗实录，满文老档，红本、部本和通本，黄册和青册，奏本，内阁杂档，殿试和乡试卷，琉球、苏禄、星罗、南掌等国国王表奏，揭帖，塘报[31]。光绪二十四年（1898）内阁大库房屋坍塌，遭受雨浸虫蚀的旧档被指令焚化。宣统元年（1909）又有人以库中旧档无用为由，申请焚化。部分大库旧档和图书因此被焚化，但是，办理过程中应有不少人偷梁换柱，甚至焚化申请可能本就是另有打算的托辞，不少档案和图书流出宫外，浮现在古董市场上。罗振玉闻讯后，说服张之洞以学部之力抢救内阁大库档案约8000袋，分别藏于国子监南学和学部大堂后楼[32]。进入民国之后，内阁大库档案自然移交教育部，教育部指定历史博物馆负责，主要馆藏随着1917年的迁址而移到紫禁城端门。即便在迁移转运过程中，内阁大库档案也遭遇多番鲸吞蚕食[33]。1921年初，历史博物馆以经费不足为由，征得教育部同意，将接收的内阁大库档案拣选一批之后，剩余8000麻袋，合计15万斤，当成废纸，以4000元售卖给西单同懋增纸店。次年，罗振玉于琉璃厂发现同懋增流出的洪承畴揭帖和朝鲜国王贺表，险遭焚化之厄的内阁大库档案在入藏之后竟然会被博物馆当成废纸出售换钱，北京学术界因此哗然。罗振玉遂以13000元购下劫后7000麻袋，取其少数建立库书楼[34]。内阁大库档案主体先寄存商品陈列所，后转至善果寺。罗振玉初步整理后，刊印《史料丛刊初编》，

---

〔31〕 王正功：《中书典故汇记》，刘氏嘉业堂刊，1916年；方甦生：《内阁旧档辑刊叙录》，国立北平故宫博物院文献馆刊印，1935年。

〔32〕 罗振玉：《集蓼编》，上海：上海古籍出版社，2013年；王国维：《库书楼记》，收录于《观堂集林（上）》，上海：上海书店出版社，1992年。

〔33〕 鲁迅：《谈所谓“大内档案”》，《语丝》第4卷第7期，1928年，第1～8页。

〔34〕 王国维：《库书楼记》，收录于《观堂集林（上）》，上海：上海书店出版社，1992年。

档案随后转售李盛铎[35]。史语所成立后，基于史料价值考虑，在马衡的介绍下，于1928年年底以18000元购得该笔收藏。1929年，历史博物馆转归中研院管理后，徐中舒和尹焕章以午门东西廊为址，着手整理内阁大库档案[36]。在历史博物馆贱卖内阁大库档案的丑闻爆发后，朱希祖、沈兼士、陈垣和马衡代表北京大学国学门与教育部交涉接管历史博物馆尚未售出的档案。沈兼士希望“全数拨归”，但教育部仅仅批复“拨交”编目整理，并约定“一俟整理成书，仍将原件送回该馆，以资保存”[37]。1922年5月，北京大学国学门获得共计62箱另1502麻袋较为整齐的红本档案编辑整理。罗振玉继续在京津一带搜罗流散的大库旧档，1933年，罗振玉将其新藏捐献给伪满洲国，于旅顺肃王府旧址设立大库旧档整理处（又称库籍整理处）[38]。在内阁大库档案的保护和整理上，历史博物馆被动而失策，丑闻爆发之后被完全屏蔽于善后机构之外，朝野对其作为国家级典藏机构的能力的质疑昭然若揭。

1928年，正式开放两年之后，历史博物馆公布了陈列室目录（图3.2）[39]。历史博物馆的主要展陈空间在午门，沿用由正殿和两侧庑廊构成三面围合建筑，共分隔成为十间陈列室。正面正殿及两侧耳房共分隔成为四间陈列室，两侧偏殿大体均分成为三间陈列室。出入口分别设置在内庭东北和西北角。第一陈列室系

---

〔35〕 徐中舒：《内阁档案之由来及整理》，《明清史料》甲编第1册，国立中央研究院历史语言研究所刊印，1930年。

〔36〕 《国立中央研究院历史语言研究所十八年度报告》，《傅斯年全集》（第6卷），长沙：湖南教育出版社，2003年，第59页。

〔37〕 赵泉澄：《北京大学所藏档案的分析》，《中国近代经济史研究》1934年第2期，第225、226页。

〔38〕 王若引旅顺博物馆馆藏何耐庵《大库旧档整理处缘起》对罗振玉此笔收藏来源做出清晰说明，参见王若：《罗振玉与“八千麻袋”事件》，《中华读书报》2011年7月20日。但是，罗振玉的旅顺库籍来源是自20世纪20年代末期起就容易引起误解，且易于被政治对手混淆抹黑的问题。广为流传的说法是罗振玉并未将所得“八千麻袋”大库旧档全数转让给李盛铎，剩余部分于1927～1928年间售予日本人松崎，出售数目有17箱和40余箱等多种说法，《日本人松崎盗运清室内阁大库档案有关文件》，《中华民国史档案资料汇编》（第三辑文化），南京：江苏教育出版社，1991年，第254、255页。松崎即松崎鹤雄，20世纪20年代曾任满铁大连图书馆。1933年成立的大库旧档整理处正是以松崎鹤雄和何耐庵为正副处长。

〔39〕 国立历史博物馆：《国立历史博物馆陈列室物品目录》，1928年。

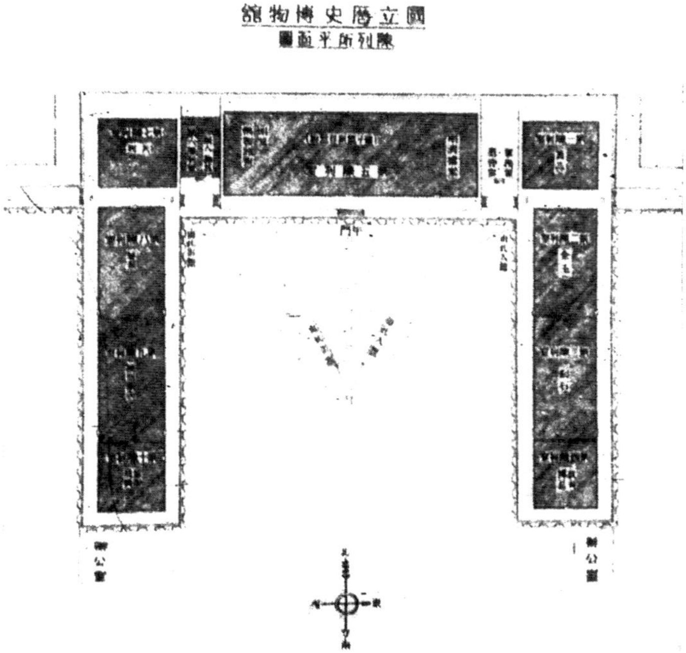

图3.2　历史博物馆展厅平面图

（采自《国立历史博物馆丛刊》）

售品处，在东北耳房。第二、三、四陈列室在东偏殿。第二陈列室为铜器和玉器陈列室，但是青铜礼器、车器、玺印、弩机、货泉、铜镜等都杂陈一室，而且整体质量不高。第三陈列室陈列墓志和刻石。第五陈列室为正殿，陈列原国子监器物，同时也是明清档案的保存点。开放之后增加近代文物，收集了不久前废用的大量官印、关防和条记，但也杂陈了陶俑和画像之类。第六陈列室系正殿和耳房之间的过道，以瓷器、兵器和帝后像为主要内容。第七陈列室为西耳房，陈列清初睿亲王盔甲和弓箭。第八、九、十陈列室在西偏殿。第八陈列室以考古发掘收获为主，主要陈列王坟窐和巨鹿等地点的考古收获。第十陈列室则陈列“义赠飞机”。傅振伦曾参观此地，发现历史博物馆陈列内容芜杂，而且展陈调整相对频繁，“有巨鹿出土陶瓷、家具，有内阁大库的明清档案，有国子监藏品模型图表，有历代金玉石刻及清朝刑具鬼头刀、凌迟刀，有宋代天圣五年所造的针灸铜人……还有意大利所赠的飞机”[40]。在另外的场合，傅振伦也提到，“今天看来，本馆文物杂然并陈，漫无统绪，无异于古玩店、挂货铺，但在当时而论，还是琳琅满目，洋洋大观”[41]。

中研院接管历史博物馆后，旋即调整展陈内容和空间。原在第十和第四室两处的展陈品移交他处，意大利赠送飞机“其与历史博物性质稍嫌宽博，及教育博物馆筹办处旧存之标本二项”，分别移交至交通博物馆及中研院自然历史博物馆[42]。第八、九、十陈列室即被腾空，用于内阁大档的清理工作[43]。改组之后，特别陈列室陈列孙中山遗物，第二室为考古发掘器物，第三室为石刻石砖，第四室为金玉器物，第五室陈列明清档案、官印、周代彝器、国学旧器、明器等，第六室陈列各方捐赠器物，第七室陈列兵刑器物。其中，第二至七各室基本未作改动，或者仅仅调整次序，原第九室的部分展陈品并入第五室[44]。改组之后的历史博物馆展陈品总共2958件，但是陈列方法较为单一，皆为玻璃展柜陈列。从展陈效果看，虽然设计者认为“排列器物务期舒朗勿密，便人观赏，不尚堆砌纷陈，以别于骨董肆”，但是馆舍建筑格局造成严重的制掣，“惟馆中房屋系属旧式宫殿，廷柱过多，光线不调”[45]。更为不便的是，各个展厅的空间面积大小不一，而且由于午门城楼是三面围合的建筑，无法形成连续的参观线路。此外，独特的馆舍位置存在一项致命缺陷。无论是午门还是端门，均因坐落于高墙之上，冬季风大寒冷，不便参观。1926年双十节，历史博物馆开幕之时就无法承诺长期开放，而仅仅设一个月的参观期，尽管一个月内观众多达18万之数，11

---

〔40〕 傅振伦：《历史博物馆》，《七十年所见所闻》（卷一），上海：华东师范大学出版社，1997年，第9页。

〔41〕 傅振伦：《北京国立历史博物馆史略》，《七十年所见所闻》（卷一），上海：华东师范大学出版社，1997年，第20页。

〔42〕 《国立中央研究院历史博物馆筹备处十八年度报告》，《傅斯年全集》（第6卷），长沙：湖南教育出版社，2003年，第91页。

〔43〕 《国立中央研究院历史博物馆筹备处十八年度报告》，《傅斯年全集》（第6卷），长沙：湖南教育出版社，2003年，第91页。

〔44〕 《国立中央研究院历史博物馆筹备处十八年度报告》，《傅斯年全集》（第6卷），长沙：湖南教育出版社，2003年，第92～100页。

〔45〕 《国立中央研究院历史博物馆筹备处十八年度报告》，《傅斯年全集》（第6卷），长沙：湖南教育出版社，2003年，第100页。

月7日也如期闭展[46]。

历史博物馆是20世纪中国设计和筹办国家博物馆的不成功尝试。历史遗产的双刃价值导致新生的国家博物馆付出太过沉重的代价。以历史形成的收藏为基础，改造历史建筑成为博物馆空间，都不可避免地被紫禁城的帝室遗产所遮蔽，而紫禁城又因为强烈的帝制联想而不可能转型成为新生的国家博物馆，过度依赖旧藏也容易招致共和体制的批评。随着新的国家权威的出现，30年代之后的中国学术界逐步形成共识，国家博物馆只能新造，而不可能继承。建立在新材料基础之上的新学术恰在此时初见成效，新史学成果转化和催生全新的国家代表性收藏已经成为可能。但是，历史博物馆虽多方尝试，但仍然一筹莫展。两难境地最终导致历史博物馆的努力付诸东流。历史博物馆的命运在1928年政治革命之后已经走向尽头，事实上也是由中央博物院全盘接管，但是中博院并不认同两者之间的继承性。制造者们非常清楚国家博物馆的政治风向标价值，因此，政治变更前后的国家博物馆之间多是断裂，少有继承。无论在实质还是表象上，历史博物馆与中博院都不具有延续性，更遑论1949年之后新建于天安门外的博物馆了[47]。

3.2 白纸新造：中央博物院的设计和筹备

1928年的政局之变造成了历史博物馆的管辖之变和暗藏的地位之变，同时也启动了国家博物馆的再造进程。1928年，历史博物馆先由大学院古物保管委员会接收，次年，在教育部的短暂接管之后，旋划归中央研究院管理，更名为中央研究院历史博物馆筹备处。博物馆以蔡元培为院长，但采用委员长负责制，初由傅斯年担任，随后李济继任，前历史博物馆裘善元留任委员。历史博物馆主管机构的更迭仅仅只是权宜之计，过去十余年的经历已经充分表明其远不堪作为国家博物馆，新的博物馆破茧待出。1933年4月，隶属于教育部的中央博物院筹备处于

---

〔46〕《本馆开馆纪事》，《国立历史博物馆丛刊》第一年第二册，1926年。

〔47〕傅振伦《故宫今昔》有“新中国成立后，1958年建新馆于天安门外”，此语不确。傅振伦：《故宫今昔》，《七十年所见所闻》（卷一），上海：华东师范大学出版社，1997年，第8页。又在《中国国家博物馆之始》并列古物陈列所、故宫博物院和历史博物馆为三家国家博物馆。亦是在“国家博物馆”的定义上失之含混。

南京成立。4月15日成立的理事会推举蔡元培为理事长和傅斯年为筹备处主任。筹备处下设自然、人文和工艺三部，分别由翁文灏、李济和周仁担纲。

无论是大学院、教育部，还是中央研究院，每个主管机构都明确表达国家博物馆应该成为国家形象。1926年，蔡元培提出，“中国教育上目前所最需要者，为科学的教育，故主张以庚款全部办一科学博物院”[48]。在中央博物院尚在筹备阶段时，教育部官方也表达，“查欧美大国以及甚多小国，皆有国立博物院之设置，以为表示本国对于学术上贡献之最好场所，且以启发人民对于学术之兴趣，而促进科学与文化之进步”[49]。颇值玩味的是，大学院和教育部倡议成立的国家博物馆，最初是科学教育类型博物馆，尚未与通过历史遗产建构国家记忆的工作联系在一起，尤其刻意疏远了历史形成的“古物”收藏。中研院成立不久，就开始筹组博物馆，两笔各具特色的收藏恰在此时入藏。1929年1月，中研院广西科学调查团获取动植物标本和苗瑶民族标本数十箱，后又购买了法国古生物和地质标本约数十箱。以此为基础，中研院以毗邻总办事处的成贤街47号为博物馆筹备处，预备成立“自然历史博物馆”[50]。对于接收历史博物馆，傅斯年以史语所之名表达了踌躇甚至抵触，认定“原历史博物馆藏器无多，亦不足当历史博物馆之名”，甚而希望将博物馆退回给中研院[51]。史语所亦不满意历史博物馆的馆舍位置，多次提出归还计划，“午门、端门及左右朝房自动移交故宫博物院”[52]。

但是，史语所在新获史料上的巨大成功诱使中研院博物馆向历史类回摆。考古组自1928年年底开始在河南、山东等地次第展开考古发掘工作，尤其是在安阳

---

〔48〕 蔡元培：《致英国庚款委员会函》，收录于高平叔、王世儒：《蔡元培书信集》（上卷），杭州：浙江教育出版社，2000年，第743页。

〔49〕 《教育部筹设国立博物院之计划》，《云南教育》第1卷第3期，1933年，第40页。

〔50〕 蔡元培：《国立中央研究院十七年度总报告》，收录于《傅斯年全集》（第6卷），长沙：湖南教育出版社，2003年，第35页。

〔51〕 傅斯年：《历史语言研究所概况》，原载《国立中央研究院院务月报》第1卷第1期，1929年，收录于《傅斯年全集》（第6卷），长沙：湖南教育出版社，2003年，第45、46页。

〔52〕 《历史语言研究所十九年度上届第一次所务会议》，原载《国立中央研究院院务月报》第2卷第5期，1930年，收录于《傅斯年全集》（第6卷），长沙：湖南教育出版社，2003年，第277页。

连续发掘多年，所获资料系统而丰富，重建古史已经成为可能。考古发掘出土资料极具价值，但不便作为研究资料长期保存在研究机构中。同时，史语所历史组负责整理的明清档案也初见成效，同样面临资料的保存和研究的关系问题。原本仅仅设计为教育博物馆的国家博物馆开始悄悄向综合性博物馆转型，甚至原本拟独立的自然历史博物馆也慢慢并流进来。一场临时展巧妙地透露了中研院的博物馆观的转变。1931年2月21～24日，史语所在成贤街自然历史博物馆二楼进行展览，展厅仅有两间，分别展示殷墟、城子崖出土器物和明清档案，其中殷墟器物计有428个编号，而城子崖器物则有120个编号。李济和董作宾为此专门写作《考古工作概况及物品展览》[53]。此外，他们在中央大学分别发表了《由发掘所得关于中国上古史之新材料及新问题》和《甲骨文之厄运与幸运》演讲[54]。国家博物馆的综合性和代表性特征也越来越清晰地呈现在设计者们的愿景之中。

具有政治象征意义的代表性原则逐渐明晰地界定下来。1928年之后，新的国家博物馆毫无悬念地选址于南京，“南京为民国政府建都所在，施政中枢，人文荟萃，中外士宾观瞻所系”。宗旨界定更为多元，“政府及各学术团体渴望有一完善之博物馆，汇集数千年先民遗留之文物，及灌输现代智识应备之资料。为系统之陈览，永久之保存，藉以提倡科学研究，辅助公众教育”[55]。其工作重心被界定为“系统的调查、采集、保管、陈列，并说明一切自然科学、人文科学，及现代工艺之材料与标本”[56]。在其他情况下也表述成为“陈列及永久保存”、“领导集团的科学研究”、“集中古物保管力量”、“协助建设计划”和“传播现代知识”五项[57]。对于三馆分界及预设目标，“自然馆范围以地质学，植物学及动物学为主，其他关于自然历史之科学材料均陈列之。人文馆范围

〔53〕《考古工作概况及物品展览》，《世界画报》第276、277期，1931年。

〔54〕《国立中央研究院历史语言研究所十九年度报告》，《傅斯年全集》（第6卷），长沙：湖南教育出版社，2003年，第197页。

〔55〕《国立中央博物院筹备处1933年4月—1941年8月筹办经过报告》，《民国档案》2008年第2期，第27页。

〔56〕《国立中央博物院筹备处暂行规则》，《中华民国教育部：教育法令续编》，南京：中华民国教育部，1934年，第24页。收录于谭旦冏：《中央博物院廿五年之经过》，台北：中华丛书编审委员会，1960年，第2页。

〔57〕《国立中央博物院筹备处工作报告》，《中国博物馆协会会报》第1卷第2期，1935年，第17页。

以人类学，民族学，考古学，历史学为主，凡与人类文化演进相关之材料均陈列之。工艺馆以陈列现代各项工艺品为主”[58]。

新的国家博物馆必然以全新建筑形式示人。南京几无任何可堪改造作为国家博物馆的既有建筑，改造旧建筑也不符合国民政府营建首都的计划，因此选址新建势在必行。1934年6月，中央博物院的用地得到中英庚款董事会补助建筑费支持150万元，当年即领取1933年度补助款15万元，因此7月即征购中山门内旧旗地100亩作为院址，后又增加中央图书馆舍弃的馆址用地93亩，合计近200亩。此地块在中山门内，中山路北侧的城市干道旁，而且也在明故宫政治区域内，无论从历史还是从现实的角度，这一地块都极具政治象征意义。

中博院馆舍的建筑方案以强势而苛刻的方式决定下来。1934年7月，李济接替傅斯年担任中博院筹备处主任，随后通过了《中央博物院筹备处暂行规则》，正式启动中博院的建设进程。建设馆舍是创办中博院的首要任务，因此当即成立以翁文灏为委员长，张道藩、傅斯年和丁文江为常务委员，梁思成为专门委员的建筑委员会。依照《国立中央博物院建筑委员会征选建筑图案章程》，建筑委员会于次年开始邀集13位中国建筑师投标。对于全新的国家博物馆，建筑委员会不厌其烦地强调民族性，要求建筑形式上“力求朴实及最大面积”和“充分采取中国式”，甚至对设计师的国籍都作出明确规定，要求必须为中国国籍[59]。受邀建筑师除苏夏轩未参与外，其余12位均按时提交了设计方案。9月初，在审查之后，建筑委员会对全部12个方案都投出反对票，“全数图案均不符章程规定”，但是提出，编号为“四巳”的徐敬直方案可以大幅修改后备用。此外，陆谦受、杨廷宝、奚福泉、童寯方案均得到不同等级的奖金奖励[60]。从设计角度看，徐敬直方案因为较为成功地解决了刀把形地块上多座建筑的布局问题以及建筑群的中轴线问题而更受青睐。1935年，依据梁思成建议将主建筑的清式建筑风格改成辽式建筑风格后，徐敬直方案最终获选。该建筑设计方案为坐北面南的庑殿式建筑，面阔九间，进深五间。1936年6月，中博院建造工程开工，到1937年8月就完

[58] 《国立中央博物院筹备处暂行规则》，收录于谭旦冏：《中央博物院廿五年之经过》，台北：中华丛书编审委员会，1960年，第2页。

[59] 《国立中央博物馆建筑委员会建筑图案审查委员会报告》，1935年，第8页。

[60] 谭旦冏：《中央博物院廿五年之经过》，台北：中华丛书编审委员会，1960年，第33、34页。

图3.3　中博院外观
（采自谭旦冏《中央博物院廿五年之经过》）

图3.4　南京博物院历史馆（原中博院人文馆）
（作者自摄）

成了全部框架结构（图3.3）。日本侵华战争的全面爆发彻底打乱了建设进程，建筑工地停工，已经建成的部分建筑在日据期间遭到毁损，直到抗战胜利之后，才重启修缮和装修工程。1948年，三馆之一的人文馆最终落成，中博院在此地举办了一次成功的展览会，宣示其作为国家象征的地位（图3.4）。

中英庚款基金成为中博院建造新馆的最重要的支持力量，甚至对中博院的支持导致基金会无暇他顾。早在1924年，蔡元培就表达了利用英国退还庚子赔款建设国家博物馆的愿望，中英庚款基金最终决定资助中博院150万元，专用于建筑新馆。1936年，河南博物馆曾经以修缮存放古物的地下室为由，申请补助5万元。庚款委员会予以拒绝，称“建筑博物馆及保存古物，原为本会息金支配标准甲类下应办之事业，本会对于该项目事业早经注意，故第一届支配息金时，决定以一百五十万元补助建筑中央博物院，分年拨给，至拨足一百五十万元额数为止，以往三年，因息金收入无多，年拨十五万元，本年度息金数额较增，已加拨至三十万元，是以该甲类项下按照支配标准比例可得之数，在中央博物院建筑费未拨足以前，实无余款可资补助其他博物馆”[61]。庚款委员会以全款押入的方式予以支持，中博院在中国博物馆中的地位可见一斑。事实上，中博院不乏获得各种专项基金的渠道。在1935 ~ 1936年伦敦中国艺展所得门票收入中，教育部特地拨付9000余磅给中博院，用于在海外购买西方艺术品[62]。

3.3 第一个古物保存法下的国家馆藏建设思路

中研院从筹办自然历史博物馆，接收历史博物馆颇显踌躇，到提出人文、自然和工艺三馆并立，而且人文馆率先建成的转变过程中，史语所考古工作的巨大成功起到了推波助澜的关键作用。一方面，考古发现，尤其是安阳出土收获足以代表国家新学术和文化成就。另一方面，伴随着中研院史语所重要发现迭出，考古出土遗物的整理和研究的关系问题，以及出土器物的保管权问题成为亟待解决的考古学伦理和法理问题。两者应和，推动了中国最早的古物保存法的设立，而国家博物馆就在《古物保存法》的荫庇下成长起来。

以立法方式保存古物的想法萌蘖于清季，但直到20世纪30年代才初告竣成。民初面临的最大困境在于洋庄大盛，古物出口剧增，偏偏法律上根本无法限制；堂而皇之出口古物的洋庄甚至进一步以非盈利性要求免税。“查洋商报运中国古物出口，海关以向无专章，不能禁止，兼之各国公使以输运各该国博物院陈设，并非售品，要求免税”。“遂致近来古物出口络绎不绝，动辄数十箱之多，不特不能禁阻，且不能征税”。这种状况令人深深忧虑，“深恐一二年后，所有中国之金石书画，一切古董，悉为外国所吸收”[63]。1914年6月14日发布的《大总统发布限制古物出口令》确认了限制古物出口和内务部负责古物保存的基本

---

〔61〕《致庚款董事会造具理由计划书预算书及建筑设备略图请补助函》，《河南博物馆馆刊》第6集，1937年，第4 ~ 6页。

〔62〕刘鼎铭：《国立中央博物院筹备处1933年4月—1941年8月筹备经过报告》，《民国档案》2008年第2期。不过，此笔款项应未来得及购置，中央博物院筹备处1937年8月21日《呈教育部乙字一六零号文》有“伦敦艺展余款九千镑存入上海汇丰银行”，参见谭旦冏：《中央博物院廿五年之经过》，台北：中华丛书编审委员会，1960年，第43页。

〔63〕《税务处致内务部公函》1913年12月27日，《中华民国史档案资料汇编》（第三辑文化），南京：江苏教育出版社，1991年，第186页。

原则[64]。1916年10月，内务部先后颁布《保存古物暂行办法》和《内务部为调查古物列表报部致各省长（都统）咨》[65]。后者提及，“……谋全国古物之保存，自当以分类调查为起点。且查有清季年，前民政部曾咨行各省调查古迹有案”[66]。可见，立法以调查为先导，而且早在清季就已经有调查举措。尽管叶恭绰批评前者“有劝无诫，纯任自然”，但这是中国历史上首次提出文物保护观念的法律条规，至少明确表达了遏制古物出口的立场[67]。由于政局动荡，更详尽的法规未得决议公布[68]。1928年，大学院成立了由20余名专家委员组成的古物保管委员会，旨在以立法形式将古物保存的基本原则确立下来。《古物保存法》于1930年公布，1933年6月开始施行。《古物保存法》以法律条款形式提出了古物国有的观念，从法理上确认了“埋藏地下及由地下暴露地面之古物，概归国有”。而具体的负责机构，依第二条规定，“古物除私有者外，应由中央古物保管委员会责成保存处所存之”。保存地点则包含三类“直辖于中央之机关”、“省市县或其他地方机关”和“寺庙或古迹所在地”。《古物保存法》不仅为史语所在安阳的发掘以及未来可能采取的其他发掘提供了法理依据，也预留了其他机构所不具备的研究主导权。“采掘古物，应由中央或地方政府直辖之学术机关为之”，“采掘所得之古物，得由中央或地方政府直辖之学术机关呈经中央古物保管委员会核准，于一定期内负责保存，以供学术上之研究”[69]。在《古物保存法》基础之上，行政院进一步制定了《古物法施行细则》和《中央古物保管委

---

〔64〕《大总统发布限制古物出口令》1914年6月14日，《中华民国史档案资料汇编》（第三辑文化），南京：江苏教育出版社，1991年，第185页。

〔65〕《中华民国史档案资料汇编》（第三辑文化），南京：江苏教育出版社，1991年，第199、200页。

〔66〕《内务部为调查古物列表报部致各省长（都统）咨》，《中华民国史档案资料汇编》（第三辑文化），南京：江苏教育出版社，1991年，第200页。

〔67〕《总统府顾问叶恭绰致大总统条陈》1920年3月，《中华民国史档案资料汇编》（第三辑文化），南京：江苏教育出版社，1991年，第578、579页。

〔68〕1925年12月内务部致税务处函提及，1924年内务部已经拟定古籍、古物、古迹保存法，但是未及审议。《内务部致税务处复函》1925年12月，《中华民国史档案资料汇编》（第三辑文化），南京：江苏教育出版社，1991年，第187页。

〔69〕《古物保存法》，《教育法令汇编》（第一辑第一册），上海：商务印书馆，1936年，第406、407页。

员会组织条例》。1934年，国家法案已定，而具体方案未出之际，李济以“一切地下的古物完全是国家的，任何私人不能私有”，“国家应该设立一个很大的博物院训练些考古人才，奖励科学发掘”，“就各大学之设一考古学系……尤其要紧的，他们应该有一种人格的训练”三条合一地提出如何在古物国有的框架下实现发掘和保护高度统一的方案〔70〕。李济方案事实上已经清晰表达了当时已经进入筹备阶段的中央博物院的基本原则。

理顺国家等级的发现、收藏、保管和研究的关系成为当务之急。在中博院第一届第一次理事会上，傅斯年临时提出“中博院与中研院工作避免重复案”〔71〕。1936年第二次理事会会议就通过了《中央博物院与中央研究院合作暂行办法》。该条例清晰界定了中博院和中研院在研究和收藏上的分工和合作关系。中研院和中博院构成一研一藏，研藏互长的线索。中研院支付了中博院的购地费及部分经常费，承担了大部分研究工作，并且将历年收集和保管的标本转交给中博院。毫无疑问，中研院以国家最高学术机构之尊确保中博院的收藏具有国家等级的代表性科学价值，而且，中博院可以循例纳入其他国家等级学术机构的收藏。中研院动植物研究所的大宗标本和实业部地质调查所的地质、古生物标本等都先后移交给中博院。斯文赫定西北科学考察团获取的实物资料也因此纳入到中博院收藏中。中研院一直信守与中博院的分工合作关系，即使到1949年国民党政权倾覆之际也未曾犹疑。在安阳遗物前后两批输台之际，中研院核查发现史语所抗战时期遗留部分器物在南京，该笔器物以安阳发现的兽骨和陶片为主体，日据时期曾经被新城新藏收藏。经曾昭燏和傅斯年商量，由高去寻作为移交人代表转交给中博院〔72〕。另一方面，基于避免重复和竞争的考虑，中研院抑制了中博院在馆藏涉及的学科上的发展。《中央博物院与中央研究院合作暂行办法》罗列了地质古生物、动植物、考古、民俗和工艺五个方向，明确规定分别由地质

〔70〕 李济：《中国考古学之过去与将来》，原载《东方杂志》第31卷第7号，1934年，现收录于《李济文集》（卷一），上海：上海人民出版社，2006年，第330、331页。

〔71〕 谭旦冏：《中央博物院廿五年之经过》，台北：中华丛书编审委员会，1960年，第39、40页。

〔72〕 《南京博物院接受前中央研究院历史语言研究所所赠古物由》，《曾昭燏文集·博物馆卷》，北京：文物出版社，2009年，第67页。

所和地质调查所，动植物研究所，史语所和工程、物理和化学等所承担研究之责[73]。中博院获取了中研院及地质调查所等多家不具有保管资格，但是田野收获既重要又丰富的机构的收藏，但付出的代价是被迫放弃几乎所有馆藏门类学科的发展，以牺牲“研究”换取“收藏”。中博院从自然史和科学倾向向历史倾向回摆，因此与史语所关系尤其密切，在筹备阶段基本与史语所合址，“研究工作素多合作”[74]。

虽然接收代表全新的国家学术成就的中研院收藏是搭建中博院馆藏的重头戏，但是，从筹备时代开始，中博院没有自我定位于中研院的附属机构上，而是沿着多条线索继承和扩充国家级别馆藏。1933年6月，在《设置国立中央博物院计划草案》中，中博院筹备处开宗明义地自我界定为“为保存及陈列国有古物之最高机关”，在如何独立地获取馆藏器物上提出合作收集和单独收集两种方式[75]。前者，中博院明确提出“当尽力自组调查采集发掘团体，收集并研究一切相关之历史民族材料”，预言了数年后与中研院分道扬镳的走向[76]。和中研院史语所通过与各省各组联合发掘研究机构一样，中博院同样从中央权威出发，冀望于“在最紧要区域，得设立分馆”，“凡实物之具民族文化性者，均须尽先在中央博物院陈列”[77]。后者，中博院提出了“本馆单独收集、私人捐赠、特别购置、国外赠送”四种途径[78]。

筹办之时，中博院已经收入来源不一的多笔收藏。“中央研究院发掘安阳殷墟古物，将来即留备该院人文馆陈览，甘肃出土之新莽权衡及其他各地发现古物，亦悉由该院保存，同时并以内政部所属古物陈列所所存物品，均划作该院基

〔73〕 谭旦冏：《中央博物院廿五年之经过》，台北：中华丛书编审委员会，1960年，第41、42页。

〔74〕 马长寿：《凉山罗彝考察报告（上）》，成都：巴蜀书社，2006年，第1页。

〔75〕 谭旦冏：《中央博物院廿五年之经过》，台北：中华丛书编审委员会，1960年，第26页。

〔76〕 谭旦冏：《中央博物院廿五年之经过》，台北：中华丛书编审委员会，1960年，第26页。

〔77〕 谭旦冏：《中央博物院廿五年之经过》，台北：中华丛书编审委员会，1960年，第26页。

〔78〕 谭旦冏：《中央博物院廿五年之经过》，台北：中华丛书编审委员会，1960年，第26、27页。

本物品，除以上基本物品外，尚有闽省何氏私藏之绘园古物，计二千余件。中有巨鹿瓷器，历代铜器、佛像、南北朝之石刻雕塑等，经与何氏磋商，以三万四千元让归该院。民国元年北京政府创设之历史博物馆，内藏物品廿一万件”[79]。多笔收藏的涌入表明，中博院虽基于历史博物馆，但仅以馆藏一项论，就已经暗藏转换，脱胎换骨，初塑国家博物馆雏形。

首先，1928年之后纳入到大学院体系的历史博物馆的馆藏构成了中博院馆藏的基本成分之一。1929年，历史博物馆更名为中研院历史博物馆筹备处，纳入到筹办全新国家博物馆的进程之中。经清点，历史博物馆的馆藏以国学旧物、明器、碑刻、内阁大档、巨鹿、王坟窒出土器物等为主，数量达21万件之多。在作为中研院历史博物馆筹备处期间，历史博物馆也没有停止扩充馆藏的脚步。1931年征集了北平各城明清铁炮1187尊，各机关旧存官印，影片和袁像废钞，意大利外交官罗斯（G. Ros）收藏的千余枚佩章，北平藏家收藏的平定安南和台湾战图等，还实地调查和收集安定门外元代瓷器[80]。

其次，有鉴于历史博物馆在传统艺术类别上的不足，傅斯年争取到一笔重要收藏的整体并入。上任之初，傅斯年就谋求归属内政部的北平古物陈列所的收藏，“商定古物陈列所所存物品划作本院人文馆基本物品”[81]。此议很快得到解决，1933年10月5日的中央政治会议第377次会议决定，“内政部所属古物陈列所所存物品宜划作中央博物馆基本物品”[82]。古物陈列所及其馆藏的游离实是1928年之后政局变迁的产物，而中博院在恰当时机提出兼并之议。作为紫禁城改造的组成部分，古物陈列所设于外廷，馆藏出自热河和奉天行宫，虽然属于广义的清宫旧藏，但是对于紫禁城而言仍然属于外部嵌入的新成分。1928年后，亲国民党的故宫博物院站稳脚跟，亲北洋政府的古物陈列所在“统一故宫”之议中的

---

〔79〕《国立中央博物院选定图案招标兴筑》，《民众教育通讯》第6卷第1期，1935年，第76、77页。

〔80〕《国立中央研究院历史博物馆筹备处十九年度报告》，《傅斯年全集》（第6卷），长沙：湖南教育出版社，2003年，第238～265页。

〔81〕谭旦冏：《中央博物院廿五年之经过》，台北：中华丛书编审委员会，1960年，第1页；刘鼎铭：《国立中央博物院筹备处1933年4月—1941年8月筹备经过报告》，《民国档案》2008年第2期，第27页。

〔82〕1933年中央政治会议第377次会决议。

地位就岌岌可危了，其收藏应该纳入还是排除出故宫存在激烈讨论，而且后者一度占据上风。中博院的兼并之请正属求之不得，因此很快得到批复。不过，政治局势瞬息万变，“完整故宫”观念也随时势而变，中博院最终未能完整地接收古物陈列所。古物陈列所馆藏并入中博院的决议形成之后，接收工作尚未开展，就由于日军迫近，古物陈列所不得不选件跟随故宫博物院古物一起南迁，先暂存上海。古物南迁招致以周肇祥为首的北平文化人士的强烈抗议，因此极不顺利。南迁器物包括青铜器、书画、陶瓷、漆器、丝绣等，共计5415箱，仅占古物陈列所馆藏的四分之一，主体部分被迫滞留北平[83]。1937年，由于战事扩大，存沪文物不得不再度内迁，仓促之中，又有112箱文物未能及时转出而陷落南京。抗战之后，1946年9月的行政会议重新讨论古物陈列所的接收问题，决定已经南迁的文物仍归中博院，而未及南迁的15万件文物及所址皆归故宫博物院， 这导致古物陈列所馆藏最终一分为二[84]。中央图书馆进而提出希望获得古物陈列所的图书，但招致中博院的抵制[85]。

采取备价收购的方式获得的则以闽侯何叙甫的绘园古器物、东莞容氏颂斋铜器和庐江刘氏善斋铜器为代表。绘园古物以佛像和石刻为著，原本拟于1933年出售，但最终折价34000元收归公有。刘体智的善斋铜器约百件以70000元的价格转让给中博院[86]。容庚的颂斋铜器32件也以4000元的价格转让给中博院。抗战之后，中博院馆藏还有一次因接收逆产而形成的扩充。此次主要接收对象计有汪精卫、沈长赓、陈群等人收藏，以及南京鸡鸣寺伪博物专门委员会、南京竺桥伪图书专门委员会、上海和平博物馆和上海水野洋行等机构的古物[87]。此外，1946年，中博院收购了同济大学史图博教授的海南民族文物收藏约360件，填补了此

---

〔83〕 包遵彭：《中国博物馆史》，台北：中华丛书编审委员会，1964年，第26页。

〔84〕 谭旦冏：《中央博物院廿五年之经过》，台北：中华丛书编审委员会，1960年，第38、39页。

〔85〕 向达、曾昭燏、王振铎等：《关于中央博物院接收古物陈列所图书函》，《曾昭燏文集·博物馆卷》，北京：文物出版社，2009年，第64～66页。

〔86〕 刘体智：《善斋吉金录》，上海，1935年；容庚：《善斋彝器图录》，北平：哈佛燕京学社，1936年。

〔87〕 《国立中央博物院筹备处1946年度工作报告》1946年12月，《中华民国史档案资料汇编》（第五辑第三编文化），南京：江苏古籍出版社，1999年，第332页。

方面馆藏的空白[88]。

1928年起步的中博院馆藏筹建和扩充工作到抗战之前已经形成了基本格局。历史博物馆和古物陈列所联合奠立了中博院馆藏基础，在《古物保存法》的框架下与中研院的合作使中博院获得了更具权威性、科学性和代表性的新藏，对其国家代表性予以实质性支持。傅斯年的“避免重复案”虽然在一定程度上制掣了中博院学术工作的进展，但是也保障了中博院获得具有足够区分度的收藏，不再重蹈既往创办国家博物馆的覆辙。

3.4 乱中变局：抗战时期中博院馆藏结构和研究活动的多元化和独立化进程

日本侵华战争的爆发彻底打乱了中博院既定的发展步调。即将完工的馆舍建设被迫中止，馆藏装箱西迁，直到抗战胜利，再也没有开箱查验过。中博院筹备处也随之在昆明和李庄度过了整个抗战时期；中研院体系所有的实地调查和发掘都悬置起来，中博院的入藏途径被切断，与中研院的学术纽带也悄然变化。1941年，李济在中博院筹备处报告中感慨，“按本院原定计划，二十七年度内本可脱离筹备时期，与社会人士相见，世局演变，乃推延至九年之久，仍在筹备之中。非关稽迟，事弗得已”[89]。事实上，中博院的筹备工作数年后才告完成。1933年计划的中博院蓝图基本被搁置，但是内迁后的中博院也出现了馆藏扩充和多元化的新机会，并且与馆藏的积累伴生出现了中博院的独特学术风格和成就，抗战时期的中博院始料不及地获得了发展新势头。

抗战期间，中博院及其馆藏分别随中研院及故宫博物院古物一起南迁。首先，1937年开始，中博院馆藏分成多批沿多条线路内迁，除了少数石器及标本未能及时转运而遗留南京外，大部分馆藏文物最终于1938年聚集在重庆沙坪坝临时库房。不久，又因为日军空袭，古物再度分三批共计143箱迁往昆明。1940年太平洋战争爆发后，中博院迁往李庄张家祠。战争原因导致对中博院馆藏几无继续

---

〔88〕《国立中央博物院筹备处1946年度工作报告》1946年12月，《中华民国史档案资料汇编》（第五辑第三编文化），南京：江苏古籍出版社，1999年，第332页。

〔89〕刘鼎铭：《国立中央博物院筹备处1933年4月—1941年8月筹办经过报告》，《民国档案》2008年第2期，第33页。

研究的可能。

1934年7月，傅斯年以史语所工作繁重为由请辞，李济继而成为中博院筹备处主任。在对中博院定位的理解上，李济和傅斯年分道扬镳。傅斯年将中博院视为中研院的搭档，一重发现，一重收藏，两者之间构成一条先后线索。至少在智识层面上，傅斯年并不重视中博院，仅将中博院当作国家等级的典藏之地，并未考虑过中博院有独立的研究职能，“中博院与中研院工作避免重复案”实有偏袒之嫌。李济则强调中博院不能单纯地定位于典藏机构，而必须兼为学术和研究的中心，并且开始在中博院布局自身独特的研究传统[90]。《国立中央博物院筹备处暂行规则》明确规定，在自然、人文和工艺三馆中，“得依需要，酌设设计委员”，李济依例通过设立设计委员和专门委员，采纳以学人带动收藏的精英主义路线，以学人征集特定的馆藏，馆藏又能反向刺激独特的学术的进展。抗战期间，中博院汇聚了包括马长寿、王天木、庞薰琹、吴金鼎、王介忱、尹焕章、赵青芳、曾昭燏等影响了中国博物馆及相关学科走向的关键学人，导致中博院迅速摆脱库房地位，变成重要的学术机构，学术话语权逐步加强。1940年，内迁的中博院筹备处暂时落脚于李庄上坝张家院子，两年后迁入张家祠堂。中博院筹备处逐渐成为在学术上足以和咫尺之遥的板栗坳的中研院史语所分庭抗礼的力量。抗战之前撑起中国考古学大梁的中研院史语所的工作多集中在河南和山东两省，尤其是在河南一省，除安阳一地外，史语所几乎参与了河南古迹研究会组织的全部发掘。抗战时期，史语所以整理为主要工作，安阳的考古学家们没有将工作范围扩展到西南一带。中博院因而填补空白，成为抗战时期考古学和民族学的重镇，不仅在调查规模上远超出此前的阈限，在研究理论和方法上也有显著突破。由于这些学术活动都是由中博院主持的，其研究成果很快就反映到展陈上，中博院的收藏和研究工作取得了此前不见的社会教育成绩。

在抗战期间极其艰苦的环境下，中博院开展了兼具学术研究价值、博物馆展陈和教育价值的多项调查、采集、发掘和研究工作，王世杰归纳成为“西南民族

---

〔90〕 李济关于国家博物院应该成为训练人才、整理史料的机构的观点早已表达。参见李济：《中国考古学之过去与将来》，《李济文集》（卷一），上海：上海人民出版社，2006年，第331页。

之研究，川滇考古之发掘，动植物标本之采集与民间工艺之调查”四项[91]。这些项目表现出诸多强烈的共性：在地域上，以西南和西北为主；在族属上，以地处华夏边缘的非汉族群为主；在内容上，以基层的平民文化和乡土文化为主。毫无疑问，这是特殊政治形势吁求的学术转型，但是，中博院并不是被动转型，相反，是对国家政策转向的积极呼应。而且，这个转型具有长期以来都未意识到的学科范式价值，中博院以适应于浓郁的国族主义氛围的精英主义方法，却始料不及地培育出具有平民主义和多元主义倾向的馆藏、展陈和学术。

1. “西南民族之研究”

“西南民族之研究”包括多批学人针对多个民族展开的耗时漫长的调查。20世纪上半叶的边政研究极具现实价值，抗战时期尤为如此。西南民族调查成为抗战期间多家中央学术机构的工作重点。国家博物馆毫无疑问需要关心和呼应国家的基本政策转向，而边疆民族调查和边政研究也回馈了馆藏和展陈的增进。

对西南彝区的近现代意义调查和研究早在19世纪晚期就已经成为国际显学。20世纪上半叶，国内多家学术机构都开展了对彝区的调查和研究，其中，马长寿（1906～1971）在中博院的支持下，在川边多处进行了两次调查。马长寿系山西昔阳县人，1933年毕业于中央大学社会学系，1936年秋起供职于中博院筹备处。1942年离开中博院后，辗转任教、任职于内迁的东北大学和金陵大学、华西大学和四川博物馆。1949年之后，除短暂于南京大学、浙江大学和复旦大学逗留外，马长寿长期执教于西北大学。马长寿的研究早期集中在西南彝族、嘉戎藏族和羌族，晚期则转向民族史。供职于中博院筹备处期间，马长寿于1937年和1939年两度进入凉山。第一次调查以中博院与中研院合组的四川民族考察团为名，以马长寿为专员、赵至诚为技术员、李开泽为书记。1936年12月自南京出发，原本计划以一年的时间，访问灌县、汶川、理番、茂县、松潘、宜宾、凉山、西昌、盐边、会理等地，考察羌、嘉戎、西番、罗彝、麽些、傈僳、僰夷、苗等族群，但是最终只能集中在对雷马屏一带的罗彝的调查为主。考察团于1937年1月下旬进入屏山，6月中旬离开。究其目的，马长寿表述为“研究民族”和“收集标本”

〔91〕 王世杰：《中央博物院廿五年之经过》序，台北：中华丛书编审委员会，1960年，第1页。

两端[92]。在对凉山进行调查的中国学人中，马长寿晚于杨成志，但是用时更长，调查更为细致，成果也更为丰硕[93]。1939年12月，中博院与中研院史语所人类学组合组川康民族考察团，仍以马长寿、赵至诚、李开泽三人为成员，对西南彝区进行第二次调查。调查团于1939年12月到达斯补勒陀，次年4月离开。马长寿的研究报告大约于1940年年底完成，呈交教育部后却被搁置多年，最终于2006年由学生兼助手李绍明和周伟洲整理出版[94]。作为调查的主要成果之一，马长寿前后收集标本多达12箱。除凉山地区之外，马长寿还作为中博院代表参加了西南地区其他调查活动。1941～1942年，中博院和中研院史语所再度合组川康民族考察团，由凌纯声任团长，以芮逸夫和马长寿为团员，后又增加谢冶英和杨乡生。调查团于1941年7月出发，旨在调查大小金川一带的嘉戎、西番和羌，12月抵达康定，次年1月返回[95]。此次调查活动共采集标本600余件。

相较于马长寿的民族学倾向，李霖灿（1913～1999）对丽江纳西族的调查以征集和研究丽江东巴经为主要特色和贡献。李霖灿系河南辉县人，1938年毕业于国立艺专。1939年，李霖灿以私人身份前往丽江调查东巴文化。赴丽江之前，李霖灿曾得到董作宾推荐，在大理参加吴金鼎主持的云南苍洱境考古发掘约月余[96]。李霖灿在丽江前后逗留长达四年，自1941年起，李霖灿受聘于中博院。起初为助理研究员，返回李庄时已经升任专门设计委员。李霖灿在丽江的调查以东巴经起步，1942年后，其工作范围逐步扩展到东巴经以外的相关领域。1942年的调查中，李霖灿主要关注纳西族的来历，纳西男女地位问题，东巴教的来源问题，特别是和佛教的关系，甚至将永宁一带的“母系社会”纳入到调查设计之

---

〔92〕 马长寿：《凉山罗彝考察报告》，成都：巴蜀书社，2006年，第1页。

〔93〕 杨成志：《云南民族调查报告》，广州：中山大学语言历史学研究所，1930年；《中国西南民族中的罗罗族》，原载《地学杂志》1934年第1期，收录于《杨成志文集》，广州：中山大学出版社，2004年，第3～31页；《云南罗罗族的巫师及其经典》，原载《国立中山大学文史研究所辑刊》第1卷第1册，1931年，收录于《杨成志文集》，广州：中山大学出版社，2004年，第40～77页。

〔94〕 马长寿：《凉山罗彝考察报告》，成都：巴蜀书社，2006年。

〔95〕 谭旦冏：《中央博物院廿五年之经过》，台北：中华丛书编审委员会，1960年，第96页。

〔96〕 李霖灿：《麽些经典译注九种总序》，收录于郭大烈、杨世光：《东巴文化论集》，昆明：云南人民出版社，1985年，第482页。

中。1943年是李霖灿频密采集民俗标本的阶段。其采集活动成果于当年秋季启运李庄。在“标本六箱”中，东巴教经典文献应该占据了主体成分，总数达到1231卷。1944年开始，李霖灿和丽江土著人士、中博院筹备处书记和才合作翻译了多部东巴文经典[97]。翻译之外，他们分别于1944年和1945年出版了两种东巴文字字典，这在中国近现代学术上具有首创价值。1944年出版的《么些象形文字词典》列为中博院专刊乙种之二，次年的《么些标音文字字典》为中博院专刊乙种之三。一俟出版，《么些象形文字词典》即获得学术界一片赞誉，闻宥书评将其与洛克在丽江的工作相较，“李君此书取材之富，实为以往所未有。每字下之音读，准确可信，亦远胜洛克不合理之拼切。自此书出，而巴歌书中文字之部分已成废纸，其中小小疵累，诚有待于将来之订正，而其跋涉搜访之功，固决不容湮没者也”[98]。1944年，基于李霖灿在丽江采集的标本，中博院筹备处于张家祠筹办了纳西文物展。展览分成纳西人的生活、文字和宗教组织三部分。展期甚短，仅双十节一天，但在李庄却造成轰动效应，“参观者近六千人云”[99]。

中博院在抗战期间收集的西南民族文物甚至成为1949年之后举办的第一个重要展览的基本展陈品。1949年之后，西南民族收藏一方面切合现实政治时势需要，另一方面在新政权的历史评估立场未明的情况下，展览少数民族文物相对更安全。1949年7月7日，中博院举办了“中国西南部及南部少数民族文物展览会”，展览持续到当年年底。此次展览有现实的军政目的，“为了配合大军解放西南而办的”[100]。在回答二野司令部江南办事处函中，曾昭燏匿名提及庞薰琹、李霖灿、马长寿的民族调查工作，“当初负责搜集的人，着重在自己的兴趣，也含有一点好奇心。例如，搜集贵州苗族和仲家文物的人，是一个艺术家，所以专搜苗人那种美丽的服饰。搜集么些族文物的人，是一个研究么些经典的人，所以搜集的东西，着重在文字和宗教方面。搜集保罗、羌人、嘉戎、康巴四

---

〔97〕《国立中央博物院筹备处1946年度工作报告》1946年12月，《中华民国史档案资料汇编》（第五辑第三编文化），南京：江苏古籍出版社，1999年，第332页。

〔98〕闻宥：《评么些象形文字字典》，《燕京学报》第30期，1946年。

〔99〕《国立中央博物院筹备处之么些文物展览》，《图书季刊》新第5卷第4期，1944年，第110页。

〔100〕曾昭燏：《南京博物院介绍》1952年9月12日，收录于《曾昭燏文集·博物馆卷》，北京：文物出版社，2009年，第96页。

族文物的人，是要作普遍性采集的，但为经费所限，结果也不免少见的东西多采，常见的东西少采，总以为以后可以再来”。作为补充，曾昭燏也提及抗战后入藏的史图博收藏，“只有海南岛黎人的东西，比较顾及各方面，……这批东西并不是我们自己收集的，而是从一个德国民族学家史图博先生买来的（史先生已入中国籍，现在同济大学教书）”[101]。上述评述虽然偏颇，但也可一睹抗战时期从无到有地建立起来的中博院西南民族收藏大概。

2. “川滇考古之发掘”

“川滇考古之发掘”几乎构成抗战期间中国最高学术和典藏机构组织的考古发掘的全部内容。长期根植于安阳殷墟发掘的史语所考古组的工作到抗战时期转入室内整理，但是中国田野考古学并未因此而陷入停顿。为数不多的田野活动的重心也相应转移到西南地区，中博院逐步成为历次考古发掘活动的中坚力量。在前一个时期已经崭露头角的吴金鼎（1901～1948）成为抗战时期西南考古的中流砥柱。如果按照年代关系简单划分，中国考古学诞生的第一个十年（1928～1937）以史语所的安阳发掘和河南古迹研究会的豫北发掘为代表的话，则第二个十年（1938～1949）基本上就是吴金鼎独撑大局的西南考古时代[102]。和边疆民族调查和边政研究一样，西南考古是国家学术机构随着政局形势变迁作出的选择，但是中博院和吴金鼎赋予这一转型以学术理论和方法上的进步价值。同样，西南考古也改变了国家博物馆的馆藏结构、展陈内容，以及背后的历史认知倾向。只是令人遗憾的是，抗战胜利之后，随着学术机构的回迁，主持抗战时期考古工作的吴金鼎离开中研院和中博院体系，西南考古传统衰落中断，直到多年之后才得以恢复。

学术重心西移之际，李济依旧以中华远古文化的整体性观念解释华北和西南的关系。“过去十余年，华北考古之成果，证明中华远古之文化，确有一部分来自西南，吾人为欲了解全部中国文化之渊源起见，现拟按照下列计划，从事西南考古。兹拟实地调查西南古迹，颁藉吾人所熟知之汉族遗物为线索，先求汉族

〔101〕 曾昭燏：《关于〈西南少数民族文物展览会观感〉致二野司令部江南办事处各位同志》，《曾昭燏文集·博物馆卷》，北京：文物出版社，2009年，第95页。

〔102〕 徐坚：《暗流：1949年之前安阳之外的中国考古学传统》，北京：科学出版社，2012年，第76、77页。

遗迹之分布，再就地层先后，以推求汉化以前之他族文化及汉化后所产出之特色”[103]。李济的西南考古观表达了自中心至边缘，自汉族至他族的观察路径。身为中央学术和收藏机构，长期工作于中华文明的“摇篮”地带，又受到重大考古发现的鼓励，中博院秉持一元中心观和传播论观念也在情理之中。吴金鼎的考古活动就是在这个背景下展开的，但是却始料不及地揭示出不同于中原地区的文明类型以及不同于安阳考古的研究策略。

吴金鼎系山东安丘人，早年肄业于清华大学，1933～1937年留学英国伦敦大学。1938年5月，吴金鼎、王介忱夫妇自英国回国，辗转至昆明，加入甫迁至此的中博院筹备处。至1944年入伍前，吴金鼎一直供职于中博院和史语所。“川滇考古”三项，即“四川彭山的汉，云南南诏大理的唐宋，以至成都琴台的五代”都是在吴金鼎的主持下开展的，这也是他对中博院，乃至中国考古学的最主要贡献[104]。加入中博院不久，吴金鼎即前往云南大理苍洱地区进行调查，随即决定进行考古发掘。月余后，王介忱和曾昭燏加入发掘行列。1938～1940年云南大理苍洱地区的考古工作先后发掘了马龙、青碧、佛顶、中和、龙泉和白云等遗址。1942年，吴金鼎和曾昭燏的《云南苍洱境考古报告》于李庄出版，这是抗战期间出版的唯一考古学报告。虽然因为时局紧张，物资匮乏等诸多原因，该报告在篇幅和内容上严重缩水，但是并不能掩盖它在西南考古上的开局价值[105]。《云南苍洱境考古报告》分成甲、乙两编，甲编为史前部分，由吴金鼎编写，是该报告的主体部分，涵盖六处遗址发掘的资料和整理。乙编为历史部分，即南诏时期的遗物，由曾昭燏编写，涉及1939年12月在中和乙址的发掘，以及在白王冢、三塔寺、一塔寺、五华楼等地采集的有字残瓦。乙编实基于曾昭燏长文《点苍山下所出古代有字残瓦》。由于材料的制约，可供阐发的空间非常有限，曾昭燏也仅仅

〔103〕 谭旦冏：《中央博物院廿五年之经过》，台北：中华丛书编审委员会，1960年，第77、78页。

〔104〕 石璋如：《田野考古第一——吴金鼎先生》，《新学术之路》，台北：中研院历史语言研究所，1998年，第637页。

〔105〕 曾昭燏在《云南苍洱境考古报告》后记中提出，“本编原委一近十万字之报告，附地图七，插图六十三，表五十八，拓片百四十余片，照片三十七张”，但是最终删减成为“照片完全除去，地图、插图、表、拓片等均只保留极少数，文字亦大加删减”，见《云南苍洱境考古报告》后记。

提出苍洱境残瓦“皆自中原传来”[106]。但是，在多处耗时长久的石器时代遗址的发掘和整理中，吴金鼎表现出更多超越安阳的特质。在发掘方法上放弃探方法，改用顺掘法；在类型学上，采用了建立在多重分类体系基础之上、更为复杂的分类体系；在考古学文化层面上，提出了基于地形多样性的文化多样性[107]。

1941年，中博院、史语所和营造学社联合组成川康古迹考察团，吴金鼎任团长，团员包括中研院史语所高去寻、中博院筹备处曾昭燏、夏鼐、王介忱、赵青芳和营造学社陈明达。川康古迹考察团原本计划调查“中国古代文化在川省内显示之特点以及川省文化与中原文化之关系”，计划调查区域大体覆盖川、康两省。预先调查以李庄周边诸遗址为范围，先后在宋家嘴、南溪城北以及宜宾发现多处崖墓，由此而确定以崖墓作为古迹考察的重点[108]。考古发掘的范围最终锁定在成都平原，以彭山县江口镇为中心。川康古迹考察团驻扎于江口镇寂照庵，发掘地点包括寂照庵、石龙沟、丁家坡、豆芽坊沟、李家沟、王家沱、砦子山和陈家扁等八处，其中砦子山和豆芽坊沟是崖墓分布最密集，考古发掘工作最集中的地点。彭山崖墓的发掘从1941年6月开始，一直持续到1942年3月。考古发掘费用甚巨，自1941年计算，“周年费用共二十万零二百九十元，其中用于崖墓发掘者占百分之七十七”。收获也颇为丰富，除了在田野考古学层面上发掘多达66座崖墓，对于博物馆馆藏建设而言，“所采标本之可供博物院陈列及在考古学上有特殊意义者近千件”[109]。1942年彭山发掘结束后，田野收获均送往李庄。11月25日自江口装船，由吴金鼎押运，四天后抵达李庄。两年间的发掘收获，“计木箱二十三件，竹篓八十八个，网篮一件，瓦棺一具，瓦椁盖一，砖瓦五十八块，石羊两块”[110]。1941年11月，考察团于寨子山M550崖墓檐崖发现秘戏图石

〔106〕 曾昭燏：《云南苍洱境考古报告》（乙编），李庄：国立中央博物院，1942年，第105页。

〔107〕 徐坚：《暗流：1949年之前安阳之外的中国考古学传统》，北京：科学出版社，2012年，第89～98页。

〔108〕 谭旦冏：《中央博物院廿五年之经过》，台北：中华丛书编审委员会，1960年，第124页。

〔109〕 谭旦冏：《中央博物院廿五年之经过》，台北：中华丛书编审委员会，1960年，第129页。

〔110〕 谭旦冏：《中央博物院廿五年之经过》，台北：中华丛书编审委员会，1960年，第137页。

刻，随即引起社会哗然，前来观看人士络绎不绝，基于保护观念，“将来此处石刻不毁于地主之手，即遭道学先生敲碎。似不妨站在卫护彭山风化的立场上，将其移运嘉定存藏中博院仓库”〔111〕。这一插曲构成中博院异地保护不可移动遗迹的范例〔112〕。

1943年的成都王建墓第二次发掘是吴金鼎考古生涯中的最后一役，也是中博院筹备处的最后一次重要发掘。王建墓位于成都老西门外，一直被讹传为司马相如和卓文君的琴台故迹。1940年，天成铁路局挖掘防空洞时发现砖室结构，次年便列入四川省立博物馆的发掘计划。1942年9月，四川省立博物馆和华西协合大学博物馆联合对王建墓进行发掘，两个月后因发生坍塌而中止。第二次发掘改由中博院、史语所和四川省立博物馆联合组成“琴台整理工作团”承担，由吴金鼎主持，团员包括王天木和王文林。发掘于1943年3月开工，9月结束。发掘结束次年，吴金鼎即应征入伍，发掘报告应该在入伍前撰就的，不过没有反映在1964年最终发表的《前蜀王建墓发掘报告》上〔113〕。

从扩充博物馆馆藏和展陈的角度看，云南大理苍洱境考古和四川彭山崖墓发掘的贡献尤其巨大。1940～1943年，苍洱境考古发掘收获先后在大理、喜洲、昆明和李庄展出〔114〕。彭山崖墓出土器物也成为中博院常设展陈组成成分。

抗战时期中博院的考古活动也逾出了西南。西北史地考察团是中博院筹备处、中研院史语所、北大文科研究所和中国地理研究所等多家机构联合组成的科学调查项目，这是继1927～1933年中瑞西北科学考察团之后的又一次重要调查活动。1942年夏天，由北大向达，地理所李承三、周延儒，史语所劳榦、石璋如和中博院筹备处夏鼐组成的西北史地考察团的第一次调查以甘肃和新疆为主要

---

〔111〕 李光谟：《从清华园到史语所——李济治学生涯琐记》，北京：清华大学出版社，2004年，第313页。

〔112〕 高去寻：《崖墓中所见汉代的一种巫术》，《古今论衡》第2期，台北：中研院历史语言研究所，1999年，第133～140页。

〔113〕 夏鼐《吴禹铭先生传略》提及，“吴先生负责的部分，听说已有初稿”，见《中国考古学报》第四册，1949年。冯汉骥“前一阶段（后室发掘）的报告由著者编写；后一阶段（前室和中室的发掘）的报告，则由吴金鼎先生编写”，“吴先生的草稿，因体例不同，仅用作参考”。参见冯汉骥：《前蜀王建墓发掘报告》，北京：文物出版社，1964年，第89页。

〔114〕 包遵彭：《中国博物馆史》，台北：中华丛书编审委员会，1964年，第35页。

范围。考察团依主题分成由向达负责的敦煌组，由劳幹负责的历史组和由石璋如负责的史前组，考古活动集中在甘肃一地。次年，西北史地考察团进行第二次调查，但实际上仅有石璋如在陕西多条河水流域进行调查，此次长达十个月的系统调查揭露出多达66处遗址。1944年的西北史地考察团由向达和夏鼐组成，调查集中在敦煌一地。1944年春天，调查团抵达兰州，5月到达敦煌，月底迁入作为工作站的敦煌佛爷庙，调查工作一直持续到7月底。1945年，夏鼐还主持了另一次西北史地考察活动。此次调查中，夏鼐“回访”了安特生曾经调查过的遗址，并且认为“可纠正安氏甘肃彩陶文化系统说之错误，使甘肃之史前史改观”〔115〕。事实上，夏鼐对安特生的西北彩陶六期说的修正正是以此次调查为基础的〔116〕。

3．“民间工艺之调查”

无论对于中博院，还是中国博物馆事业，“民间工艺之调查”都是前所未见的，其基层和技术转向对于中博院的转型尤为重要。民间工艺的调查和研究由专门设计委员谭旦冏承担，庞薰琹等也参与了部分调查活动。1939年，四川省立艺专的创办人谭旦冏和庞薰琹受聘出任中博院专门设计委员和编纂委员。自1941年开始，中博院开始落实抗战前的国家博物馆设计，启动成立工艺馆的计划。谭旦冏以具体但成系统的方式设计了按照经济及组织、设备及材料和工作及成品三个方面予以收集和研究的计划。调查和收集工作自李庄及周边地区起始，逐步扩展到周边区域。1941年的后半年，谭旦冏先在李庄调查榨油、倒铧等工艺，最后两个月走出李庄，在江安、长宁、叙永和泸县等地调查酿酒、竹编、烧石灰、磨石粉、采煤、烧硫黄、编席、编藤、打铜、打铁、制伞等多种民间技术过程。1942年的调查“以四川特产之糖、盐、夏布、织锦、造纸等为调查中心，路线偏于川南、川西”〔117〕。此项工作规模巨大，一直延续到1945年。其中，对自流井制盐的调查就持续了两年多，对盐场技术和经营的主要侧面和环节，从环境到行会，

〔115〕　谭旦冏：《中央博物院廿五年之经过》，台北：中华丛书编审委员会，1960年。

〔116〕　夏鼐：《齐家期墓葬的新发现及其年代的改订》，《中国考古学报》第三册，1948年，第101～117页。

〔117〕　谭旦冏：《中央博物院廿五年之经过》，台北：中华丛书编审委员会，1960年，第145、146页。

从劳资关系到社会陋习都进行了细致的观察和记录[118]。谭旦冏的民间工艺调查最终以《中华民间工艺图说》为题出版。庞薰琹的工作以贵州苗族为主要范围。1939～1940年，中博院与史语所联合组成黔境民间艺术考察团，成员包括庞薰琹和芮逸夫。考察团在贵阳、安顺、隆里和贵定四地60余座苗寨工作达3个月，除收集苗族服饰、乐器、编织等标本逾400件外，考察团采取绘图和摄影方式对当地的社会生活进行了记录[119]。中博院工艺的考察没有局限在现代乡土社会上。王振铎此时专注于中国古代车制问题，在穷尽材料的基础之上，复原了汉代车制12种之多[120]。

中博院筹备处在抗战时期的活动甚至逾出王世杰总结的四项。遗珠之一就是中博院和营造学社在20世纪40年代合作的西南古建筑调查。双方最初合作目的是“供中博院制造模型与陈列展览用”[121]。因此，此项合作采取了中博院出资，营造学社派员承担的方式，中博院先后出资国币近万元，营造学社方面则委托建筑学家刘敦桢专司此事。调查从1940年夏季开始，直到次年年底才结束。除了偶有临时助手外，此项调查基本是刘敦桢亲力亲为完成的。调查体系庞大，“决先自云南着手，四川次之，西康与贵州广西三省又次之”[122]。在年半时间中，刘敦桢再度将调查范围缩至川滇两省和西康东部。至1941年年底，调查覆盖成都、

---

〔118〕《国立中央博物院筹备处1946年度工作报告》1946年12月，《中华民国史档案资料汇编》（第五辑第三编文化），南京：江苏古籍出版社，1999年，第332页。

〔119〕谭旦冏：《中央博物院廿五年之经过》，台北：中华丛书编审委员会，1960年，第110、111页。

〔120〕谭旦冏：《中央博物院廿五年之经过》，台北：中华丛书编审委员会，1960年，第111～113页。

〔121〕谭旦冏：《中央博物院廿五年之经过》，台北：中华丛书编审委员会，1960年，第170页。

〔122〕刘敦桢：《西南古建筑调查概况（1940年7月—1941年12月）》，收录于《刘敦桢全集》（第4卷），北京：中国建筑工业出版社，2007年，第1页。

重庆和昆明三市，大理等43县，调查建筑等多达180处[123]。1942年12月，中博院再度与营造学社合作调查成都周边古迹。

抗战胜利后，李济主持回迁复员工作，聘请李景聃和王振铎分别负责南京和李庄的迁运事宜。1946年10月13日，中博院主体告别李庄，船载东向，于29日抵达南京。存在乐山多处地点的古物则在尹焕章的指挥下起运回迁，12月16日也抵达南京[124]。迁离李庄的中博院不仅没有停顿，反而在馆藏和研究上都有显著增长，更为重要的是，抗战时期的新增长竟构成中博院从未有过的特色，面向西南和面向边疆的研究旨趣揭示出此前没有关注的阶层、地域和方法论的转型。

梅里曼将博物馆视为持续制造国家和族群神话的机器，因为它需要随机而动，调和和融合历史上和现实中利益有别、旨趣不同的群体[125]。国家博物馆尤当具有调整和修复能力。抗战期间的灵活调整和敏锐转向证明，中博院完全无愧于国家博物馆的荣誉和责任。

3.5 宣示：中博院筹备处的战后展览

1948年夏天，中博院第一期工程落成之后，故宫博物院和中博院联合在中山门新址主办展览，以示庆祝。中博院人文馆的主体工程在1937年8月之前已经完成，但是在随后的日据时期遭到破坏，接收之后于1947年开始重修，一年后完

〔123〕 刘敦桢：《西南古建筑调查概况（1940年7月—1941年12月）》，收录于《刘敦桢全集》（第4卷），北京：中国建筑工业出版社，2007年；刘敦桢：《云南古建筑调查记（未完稿）（1940—1942年）》，《刘敦桢全集》（第4卷），北京：中国建筑工业出版社，2007年。由于后稿系未完成稿，部分内容收入刘敦桢：《云南之塔幢》，《中国营造学社汇刊》第7卷第2期，北平：中国营造学社，1945年，收录于《刘敦桢全集》（第4卷），北京：中国建筑工业出版社，2007年，第49～60页。

〔124〕 《国立中央博物院筹备处1946年度工作报告》1946年12月，《中华民国史档案资料汇编》（第五辑第三编文化），南京：江苏古籍出版社，1999年，第333页。

〔125〕 Merriman N. The Crisis of Representation in Archaeological Museums//McManamon F P, Hatton A. *Cultural Resources Management in Contemporary Society: Perspectives on Managing and Presenting the Past*. London: Routledge, 2000: 301.

图3.5　联合展览会陈列
（采自谭旦冏《中央博物院廿五年之经过》）

工[126]。抗战期间迁移到李庄的中博院筹备处和馆藏都于1946年年底复员。不过，由于时局紧张，此时亦难以正式宣布中博院的成立，1948年5月14日的中博院第三届理事会第二次会议通过“与故宫博物院联合展览案”[127]。因此，1948年的联合展览会成为中博院摆脱筹备身份，转入正轨的标志性事件（图3.5）。此次展览时间从1948年5月29日到6月8日，在当时应算是“规模宏大，盛况空前”[128]。举办机构和地点都极具象征意味，南京社会颇为轰动，蒋中正也在展览结束之时亲临现场，以国家元首之尊认可中博院的代表性地位。从展陈规模上看，展品数量并不多，总数约1400件，但是都属精挑细选的结果。展陈品按照七间展室组织，

〔126〕《国立中央博物院筹备处复原情形呈》，《中华民国史档案资料汇编》（第五辑第三编文化），南京：江苏古籍出版社，1999年，第351页。

〔127〕谭旦冏：《中央博物院廿五年之经过》，台北：中华丛书编审委员会，1960年，第246页。

〔128〕谭旦冏：《中央博物院廿五年之经过》，台北：中华丛书编审委员会，1960年，第245页。

分别为书画、铜器、汉代文物、历代帝后像、边疆民族文物和瓷器。其中，故宫博物院出展的是书画和瓷器，而中博院是铜器、汉式器物、历代帝后像和西南民族文物。显而易见，中博院几乎遴选了不同时代入选的藏品，尤其是抗战时期通过民族调查和西南考古获取的样本，在全面性和代表性上都胜出故宫博物院一筹；故宫博物院退守艺术性和典藏性底线，而中博院赢得了与时俱进的国家代表性。有些展陈品由于极具时代象征性价值，先后出现在1946年的首都文物展和此次联合展览中：商人陈詠仁奉献给蒋中正，号称“宇内彝器之冠”的毛公鼎，胡筠庄捐赠的尼米兹在受降仪式上使用的签字笔即是显例。毛公鼎出土之后，历经陈介祺和端方收藏，抗战时日军从叶恭绰寄存在上海的收藏中掠去，后经陈詠仁冒险保护，才避免重器外流的厄运。毛公鼎重现既有国宝劫后余生的真实叙事一面，也有文脉不断，国运不辍的象征表达一面〔129〕。

即使尚无匹配的馆舍，也无专职策展人员，中博院筹备处并未忘却自身的展陈工作和教育乃至愉悦职能。在此之前，仅有一次展览的社会效应堪与1948年联合展相媲美，在学术史意义上，也可以同样当成中博院的宣示形式，只是强调了中博院的不同功能性侧面。抗战期间，应教育部要求，中博院筹备处在重庆举办了一次配合“社教扩大运动周”的展览。基于服务于社会教育的主题，此次展览原本设计多达11个选题，但最终呈现为以出自中博院和史语所的发掘所获及收藏为主体的石器和铜器展。其中，“石器类，即人类初有文化时之遗存，由李济、曾昭燏负责设计”，“铜器类，即继承石器时代再进一步之文化，由郭宝钧负责设计”。石器达到841件之多，颇为奇特的是，除少部分出自安阳和两城镇之外，绝大部分属史语所收购的法国旧石器时代考古学家莫尔蒂耶（Louis Laurent Gabriel de Mortillet，旧译摩梯耶）父子收藏。因为标本大多源自法国引起质疑和批评，李济亲撰《远古石器浅说》，在两个方面作出回应，一是在学术上，“我们应该知道在法国创造旧石器时代文化的这些人与现在的法国人，并不能证明有直接的血统上的关系”，另一是在博物馆职能上，“以系统的陈列表示人类的进

〔129〕 郑重：《仰止亭畔收藏观止——收藏家叶恭绰》，《上海文博》2002年第2期，第27页。

化是中央博物院的一个基本任务”[130]。前者倡导世界眼光，后者秉守国家博物馆的教育功能，两项认识在同时代的博物馆人中均属罕见。铜器计有536件，大多为河南古迹研究会1933年在浚县辛村和1935年汲县山彪镇发掘所得，而负责撰写说明的是两处遗址的发掘者郭宝钧。此外，还有出自刘体智善斋旧藏的铜器。“在艺术美观上，或不能尽惬人意，但在文物制度上，确有参考之价值，迥非一般展览会所可企及也”[131]。这次展览先在李庄预展，据称参观人数多达八千[132]。

即使是在物质条件极其匮乏的抗战期间，中博院也经常在张家祠组织小规模短期展览。由于民族文物增长迅猛，中博院于1944年组织了“贵州夷苗衣饰展览”，“麽些民族经典衣饰用品展览”、“川康民族宗教画展览”等。此外还有以历史建筑或者汉代车制为主题的展览。

抗战胜利后，中博院还组织和参加了一系列展览，主导地位逐步凸显和稳定下来。1946年10月31日，中央研究院、故宫博物院、中央图书馆及部分收藏家联合在珠江路中央地质调查研究所举办首都文物展览，主要展出未及内迁及接收敌伪文物。中博院此次参与的展陈品数量不多，仅以毛公鼎和尼米兹签字笔等赴展[133]。故宫博物院则提供了清帝玉玺和刚刚接收的杨宁史旧藏铜器[134]。1947年9月，中博院主办汉代文物展，作为教育部主办的全国教育展览会的组成部分[135]。1947年11月，联合国在墨西哥举办教育科学文化会议展会，中博院仅以

---

〔130〕 李济：《远古石器浅说》，《李济文集》（卷二），上海：上海人民出版社，2006年，第3页。

〔131〕 《国立中央博物院筹备处第一次专题展览会记事》，《图书季刊》新第4卷第3-4期，1943年，第131页。

〔132〕 《国立中央博物院筹备处第一次专题展览会记事》，《图书季刊》新第4卷第3-4期，1943年，第130页。

〔133〕 《国立中央博物院筹备处1946年度工作报告》1946年12月，《中华民国史档案资料汇编》（第五辑第三编文化），南京：江苏古籍出版社，1999年，第335页。

〔134〕 陈钦育：《国立故宫博物院的展览动向（1925—2001）》，《博物馆学季刊》第15卷第4期，2001年，第23页。

〔135〕 谭旦冏：《中央博物院廿五年之经过》，台北：中华丛书编审委员会，1960年，第244页。

照片16帧参展[136]。1948年3月，中博院以铜镜百余面参加教育部在台北省立博物馆举办的台北文物展[137]。

战后的中博院通过一系列临时展和作为实质性开幕展的1948年联合展表明，它已经做好准备，承担国家博物馆之责。1946年7月，中博院提议，北平历史博物馆暂停开放；曾经令中博院颇为纠结的历史博物馆遗产此时已经处理完毕。

但是，1949年的政权更代宣告了中博院作为国家博物馆的创建历程的终止。1948年12月4日，中博院第三届理事会第3次会议议定，选择博物馆精品迁往台湾。此次会议决定运送规模为120箱，而且确定了“以铜器为大宗”的原则[138]。中博院迁台文物分成三批，从1948年12月22日开始启运，运送文物共计752箱，但是未能迁出的还有4606整箱和未装箱散件万余件，分别存在中博院和朝天宫故宫博物院库房[139]。从输台文物清单上看，前古物陈列所器物占据绝对主体。第一批212箱中，中博院器物仅有23箱；第二批486箱悉数出自古物陈列所；第三批除汪精卫旧藏4箱外，剩余150箱亦全部都是古物陈列所器物[140]。中博院馆藏主体，无论是自李庄运京者，还是战后接收和采集者，共计1395箱基本都留在中博院中[141]。不管如何解释输台文物的构成问题，不言自明的是，在作出迁移中博院馆藏决定的决策者们心目中，原属于古物陈列所的古代艺术收藏的重要性远超出中博院进入筹备阶段后新增的代表国家新形象的多元收藏。换言之，此时的中博院已经苦涩而隐晦地宣布其代表性地位的丧失，因此，国家及国

---

〔136〕 谭旦冏：《中央博物院廿五年之经过》，台北：中华丛书编审委员会，1960年，第244页。

〔137〕 谭旦冏：《中央博物院廿五年之经过》，台北：中华丛书编审委员会，1960年，第244页。

〔138〕 谭旦冏：《中央博物院廿五年之经过》，台北：中华丛书编审委员会，1960年，第255页。

〔139〕 《中央博物院备字38005号公函》，《中央博物院廿五年之经过》，台北：中华丛书编审委员会，1960年。

〔140〕 谭旦冏：《中央博物院廿五年之经过》，台北：中华丛书编审委员会，1960年，第257～259页。

〔141〕 谭旦冏：《中央博物院廿五年之经过》，台北：中华丛书编审委员会，1960年，第261～263页。

家学术象征的成分被剥离出来，而固有的艺术收藏重新得到重视。中博院的筹备过程最终以失败黯然收场。

3.6 作为国族主义话语的国家博物馆

国家博物馆是博物馆政治学议题的焦点。如同麦克唐纳指出的，国家博物馆集中体现了“权力的展示”和“展示的权力”[142]。

国家博物馆的设立实是既必不可少，但又非常谨慎的行为。国家博物馆是国有或者国立博物馆的特殊类型，或者说是最高代表。国家博物馆常常是独一无二的，不可能以群体形式出现。国家博物馆需要在若干方面予以特别界定。首先，在任何国家中，国家博物馆的政治象征意义都是不言而喻的，没有任何国家博物馆可以清刷政治色彩，尽管具有鲜明特色的国家博物馆有可能试图掩盖其政治倾向。从政治地理层面看，国家博物馆具有鲜明的选址倾向，几乎不能离开国家政治中心，甚至是政治核心区域的组成部分。国家博物馆既可能选择具有重要象征意义的历史遗迹，也可能刻意避免，这往往取决于前朝政治遗产是否得到准确清算。从管理层面上看，国家博物馆应该归中央政府直接管理，其财政支持也以国家拨款为主。从馆藏层面上看，国家博物馆必须具有与之堪匹配的馆藏。国家博物馆的馆藏并不一定要求完全继承前代收藏，甚至在政治象征意味之争激烈之时，前代收藏很可能是避之不及的。对于国家博物馆而言，它应该具备组合全新的具有政治象征意味的收藏的能力，不管是通过继承的方式，还是采取新征的方式，甚至，国家博物馆有能力通过制造新的收藏类型界定自身的地位。国家博物馆的征集能力并不依靠极具个人魅力的博物馆人，而是依靠其在整体性的官僚体制中的地位，甚至可能通过立法形式实现。从这个意义上讲，萌生于1933年，初成于1948年的中博院就是20世纪上半叶中国国家意识形态的表达。

作为政治的镜像，中国的国家博物馆走了一条曲折而顿踣的道路；由于政治关联性，在年代上前后衔接的国家博物馆在精神上呈现出割裂，而非继承关系。从这个意义上讲，1949年之后，建立于新辟的天安门广场东侧，以斯大林式风格

〔142〕 MacDonald S. Exhibitions of Power and Powers of Exhibitions: An Introduction to the Politics of Display//MacDonald S. *The Politics of Display: Museums, Science, Culture*. London and New York: Routledge, 1998: 1-24.

建筑为馆舍的中国历史博物馆和中国革命博物馆都是全新的国家博物馆，非但与此前的国家博物馆没有任何意义上的延续关系，而且需要斩钉截铁地撇清和它们的瓜葛，强调“博物馆事业进入发展新阶段的里程碑”[143]。在博物馆叙事上，国家博物馆既需要谨慎地处理“旧遗产”，无论采取变旧为新、存形换神的方式，还是壮士断腕、彻底割裂的方式，又需要积极地制造符合时代精神的“新遗产”。制造国家博物馆是个异常复杂而微妙的过程。

---

〔143〕　齐燕铭：《为文物、博物馆事业更大跃进而奋斗！——文化部副部长齐燕铭在全国文物博物馆工作会议上的报告》，《文物》1960年第4期，第11～20页。

第四章

都会意象：以广州市立博物院和上海市博物馆为中心

迈入近代化进程的大都会需要纸醉金迷的百货公司，更需要同样流光溢彩的博物馆[1]。新生的民族国家迫切地通过包括博物馆在内的机构和空间表达定位和营构形象，近代化进程发育最早的城市也有类似的需求和结果。在近代中国，上海和广州无疑就是最早涌现，最迫切地期待发声，因而也最具范式价值的两座城市。博物馆既是全新的城市营建计划中的主要社会文化设施，也是界定城市景观的地标式建筑，这一观念已经深深植入到大都会的经营者心中。广州市立博物院是林云陔主政时期广州改造的组成部分，而上海市博物馆则构成吴铁城营构大上海计划中重要的一环。在将博物馆事业作为城市形象予以营构的都会里，博物馆不再是少数博物馆人的默默志业，而变成庞大的政府工程。博物馆的筹办和管理直接由市政府接手，博物馆建筑的设计或者改造都划归工务局管理。更多具有区域性甚至全国性影响力的人物或团体参与其中。

然而，博物馆不仅仅是大厦，大都会需要独特的，足以界定自身文化基因和现代抱负的馆藏。从馆藏类型论，大都会博物馆必然采纳综合博物馆形式，兼顾国家和地方的两层文化特质。从内容看，则倾向于多门并举，不以历史文物专美，反而重视历史和现实的结合，尤其着意于突出现代都市的建设成就。古为今用的观念在都市类型博物馆中表现得尤为清晰。反之，在历史资源过于丰富，国

---

〔1〕 Dana J C. The Gloom of the Museum, The New Museum Series//Anderson G. *Reinventing the Museum: The Evolving Conversation on the Paradigm Shift*. Lanham: AltaMira Press, 2012: 17-33.

家属性过度挤压区域属性的都市——1928年之后的北平，都市类型博物馆就缺乏生长空间了。博物馆人在搭建和扩充馆藏上也将动用城市的行政能力和政治话语，这导致都市类型博物馆的馆藏结构会表现出一定程度的趋同。

无论是百货公司还是博物馆，都是都会之窗。都市类型博物馆需要通过展陈表达志向和宣泄情绪。无论是广州还是上海，都需要通过博物馆的常设展微妙地调和国家、区域和城市的关系，现代和历史的关系。临时展则成为博物馆人手中肆意挥洒的神来之笔，用于表达自身卓尔不群的特性。广州和上海的博物馆事业都在日军的炮火中遭受了灭顶之灾，即使如此，博物馆事业仍然不屈不挠地发出最后的抗争之声。

4.1 旧瓶新酒：志在“西江文明”的广州市立博物院

广州市立博物院的成立与城北越秀山一处历史古迹的修复和改造休戚相关。越秀山上的镇海楼地处广州城北的制高点上，楼高五层，自兴建以来一直是城中最重要的军事攻防设施。由于广州城北高南低，镇海楼历史上也是广州天际线的重要组成部分，尤其是自南侧水路入城的访客印象尤为深刻〔2〕。越秀山虽为军事重地，但并不禁止百姓攀登，因此这里也是广府人士的传统登高地。无论内部还是外部视角，无论是军事还是民事原因，都导致越秀山镇海楼成为广州地标之一。20世纪初的机缘在于，甫经修复的镇海楼的象征意义并未为人遗忘，当博物馆成为市政建设的重要内容时，曾经的广州地标无疑成为最适合改造后营构城市和区域记忆的建筑。

然而，虽然容身于传统建筑之中，博物馆是广州历史上前所未有的全新公共机构。广州市立博物院通过规范其馆藏来源和结构，通过展陈和更多的活动确立

〔2〕 至迟在清康熙、雍正时期的《广州府图》、《广州府舆图》和《广东各府舆图并说》中，镇海楼已经被当成广州北垣重要地标。镇海楼也给来华交易的商人留下深刻印象，尤其是自河南地和珠江北眺之时。瑞典龙思泰（Anders Ljungstedt, 1759～1835）《早期澳门史》特别提及“一座高耸醒目的建筑物，称为‘五层楼’”。香港艺术馆藏镌刻版画《广州城远眺》、美国碧波地博物馆藏象牙浅浮雕《广州城一览》、水彩画《远眺广州城》等作品中，均清晰可见构成天际线的镇海楼。参见广州博物馆：《镇海楼史文图志》，广州：花城出版社，2004年，第299～302、355～357页。

自身在全新的广州都市文化中的地位。在城市的近代化进程中，镇海楼机缘巧合地延续了开放性和休憩功能，也承担了新型城市文化机构要求的社会教育和文化功能。广州市立博物院甚至直接催生了以建构本地和本区域历史的考古学类型。时至今日，越秀山上的镇海楼仍然是1928年成立的广州市立博物院的继承者——广州市博物馆的所在地。

4.1.1 从镇海楼到广州市立博物院

镇海楼的始建年代一般追溯到明代初期三城合一的扩建工程，不过到广州市立博物院成立之时，镇海楼已经屡经兴废。20世纪初的重建中，镇海楼改造成为维持传统外形，更替现代结构的建筑。《广东通志》载，“十三年永嘉侯朱亮祖，……拓北城八百余丈，建立五层楼，为会诚壮观”，以此作为镇海楼始建之说[3]。历史上镇海楼曾经多次改造，有案可查的大修计达五次之多。由于“成弘间烬于火”，成化及嘉靖时期几近重建[4]。入清之后，尚可喜驻粤期间于顺治十年再度重修。而最为晚近，也是奠定现今镇海楼格局和形态特征的大修缮发生于民国时期林云陔主政阶段。民国初期，镇海楼已经衰败到无法加以利用的地步。“从前系军队在此驻扎。该楼本有屏门窗格各件，惟可以移动者，均已散失无存，只留有三隅砖墙及砖砌炮楼等项横架楼上，以致原有木柱及木阵等受力过重，内有数柱墩经已低陷。二楼新加之平天台亦已完全倒塌”[5]。由此可见，镇海楼的历次修缮过程中改动均大，而且至民初时期，基本结构都已破败。镇海楼的修复是越秀山整体修葺计划的组成部分，修复费用均由市政修筑专款拨划，工程亦由工务部门承担。因此，虽然早在1921年即对游客封闭，镇海楼等越秀山建筑的修复工作直到1928年才最终落实。当年5月开始重修，年底即已完成[6]。此番重修虽沿用明清以来的基垒和围墙，但是原本的木构建筑被彻底替换成为钢筋水泥结构，镇海楼事实上成为一座依托旧形态的新建筑（图4.1）。

虽然作为广州地标而得以重修，不过博物馆化改造并非唯一之选，甚至可能

---

〔3〕（清）阮元修，《广东通志》卷一百二十五，上海：商务印书馆，1934年。

〔4〕《广州府志》卷9《古迹》，乾隆二十四年（1759）刻本。

〔5〕《广州市政公报第一号》1921年4月10日。

〔6〕崔志民：《镇海楼营造考》，收录于《镇海楼史文图志》，广州：花城出版社，2004年，第278～287页。

都未在市政改造者的最初预想之中。1928年10月24日，在广州市政府第107次市政会议上，广州市教育局局长陆幼刚提议以此为基址，建立广州本土的博物院。陆幼刚以博物馆是现代都市必备为由，“查各国都市，均有宏伟之博物馆，即吾国北平市，亦有古物陈列所之设，革命策源地之广州，自应亟为创办”[7]。而博物馆的功能在于以学术开民智。“欧西各国，咸于繁盛市区，建设伟大之博物院，是以学术修明，民智丕开，社会文化之优美，远出亚东各国之上”[8]。此一建议赋予镇海楼此前从未见过的角色，然而极符合林云陔时代的现代化城市建设愿景，而镇海楼的传统形象又在社会可接触性、休憩娱乐功能和教化倾向上与近现代意义的博物馆有一定程度暗合，因此极为迅速地得到批复和支持。舆论皆称赞这是“一举两善”的计划。

图4.1　镇海楼

（采自《镇海楼史文图志》）

自筹备开始，广州市立博物院就确立了综合博物馆的格局，未再更易。1928年11月6日，广州市立博物院筹备委员会成立，以谢英伯、丁衍镛和陆新翘为常务委员，委员包括顾颉刚、辛树帜、费鸿年、司徒槐、朱庭祜、罗原觉、何叙甫、胡毅生、左元华、陈焕镛、丁颖等[9]。名单中既包括代表历史学的顾颉刚，也有出身于生物学的费鸿年、辛树帜、陈焕镛和丁颖，地质学的朱庭祜，作

〔7〕　《陆幼刚提案书》，《广州民国日报》1928年10月24日。

〔8〕　《广州市府呈拟筹设博物院请分令各县市区采集品物迳送陈列案》，《广东省政府训令教字第二二七号》1928年12月8日，《广东省政府周报》教育第64/65合刊，第123页。

〔9〕　黄庆昌：《广州博物馆七十年史略》，《广州市文博论丛》（第2辑），广州：广州出版社，2005年，第190页。

图4.2　广州市立博物院开放
（采自《镇海楼史文图志》）

为收藏家的何叙甫（何遂）和罗原觉，作为政治人物的胡毅生，以及代表官方的工务局左元华。委员组成的多元特征表明未来的广州市立博物院以综合博物馆为预期，职业学者的学科归属关系暗示了馆藏组成倾向，即新成立的广州市立博物院不仅应该涵盖传统的历史和艺术，也应该包括作为近现代科学门类的生物和地质。承担具体筹备事务的是代表不同馆藏门类的三位常务委员：谢英伯时任中国新闻学专门学校校长，负责历史博物收藏；丁衍镛系职业画家，时任广州市美术学校教员，负责美术收藏；陆新翘则负责自然科学收藏。丁衍镛自11月2日起最先成为筹备员，承担了博物馆筹备过程中搭建机构和确立原则等工作，数日后的筹备委员会会议上确认三人为常务委员。11月14日，纲领性文件《广州市立博物院筹备委员会组织大纲》刊布，确立了广州市立博物院作为现代化城市文化组成部分的基本属性[10]。自此直至抗战时期广州沦陷，广州市立博物院的地位和格局基本维持不变（图4.2）。《广州市立博物院筹备委员会组织大纲》划定藏品范围包括美术、历史博物和自然科学三个部分。陆幼刚设计的馆藏结构和展陈特点是，“搜罗动植矿各物之标本模型，世界今古特产异物，风俗历史之特征，雕刻绘画工艺等之美术，陈列院中，任人观览，附以注释，藉以启发民智，引起国民研究学术之兴趣，夫亦于社会教育中

〔10〕　《广州民国日报》1928年11月14日。

应有之设备乎”[11]。次年4月24日，市政委员会第121次会议决定博物院为院长责任制，7月又改委员会制，陆幼刚任委员长，谢英伯、丁衍镛和陆新翘分别出掌历史风俗、自然科学和总务三部。较筹备之时，虽人员格局未易，但历史、美术和科学的鼎立结构已经悄然转型成为历史和科学的并立格局了。1935年中国博物馆协会的普查中显示，广州市立博物院采取常务委员集体负责制，常务委员谢英伯、古直和黄季庄分掌古物、美术和自然科学部，陆新翘掌总务部[12]。1936年，市立博物院改属市政府直接管辖，以谢英伯为院长，院内设古物、民族、自然科学、美术和总务五部门。较之前的馆藏结构而言，除恢复了美术外，新增了民族一类，博物馆整体向区域历史倾斜。

4.1.2　以当代和革命为基调的馆藏结构的形成

对于管理者而言，广州市立博物院的馆藏结构问题既是挑战也是机会。翻新的镇海楼本非博物馆，并无任何可供继承的收藏基础，只能全新征集。征集途径上出现多条脉络，有的仅有短期效用，有的是博物馆常见途径，有的却更深远地影响了本地甚至全国性学术走向。

尚在筹备期间，丁衍镛就提出了以购置、捐送和借用三种方式营建广州市立博物院馆藏问题。由于市立博物院的官方身份，而且广东境内尚未有类似机构，广州易于以“革命策源地”予以号召，辐射全省乃至更远的地方，因此，以捐送为名的官方征集是搭建馆藏最便捷的方法。1928年12月，在获得省政府批准后，广州市立博物院以广州市市政委员长林云陔的名义呈请省政府分发调查表，要求各县采集物品送博物馆展出。收藏范围包括，“有关于美术上，雕刻工艺，绘画，与夫历史上之遗物，近代之创作，有陈列之价值者，自应广事搜罗，以期完善，而资研究”[13]。筹备委员会设定的藏品部门分为标本、古物和美术三端，

---

〔11〕《广州市府呈拟筹设博物院请分各县市区采集品物迳送陈列案》，《广东省政府训令教字第二二七号》1928年12月8日，《广东省政府周报》教育第64/65合刊，第124页。

〔12〕《中国博物馆一览》，北平：中国博物馆协会，1936年，第100、101页。

〔13〕《广州市府呈拟筹设博物院请分各县市区采集品物迳送陈列案》，《广东省政府训令教字第二二七号》1928年12月8日，《广东省政府周报》教育第64/65合刊，第123页。

征集的调查内容也以此三分。标本部征集“动物、植物、矿物、生理、菌类”五种。古物部征集“历史、风俗”两种，美术部则征集“绘画、雕刻、工艺美术”三种。主持历史古物部的谢英伯则先后发布《征集历史遗物及民俗用品计划书》和《征求革命纪念品布告》。古物和美术亦采用类似征集方法。以“革命策源地”号召极易受到以广州为主要活动地的艺术家，尤其是具有革命倾向和与革命有着千丝万缕关系的艺术群体的热情支持。广州市立博物院迅速征集到温幼菊、司徒槐、陈宏、陈之佛、黄君璧、王文浩、高剑父、李耀屏诸家作品。1928年12月，丁衍镛启程前往北京、上海和南京征集藏品。而在历史古物类的征集中，由于本地历史古物收藏基础不足，同时广州市立博物院的革命特征也令藏家裹足不前，博物院的征集工作不得不偏向“风俗”。广州市立博物院筹备委员会既向各商业行会征集牙雕和刺绣，也在连阳征集苗、傜民族物品。

相较于狐疑的古物旧藏，新生的自然科学及其收藏更倾向于与具有革命气质的广州市立博物院结合。广州市立博物院在成立之初表达的对自然科学的兴趣得到了积极回应。博物馆尚在筹划之中，朱家骅就提出博物馆中应该增加地质标本收藏，并主动决定以两广地质调查所所藏标本填充[14]。同时，广州市教育局也与中山大学商议，谋求获得地质及动植物标本。中山大学指定叶格尔负责接洽地质方面事宜，辛树帜和费鸿年负责接洽动植物方面事宜。辛树帜和费鸿年因此成为广州市立博物院自然科学部负责人[15]。按照20世纪早期的博物馆内涵和外延概念，动植物园也属作为社会教育机构的博物馆的类型之一，设址于观音山的动植物园因此划归博物馆管理[16]。

1935年中国博物馆协会的统计显示，广州市立博物院的馆藏分成革命纪念品、古物、民俗物品、美术物品、生物标本和地质矿产标本六类。包括总理遗

---

〔14〕 章祖蓉：《广州市立博物院筹建大事记要》，《中国博物馆》1991年第2期，第85页。两广地质调查所对广州市立博物院的支持，详见本书第七章《科学之光：生物和地质博物馆的出现和成长》。

〔15〕 章祖蓉：《广州市立博物院筹建大事记要》，《中国博物馆》1991年第2期。

〔16〕 将动植物园纳入到作为社会教育机构的博物馆范畴之中的观念是日本博物馆学之父棚桥源太郎介绍至中国的。曾任广州市立博物院筹备委员会委员的费鸿年与其兄费畊雨合作编译棚桥源太郎《诉之于眼的教育机关》，以《博物馆学概论》为名出版。详见本书第九章《和声：博物馆专业组织和博物馆学的初成》。

像、委任文书、书信等在内的革命纪念品计有17种72件。古物分成金、石、玉、陶瓷、木等类别，除有多达千余枚的钱币和数十件陶俑和陶明器外，其余各种都仅有数件。美术类别中，“宋元明清人画”和“时人绘画及书法”最多，尤其是后者计有60种，约占总数的三分之一〔17〕。

迟迟未能落实的历史古物收藏刺激了聚集在广州市立博物院的最早的本土考古学家，导致广州出现了中国最早的考古学组织和刊物，甚至形成了有别于安阳传统的“西江考古学”。但是，人员流动导致广州的本土考古学高潮转瞬即逝，制度缺失也使广州最早的考古学并没有和广州市立博物院的馆藏建设形成良性互动关系。

4.1.3　广州市立博物院的空间和活动

以改建的传统建筑作为展陈空间的博物馆常常面临如何突破原有格局的牵掣，充分利用空间，变更传统空间属性的问题。相较于馆藏内容所代表的实质性层面，空间利用只是形式上的旧瓶新酒问题，但是具有更显著的社会可视性。不同于大多数早期中国博物馆继承的平层建筑，镇海楼为单体多层楼阁建筑，每层空间大体相当，因此，依照馆藏内容分层陈列成为预置方案，参观线路的规划也相对简单。但由于各个馆藏部门的实际收藏规模不一，导致有的展陈内容由于空间限制而不得不割爱，而有的楼层则为了迁就内容的参差程度而呈现出混杂面貌。

依据1929年2月开始的布展方案可知，镇海楼五层皆面向观众开放。其中，第一层为地图、地质标本和模型，第二、三层为动植物和矿物标本，第四层为古物和美术品，第五层为革命纪念品、其他国家的文物以及孙中山雕像，此外有安置他处皆不合适的铜壶滴漏（图4.3）。从现存照片看，当时并无明确的博物馆展陈设计方案，而是采取柜橱密集排列的方式。展陈中，辅助教育的标本和教具部分远大于古物部分。罗香林提及馆藏一件铜铎，“又广州市立博物院亦藏广州新出土铜铎一具，高国尺六寸许，形扁如木铎，该院说明书谓为汉物，察其形制似亦为古代越族所遗”，只是该器物的发掘出土信息无法得到其他文献的证

〔17〕　《中国博物馆一览》，北平：中国博物馆协会，1936年，第96～100页。

图4.3　广州市立博物院内景
（采自《镇海楼史文图志》）

实[18]。1933年第一次广州展览会在越秀山举办，古物馆即设在镇海楼，“古物馆第四室梁山君所藏铜鼓”，“又第五室植剑泉君所藏二铜鼓”，由此可知上述三鼓当时都陈诸馆内，只是未知属于长期抑或短期借展[19]。罗香林也提及谢英伯的铜鼓收藏，“广州黄花考古学院谢英伯先生所藏三铜鼓”，但无法确认此三鼓是否借出给广州市立博物院展陈，以及与前述三鼓的关系。观众曾经特地记录博物馆展陈的汉代陶屋，反过来说明该馆古物收藏的匮乏。广州市立博物院的开办经费极其有限，广州城内积极回应广州市立博物院吁求的古物收藏为数不多，谢英伯不得不常常以自家收藏或者其他私人收藏借展充数[20]。

作为城市文化的象征，广州市立博物院的价值不仅仅在于典藏，而是在城市生活中扮演的灵动角色。1929年2月11日，广州市立博物院开幕，据称当天的来宾和观众多达万人。李济深和黄绍竑于2月25日参观，对仓促筹备的展览仍赞叹不已，称“各部物品之精美，尚不失博物院一本旨”，“尤以总理之遗物及武强玉印，刘师复之假手、七十二烈士之遗像等物……珍于万物”[21]。

---

〔18〕　罗香林：《古代越族的文化》，收录于吴越史地研究会：《吴越文化论丛》，《民国丛书》（第五编第38册），上海：上海书店出版社，1996年，第105页。

〔19〕　罗香林：《古代越族的文化》，收录于吴越史地研究会：《吴越文化论丛》，《民国丛书》（第五编第38册），上海：上海书店出版社，1996年。

〔20〕　谢哲帮：《谢英伯的一点史料》，《广州文史资料存稿选编》（第4辑军政类），北京：中国文史出版社，2008年，第139页。

〔21〕　章祖蓉：《广州市立博物院筹建大事记要》，《中国博物馆》1991年第2期，第91页。

除了常设展之外，广州市立博物院亦有可能成为以越秀山为中心的临时展的场地。1933年，越秀山先后举办了两个重要的展览，即广州展览会和广州市土布纱绸展览会。广州展览会是20世纪30年代作为政府形象工程的市政展览。广州第一次展览会以邹鲁、林云陔、邓泽如等为名誉会长，展览会会期自1933年2月15日至3月16日，设址于越秀山。镇海楼仅是其中一处会场，用于市政陈列。广州市立博物院的展陈亦被当成市政成就之一。展览会的古物组即由谢英伯、陈萝生主持。

1938年，为避战祸，博物馆馆藏迁往石室大教堂保存，但到广州沦陷后，同样损失殆尽。1941年，伪广州市立博物馆新建于番禺学宫，以图书馆和博物馆的劫后残余为基本馆藏。1945年抗战胜利后，教育局曾经请求拨汉民公园为博物馆，可见此时的镇海楼博物馆荒废甚久，基本无法作为博物馆正常运作了。不过，广州市政府最终仍决定重新修葺镇海楼作为博物馆。几近于重建的广州市立博物院改变了馆藏结构，新收入的馆藏主要分成两个部分，一是抗战胜利纪念陈列，另一则是接收原在番禺学宫的伪市立博物馆收藏，分别陈列在镇海楼的下三层和上两层〔22〕。有观众注意到，镇海楼的广州市立博物馆仍大致恢复了革命史、古物、艺术、生物和矿物的收藏和展陈格局〔23〕。也有人将此四部门标识为艺术、历史、生物和胜利品四类。

4.1.4 黄花考古学院和西江考古学的兴废

广州市立博物院历史古物馆藏的匮乏和征集不得门径刺激了本土考古学的兴起。由于和作为都市文化象征的广州市立博物院的关联，广州的本土考古学表现出超乎广州一地的区域性关怀，西江考古学就是这个辐射观念的表达。1931年，谢英伯和胡肇椿依托广州市立博物院，于镇海楼创办黄花考古学院。核心成员还有杨成志、曾传轺、朱庭祜和蔡守。蔡守夫人谈月色虽非正式成员，但常陪同蔡守参与院中事务甚至田野发掘，因此也可计入黄花考古学院活跃群体之中。黄花考古学院的法律地位略显含糊，既有传统的文人雅集的延续，又承担了以广州市立博物院名义进行考古发掘的现代职能。《古物保存法》颁布之后出现的

---

〔22〕 秋声：《白云山及观音山》，《旅行杂志》第22卷第10期，1948年，第7页。
〔23〕 映厂：《广州的博物馆》，《旅行杂志》第22卷第10期，1948年，第19页。

图4.4 黄花考古学院
（采自《考古学杂志》创刊号）

“国家没有正式机关去调查和看管”的空白也加速了黄花考古学院的成立进程[24]。黄花考古学院依附于广州市立博物院，但是又有相对独立性，如有考古发掘，博物馆基本委托黄花考古学院处置。这种含糊性使广州在缺乏足够多的科班出身的考古学家的情况下，以求同存异的方式迅速建立起中国最早的职业考古学团体之一，但也暗埋了这一松散的学术团体与严格意义上的考古学最终分道扬镳的倾向。而且，从博物馆馆藏建设角度看，黄花考古学院的雅集倾向和金石爱好严重削弱了其对广州市立博物院馆藏成长的潜在贡献。但是，黄花考古学院的创立毫无疑问地宣告了以广州为基地，辐射西江流域的考古学群体的兴起（图4.4）。

虽属草创，甚至最终并未落实，但是在一元文明观念和传播论还稳居垄断地位时，提出“西江考古学”就已经足够石破天惊了。创立之初，时任博物院历史风俗部主任的谢英伯撰文说明以黄花考古学院为核心的广州本土考古学的旨趣。谢英伯提出，西江流域是与黄河流域、扬子江流域并列的“中国文化的策源地”、“三地望”，而广州“在二千年前，已成为文化的都会”[25]。因此，发掘西江流域的土著文化成为全新的广州考古学的核心任务。不过，纵观黄

〔24〕 胡肇椿：《广州市西郊大刀山晋塚发掘报告》，《考古学杂志》创刊号，1932年，第109页。

〔25〕 谢英伯：《黄花考古学院的组织和使命》，《考古学杂志》创刊号，1932年，第3、4页。

花考古学院存在期间，考古发掘次数屈指可数，范围并没有跨出广州一地。在历史认知论上，谢英伯在西江考古学中提出“广州与外来民族相接触”四个时期，以广州代西江，系“二千年间，已形成了一种新文化，陆离光怪，璀璨于五岭之南，广州便为其结晶地”[26]。虽然在全国范围内提出了多地文明并列格局，但是在西江流域内又一切以广州为核心，谢英伯由此陷入“内部殖民主义”的怪圈之中。广州的西江考古学发掘不出龟岗大墓、猫儿岗汉墓、大刀山晋墓数例，虽有职业考古学机构的参与，但均为私掘之后的清理。所有墓葬残余出土器物既不能给岭南古史研究带来重大改变，也不足以震撼社会公众，而从考古学作业层面论，无论是发掘还是整理，皆无值得后世效法的典范价值。换言之，黄花考古学院的考古学收获难以支撑起谢英伯的西江考古学雄心，导致后者沦为缺乏实证的迂阔之论。

事实上，此时的岭南考古学并非一片空白。自20世纪20年代起，戈斐侣（Walter Shofield, 1888～1968）、芬戴礼（Fr. Daniel Finn, 1886～1936）、麦兆良（Fr. Rafael Magliono, 1891～1953）等在从珠江三角洲沿岸和近海岛屿至粤东汕尾的地带进行调查和采集，揭示出迥异于黄河流域的新石器时代和青铜时代考古学文化[27]。几乎在黄花考古学院成立同时，芬戴礼发掘了香港南丫岛大湾遗址，并和麦兆良一同调查了汕尾浦上墩遗址[28]。30年代前期，岭南地区考古学呈现出两种倾向，沿海岸和近海调查的传教士考古学家群体表现出人类学考古学传统，而脱胎于传统金石收藏和雅集活动的黄花考古学院的考古学家们则选择了

---

〔26〕 谢英伯：《黄花考古学院的组织和使命》，《考古学杂志》创刊号，1932年，第4页。

〔27〕 Schofield W. Tung Kwu Island, the Type Site in Hong Kong's Old Prehistoric Culture. *Journal of Hong Kong Branch of the Royal Asiatic Society*, 1969, (9): 65-81; Schofield W. *An Archaeological Site at Shek Pik*. Hong Kong: Hong Kong Society of Archaeology, 1975; 叶祖康：《近五十年香港考古工作之概况》，《香港考古学会会刊》（第5卷），1975年，第120～125页；安志敏：《香港考古的回顾与展望》，《考古》1997年第6期。

〔28〕 Finn D J. *Archaeological Finds on Lamma Island near Hong Kong*. Hong Kong: University of Hong Kong Press, 1958; Magliono R. Archaeological Finds in Hoifung. *The Hong Kong Naturalist*, 1938, 8; 麦兆良著，刘丽君译：《粤东考古发现》，汕头：汕头大学出版社，1996年。

倾向历史学的考古学。相较于传教士考古学家以石器时代为主要的关注点，黄花考古学院则选择以“自周赧王建筑南武城起，迄赵佗建立南越帝国”为西江考古学的起始阶段[29]。黄花考古学院成立之前，广州的城市近代化进程中，拆墙扩城和铺设马路导致大量古墓暴露于世，这在资料层面上为广州成为西江考古学的中心做出铺垫，又在方法论层面预埋了西江考古学的证经补史走向。而且，广州的学术机构和学人的即往工作已经预言了西江考古学的宿命。1928年3月，中山大学语言历史研究所商承祚从报端得知员村乡发现晋代古墓，经妥善安排后于4月初数次前往员村。员村晋墓已遭盗掘，而且由于驻军的不当清理而完全坍塌，村民及闻讯而来的围观者早已瓜分出土陶器、陶俑及带有永嘉年铭的墓砖。商承祚仅测量和记录晋墓的形制，访问知晓更多发现细节的乡民，以及购买墓砖。4月14日，中山大学校长戴季陶等十余人甚至为了确认此墓是否还有发掘价值而前往员村勘察[30]。此次调查因盗掘或者私掘而起，调查者既缺乏系统的调查和发掘方法，又缺乏必要的行政力量的参与和保护，因此只能止步于惊鸿一瞥的调查。研究只能集中在劫后残余的孤立遗物与金石著录的比对上，对考古学的生疏导致对遗迹属性常常做出过度猜测。数年后见于黄花考古学院的工作方法和推理思路此时已经露出端倪。

1932年，黄花考古学院刊行了中国最早的考古学期刊《考古学杂志》创刊号，相对完整地保留了黄花考古学院的主要工作记录，也成为后世重新评估萌生阶段的广州考古学乃至西江考古学的必经途径。从创设黄花考古学院到创办《考古学杂志》，皆可清晰看到胡肇椿的身影。作为当时为数不多的接受过系统学术训练，以滨田耕作在华传人自任的考古学家，胡肇椿深得黄花考古学院乃至广州市立博物院的信任和倚重。由于太过于依赖胡肇椿，当他于1932年离开广州奔赴上海，黄花考古学院及西江考古学就只能偃旗息鼓，《考古学杂志》成为仅仅出版了创刊号就无疾而终的昙花一现。硕果仅存的《考古学杂志》创刊号的文章结构和内容或许并不能全面反映出版者的初衷，但无比真实地映射出创刊时期的苦

---

〔29〕 谢英伯：《黄花考古学院的组织和使命》，《考古学杂志》创刊号，1932年，第4页。

〔30〕 商承祚：《调查员村乡发现晋代古塚始末记》，《语言历史研究所周刊》第3集第30期，1928年。

撑和建设。创刊号作者悉为黄花考古学院成员。文章形式以论文和发掘报告为主，除谢英伯开宗明义的导论外，论文主要由胡肇椿、曾传轺、杨成志和蔡守完成，作为附录的东山猫儿岗汉墓和西村大刀山晋墓发掘报告则分别出自蔡守、谈月色夫妇和胡肇椿之手。

存世短暂的黄花考古学院的考古发掘涵盖东山猫儿岗汉墓、木塘岗汉墓、西村大刀山晋墓、东山庙寺贝底朝汉台砖瓦遗址，教育厅后园墓葬，黎庄六朝墓葬，坟头岗汉晋墓葬等〔31〕。考虑到黄花考古学院人手本就短缺，有田野工作经验的更少，能在短短年余时间完成上述诸遗址的发掘和清理，甚至还包括未曾被后人提及的1930年清平南王府旧址试掘，黄花考古学院的工作成效不可谓不高。广州田野考古工作的激增与广州的城市化进程，特别是拆城筑路密切相关，“近三十年来，尤其是在最近的五年间，政府开筑公路，发见了古塚不下二三百起”〔32〕。除寺贝底朝汉台系建筑遗址外，其余皆为墓葬。无论墓葬，还是建筑遗迹，无一为黄花考古学院主动发掘，因此，遗址的发现与社会公众对历史遗产的判断和重视程度相关。不过，黄花考古学院最终投入并报道的考古工作大多集中在自南越国时期至六朝时期，即谢英伯界定的第一个和第二个时期，这应该直观地反映了西江考古学的主要兴趣所在。

蔡守夫妇对猫儿岗汉墓的发掘是重新评估30年代早期考古学发掘基本特征的典型个案。1931年年初，蔡守的学生巴礼夫（S. F. Balpoun）告知邻居在建造房屋时发现古墓，蔡守夫妇因此向广州市立博物院申请发掘。由于墓葬已经暴露多日，发掘其实只是清理残余过程。由于草创期的作业规程粗糙，清理过程尤为迅速，猫儿岗汉墓的清理持续不到两周，自1931年2月26日开始，3月5日即告结束，发掘报告刊布在《考古学杂志》创刊号上〔33〕。蔡守夫妇写作考古发掘报告时，实无可供效仿的版本，因此，由发掘日记和器物考证组成的发掘报告也是中

〔31〕 胡肇椿：《二十年度之广州考古发掘事业》，《西南研究》创刊号，广州：国立中山大学，1932年；胡肇椿：《广州市近郊之考古发掘述略》，收录于卫聚贤：《中国考古小史》，上海：商务印书馆，1933年。

〔32〕 谢英伯：《黄花考古学院的组织和使命》，《考古学杂志》创刊号，1932年，第5页。

〔33〕 蔡寒琼、谈月色：《发掘东山猫儿冈汉冢报告》，《考古学杂志》创刊号，1932年，第93～133页。

国考古学史上罕见的别开生面的范例。蔡守夫妇抵达现场时，墓顶已经暴露，墓葬基本结构仍清晰可见。蔡守当即决定以十字探沟法揭示墓葬大致规格。第二天起，清理工作即进入墓室之中。可能早期遭遇盗掘，也可能是发现时遭遇哄抢，猫儿岗墓葬所余遗物甚少。整座墓葬未出青铜容器，但墓室西侧出铜剑一柄、方镜残块以及扣器残片。出土器物中，数量更多的是陶质明器，包括陶容器、陶动物和陶屋。此外，墓葬中出土了瓦当和印纹瓦，瓦当可见“万岁”模印字样，而瓦上有“左官卒”字样。墓室中部发现一块形态较小的砖，砖面上有刻划三字，或释为“夫此□”或“夫死□”。根据墓砖和陶质明器，蔡守做出了具有历史特定主义倾向的过度阐释，推测墓葬主人是突遭横死，仓促下葬的南越国第三代君主赵兴。其推理逻辑乃是以一般性器物推测特殊性事件，这是尚未真正理解考古学学理的历史考古学的典型推理方式。随着同类物质的增加，物质与历史事件之间的一一对应关系自然打破，但是，从方法论看，此类推论的错误源于对物质和文本的双向误读。从学术史情境看，确立西江考古学的源头阶段的热望也对猫儿岗墓葬的过度阐释起到了推波助澜的作用[34]。

西村晋墓是20年代末期修建陆军总医院过程中发现的。西村一带自20世纪初开始相继修建军用车站和军路，挖掘出大量汉晋时代墓葬，其中绝大部分在被职业考古学家发现甚至觉察之前就已经彻底遭到破坏。一座破坏较轻，保存较好的墓葬意外地引起谢英伯和胡肇椿注意。这座晋墓被发现之时顶部已被揭开，但是基本形态清晰，四周砖壁尚在，墓中积水。墓葬旁边散落的墓砖上有“大宁二年”铭文，明确的年代关系足以引起考古学家的关注。黄花考古学院因此指派谢英伯和蔡守承担发掘。由于砖室墓边界分明，特征明显，因此发掘清理进度甚快，1日发现之后，2日整理，3日即回填[35]。发掘者在墓葬积水中发现了陶洗、陶瓿、陶盂、铜镜、钱币甚至色泽仍可辨识的织物，相较于此前的发掘，胡肇椿特别说明出土器物的去向，“本塚出土遗物，经整理及复原后，全部已送广

〔34〕 徐坚：《作为南越考古学起点的龟岗和猫儿岗：发现与方法》，《历史人类学学刊》第9卷第1期，2011年，第1～21页。

〔35〕 胡肇椿：《广州市西郊大刀山晋塚发掘报告》，《考古学杂志》创刊号，1932年，第109～114页。

州市立博物院保存及陈列”[36]。

广州最早的考古学活动中也有针对其他类型遗址的调查和试掘。由于黄花考古学院的金石学底色，相对于猫儿岗汉墓、西村大刀山晋墓等边界分明的砖室墓，建筑遗址的调查和发掘无疑困难重重。曾传轺（1910～1935）在寺贝底“朝汉台”遗址的工作就是罕见的例外。虽然曾传轺以“锹的考古学”自勉，试图按照考古学方式进行实地勘察，但是从记录看，仍不脱传统的访碑方式。东山寺贝底一带屡有砖瓦出土，曾传轺猜测此地是文献所载的朝汉台遗址[37]。曾传轺在寺贝底调查工作的记录非常简略，仅描述成“往返其地，踏其形势，证以传闻”，以及可能的试掘，“于田中掘下一二尺，即有瓦在”[38]。曾传轺在寺贝底遗址所得遗物仅有常见的板瓦和筒瓦，但他的私人收藏中早有带有铭文的残瓦，两相结合推断此地即是南越朝台旧址。

黄花考古学院及西江考古学的遗产是多重且复杂的。作为中国最早的职业考古学组织之一和最早的考古学专业杂志的出版者，黄花考古学院的开创价值不容低估。在田野考古学观念尚属罕见，成功的田野考古范例零星散布，即使安阳发掘也在不断试误的情况下，黄花考古学院在广州周边进行的田野考古学尝试因此就具有开风气意义了。但是，黄花考古学院的所有发掘和调查都建立在对与长江和黄河分庭抗礼的西江考古学的过度殷望和对历史考古学的误读基础之上。历史考古学的失当集中体现为对地下材料和传世文献关系的误读。考古学材料被视为另一种版本的文献材料，所见遗物甚至遗迹都被当成证据，甚至索引作出过度阐释。考古学遗物被赋予了原本不具备的时代、个人或者事件归属。汉墓之中常见的陶屋，在蔡守夫妇看来，是具有鲜明的个人归属的，“（陶屋）有外垣如宫墙，其中之人又如王者；又一陶屋门外有画像，墓门外有瘗玉，用器中有扣之髹漆巨洗，皆非寻常人所宜有”，在寺贝底，曾传轺描述当地的地面地貌，“重重叠叠，殆不知其几许”，“地势壮阔”，不过，同样的简陋方法已经让1931年年底发掘的植物园抢注了“南越故宫”，寺贝底就只可能被推定为朝台遗址了。曾

---

〔36〕 胡肇椿：《广州市西郊大刀山晋塚发掘报告》，《考古学杂志》创刊号，1932年，第133页。

〔37〕 曾传轺：《南越朝台残瓦考》，《考古学杂志》创刊号，1932年，第22页。

〔38〕 曾传轺：《南越朝台残瓦考》，《考古学杂志》创刊号，1932年，第22页。

传韶感叹“瓦制之伟大如此，则其台可想”，以强化其判断[39]。

依托《古物保存法》和博物馆而生的黄花考古学院虽然提出了西江考古学的宏图，但是在扩充馆藏和提升认知上对博物馆的回馈基本乏善可陈。虽然《古物保存法》已经通过并将实施，黄花考古学院如何对待出土器物的考古学伦理问题却未能顺利解决。成员之中，蔡守和曾传韶等都拥有收藏，出土器物如何处置也无明确主张和规范，成员及其他与广州市立博物院密切相关的人士甚至得到以公共考古学活动扩充私家收藏的机会。广州的考古发现本身并没有足以形成轰动效应的发现，但即便是稀松平常的遗物也未能顺利地转变成为博物馆馆藏。黄花考古学院没有建立起与广州市立博物院的良性互动关系，广州城市记忆中的西江遗产始终无法落实，博物院只能转而追求革命和当代的表达了。

4.1.5 作为招魂呐喊的广东文物展览会

1938年10月12日，日军于大亚湾登陆，广州告急，城内机构和居民紧急疏散。数日之后广州沦陷，以广州为中心的博物馆事业随之瓦解。事实上，战火蔓延到广州之前，相当数量的粤地收藏循旧例陆续迁往香港避祸，暂得保全。不过，香港相对平和的孤岛状态也只维持到1941年12月25日。就在三年的间歇期间，粤籍元老叶恭绰率中国文化协进会于香港大学冯平山图书馆举办了一场史无前例的“广东文物展览会”。省城已经沦陷，偏安于香港的粤地收藏以广东为名召开展览会，以“发掘”和“实物”为内容，再倡极具国民党遗产价值的“乡邦文化”，并进而和“保种卫国”的现实吁求结合起来，毫无疑问，这是官方典藏和展陈机构纷纷缺位的情况下，为已经崩解的广州博物馆事业招魂。但是，这更是旨在振奋粤人乡土和国家意识的文化抗战呐喊。

广东文物展览会是异常时间于异常地点组织的一场展览。粤籍藏家云集的广州已被日军占据，一直承担了“革命策源地”和“西江文明”形象的广州市立博物院毁于战火。都市已失，机构不再，这场展览会本是无法召集的。但是，在战火迫近的时代，中国文化协进会代庖化不利为有利，最终竟达到了“南国空前的文化盛举”的效果。随着地点移易，公共收藏和政府支持齐齐缺位，叶恭绰及中国文化协进会替代了官方的文化和博物馆机关组织展览会；展览会预算高达4000

〔39〕 曾传韶：《南越朝台残瓦考》，《考古学杂志》创刊号，1932年，第26页。

港币，而在港粤籍军政大员张发奎、余汉谋、薛岳、罗卓英、陈济棠、李汉魂等则带头捐款，以民间方式募集[40]；陆续迁至香港的粤籍藏家收藏替代了积累将近十年的官方收藏，经过审查后共计征集2000余件展陈品；从未有过展陈设计的香港大学冯平山图书馆充当了临时展场。经历长达四个月的筹备，先后动员400余人，1940年2月21日，广东文物展览会在冯平山图书馆开幕。展览原本计划于26日结束，但由于极受追捧，在临时展场到期的压力下，展览会易址向中国文化协会会员、研究者以及撰写论文的学生延期开放三天，直至3月2日才最终闭幕，据称观众达数万之数，展览会成为香港文化生活中的一幕盛景[41]。仅从人、费、时等要素看，其他时代的任何展览会都远未达到如此规模。战争乌云笼罩之下，展览会的巨大成功更加剧了组织者、藏家和观众"恐迹象不留，观感难远"之感。虽然展览会现场分发展陈图册，但是展览会组织者决定结束之后编辑和刊行《广东文物》[42]。次年就出版的三卷巨帙《广东文物》为日后管窥和复原广东文物展览会的盛况和细节保留了难得的第一手资料。

广东文物展览会绝不是一场普通意义上的文物展会，而是文化抗战的重要一幕。以干练和风雅著称的叶恭绰牵头，由各界职业人士组成的筹备委员会出面，中国文化协进会实际上承担了筹备组织的具体工作。随着日本全面侵华战争的爆发，孤岛香港成为不同立场的政治势力短兵相接的看不见的战场[43]。中国文化协进会就是国民政府在港的重要文宣机构。陆丹林将展览会称为"精神总动

〔40〕 据《广东文物》下册《鸣谢启事》，最终募款仅私人实出就已经达到"四十二柱合共港币叁仟九百六十六元六毫二仙"，几与预算持平。

〔41〕 陆丹林：《广东文物展览会记事》，《广东文物》（上册），香港：中国文化协进会，1941年，第212、213页。

〔42〕 李汉魂：《序》，《广东文物》（上册），香港：中国文化协进会，1941年，Ⅲ-Ⅳ页。

〔43〕 1941年被日军占领之前的香港成为各种政治力量争夺的桥头堡。文化上活跃着国民政府支持的中华文化协进会、中共华南局的中华全国文艺界抗敌协会香港分会和汪伪的中华全国和平救国文艺作家协会。袁小伦：《粤港抗战文化史论稿》，广州：广东人民出版社，2005年。童宇：《1940年广东文物展览会筹备人物考证及其相关问题》，《美术学报》2012年第3期，第22～29页。

员方法之一”[44]。简又文更从两个层次给展览会精准定位，“其主旨端在藉观摩乡邦之文化遗迹以激发爱乡爱国之精神，次则在于乡邦沦丧之后试行检点所获保留之文物，记录而整理之，且加以系统的研究使为新中国文化进步之阶梯也”[45]。此外，此时涌入香港的粤籍学生已超过十万，对年轻学子进行国难教育刻不容缓[46]。因此，从创意和筹备开始，广东文物展览会就不仅仅是对逃脱兵焚厄运的文物典籍重聚的纪念，也不仅仅是借历史振奋现实，透过地域关心国运的展览，更是对抗冷漠、遗忘和奴化教育的利器。

政治和军事意义上的乡土已经沦陷，文化意义上的乡土不可再失。现实中国家有难，历史上的文物就成为振奋精神，挽救国运的象征。广东文物展览会筹备委员会需要阐明文化和国运，乡土和国家的关系。在前一端，筹备委员会以“一国之盛衰强弱，不徒以兵力财力为断，往往取决于文化程度之高下深浅广狭”解释[47]。在后一端，筹备委员会频繁以“乡邦文化”概括展览主题。如同广州市立博物院成立之时的定调之论表述的一样，“乡邦”并非孤立的乡邦，而是“国家”的缩影。叶恭绰号召“研究乡邦文化，发扬民族精神”，成为展览会的十二字精神[48]。筹备委员会一再表明，展览会并非“玩赏或者娱乐”，甚至放言“凡与此十二个字无干的，不论甚么贵重希罕的东西，我们一概不要；凡合乎这十二个字的标准的东西，一草一木，片纸只字，会中都极其欢迎”，藉此撇清与传统的金石雅集的联想[49]。对于国民党背景鲜明，且大多成员系粤籍人士的筹备委员会，乃至此次展览会预设的借展和观展等赞助群体而言，“乡邦文

〔44〕 陆丹林：《抗战与文物展览》，原载于《星岛日报》，收录于《广东文物》（上册），香港：中国文化协进会，1941年，第222、223页。

〔45〕 简又文：《文展之概观》，原载于《真光周刊》，收录于《广东文物》（上册），香港：中国文化协进会，1941年，第226、227页。

〔46〕 陈友琴：《文展与教育》，原载于《真光周刊》，收录于《广东文物》（上册），香港：中国文化协进会，1941年，第228、229页。

〔47〕 《广东文物展览会记录》，《广东文物》（上册），香港：中国文化协进会，1941年，第191页。

〔48〕 叶恭绰：《广东文物展览会出品目录序》，《广东文物》（上册），香港：中国文化协进会，1941年，第1页。

〔49〕 叶恭绰：《广东文物展览会出品目录序》，《广东文物》（上册），香港：中国文化协进会，1941年，第1页。

化”一语毫不陌生，这正是孙中山所力倡的，堪称国民党的文化遗产。因此，在特殊时刻高举“乡邦文化”大旗，不吝于明确发出政治信号。筹备之时，以广州为中心的西江考古学并没有给筹备委员会以信心，囿于传统史观框架的考古活动只能将“西江文明”的起点上推到南越时期。叶恭绰一方面坦承岭南不比中原，但另一方面又强调岭南的独特性，“广东文化见于史籍者，虽较中原为略后，然比年地下之发掘，实物之参稽，已证明此邦文化之进程，具有深长、特殊之历史”[50]。李汉魂则重提可能在岭南文化圈中已成共识的黄河、长江、粤江文明三流域说，并且以传播论观念解释岭南的兴起，“东西文化，交流岭表，粤江文物，乃露光芒”，“吾国文化随流域而先后迭兴”[51]。更有退至以近代海洋交往界定岭南文化的独特地位的论调，“广东文化，就历史上看来，虽然略后于中原，可是海洋交通，媒介西洋文化使与中国文化发生关系变演的却算是最早”。诸家对岭南文化地位的评估导致展览会的重心不得不偏向晚近历史阶段。但是，对于“乡邦文物”的价值，筹备委员会高度一致地认同乡邦密切关系国运。李应林指出，“古之言文物者，仅限于礼乐典章，不知民族意识所钟，地方教育所系”，“一地有一地之特色，成因不同，滋长各异。由此而研究，而宣扬，而光大之，则整个国家民族之文化，未尝不可因而融汇贯通”[52]。叶恭绰提出乡邦和国运相结合的文化事业的迫切性，“广东省之急务，盖有四焉：曰设图书馆，曰设博物院，曰编印丛书，曰纂修方志。此四者，久为主持文化教育事业者所应有事，而在吾粤则尤为急要者也”[53]。他进而希望“由展览文物，而调查文物，而整理文物，而研究文物，终期对于中国文化和学术有所贡献”。展览会后出版的《广东文物》更是筹备委员会心境的直接表示，竟呼之为“保种卫国”的历史精神（图4.5）。

由于具有高度政治象征意义，广东文物展览会的筹备和展览成为滞留香港的

---

〔50〕　《广东文物展览会记录》，《广东文物》（上册），香港：中国文化协进会，1941年，第191页。

〔51〕　李汉魂：《序》，《广东文物》（上册），香港：中国文化协进会，1941年，Ⅲ页。

〔52〕　李应林：《序》，《广东文物》（上册），香港：中国文化协进会，1941年，Ⅴ-Ⅵ页。

〔53〕　叶恭绰：《跋》，《广东文物》（下册），香港：中国文化协进会，1941年，第1070页。

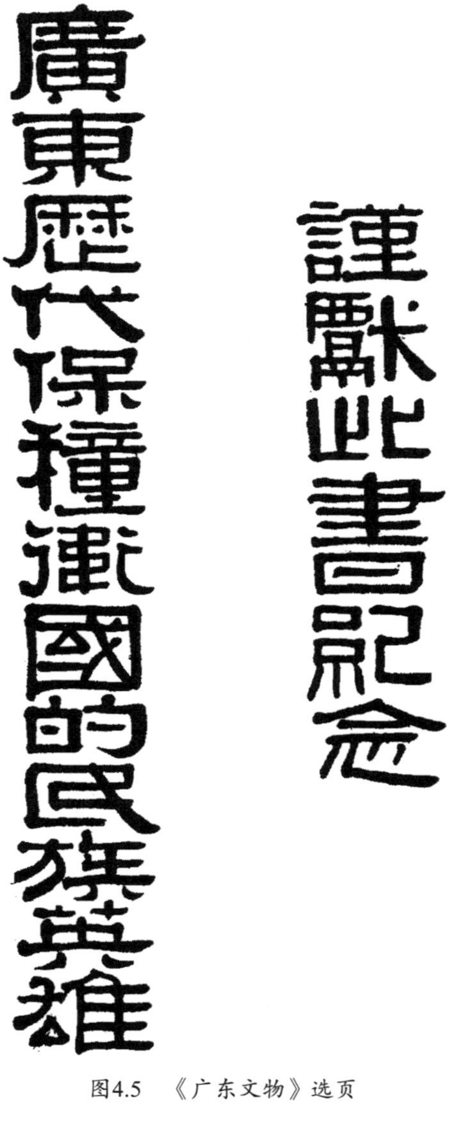

图4.5 《广东文物》选页

文化抗战力量的整体亮相。展览会由中国文化协进会具体操办，也“延聘会内外学术家、鉴藏家”组织筹备委员会。筹备委员会的核心成员一直维持未变，国民党色彩鲜明，而委员名单屡有扩张，这虽与征集展陈品范围的变化有直接关系，但也未尝不是粤籍藏家和文化人士政治立场的表达。1939年11月率先公布的筹备委员会名单囊括展览会的主要组织者和赞助者。叶恭绰出任主任，简又文、许地山、陈君葆、陆丹林、邓尔雅、李景康、潘庶春（潘熙）、黄般若等9人为执行委员，另有筹备委员42人。数周之后，《文化通讯》第一号和第二号相继发布人数大幅增加的筹备会议名单，至开幕式发布的《广东文物展览会出品目录》中，筹备委员逾80人[54]。筹备委员会执行委员明确分工，分别负责研究、宣传、出版、保管、征集、编目、陈列和总务等工作。清晰可见的是，国民党海外部承担了绝大部分事务性组织工作。展览会的具体事务负责人简又文就是国民党港澳湾总支部执委，从事党务工作的吴子祥、李履庵、欧阳驹、陈策、区芳浦、俞鸿钧等都活跃在筹备活动中。开幕之际，海外部部长吴铁城出席并作长篇演讲。筹备委员会列出征集的12个类别，包括图

〔54〕 童宇：《1940年广东文物展览会筹备人物考证及其相关问题》，《美术学报》2012年第3期，第24～26页。

像、金石、书画、手迹、典籍、志乘、文具、器用、古迹、制作、太平天国文物和革命文献[55]。由于展陈品基本借自私家收藏，因此筹备委员会应包括收藏宏富，具有示范价值的藏家，或者在粤籍藏家中广有人脉的人物。仅以藏家资格论，叶恭绰出任主任当之无愧。叶恭绰收藏称冠于民国，而且自20世纪30年代以来一直积极筹办博物馆和展览会。此次广东文物展览会上，几乎每个主要类别都可见到为数不少的叶恭绰借出品，而对于粤籍藏家而言，叶恭绰出面更是信心保障。作为近代史和太平天国史专家，简又文几乎独手支撑了太平天国文物类别，也提供了大量的近代文物[56]。简又文、许地山和陆丹林与广东文史学术群体交谊深厚，而邓尔雅、黄般若和潘熙则在广东金石美术收藏群体中拥有广泛人脉。筹备委员中有不少收藏丰富的广东文史人士，为各类展陈品提供了主体部分。图像类的李履能和叶次周，金石类的潘熙、黄仲琴和罗原觉平宁瓷佛庵，书画类的李履庵、黄子静、孙仲瑛、邓仲果、陆丹林、俞叔文、高剑父、南海阮氏、李蟠秋波琴馆、黄氏劬学斋和李景康百壶山馆，典籍类和志乘类的徐信符、黄华表、李景新、顺德李氏、学海书楼和北平图书馆，文具类的嘉乐园和梦诗庐，器用类的陈公哲和汤国贞等都对本类展陈有不可或缺的贡献。筹备期从1939年9月开始，经过鉴定，总共征集了2000余件，踊跃程度超乎筹备委员会的想象。不过，叶恭绰仍然反省，认为征集品偏于近代，且集中于广府一地，无论在年代还是地域上都美中不足。筹备委员会坦承“文多物少”，而且年代上确如叶恭绰指出，“宋以前也是缺乏，明清较多，而近代也是较少”。但是，这一现状与粤籍藏家的收藏基础以及征集品多属避祸迁移收藏等特征有关。大多数观众盛赞广东文物展览会收罗了难得一遇的粤地艺术珍品，但也有观众提出不同意见。有人指出陈公哲挖掘出土的骨架照片和革命烈士遗物有悖伦理，不应以血腥示人，也有人指出数十件展品违背政治伦理，如收录了降清的何吾驺、伍瑞隆、梁佩兰等人的作品[57]。

以冯平山图书馆作为临时展厅实属形势所迫，但也造就了广东文物展览会

〔55〕《广东文物展览会出品目录》，《广东文物》（上册），香港：中国文化协进会，1941年，第2、3页。

〔56〕《广东文物》（上册），香港：中国文化协进会，1941年，第41、42页。

〔57〕宝筏：《评广东文物展览会》，《宇宙风》半月刊第100期，收录于《广东文物》（上册），香港：中国文化协进会，1941年，第294～296页。

在展陈上的诸多特征。展览会原本计划在香港大学的体育馆举办，未果后由时任冯平山图书馆馆长的筹备委员会执行委员陈君葆斡旋，转租图书馆。由于冯平山图书馆的建筑空间和结构基本以图书馆功能为考量出发点，而且展览期间不得妨碍图书馆正常运作，因此展览会空间严重不足，即使包括大堂和四间陈列室，甚至连走廊都利用起来，仍不足以容纳借展品总量。图书馆也不可以长久租用，因此在短短的一周展期内，展览会不得不轮换展陈品，导致部分热心观众每日必去展览会[58]。图书馆中原室内图书不能移出，而且图书馆规定，暂作展厅的房间内不得在墙面钉钉，因此展厅内多采用悬挂和展柜等展览形式。展览开幕之时，筹备委员会采用岭南常见的重大活动装饰形式，会场大门悬挂叶恭绰撰写联语，“高楼风雨，南海衣冠”，显著有别于平日的图书馆外观。室内，大堂为图像陈列室，悬挂历代广东名人绘像，此外有极受欢迎的陈公哲的香港史前遗迹展。第一陈列室以器物和书画为主要内容，有记录显示其中“除字画和木石的古代器用外，最引人注意的，是康有为上书摄政王痛数袁世凯罪状的草稿”，此外有“明末忠臣邝湛若的玛瑙冠与遗墨，及陈子壮的遗墨”[59]。第二、三陈列室为文具书画，第四陈列室为太平天国遗物和革命遗物。新闻记者记录到展览会上令人感兴趣的物品计有“孙总理行医用具和遗籍遗墨，陈公哲氏最近在本港发掘的史前先民遗物，唐代的绿绮台琴，南越的木刻，肇庆出产的端砚，铸炮图，潮州阳江等地的陶器，李文田手批抄本，黎二樵大小鸟冈图轴和山水八屏等，石涛的罗浮图册，太平天国史料等”[60]。

广东文物展览会取得空前的成功，几乎所有的文献都记录到人潮涌动的会场场景。抵达冯平山图书馆的三路车“挤得水泄不通，不时的问售票员说，‘到

---

〔58〕 陆丹林：《广东文物展览会纪事》，《广东文物》（上册），香港：中国文化协进会，1941年，第210页；沧阁：《广东文物展览会印象记》，《广东文物》（上册），香港：中国文化协进会，1941年，第236页；黑翁：《文物展览会闲评》，《广东文物》（上册），香港：中国文化协进会，1941年，第246页。

〔59〕 古肃：《广东文物展览观后感》，《广东文物》（上册），香港：中国文化协进会，1941年，第250页。

〔60〕 梅郎：《广东文物展览会巡礼》，《广东文物》（上册），香港：中国文化协进会，1941年，第245页。

图书馆时，望关照下车’”[61]。乞丐看到图书馆前张灯结彩，人流如织，误以为此处操办喜事，有喜可讨而成群结队地赶来。展览会时间选择虽属临时决定，但恰逢假期，也导致观众如织。开幕选定在上元节，24日之后人数骤增，学生逐渐成为观众主体。自25日开始，“港九各校学生，多由教职员领导，到会参观，以是莘莘学子云集，场中各室，一时挤至企难插足，密不通风”[62]。26日闭幕时，港九一带众多中小学决定下午放假，让学生参观展会。广东文物展览会一时成为街巷之议的热门话题，有报章提出，“你在广东文物展览会回来之后，对于你的广东，必然更觉得可爱，更觉得要保卫”[63]。策展诸家的用意可谓基本实现。

有感于战争乌云笼罩，对齐聚冯平山图书馆的广东文物的前途充满未卜感，同时也为孤岛上的一次成功的文化抗战而深感慰藉，广东文物展览会的策划和组织者在展览之后表达了出版《广东文物》的愿望。3月2日的闭幕式上，叶恭绰提出“汇刊为一专集，使此次展览会之工作及成绩得有纪录而永久传留，俾将来继续兴办者得有查考的根据”[64]。一年之后，逾百万字的三册本《广东文物》就出版了。《广东文物》分成图录和研究两个部分。前者详实地记录了展览会过程和曾经展陈过的文物，后者分成史地交通、人物考证、人文艺术、学术文艺和鉴定考古，共收录45篇论文。虽属急就文章，但是大多论文选择粤地历史文化的一个分支，而作者又是浸淫于相关领域多年的学人，其中包括李景康的广东疆域沿革研究，李景新、程若驱、王兴瑞的交通研究，简又文的革命文献研究，任真汉、孙完璞、高剑父、李健儿、李履安、麦华三等的岭南书画研究，罗香林的越俗方言研究，徐信符、黄慈博、陈德芸的广东藏书研究，容媛的古铜器研究，胡肇椿的考古研究等，都属既全面又更新及时的佳作。但是，简又文罕见地直率提出研究的十项不足，即对广东民族英雄和文化名人、华侨、乡土史地、“特种民

---

〔61〕 思斯：《粤文物展花絮》，原载于《真光周刊》，收录于《广东文物》（上册），香港：中国文化协进会，1941年，第247页。

〔62〕 落花：《观文物展览会书感》，《广东文物》（上册），香港：中国文化协进会，1941年，第253页。

〔63〕 《爱与献》，原载于《华侨日报》2月22日，收录于《广东文物》（上册），香港：中国文化协进会，1941年，第284页。

〔64〕 陆丹林：《广东文物展览会纪事》，《广东文物》（上册），香港：中国文化协进会，1941年，第213页。

族”、风俗地理、音乐戏剧、工艺、考古、新学以及革命运动的研究都有令人遗憾之处[65]。

岭南都会的博物馆事业起步于广州，终结于香港。广州的博物馆事业最初托身于现代改造的传统建筑——镇海楼中，以褒扬和阐发无论是历史还是现实中，足以与黄河、长江流域文明并峙的“西江文明”为己任。不过，随着职业考古学家的外迁，政治中心的北移，广州市立博物院在两个方面的宏图都以流产告终。作为战争造就的特殊临展，广东文物展览会留下了20世纪上半叶以广州为中心的博物馆事业的最终定格。

4.2 新瓶新酒：“大上海计划”中的上海市博物馆

虽然上海是中国博物馆的策源地，但是直到20世纪30年代才出现由政府主办和管理，作为公共事业组成部分的博物馆。20世纪初期，上海既缺乏需要转移物权、典守宝藏的旧藏，也没有建立本地历史记忆的迫切愿望。直到吴铁城的“大上海计划”中，作为上海城市文化象征的博物馆才被纳入城市中心区的新造计划中[66]。“即今全国人文会萃之上海，亦徒负文化中心之盛誉，而应充分努力之文化建设工作，尚付阙如”。上海市博物馆是基于上海市政的整体考虑，作为在江湾五角场营建全新的城市中心区的组成部分出现的。而对于博物馆究竟能如何有助于城市文化，主事者尚不甚了了，仅仅含混提出，“为市民学艺上研究观摩之资”[67]。但是，上海博物馆的都会和区域代表性是明确无疑的。“晚近欧美诸国莫不有博物馆之设，我上海为东南重镇，畿辅屏藩，当大江入海之冲，居文化策源之地，庶物殷阜，教泽覃敷，公立博物馆犹付阙如，引为憾事”[68]。而

---

〔65〕 简又文：《引言》，《广东文物》（上册），香港：中国文化协进会，1941年，Ⅷ页。

〔66〕 Henriot C. *Shanghai, 1927-1937: Municipal Power, Locality, and Modernization.* Translated by Castelino N. Berkeley and Los Angeles: University of California Press, 1993. 中译本见安克强著，张培德译：《1927—1937年的上海》，上海：上海古籍出版社，2004年。

〔67〕 《上海图书馆建设经过》，上海通社：《上海研究资料续集》，《民国丛书》（第四编第81册），上海：上海书店出版社，1992年，第418页。

〔68〕 上海市博物馆：《上海市博物馆征集陈列品办法》，1935年。

且，馆藏及展陈上兼顾传统和现实，历史和建设的基调也早已确立，“为此浩繁的城市生色，并且市博物馆的主旨，格外注重于上海本地方史迹的收集，以及上海本地方进展的表现”[69]。

4.2.1　上海市博物馆馆舍和馆藏的形成

上海市博物馆作为中心区宏大建设计划的组成部分出现在大上海营建计划的蓝图上。在中心区第一期的核心政治性建筑建设完成之后，休憩和文教项目以三馆计划的名义出现，即博物馆、图书馆及体育馆。三馆建设由叶恭绰统一调节指挥，其中，他尤其关注博物馆的建设，从建筑到馆藏，无一不事必躬亲。博物馆筹备委员会最初由叶恭绰、黎照寰、钱新之、马宗荣、史量才、刘海粟6人组成，随后陆续增加董聿茂、谢似颜、柳士英、张嘉璈、李馥孙、唐海安、盛蘋臣、陶桂林、王正廷、吴蕴初、李济、宋春舫、邵汝幹、徐则骧、卫聚贤、杜定友16人[70]。

作为“新瓶”建设，上海市博物馆从选址到建造都纳入到上海中心区营建计划中，建设经费也以大型市政项目采纳的公债方式募集。1933年11月议定的政府公债总额为200万元，随后逐步追加到350万元，其中，30万元用于博物馆的场馆建筑。博物馆最终选点在“市中心区域行政区府前左路与府南左路之间，府东外路之南，坐东向西，与图书馆相对”[71]。而设计者是上海新中心区的总体设计师董大酉。博物馆和同时设计兴建的图书馆位于五角场中心城区的轴线两侧，成呼应之势。两者均采用新古典主义建筑风格，“外形为中国宫殿式”[72]。“平面形状与图书馆相仿，但前翼两端向前突出”，“馆屋之外观，大致与图书馆同，惟门楼梁柱外露，

---

〔69〕《上海市博物馆建设经过》，上海通社：《上海研究资料续集》，《民国丛书》（第四编第81册），上海：上海书店出版社，1992年，第366页。

〔70〕李大超、胡肇椿：《上海市博物馆筹备经过报告》，《中国博物馆协会会报》第2卷第3期，1937年。《申报》1933年9月28日，10月15日，10月26日。

〔71〕《上海市博物馆建设经过》，上海通社：《上海研究资料续集》，《民国丛书》（第四编第81册），上海：上海书店出版社，第369页。

〔72〕《申报》1934年3月30日。

图4.6 上海市博物馆旧址
（作者自摄）

并于左右两翼凸出部分之前，各设喷水池，以资点缀”[73]（图4.6）。博物馆的建筑工程从1934年9月底开工，1935年7月建成，双十节时宣告工程完成[74]。博物馆建筑不仅仅与图书馆建筑相呼应，甚至同属于更大的建筑组群。与博物馆和图书馆建筑几乎同期动工的还有市立医院和卫生试验所，连同体育场，上述五座建筑在1935年下半年先后竣工，构成了上海全新中心区最主要的文化景观。

在建筑“新瓶”的搭建基础之上，组织制度的“新瓶”也紧随其后。1935年3月的筹备会议决定实施董事会制，并成立临时董事会，“除市长、教育局长为当然董事外，余由市长聘任之”[75]。董事会实行董事长负责制，但行政工作概由秘书承担。临时董事会由吴铁城、叶恭绰、程演生、黄宾虹、徐积余、潘公展、沈怡、俞鸿钧、蔡增基、董大酉、马衡和李大超组成。3月21日的董事会会议增加王震、狄平子、吴湖帆、程霖生、何遂、董聿茂、江小鹣、柳亚子、商承祖等，7月下旬进一步增加徐蔚南和刘海粟。秘书一职则由吴铁成的嫡系李大超担任。从严格意义上论，更直接和深入地影响上海市博物馆走势的是承担具体工作的早期博物馆人。上海市博物馆罕见地形成了卓越而整齐的早期博物馆人团队，足以和历史更为悠久的博物馆相媲美。1935年11月15日，上海市政

〔73〕《申报》1934年12月1日，12月2日。另见《上海市博物馆建设经过》，上海通社：《上海研究资料续集》，《民国丛书》（第四编第81册），上海：上海书店出版社，第369页。

〔74〕《申报》1935年10月26日。

〔75〕《上海市博物馆临时董事会组织规则》，上海通社：《上海研究资料续集》，《民国丛书》（第四编第81册），上海：上海书店出版社，第372页。

府委派李大超为筹备处主任，胡肇椿为副主任，委员包括徐蔚南、郑师许和陈端志等[76]。办公地点设在爱麦虞限路中华学艺社。1936年2月29日，筹备处迁入新建的博物馆中，次日新馆开放。3月3日的临时董事会推举胡肇椿为馆长，4月初，市政府委任陈端志为总务主任，徐蔚南为历史部主任、郑师许为艺术部主任。博物馆所需更多的工作人员则是招募和培训入职的，胡肇椿等人甚至董事会成员分别担纲培训课程。1936年1月，筹备中的上海市博物馆公开招考服务生，报名者70余人，最终录取6人[77]。训练班上，胡肇椿、徐蔚南、郑师许和陈端志分别讲授博物馆学、上海史地、美学、考古学、摄影制图和工具书等。叶恭绰、黄宾虹、江小鹣、李大超等都曾作过专题演讲，训练期限达六个月之久[78]。这是中国博物馆系统培训博物馆从业者的起始。

上海市博物馆"新瓶"即成，"新酒"的筹措更费周章，但也更能体现早期博物馆人对馆藏组成的判断和基本征集方法。由于缺乏公共收藏基础，上海市博物馆馆藏的形成就是从无到有的建设过程。1935年3月，馆舍尚未落成时就已推举的临时董事会议定，上海市博物馆的馆藏和展陈以历史和艺术为基调。其中，"历史" 以本地史为主体，表达对上海的在地关怀；而"艺术"则表达上海作为"人文会萃"之地的更为宏大的国家关怀。馆舍落成不久，11月14日，上海市博物馆组成包括卫聚贤、周仁、江小鹣、黄宾虹、吴湖帆、程演生、叶恭绰的选购委员会，两天后的11月16日，选购工作正式开始[79]。征集范围所列极为详尽，多达15类："凡关于文献制作，历代书契，艺术作品，服御器物，及其他有关文化产业之品物，不论实物、拓片、摄影、模型、标本、图籍，均在征集之列"[80]。

上海市博物馆设定的馆藏扩充方式包括"捐赠、寄存、购置、采集、交换"五种，几乎是中国最早系统提出全面征集方案的博物馆，迄今博物馆的征集方式

---

〔76〕《上海市博物馆》，A15页，《上海年鉴》1937年。

〔77〕《上海市博物馆》，A15页，《上海年鉴》1937年。

〔78〕《上海市博物馆》，A15页，《上海年鉴》1937年。

〔79〕《上海市博物馆建设经过》，上海通社：《上海研究资料续集》，《民国丛书》（第四编第81册），上海：上海书店出版社，第373页。

〔80〕《上海市博物馆建设经过》，上海通社：《上海研究资料续集》，《民国丛书》（第四编第81册），上海：上海书店出版社，第374页。

亦未逾出这个范畴。不同的征集方案的效果并不一样，尤其是博物馆尚有开馆时限压力，以及缺乏对应的职业人员的情况下。交换是博物馆之间藏品的主要流通方式之一。只是在20世纪30年代，无论是可以交换的博物馆，还是可以交换的藏品均很有限，而且上海市博物馆可资交换的藏品资源几近于无，因此，交换得到馆藏的机会甚低。采集的方法受制于上海本地田野考古学的不发达，基本尚未出现实证的上海史，因此也不是馆藏扩充的主要来源。购置是最为直接的扩充馆藏方式，市政府给予的购置预算为每年5万元。与购置几近平行的是其他获取私人收藏的方式，即物权转移的捐赠和物权仍属原主的寄存。

相较于广州市立博物院，上海市博物馆更为积极地谋求获取私人收藏。虽然广州本地也有古物收藏，但是无论在数量还是规模上都不能与上海相校，更何况上海市博物馆的重要策划者和支持者叶恭绰以身作则，起到了示范和号召作用。叶恭绰率先捐出包括“金石书画陶瓷甲骨唐人写经”，达数百件之多。徐积余捐赠了“古镜砖砚”等16件。1936年，上海市长吴铁城甚至亲自出面宴请在沪收藏家，动员狄平子、丁福保、何遂等捐赠或者寄存收藏。作为中国古钱币研究集大成者，丁福保拥有晚清至民国最重要的货泉收藏之一。该笔收藏初属金锡，经过其学生刘燕庭之后辗转进入丁福保收藏。郑师许认定，丁福保钱币收藏具有“收藏经过明白”、“皆属真品”和“已成系统”三项显著优势，因此通过丁福保的弟子周云青接洽，最终获允将此笔收藏纳入到上海市博物馆。1936年2月，郑师许和黎协万前往丁福保住地诂林精舍接收，当天清点的钱币多达863枚[81]。在丁福保捐出大宗古钱收藏外，吴湖帆、甘翰臣、顾鼎梅、狄平子、何遂也都承诺捐赠，“艺术”类收藏基本奠定大局。3月初，收藏诸家捐赠物品计有“黄宾虹送存古瓷器、唐写经及明清书画等数十件。张叔驯送存漆器，……狄平之送存古代人骨及名贵书画，管复初送存唐宋明瓷器大小四十件，杨氏藏瓷名家杨庶堪送存历代瓷器多件，该馆董事吴湖帆送存陶器、书画、盔甲等数十件”[82]。吴大澂的窸斋铜器和丁福保的古货泉入藏是上海市博物馆在馆藏扩充上的两项重要成就。

作为都市意像的集中表达，上海市博物馆对代表上海现状，尤其是开埠以来

〔81〕 郑师许：《为上海市博物馆接收晴韵馆收藏古钱小记》，《考古》第4期，1936年。
〔82〕 《申报》1936年3月12日。

殖产兴业进步的展陈品有着强烈的兴趣。1935年12月14日，上海市博物馆临时董事会在八仙桥青年会招待上海同业公会负责人，商谈征集代表近现代产业进步的展陈品[83]。次年3月，上海市博物馆又通过上海市商会向同业公会发出通知，征集“凡有关文化事绩之品”[84]。5月20日，已经履职的胡肇椿代表上海市博物馆招待商界领袖，再度号召征集工业产品[85]。产业类和教育类馆藏先后收到胡汝鼎捐赠电机模型，袁良骅捐赠鱼类标本，蒋传炤捐赠帆船等[86]。

以“新酒”填充的“新瓶”以常设展的形式表达上海全新的都市形象。从博物馆的设计方案上看，底层以门厅、图书馆和演讲室为主，展陈空间集中在第二层。其中，中央分三间陈列室，两侧则为书画陈列室[87]。从主题看，上海博物馆的展陈分成历史和艺术两个部分，历史的陈列空间尤其大，达到17米宽，14米长。另外，展厅的两翼都是书画陈列厅，各宽11.5米，长25米。历史占七间陈列室，艺术占五间陈列室。历史以上海本地历史为主题，而艺术的范畴扩展到全国。《中国博物馆协会会报》详尽记录了当时各室的主要布局。第一室陈列明代陆文裕书赠黄良器石刻立轴四幅和露香园顾绣、明代金漆佛像。第二室为上海盐产、纺织和渔业场景。第三室为清代和民国服饰。第四室为新石器到汉代的器物，陶器到青铜器，货币，印玺。第五陈列室为玉器，另外各种木偶也陈列在这个室内。第六室为瓷器、漆器、竹木器及书画。第七室为上海新建设模型。另外有五处陈列廊，第一处为上海文献，从各种模型到照片。第二处为历代兵器。第三处是各种首饰和勋章。第四处是货币。第五处是古代碑刻[88]。其中历史部分是上海市博物馆特别看重的，“历史部分，专以表现上海发展的过程为宗旨，搜集精博，布置有序，尤其是一个特征。这一部分实系以上海之历史使之立体化与现

〔83〕《申报》1935年12月15日。

〔84〕《申报》1936年3月23日。

〔85〕《申报》1936年5月21日。

〔86〕《博物馆界》，《中国博物馆协会会报》第1卷第4期，1936年，第51页。

〔87〕《申报》1934年12月1、2日。另见《上海市博物馆建设经过》，上海通社：《上海研究资料续集》，《民国丛书》（第四编第81册），上海：上海书店出版社，第369页。

〔88〕李大超、胡肇椿：《上海市博物馆筹备经过报告》，《中国博物馆协会会报》第2卷第3期，1937年，第7、8页。

实化，将使阅览者一瞥而亲受此世界六大都市之一的视觉的历史教育”[89]。

1937年1月，上海市博物馆试开放。然而，上海市博物馆的黄金时代未能维持很长时间，由于吴铁城的离职，粤籍人士纷纷离开上海，上海市博物馆核心成员四散。胡肇椿转入立法院，陈端志进入社会部，徐蔚南回到文学创作和出版之中，郑师许则更早就转回广东襄勤大学教授中西交通史和考古学。不期而至的上海沦陷掩盖了上海市博物馆内部运作的窘境，上海市博物馆走向终结。

4.2.2 从预热到落幕

在短暂的两年间，以上海市博物馆为空间的临时展宣示了与众不同的上海都市文化特质[90]。正式开馆之前，上海市博物馆于1936年2月史无前例地举办了一场展览，构成了博物馆的预热。上海市博物馆董事长叶恭绰提出以上海市博物馆为场地，举办中国建筑展览会。此次展览会联合建筑师、建材商以及建筑学研究者，征集中国历代建筑模型、图样、材料、工具和参考图书共计1500余件，进行公开展览。展期时间不长，4月12日开展，19日结束[91]。由于展览内容的限制，观众主要来自工务局等政府机关，以及交通大学、同济大学、圣约翰大学等高等院校，数量超过40000人次，不可谓不成功。此次展览的辐射能力超出上海一地，杭州、南京、苏州，甚至远在天津的观众皆纷纷前来，以至于因为等待外地观众而延时一个小时闭幕。而且，由于孙科莅临展览，此次展会的社会能见度骤升。

此次展览宣称旨在促进对中国建筑的认识和研究，提倡学校的建筑教育，呼吁扶持国产建材行业和给予建筑师以更多的工作机会，曾养甫总结展览旨趣为“发扬中国文化，引起中国建筑界与古为新之兴趣”[92]。不过，对于即将开放

---

〔89〕《上海市博物馆建设经过》，上海通社：《上海研究资料续集》，《民国丛书》（第四编第81册），上海：上海书店出版社，第378页。

〔90〕上海市博物馆的其他展览还包括各国博物馆展览会、三代古玉及唐代邛瓷展览会、海南岛黎苗民物展览会、铁路工程展览会等。《上海文物博物馆志》编纂委员会：《上海文物博物馆志》，上海：上海社会科学院出版社，1997年，第247页。

〔91〕《上海市博物馆建设经过》，上海通社：《上海研究资料续集》，《民国丛书》（第四编第81册），第377页。

〔92〕曾养甫：《中国建筑展览会会刊序》，《申报》1936年4月12日。

的上海市博物馆而言，此次展览的宣传推广作用更大，而且“与古为新”一语点中了上海市博物馆举办建筑展的曲折深意。在五角场的营建计划中，核心建筑群采取了折中改良式新古典主义建筑风格，市政府大楼居中，广场两侧的图书馆和博物馆左右配置，令人不由联想到中国传统都城的“左祖右社”布局。叶恭绰断言，“一国建筑，乃文化之代表，亦可说是一种结晶，尤其是与民族意识有特殊的关系”[93]。一场并非以历史文化为主题，而是贯穿古今，视角独特的建筑展览会也暗中强化了上海市博物馆不同寻常的地位及历史渊源。

为配合展览，上海市博物馆也推出了旨在吸引更多观众的学术演讲活动。演讲设址于八仙桥青年会，而学术研讨活动的时间一般安排在下午2时至4时。有据可查的讲演包括叶恭绰《今后我国建筑的作风如何转变》、梁思成《中国建筑结构之变迁》、卢炳烈《扩从建筑教育之吁请》、童雋《现代建筑》、李大超《空间与建筑》和沈怡《市政与建筑》[94]。展览结束之后还有编辑出版纪念专刊之议。

1937年5月，抗战全面爆发前夕，恰逢年轻的上海特别市的十年华诞，上海市博物馆和上海通志馆联合举办了旨在献礼的上海文献展览会。由于时机特殊，上海文献展览会被当成都市文化中的一件大事，因此组委会也采取了超乎寻常的高规格，以时任上海市市长俞鸿钧为名誉会长，以叶恭绰为会长调度一切。事实上，叶恭绰也的确从征集、借调、展陈到发还都亲力亲为。叶恭绰和胡肇椿联合发出邀请，再度从都市和地域标志的高度阐释博物馆的文化价值，将“乡邦文献之搜集，地方掌故之整理”视为博物馆的使命。特展以“文献”为名，但是征集范围包括典籍、图像、金石、书画等。《章程》突出了上海特质，以“征集有关上海市及上海松江、金山、青浦、奉贤、南汇、川沙、太仓、嘉定、宝山等十县之文献物品，公开展览，以引起社会上对于上海及十县文献之认识与研究”为宗旨[95]。基于“乡邦”关怀的“文献”展准确地反映了叶恭绰的兴趣所在。此次展览会的藏品基本来自于沪上和外地的藏家。至6月底，筹备处收到的展陈品已经达到8000余件，经由蔡元培、叶恭绰、张元济、陈陶遗、吴湖帆等组成的鉴

〔93〕　叶恭绰：《我国今后建筑的作风应如何转变》，《申报》1936年4月14日。

〔94〕　《申报》1936年4月12、13日。

〔95〕　《上海文献展览会章程》，《上海文献展览会概要》，上海，1937年，第1页。

审委员会鉴定，展陈品采取分批展陈的方式。展览设于上海市博物馆，于7月6日预展后，7日至25日正式展览。叶恭绰曾经计划在展览后编辑出版《上海文献特辑》，但是由于时局突遭变故，以至于流产。

4.2.3　上海市博物馆丛书的雄心和实现

上海市博物馆留给中国博物馆学的遗产中，还有一批成系列编辑出版的博物馆书籍值得关注，无论在质量还是数量上，民国时期都无出其右者。这批书籍的设计、编辑和出版，都出自胡肇椿。胡肇椿阐释的博物馆工作要义之一即是“提倡研究，以诱发高深兴趣”，上海市博物馆才有刊印系列出版物的计划。此时的其他博物馆也有出版计划，但是大多仍流于表达传统古物学知识结构，系统表达博物馆知识结构及社会服务理念仍属罕见。这是中国早期博物馆中最早、也最有成效地倡导“研究”服务于社会教育的工作之一。

上海市博物馆丛书是上海市博物馆在专业研究和普及推广活动上的一大成就。作为博物馆教育的内容，上海市博物馆丛书既密切配合上海市博物馆的开放进程，又独立于博物馆的日常维持。为了配合1937年9月正式开馆，上海市博物馆丛书第一期几以急就形式出版[96]。依照内容，陆续出版的上海市博物馆丛书分成博物馆学、历史、艺术和考古四类。这一分类体系与博物馆内部部门区分对应，因此，各类图书分别由胡肇椿和博物馆各部门主任负责。不过，由于这个出版计划实施之后不久就因为人事变动而搁浅，几乎尚未来得及动员更多作者，所以，目前所见出版物都是由胡肇椿、陈端志、郑师许和徐蔚南亲自撰就的。其中，甲类为博物馆学方向，涉及博物馆学基础和专门技术，主要作者包括胡肇椿和陈端志。第一期书目中收录了陈端志《博物馆学通论》和《地方博物馆实施法》，及胡肇椿《征集品之修复与保存》。乙类历史秉持了筹备委员会确立的在地关怀原则，徐蔚南《上海棉布》和《顾绣考》均属典范之作。丙类包括郑师许《铜鼓考略》和《漆器考》。丁类艺术多以器类为题，如胡肇椿译滨田耕作《古玉概说》，但也包括了两种考古学方法的重要译著，即郑师许、胡肇椿合译《考古学研究法》和胡肇椿译《考古发掘讲话》。

---

〔96〕　郑师许：《铜鼓考略追记》，《学术世界》第2卷第4期，1937年，第49页。

收入《上海市博物馆丛书》甲类的陈端志《博物馆学通论》是具有奠基价值的博物馆学著述之一。仅距费畊雨、费鸿年昆仲于1936年6月出版《博物馆学概论》月余，陈端志出版了《上海市博物馆丛书》最重要的一种《博物馆学通论》，自视“吾国博物馆学的一个前哨也可”[97]。《燕京学报》也盛赞“此书之出，可称为该馆丛书之嚆矢”[98]。虽然陈端志显示出并不知晓费氏昆仲的著述，但是两者的内容比对却显示出高度近似。陈端志以“参考各国博物馆学名著”轻描淡写地带过资料来源问题，但费氏昆仲却明确指出了“以日人棚桥氏所著诉于眼的教育机关为蓝本”[99]。文本比对显示，陈端志《博物馆学通论》和费氏昆仲《博物馆学概论》一样，都是棚桥源太郎《诉之于眼的教育机关》的编译本[100]。一定程度上，陈端志此书代表了棚桥学入华，并且试图和实际的博物馆经营相结合的趋势。甲类中尚包括陈端志另一种著述《地方博物馆实施法》，不过是否印行尚未可知。

徐蔚南主持的乙类图书首批包括其自撰两种，《顾绣考》和《上海棉布》。《顾绣考》写作于1936年。叶恭绰将私藏顾绣寄赠上海市博物馆是该书的写作契机，“叶公遐庵觅得顾绣数巨幅，藏诸本馆”。按照上海市博物馆的分类原则，顾绣没被当成传统美术或者闺阁艺术，而是按照现代学术观念确认为工艺类别，“初固仅为闺秀美术，迨既驰名，则变而为手工艺之一”，这一认识导致顾绣成为乙类主题[101]。不过，此时的博物馆尚不知如何研究“手工艺”，因此徐蔚南只能回到“排比整理”史料的老路。但是，更左支右绌的是顾绣史料也严重缺乏，全书篇幅仅有18页，甚至不及一篇长文。在简要叙述顾绣的起源、传承（书中以“传布”表述）和技法（书中以“技能”表述）后，《顾绣考》以主要篇幅介绍存世顾绣。同年出版的《上海棉布》也是基于馆藏和展陈品的著述。

---

〔97〕陈端志：《博物馆学通论》序，《上海市博物馆丛书》（甲类第一种），上海：上海市博物馆，1936年，第1页。

〔98〕《国内学术界消息》“《博物馆学通论》条”，《燕京学报》第20卷，1936年，第635页。

〔99〕费畊雨、费鸿年：《博物馆学概论》序，上海：中华书局，1936年，第1页。

〔100〕详细分析见本书第九章《和声：博物馆专业组织和博物馆学的初成》。

〔101〕徐蔚南：《顾绣考》，《上海市博物馆丛书》（乙类第一种），上海：中华书局，1936年，第1页。

图4.7　上海市博物馆吴大澂旧藏铜鼓拓片

（采自郑师许《铜鼓考略》）

“今市博物馆陈列土布多种及老上海纺织工具模型，所以表示上海一大产业之史迹也”[102]。略不同于顾绣的是，土布涉及上海工业，具有现实价值。《上海棉布》的写作与《顾绣考》基本类同，分起源、类别、产量、工具和织工诸章详述，但省却存世艺术品介绍章节。

丙类图书主要由郑师许完成。郑师许《铜鼓考略》在铜鼓研究上占据了极其独特的位置。一方面，在中国学人的近现代意义的铜鼓研究著述中，年代最早的《铜鼓考略》具有开创价值，另一方面，后世中国学人对铜鼓的诸多认识实际辗转来源于《铜鼓考略》，因此《铜鼓考略》处在上承黑格尔和鸟居龙藏，下启闻宥等学人的关键枢纽位置上。作为基于馆藏的历史艺术研究，《铜鼓考略》本应围绕上海市博物馆收藏的八面吴大澂旧藏铜鼓展开，但是，郑师许并不熟悉考古学或者艺术史分析方法，因此只能止步于罗列馆藏铜鼓的基本测量数据。郑师许对吴大澂旧藏铜鼓的判断并没有超出传统认识，甚至也没考虑按照书中介绍的黑格尔四分法予以分类（图4.7）。写作体例上，《铜鼓考略》既有别于传统的金石器物著述，又不同于基于田野的20世纪考古学文献，独具一格。全书分成两个部分，分别介绍传统认识和西方研究。在辑录铜鼓文献上，郑师许达到了空前的完备程度，并且按照铜鼓的发现、地名和用途等现代分类法进行整合，嗣后其他学人的铜鼓文献整理都不出这个框

〔102〕　徐蔚南：《上海棉布》，《上海市博物馆丛书》（乙类第二种），上海：中华书局，1936年，第1页。

架。而在西方研究中，郑师许着重介绍了黑格尔（Franz Hegel，郑译黑智尔）、戈鹭波（Victor Goloubew，郑译哥禄贝）、巴门特尔（Henri Parmentier）和革尔登（Robert von Heine-Geldern）等学人的工作。郑师许尤其推崇戈鹭波和革尔登的研究，将戈鹭波称为“最初于铜鼓问题作考察者”，认为革尔登的研究“大体稳当”，“其推察亦甚正确”〔103〕。郑师许远较早期和同时期其他中国学人更了解西方的铜鼓研究进展，但是与海外学人相比，仍然受限于材料而有明显疏漏和误判。可想而知，在《铜鼓考略》即将付梓之际，杨宽告知鸟居龙藏《苗族调查报告》第八章专述铜鼓，郑师许“以一昼夜之力，细读一通”之后，内心感到如何震撼。郑师许坦承“其所述海外学者之研究，尚有为管窥所未及者”。情急之下，郑师许节选鸟居龙藏原文，以附录形式刊出。《苗族调查报告》是鸟居龙藏于1902～1903年中国西南之行的田野调查报告。无论对于苗学，还是铜鼓、刺绣等领域，该书都有举足轻重的奠基价值〔104〕。1936年，国立编译馆出版了《苗族调查报告》中译本，这是大多数中国学人知晓鸟居龙藏在世纪之初的工作的主要契机。在铜鼓研究上，《苗族调查报告》全面介绍和评估了近代意义的铜鼓研究。如果考虑到对近现代意义铜鼓研究有奠基价值的黑格尔《东南亚古代铜鼓》（*Alte Metallrommeln aus Sudost Asien*）晚至21世纪初才得以中译，则中国学人通过何种途径知晓黑格尔的铜鼓研究就很值得玩味了。事实上，黑格尔及其分类方案就是通过鸟居龙藏、郑师许和闻宥等多位学人构成的环节传递下来的〔105〕。但是，鸟居龙藏的价值没有止步于介绍黑格尔，而郑师许的“节钞”决意略去鸟居龙藏在中国西南的调查和征集到的一面铜鼓，导致鸟居龙藏在铜鼓研究上的地位长期以来未被中国学人认识到。

丙类还包括郑师许《漆器考》。类似于徐蔚南的顾绣和棉布研究，郑师许也按照时代顺序讲述漆在中国的出现和应用。《漆器考》仍然以文献所见漆器为

〔103〕 郑师许：《铜鼓考略》，《上海市博物馆丛书》（丙类第二种），上海：中华书局，1936年，第31、43页。

〔104〕 鸟居龙藏：《苗族调查报告》。收入《鸟居龙藏全集》（第十一卷），东京：朝日新闻社，1977年。中译本见鸟居龙藏著，国立编译馆译：《苗族调查报告》，南京：国立编译馆，1936年。

〔105〕 徐坚：《暗流：1949年之前安阳之外的中国考古学传统》，北京：科学出版社，2012年，第215～222页。

主，但是郑师许也收入了晚近考古活动所见漆器，如1917年于北京发现的宣德太监王贵墓中的刻花漆碗[106]。

丁类图书基本由胡肇椿负责完成。胡肇椿《古物之修复与保存》是国内较早出现的文物保护专著。该书以修复（书中时以“复原”表述）和保护（书中以“保存”表述）为主题，结构完备，方法、器具和用材专业，所述修复和保护活动都不以中国博物馆常见馆藏为实例，而且胡肇椿并不以文物保护技术见长，因此《古物之修复与保存》应该另有来历。数年之前，胡肇椿曾在《文史丛刊》上发表了同题文章[107]。相对于专著，文章行文更为通俗。文中含混提到信息来源，“在日本时要多谢近重真澄博士，在广州的要多谢李璇琚先生，在暨南的要多谢王蔚华先生”，可见胡肇椿通过多种渠道获得修复和保护知识和信息，不过最终来源仍然存疑[108]。

郑师许、胡肇椿合译蒙特柳斯（郑、胡译作孟德鲁斯）《考古学研究法》列入《上海市博物馆丛书》丁类第一种。该书作为考古类型学的奠基著述，对中国考古学的成长起到了关键的催化作用[109]。蒙特柳斯类型学的翻译入华有两条途径：其一是纳入《上海市博物馆丛书》的郑师许和胡肇椿译本《考古学研究法》，另一则是滕固直接自德文翻译的译本《先史考古学方法论》。两种译著皆以《东方和欧洲的古代文化时期》（*Die äelteren Kulturperoden im Orient und in Europa*）首卷《方法论》（*Die methode*）为母本，但是译介途径和编辑方式截然不同。此后的学术评价多重滕固译本而轻郑、胡译本，但是无论从译本的忠实性和完整性，还是从对后世中国考古学的实质影响而言，郑、胡译本都高出一筹[110]。郑、胡译本至迟在1934年年底前就已经基本完成。当年年初，郑师许和胡肇椿交流时意外发现，在未经沟通的情况下，两人各自翻译滨田耕作译本《考古学研究法》过半，两人遂商议以合作方式译完全书。翻译时尚未有上海市

---

〔106〕 郑师许：《漆器考》，《上海市博物馆丛书》（丙类第三种），上海：中华书局，1936年，第37页。

〔107〕 胡肇椿：《古物的修复和保存》，《文史丛刊》第1期，1933年，第1～9页。

〔108〕 胡肇椿：《古物的修复和保存》，《文史丛刊》第1期，1933年，第3页。

〔109〕 苏秉琦：《斗鸡台沟东区墓葬》，北平：国立北平研究院史学研究所，1948年。

〔110〕 徐坚：《暗流：1949年之前安阳之外的中国考古学传统》，北京：科学出版社，2012年，第378～384页。

博物馆之议，郑师许嘱意于容庚于1934年6月发起成立的考古学社，希望将译著纳入《通俗考古学丛书》出版[111]。但是，《通俗考古学丛书》仅仅流于计划，并未落实，以至于到1935年初无法觅得出版商时，《考古学研究法》不得不在新创办的《学术世界》杂志上连载刊登[112]。1936年上海市博物馆开馆后有丛书编辑之议时，胡肇椿迅速将《考古学研究法》纳入其中。尽管与丁类的设计初衷略有出入，《考古学研究法》仍然作为《上海市博物馆丛书》中最早出版的著述之一面世。1937年年初，滕固译本以《先史考古学方法论》为题，在商务印书馆出版[113]。虽然滕固在《译者例言》中批评郑、胡译本的母本滨田日文译本，“日译本稍有误植及漏略之处”，但是，事实上滕固译本对全书的删节和修改远远超出滨田译本。郑、胡译本迟迟未能出版的主要原因恰是不愿作出类似滕固译本的修改。郑师许称“因为插图有四百九十八幅，很容易惹起出版家的制版上的害怕”，最终纳入《上海市博物馆丛书》时，所有文字和插图也的确悉数保留下来[114]。虽然现在的中国考古学追认滕固译本为蒙特柳斯入华的主要途径，但是并不准确，中国考古学采纳的类型学术语和表述方式悉数来自郑、胡译本。蒙特柳斯入华不是一步到位的直接输入。蒙特柳斯类型学传入中国之际，已经在欧洲考古学中式微，对中国考古学的发展进程施加了重要影响的瑞典学人都无意推广。蒙特柳斯进入中国考古学乃至东亚考古学都应该归功于日本考古学的奠基学人滨田耕作。滨田耕作的译介和推广实际上再造了蒙特柳斯类型学传统[115]。郑师许和胡肇椿对滨田耕作推崇备至，因此翻译了《考古学研究法》，这与其说是蒙特柳斯入华，不如说是滨田耕作入华。

同在丁类的胡肇椿另一种译作《古玉概说》也出自滨田耕作。《古玉概说》是大正十五年（1925）出版的《有竹斋藏古玉谱》的解说部分。有竹斋系朝日新

---

〔111〕 郑师许：《通俗考古学丛书编辑计划》，《考古社刊》1934年第1期。

〔112〕 孟德鲁斯著，郑师许、胡肇椿译：《考古学研究法》，《学术世界》第1卷第2～6期，1935年。

〔113〕 蒙德留斯著，滕固译：《先史考古学方法论》，上海：商务印书馆，1937年。

〔114〕 郑师许：《考古学研究法》译者序，《上海市博物馆丛书》（丁类第一种），上海：中华书局，1936年，第3页。

〔115〕 徐坚：《时惟礼崇：东周之前青铜兵器的物质文化研究》，上海：上海古籍出版社，2014年，第22～24页。

闻社社主上野有竹的斋号。在流亡日本的罗振玉的影响下，日本文化人士中兴起研究中国古美术的风潮。上野有竹收购了罗振玉收藏的二十余件玉器，其子上野精一编订《有竹斋藏古玉谱》。该图录由罗振玉审定，滨田耕作解说[116]。如同在《支那古铜器概说》中一样，滨田耕作在《古玉概说》中希冀通过引入成分、工艺等全新观察角度革新传统的器物之学。胡肇椿旅日期间即起意译介此书，在《古玉概说》出版后的追忆中，胡肇椿言及，“假然能够汇集海内外收藏家的实物及图片，和新发掘的收获，会齐考古专家作古玉的研究，那结果恐怕比一二人的意见必能更精密、周到”，不过早年的翻译计划并未落实[117]。在穗期间，收藏家陈萝生曾希望与胡肇椿合作，为自家古玉收藏作一图录，但因胡肇椿忙于广州市立博物院和黄花考古学院事务而搁浅。赴沪后，通过暨南大学张天方的帮助，胡肇椿才借到《古玉概说》，译成中文，于1936年5月出版[118]。

虽然拟定了长期出版计划，但是《上海市博物馆丛书》仍然逃不出短命厄运。丛书第一批数种肩负为上海市博物馆定位和宣示的重任，大体在1936年年底出齐。次年博物馆人事更迭，尤其是胡肇椿的离职对博物馆具有改弦易辙的影响，丛书的编辑和出版已经陷入停顿。1937年时局骤变，外部原因掩饰了内部原因，《上海市博物馆丛书》戛然而止，再无后续。

4.3 倡导和践行的应和：叶恭绰和胡肇椿的博物馆遗产

无论在广州市立博物院还是上海市博物馆，叶恭绰和胡肇椿（1904～1961）都留下了挥之不去的印记。缺席于1940年香港绝唱之前的广州市博物馆事业，叶恭绰一直是在上海创立博物馆的主要鼓吹者、策划者和践行者。从最初的馆舍设计和施工，到开办之后的馆藏建设和展览策划，叶恭绰无一不事必躬亲。甚至在上海市博物馆开幕之前，叶恭绰已经在中国博物馆协会的创办和活动中为上海市

---

〔116〕 滨田耕作：《支那古玉概说》，《滨田耕作著作集》（第3卷），东京：同朋舍，1989年，第138～182页。

〔117〕 胡肇椿：《古玉概说》译序，《上海市博物馆丛书》（丙类第一种），上海：中华书局，1936年。

〔118〕 胡肇椿：《古玉概说》译序，《上海市博物馆丛书》（丙类第一种），上海：中华书局，1936年。

博物馆谋求一席之地。无独有偶，胡肇椿先后活跃在广州市立博物院和上海市博物馆中。在广州市立博物院中，胡肇椿的活动范围尚局限在黄花考古学院以及西江考古学中，但是间接影响了广州市立博物院的馆藏结构和学术研究。到上海市博物馆时，胡肇椿参与了自筹备到开幕的全过程，并且在开幕后出任首任馆长。上海市博物馆在随后的主要经历都可以明确见到胡肇椿的直接影响。叶恭绰和胡肇椿同为番禺人，不过并非中国博物馆界的固定组合，甚至两人的交集可能仅限于上海市博物馆。但是，两人恰好说明中国早期都市类型博物馆的倡导和践行观念。

20世纪30年代上海的公共社会生活是叶恭绰最主要的舞台。叶恭绰系广东番禺人，毕业于京师大学堂后留学日本，在北洋时期曾经先后执掌交通、铁道和财政等部，是梁士诒交通系干将之一。北伐之后，叶恭绰即从政坛隐退，寓居上海。1937年抗战爆发之后，叶恭绰移居香港和九龙，被日军俘获后押往上海监视居住，直至抗战胜利之后才返回香港。叶恭绰以收藏门类众多，数量宏富在民国时期收藏中称冠一时。虽然自述收藏起始甚早，但是从入藏记录看，叶恭绰的收藏主体出自颜世清和景朴孙两家，而后者又多承自端方收藏〔119〕。叶恭绰的吉金收藏除最为著名的毛公鼎外，还有数十件青铜器〔120〕。在晚期铜器收藏上，叶恭绰拥有数量不菲的宣德炉。叶恭绰曾有规模庞大的钱币收藏，因此与丁福保、张叔驯、吴稚晖等合组古泉学会，出版会刊《古泉学》。在书画收藏上，根据《遐庵清秘录》统计，叶恭绰收藏书画120件，其中最出名的自然是王献之《鸭头丸帖》，但是叶恭绰的其他书画收藏品秩也很高，张伯驹曾赞道，“唐宋元明清名迹甚可观”〔121〕。叶恭绰的名墨收藏之富，甚至足以拓印《私家藏墨图录》。就藏书而论，叶恭绰也被誉为民国四大家之一，叶恭绰特别关注两类文献，一是吴中和广东一带的乡邦文献，另一是清代词人文存。此外，叶恭绰也有一定数量的敦煌文书和佛教艺术收藏。

纵观叶恭绰对20世纪上半叶中国博物馆事业的影响，数条一以贯之的线索值得关注。首先是鲜明的“用”藏观，与传统金石古物藏家的“收”藏观

〔119〕　叶恭绰：《矩园余墨》，沈阳：辽宁教育出版社，1997年，第104、105、108页。

〔120〕　商承祚：《十二家吉金图录》，南京：金陵大学中国文化研究所，1935年。

〔121〕　张伯驹：《春游琐谈》，郑州：中州古籍出版社，1984年，第3页。

或者“守”藏观形成强烈对比。“本非如往昔藏家徒矜博雅，供玩赏。盖自少颇有志于史学及文艺，……故恒有从事述作之意，而先以搜集资料及实物为准备”[122]。这一观念无疑有助于叶恭绰对化私为公，建设全新的公藏持相当积极的态度。在上海市博物馆的馆藏建设中，叶恭绰不仅率先捐出自家收藏，也动员了多家在沪藏家。即使是广东文物展览会一类临时特展，叶恭绰也都慷慨借出。其次，叶恭绰重视临时展，提出“展览会之设，为辅助各种固定性事业之不足，其性质为临时的，但其效用则广泛而切实，缩导而兼研究，故其需要或较之固定事业为尤亟，而消费则恒较之固定事业为能省”[123]。临时展常常呼应风云骤变的时局，尤其在政治压力骤升的情况下，博物馆事业也成为战斗前沿时，临时展便成为短兵相接的狙击了。无论是上海沦陷之前的数次展览还是香港绝唱，都实现了预设效果。再次是叶恭绰对乡邦文献的重视和倡导。地方文献固然是叶恭绰收藏的重点之一，但是，冠以“乡邦文献”并以此推动“乡邦文化”建设却别有用意。“乡邦文化”实际是孙中山的标志性口号，叶恭绰的鼓吹毫无疑问释放了向国民党示好的信号。叶恭绰的政治生涯主要在北洋时期，属于掌控国家经济命脉的交通系，与国民党其实往来稀疏甚至对立，但是随着交通系瓦解和国民政府北伐成功，自政治领域撤退至文化领域的叶恭绰选择以上海为主要舞台发挥余热，因而需要洗刷自身的北洋色彩，而尽量拉近与同为广东人的孙中山的距离。不遗余力地鼓吹乡邦文化的现实用意即在此。前一项特征与叶恭绰在20世纪收藏界的地位结合在一起，奠定了他对上海市博物馆的决定性影响。后两项特征结合起来则阐明了20世纪中国博物馆中极具叶恭绰个性特征的活动的由来。简又文解释广东文物展览会的由来时曾经提出，“盖有感于环境所迫，预料出品之征集未容尽包文献之一切，故缩小范围而避免铺张”[124]。这种解释有趣地透露出广东文物展览会的“文献”展初衷。如果进一步回溯，年代稍早的浙江文献展览会、吴中文献展览会和上海文献展览会皆由叶恭绰主导，和广东文物展览会实是一脉

---

〔122〕 叶恭绰：《书遐庵藏书目录后》，《矩园余墨》，沈阳：辽宁教育出版社，1997年，第72页。

〔123〕 叶恭绰：《上海文献展览会概要序》，《矩园余墨》，沈阳：辽宁教育出版社，1997年，第40页。

〔124〕 简又文：《文展之概观》，《广东文物》（上册），香港：中国文化协进会，1941年，第226页。

相承。

胡肇椿是唯一先后影响和形塑了广州市立博物院和上海市博物馆的关键学人。作为在学科记忆中最终缺位的暗流人物，胡肇椿在20世纪30年代曾经活跃在中国考古学和博物馆舞台上，无论是实际的田野工作，还是著译作品，胡肇椿都留下了值得回访的材料。30年代初在广州黄花考古学院的短暂开局之后，胡肇椿于1932年转赴上海，1935年开始投身于上海市博物馆的筹备工作，次年出任创馆馆长。相较于叶恭绰，胡肇椿更多地承担了两所都市类型博物馆范例的践行责任，赋予了广州和上海的博物馆更多方法论层面上的特色。胡肇椿的博物馆遗产首先强烈地表现在考古学倾向上，尤其是对滨田耕作传统的鼓吹。胡肇椿毫无疑问是中国考古学的拓荒者之一，他将田野考古学带入到西江考古学或者岭南考古学中。虽然没有在广州市立博物院中出任公职，但是黄花考古学院的创设和维系都倚重于他。作为黄花考古学院唯一曾经接受过考古学训练的学人，胡肇椿的主导价值也得到其他成员的认可。胡肇椿亲自主持了木塘岗、大刀山等地汉晋墓葬的发掘，其他成员的田野活动也颇受胡肇椿的感染，蔡守、谈月色夫妇《东山猫儿冈汉冢报告》就有“比随胡子，发掘古迹”语〔125〕。1932年迁上海之后，胡肇椿一度缺席于上海本地的早期发掘，其考古学工作转入译介方面，直到1935年投身于上海市博物馆的筹办和建设后，胡肇椿才重新出现在田野考古学之中。1936年代表上海市博物馆与苏州图书馆联合发掘了匠门外和相门外汉代建筑，后者所得砖瓦陶器次年展陈在吴中文献展览会上〔126〕。在中国考古学的理论和方法性建设中，胡肇椿以滨田耕作传统在中国的传播自任。不容否认，滨田耕作不仅仅开创了日本近代意义考古学的基本格局，也通过交互访问、田野发掘和著述译介等渠道影响了中国的考古学进程〔127〕。在著述译介一端，胡肇椿先后翻译了滨田耕作译自英文本的蒙特柳斯《考古学研究法》和滨田耕作自撰的《古玉概说》，甚至可能在后者的方法论影响下，胡肇椿尝试按照全新的器物研究方式整理中国古

〔125〕 蔡寒琼、谈月色：《东山猫儿冈汉冢报告》，《考古学杂志》创刊号，1932年，第93页。

〔126〕 张维明：《顾颉刚先生与〈苏州史志笔记〉》，《传统文化研究》（第20辑），北京：群言出版社，2013年，第163、164页。

〔127〕 徐坚：《暗流：1949年之前安阳之外的中国考古学传统》，北京：科学出版社，2012年，第388～395页。

代青铜兵器[128]。然而，滨田耕作入华并不仅仅是中国考古学界单方面的主动引入，此时正值事业巅峰期的滨田耕作也在积极试探与中国考古学的直接接触。滨田耕作及其创立的日本东亚考古学会与北平学术群体的交往尤为频密，已经发展到联合组建东方考古学会并召开学术会议，互访考古发掘工作现场，但胡肇椿却基本缺席[129]。

胡肇椿的博物馆观和实践长期以来被他的考古学贡献所遮蔽，罕有被揭示的机会。如果胡肇椿的广州时代以考古学工作为主的话，上海时代无疑以博物馆工作为特色。胡肇椿的博物馆贡献既有宏观层面的，也有具体操作层面的。前者以《现代化博物馆与学校合作问题初论》为例，胡肇椿提出，“现代化的博物馆自有它底新态度、新方法以贡献于社会，其目的是要充实一般民众底知识和生活，而不在乎专效劳于少数从事高深研究的团体。其态度是以智识的公仆自任，设法开展及深植其影响。其方法是尽量利用所保藏的物品，使物尽其用”。“博物馆底急务不仅是征集与保藏，而是能利用物品”[130]。“物品之利用，……其功用有二，即增加智识及分布智识及乐趣。前者是研究，以出版专刊引起学坛之注意为旨。后者以求教育之推进为归”[131]。将博物馆的教育功能置于优先地位，而且将博物馆研究和教育结合在一起，这直接确定了1936年推出的《上海市博物馆丛书》的基调。在具体操作层面上，胡肇椿有《古物之修复与保存》。虽然来源不详，但仍是最早系统论著之一。

4.4 既要像神庙，也要像百货公司

都会博物馆的崛起，和国家博物馆一样，是政治形象的塑造之术和表达之法，但也存在显著的差异，并不是国家博物馆的具体而微的形式。甚至从某种程

---

〔128〕 胡肇椿：《戟辨》，《考古学杂志》创刊号，1932年，第64～70页。

〔129〕 桑兵：《东方考古学协会述论》，《历史研究》2000年第5期，第160～169页；吉开将人：《近代日本学者与殷墟考古》，《纪念殷墟发掘八十周年学术研讨会论文集》，台北：中研院历史语言研究所，2015年，第25～50页。

〔130〕 胡肇椿：《现代化博物馆与学校合作问题初论》，《学术世界》第1卷第12期，1935年，第2页。

〔131〕 胡肇椿：《现代化博物馆与学校合作问题初论》，《学术世界》第1卷第12期，1935年，第2页。

度上，都会博物馆构成了有别于国家博物馆的另一种类型和另一种视角。国家博物馆建立在历史形成的艺术瑰宝或者现实形成的国家纪念性和象征性收藏基础之上，拥有毋庸置疑的权威，可以任性地采用俯视视角；而都会博物馆则要兼顾自上而下的作为都市文化代表的视角，以及自下而上基于社区和受众的视角。国家博物馆常常选择充满政治象征意味的地点和空间，以政治威权方式建设和经营，而都会博物馆则往往被纳入到文化和休憩建设之中，必须为社会公众提供足以吸引人的服务。对于国家博物馆而言，“公众”是政治术语，是抽象的群体；国家博物馆常常自封为“公众”的代言人，因此也就豁免于任何自下而上的质疑或者挑战；而对于都会博物馆而言，“公众”是社会术语，是面目逐渐清晰的一个个个体组成的群体，不论是试图训诫，还是启蒙，首先得要吸引“公众”前来博物馆。

1917年，纽瓦克博物馆馆长达纳（John Cotton Dana, 1856 ~ 1929）发表了著名的《博物馆的忧郁》（The Gloom of the Museum），旨在鼓励博物馆走出作为馆藏仓储的偏狭身份，走向广泛的公众，预言为公众所用才是博物馆的长存之道[132]。达纳创立的纽瓦克博物馆属于寻常的都会或者城市博物馆，因此他能够敏锐地感受到此类博物馆遭遇的压力。难能可贵的是，达纳率先反思了“保管第一，利用其次”原则的适用性，提出了博物馆走出忧郁（gloom）的方法，那就是像神庙，也要像百货公司；博物馆需要教育，也需要广告。

博物馆仍然是收藏之地。但是，达纳强调，博物馆应该地处四通八达的城市中心，博物馆建筑需要足够宽敞，采用时尚得体的材料和形式，与周遭环境风格匹配，既要美观，又要反映当时最佳的技术和品味。然而，这一切还远远不够！博物馆还要向优秀的百货商店学习：博物馆应该全时段向赞助人开放，对待所有的访客彬彬有礼，各种信息免费奉上；博物馆应该主动展陈最光彩夺目的精品，但是一旦被要求，能马上提供任何其他物品；所有的收藏都按照知识和赞助人的需求分门别类；博物馆应该光线充足，有便捷廉价的盥洗室，有免费导引；博物馆需要广泛而持续地宣传推广；随着社会热点、艺术品位的变迁以及发明发现迭

〔132〕 Dana J C. The Gloom of the Museum, The New Museum Series//Anderson G. *Reinventing the Museum: The Evolving Conversation on the Paradigm Shift*. Lanham: Altamira Press, 2012: 17-33.

出而适时调整展陈[133]。

蕴含在达纳的散文笔触里的其实是都会或者城市博物馆的地位和策略。神庙和教育体现了自上而下的视角，百货公司和广告体现了自下而上的视角，都会博物馆需要兼顾两端，但尤其是后者，是需要都会博物馆独立探索的。

广州市立博物院和上海市博物馆就是中国早期博物馆中探索兼具神庙和百货公司特质类型的先行者。在百货公司的观念下，即使是神庙也必须符合赞助人意愿。广州市立博物馆对西江文明，上海市博物馆对“大江大海之冲”的鼓吹即出自这一考量。而且，在馆藏搭建上，除了动用公共权力征调私人收藏外，以考古学为代表的新方法和传统艺术之外的新收藏极受欢迎。更为重要的是，无论是广州市立博物院还是上海市博物馆，都迫切地需要表达自身是充满活力的城市文化生活的一部分，是市民生活的一部分。除了像编辑出版《上海博物馆丛书》甚至《考古学杂志》的推广之道外，更为关键，也更为出神入化的是临时展。无论是第一次广州展览会，还是广东文物展览会，抑或中国建筑展览会或者上海文献展览会，临时展都成为都会博物馆得心应手的工具。正如凯瑟琳·麦可琳（Kathleen McLean）指出，临时展是众多博物馆观众第一次踏入博物馆的契机[134]。对都市博物馆而言，这也是强化自身和城市的纽带的契机。

---

〔133〕 Dana J C. The Gloom of the Museum, The New Museum Series//Anderson G. *Reinventing the Museum: The Evolving Conversation on the Paradigm Shift*. Lanham: Altamira Press, 2012: 29.

〔134〕 McLean K. *Planning for People in Museum Exhibition*. Washington: Association for Science-Technology Center, 1993.

第五章

其命维新：民众教育潮流下的博物馆群体

在中国早期博物馆史上，20世纪30年代成燎原之势的民众教育运动构成一道重要的分水岭。大多数博物馆的出现和改造都与民众教育运动休戚相关。博物馆、陈列所、展览会乃至彼时尚包含在博物馆之中的动植物园都被纳入到民众教育体系之中，博物馆事业第一次得到行政力量的整体性推动而形成井喷。30年代前期，各个省份不约而同地出现了兴办全新的符合民众教育方针的博物馆的高潮。部分先期成立的博物馆改弦更张。有的原本依附于图书馆的博物馆获得独立，或者转而成为民众教育馆的组成部分。甚至有的县份出现了附属于民众教育馆的收藏，不过由于藏品基础和智力资源的限制，独立的名实相副的县立博物馆并不多见[1]。民众教育旗帜下各个省份的博物馆的发展和转型并无统一的模式，有的风生水起，有的则可能因为种种原因而销声匿迹。

30年代前期如火如荼的民众教育仅仅是贯穿整个20世纪的社会教育的一个阶段。社会教育意识的兴起是20世纪新文化运动最具价值的成果和贡献。民初，教育部设置社会教育司，标志着社会教育纳入国家行政体系的起始。社会教育司自我界定，“社会教育最简单之意义，是指正式学制系统以外一切教育事业”。但是，此语仍嫌宽泛。王雷将20世纪中国的社会教育界定为学制系统之外，以政府为主，私人和民间团体为辅，为提高失学民众以及国民的素质，利用和设置各类

〔1〕 江苏曾经宣称多县建立博物馆，“各县单独设立者，只有丹徒、金坛、常熟、昆山、无锡、南通、如皋、高邮、沛县九县，其余各县，多将博物馆一部，附设于通俗教育馆”。参见蒋维乔：《江苏教育行政概况》，上海：商务印书馆，1924年，第59页。

文化教育机构进行的教育活动[2]。随着时代和社会的变迁，社会教育的主题也有不同的侧重。俞庆棠将民国时期社会教育划分为三期，即通俗教育、平民教育和民众教育时期[3]。而徐锡龄则添加了1924～1928年的民众运动时期[4]。通俗教育，“凡宣讲、演说浅近文书、白话报皆属之”[5]。1914年教育部公布的整理教育方案规定，“乃对于有限的社会人类而施教育者，如设露天学校、公众补习所、少年育德会、女子育德会、小学教育品陈列所、理学试验所”[6]。可见此一时期，博物馆甚至其前身都不为社会所知，但社会教育观念为新设的博物馆提供了定位基础。民众教育最早见于1926年许崇清拟定的《教育方针草案》；成为官方词汇，则始于1928年5月确定了民众教育方案的全国第一次教育会议。与此前尚属稀朗而放任，以识字运动、通俗教育为主要形式相较，由于在一定程度上符合孙中山的“唤起民众”的政治遗嘱，民众教育成为1928年之后国民政府的主要教育和文化工程。因为得到行政组织的大力支持，民众教育迅速形成全国性潮流，30年代前期达到鼎盛状态。

关于民众教育体系中博物馆的地位，曾任国立中央民众教育馆馆长的马宗荣指出，“博物馆古为搜集古今东西的美术珍奇物品，供观赏的用为目的的地方。今日的博物馆，是搜集关于人类文化消长的物品而保存之，以供学术的研钻，且用简便的方法，使民众得自由观览的所”。博物馆的功能，马宗荣归纳为三端，“艺术品和标品的保存”、“资教育上的观览”和“供学术上的研究”[7]。保存、教育和研究三项功能看似与一般而论的普通博物馆功能并无差异，但是在实际操作中却着力突出教育一项，构成了作为民众教育的博物馆的最大特色。马宗荣另外提及“民众教化，兴学术研究”两端[8]。但是“教化”也是远重于“研

〔2〕 王雷：《中国近代社会教育史》，北京：人民教育出版社，2003年，第8页。

〔3〕 俞庆棠：《中国民众教育之演进》，《俞庆棠教育论著选》，北京：人民教育出版社，1992年，第159页。

〔4〕 徐锡龄：《中国民众教育发展之经过》，《教育与民众》第3卷第6期，1932年，第1081页。

〔5〕 徐锡龄：《强迫教育私议》，《东方杂志》第3卷第5期，1906年，第65页。

〔6〕 《教育部整理教育方案草案》，《教育公报》第8册，1915年，收录于《中华民国教育法规选编（1912—1949）》，南京：江苏教育出版社，1990年，第19页。

〔7〕 马宗荣：《社会教育概说》，上海：商务印书馆，1925年，第15、16页。

〔8〕 马宗荣：《社会教育事业十讲》，上海：商务印书馆，1936年，第185、186页。

究”的。

因为整体情境原因，纳入社会教育体系的博物馆具有不同于其他类型博物馆的特征。首先，它们基本出现和成长于缺乏传统收藏之地，典守宝藏的观念并不强烈。因此，民众教育类型博物馆无意突出“保存”功能，这也导致艺术类，或者馆藏丰富的博物馆对民众教育都持相对冷淡的观望态度，无论是故宫博物院还是国家级博物馆都未能积极投入。民众教育类型博物馆也通过重新界定馆藏结构和内容鲜明地表达出非精英倾向。其次，民众教育类型博物馆的出现与20世纪早期社会改造，尤其是寺庙祠宗的废弃和改用相关。寺庙祠宗的真实空间和社会功能都被博物馆继承下来〔9〕。再次，由于体现了民众教育的主旨，民众教育类型博物馆表现出强烈的国民教育色彩，具有西方背景的博物馆虽然也有普及教育的愿望，但对此颇显兴趣寡然。续次，虽然民众教育也具有强烈的政治倾向，但是民众教育体系的博物馆并不擅长营构国家或者大都会形象，而在乡土形象和认知的建构上却大放异彩，这导致一大批成功地推行了乡土教育的博物馆的出现和流行，始料不及地推进了乡土之学的发展。最后，虽然以终身教育和全民教育为卖点，民众教育清晰地与学校教育区分开来，民众教育体系的博物馆基本没有强调研究功能，而是突出教育属性。在博物馆的具体运作中，基于普及知识和开启民智的认识，博物馆的展示工作成为重中之重。

各地的民众教育馆的博物馆基础不一，发展道路也千差万别。有的适应潮流，顺利地新生或者改组已存博物馆。云南博物馆就是民众教育博物馆中的成功典范，但是也有因为种种原因未能成功融入民众教育潮流的个案。日本侵华战争的爆发彻底打乱了民众教育的步伐，虽然有的博物馆迅速调整策略，倡导服务于抗战的民众教育，但最终都不免难以为继的结局。

5.1　从九龙池到文庙：融入民众教育的云南博物馆

1951年8月，云南省博物馆筹备委员会成立于昆明圆通山，以圆通寺内新

〔9〕《各地方孔庙附设社会教育机关办法咨询案》中提到，“凡同城孔庙有两处以上，得并一处致祭者，其余得设立社会教育机关”，审查意见扩充至“以地方寺庙祠宗为主，孔庙为其一”。《历届教育会议议决案汇编》辰编，《全国教育行政会议议决案》，教育编译馆，1936年，第7～9页。

建平房、圆通寺东侧四合院和游廊为临时展陈空间，次年即举办了八一建军节展[10]。新成立的云南省博物馆以奉历史唯物主义为指导方针的全新面目示人，没有流露出与任何历史遗产的瓜葛。1949年之前曾经存在的云南省博物馆基本淡出公众记忆，仅有极少数文献偶尔提及[11]。这种颇值遗憾的状况恰是追认云南博物馆历史价值的认识差歧造成的。1951年成立的云南省博物馆筹备处由于种种原因割断了自身的历史脐带[12]。在一度分分合合的云南省图书馆的历史记忆中，又几乎找不到博物馆的痕迹。而云南省博物馆最后托身的民众教育馆更是在1949年之后成为不可言说或者疏于表达的内容。

但是，1949年之前，云南的博物馆较大多数其他省份的博物馆更为发达而健全；而且，中国博物馆的发展整体上受到日本侵华战争的极大阻遏，国家博物馆屡经迁移、地方博物馆濒临倒闭之际，云南由于地处抗战后方，所受直接冲击的时代相对延后，抗战兴起反在一定程度上刺激了博物馆战时陈列和展览的发展，因此，云南的博物馆的黄金发展时代也较其他地区更长一些。直至1940年遭受日本空袭，云南博物馆才陷入浩劫。此后虽屡经尝试，但一蹶不振，再也未能恢复过来。尽管如此，无论在延续历史还是展览活动上，云南博物馆较同时期的其他博物馆更为显著却是不容置疑的。而且，虽然云南地处偏僻，但是博物馆转型却是最为标准的社会教育变迁的缩影。

如果对1949年之前的云南博物馆予以分期和分类的话，地点和归属关系是两项主要指标。因此，云南博物馆的历史依地点可以大致区分为粮道署时代（1912～1919）、经正书院时代（1919～1929）和文庙时代（1929～1949）。在粮道署时代之前，尚有一个在经正书院旧址九龙池的短暂起始时代（1911～1912）。地点迁移并非全然是不可预期的意外之举，而与博物馆的归属组合关系密切相关，不同的地点对应博物馆的不同组合关系。而且，空间的改变导致展陈内容也有所变迁。展陈固然不完全由空间约束，但是在空间扩展或者收缩的情况

---

〔10〕 马文斗：《春秋——云南省博物馆60年》，昆明：云南美术出版社，2011年，第61、204页。

〔11〕 徐坚：《暗流：1949年之前安阳之外的中国考古学传统》，北京：科学出版社，2012年，第106～110页。

〔12〕 马文斗：《春秋——云南省博物馆60年》，昆明：云南美术出版社，2011年，第61、204页。

下，展陈的内容和方式构成了博物馆价值观的一层镜像。因此，馆舍也就构成了划分云南博物馆三个阶段的标准。

云南博物馆是在清末教育改革的背景下创设的，和云南图书馆既密切相连，又保留了独立于后者的身份，在1949年之前的中国博物馆中极为罕见。这也衍生了博物馆记忆与图书馆记忆若即若离的问题。云南的省级图书馆之议出现于清末全国性的图书馆运动中，甚至由于主事者的高瞻远瞩，云南可能是全国最早拥有省级图书馆的省份之一。最早的云南图书馆设址于九龙池经正书院旧址，而博物陈列所暂寄身于此，构成"前经正书院时代"。1912年鼎革之后，博物陈列所与图书馆合并成为云南图书博物馆，并且由于经正书院旧址被唐继尧辟为陆军偕行所而迁往前粮道署衙门（今景星街）。1919年，云南图书博物馆迁回到翠湖旧址，开启了"后经正书院时代"。十年后，1929年，云南博物馆和云南图书馆分离，迁往文庙，同时更名为云南博物院。适逢云南民众教育运动方炽，云南博物院于1931年并入到省立昆华民众教育馆，成为昆明民众教育的胜景。抗战期间，昆华民众教育馆一度是抗日宣传的重要机构，同样，作为显著地标，昆华民众教育馆所在地文庙首当其冲地遭到空袭，导致博物馆受损严重，嗣后虽屡经修复，但仍被迫处于关闭状态，直到1949年也未能恢复正常的博物馆活动。

5.1.1　脱胎于图书馆的云南博物馆

云南博物馆是中国最早出现的省级博物馆之一，从一开始就和图书馆有着密切关联，但也竭力保留了自身的独立性。十年间，云南博物馆自初现于九龙池，到重回九龙池时，设计定位已经悄然转变，从作为学校教育的辅助手段一变成为社会教育机构（图5.1）。

1909年，周钟岳、秦光玉等一众云南宿儒倡议，"宣统二年各省一律开办图书馆，是此馆之设未可置为缓图"。而且，其他各省早有榜样在前，"迩来直隶、山东、陕西、湖南、江苏等各省，业经先后设立"[13]，因此，以五华书院、经正书院、育才书院和学务公所图书科及两级师范学堂的图书为馆藏基础，在昆明翠湖北岸经正书院旧址上组建了云南最早的图书馆。图书馆成立不久，

---

〔13〕　《清提学司详拟筹设云南图书馆请准奏咨立案文》，收录于《云南图书博物馆一览》公牍，昆明：云南图书博物馆，1923年，第1页。

图5.1　九龙池时代的云南图书博物馆
（采自《云南图书博物馆一览》）

1910年年初即出现博物陈列之议，作为开办博物馆的先行基础[14]。设计初衷上，云南博物馆以辅助学校科学教育的“博物”科为雏形，兼具辅助教育和社会教育的理想，不过前者占主导地位。最早的博物陈列所以学堂教学为服务对象，与年代更早的南通博物苑拥有近通之处，但是，没有任何证据显示云南博物陈列所曾经受到南通博物苑的影响。更准确地说，两者都是时风所至。在开宗明义的说明中，博物陈列所自言宗旨为“制造博物学上应用之标品，供滇省各学堂购用，补助直观之教育为目的”[15]。因此，最早的云南博物陈列所以辅助教学为目的，实为提供辅助教具的机构。其主要兴趣不在展陈，而在供应展陈标本上，在此情况下，展陈和展陈空间都不在考量范畴内。筹办人员组成显示，民国之前的云南已经形成了博物馆机构的整体观念。博物陈列所最初由尚烈和罗家清筹备，其下设博物实习科，虽然总理和协理分别由云南图书馆馆长孙光庭和提调朱

〔14〕　《咨呈提学司请筹博物陈列所以为开办博物馆基础文》，收录于《云南图书博物馆一览》公牍，昆明：云南图书博物馆，1923年，第2～4页。
〔15〕　《云南图书博物馆一览》规章，昆明：云南图书博物馆，1923年，第5页。

瀓清兼任，但实际主事者为充任管理的何秉智和罗家清二人，教员之中则以康学文和杨煦为中坚。细审可发现，最初承担建馆大事的人员均毕业于京师大学堂博物实习科，而且数年之前就曾参与南洋劝业会的参赛筹备工作。1903年11月，“提学司委北京大学博物实习科毕业杨煦、康学文、何秉智就馆，制备南洋赛会出品”[16]。博物实习科“招考生徒传习制法以期教育普及”，因此，博物陈列所汇聚了云南全省从事科学教育的先驱，包括罗家清、杨煦、康学文、尚烈、布青阳、秦光玉、唐鉴忠、彭润、张应杓、郭从光、孙肇宗和周聘才。1911年进入云南省图书馆的尚烈和罗家清亦毕业于北京大学博物实习科，其职责为“向各地方团体征集物品”。博物馆尚未独立之时，博物实习科反而一枝独秀。“传习”构成云南博物实习科的主要工作内容，与其他博物馆机构不同的是，培养标本制作员是该所的主要目标之一。“本所拟招生徒一班取录十人专习标本模型图画三科，兼习博物、算学、国文、修身、历史、地理等科学”[17]。博物实习科制作的标本实为展品主体，“本所制出之物品即于馆内择地陈设，并搜罗古今器物品类，分门陈设于内，以为教育博物馆之基础”。博物陈列所曾经短暂地存在和展出过，观众应该以学堂学生为主体。统计数据显示，博物陈列所于宣统三年（1911）面向公众开放，参观人数在当年即达到6193人次，次年尽管受迁址影响而不得不于五月关闭一个月，参观人数仍然跃升到45114人次。即使在迁往粮道署衙门之后，处在平稳发展期的云南博物馆的年均观众量也仅在50000人次规模上波动[18]。不过，博物实习科并不长命，1914年即以经费支绌停办。而且，在1912年迁往旧粮道署衙门之前，博物馆都未能得到正名。

1912年5月，因为九龙池经正书院被征用为陆军偕行所，云南图书博物馆迁往景星街旧粮道署衙门。未具年《修订云南图书博物馆章程》因“图书馆之部”第二节称，“本馆原就省城内九龙池经正书院开办，今改设于省城内旧粮道署”，可准确推断其成于图书馆的粮道署时代，因此，该章程也是管窥粮道署时代的博物馆的最好门径。《章程》分列“图书馆之部”和“博物馆之部”，两者合并可能只是权宜之计。博物馆在并址于图书馆时已经有充分独立的发展脉络。

---

〔16〕　《云南图书博物馆一览》纪事，昆明：云南图书博物馆，1923年，第1页。

〔17〕　《云南图书博物馆一览》规章，昆明：云南图书博物馆，1923年，第7页。

〔18〕　《云南图书博物馆一览》表，昆明：云南图书博物馆，1923年，第9、10页。

"博物馆之部"第二章"场所"第二节更是明确表示，"本馆现合设于图书馆内，俟品物日多再为逐渐扩充"。由于图书馆和博物馆联合开办，博物馆的事务性工作循九龙池时代旧例，交给图书馆合并办理，同章第三节称，"本馆一切事务概归图书馆馆长庶务员办理，不再另设"。由于博物实习科在1914年即遭关闭，博物馆已无科学教育人员。专属于博物馆的工作人员仅有"管理物品司事三员，专收管陈列各件"，此外尚包括售票、验票、打更、守卫、园丁等人员数人[19]。

5.1.2 文庙时代的起始和终结

云南博物馆迁文庙起因于云南省立图书馆的迁址和改造。因为旧址无法容纳，博物馆迁往距离不远的文庙旧址，并且趁机独立成为云南省立博物馆。但是，博物馆的独立法理基础并不牢固，在民众教育运动中，与原有的民众图书馆合流组建成云南省立昆华民众教育馆便顺理成章了。作为1931年之后民众教育建设最好的省份之一，云南以省立昆华民众教育馆为民教堡垒，而在内部，仍然实施博物馆和图书馆的分治。博物馆成功地转型成为民众教育的分支，但是也随着民教运动的衰败而招致厄运。

撤离经正书院旧址的云南省立博物馆迁往何处，1930年初实有提议，"乃拟移置东西两庑及崇圣、名宦、乡贤、忠孝各祠，集于大成殿中，以存古制"[20]。教育厅厅长龚自知提出，"博物馆移设文庙内，重加整理补充，命名为省立博物院"。年内迁址之事基本完成，最终定名"省立博物馆"，略有出入。云南省立博物馆于1930年10月29日正式成立，馆长由龚自知兼任。博物馆下辖总务、美术、卫生、科学、历史、教育成绩和实业出品各部门，除总务外，其余各部门皆以馆名。

云南的民众教育运动紧密地跟从了国民政府的部署。1933年9月11日，云南成立省民众教育委员会[21]。原本的云南省立昆华民众教育馆在1932年4月就已经按照中央规定，成立了总务、陈列、阅览、出版和推广五部，有的部门因为人

---

〔19〕 云南图书博物馆：《修订云南图书博物馆章程》，昆明，1915年，第11～16页。

〔20〕 云南省立昆华民众教育馆：《云南省立昆华民众教育馆概览》，1933年。

〔21〕 云南省教育厅：《云南省二十四年度教育概况》，1935年。

力不足而未成立。昙花一现地独立的云南省立博物馆再度与图书馆合并在一起，但是与以前的两馆结构不同的是，此间图书馆亦是新成立的机构，1931年8月，何作楫方得任命在“魁星阁桂香楼”组建“民众图书馆”。因此，1932年3月，云南省立昆华民众教育馆最终成立，次月，陈玉科出任馆长。云南省立博物馆和云南省立民众图书馆摘牌，成为昆华民众教育馆最重要的两股来源。从内部看，博物馆改成陈列部，图书馆改成阅览部，两者各占五室，势均力敌，前者是古物和书画、美术、卫生、科学和实业出品五间陈列室，而后者是普通、妇女、儿童、杂志和时报五间阅览室。此外，陈列部还有一未计入的“动物园”，而在详列各陈列室时，“史地陈列室”也是此前未曾提及的，因此，昆华民众教育馆陈列部规模可能较公布的更大。陈列部以曾出任云南省党务指导委员会编审科主任的张宸华担任主任，以金石人士方树梅为古物书画室指导员，雕塑家廖新学为现代美术指导员，中学教师陈秉仁为科学陈列室指导员，昆明卫生课主任吴信其为卫生陈列室指导员，实业厅技正张朝琅和吴仲沅为实业出品室指导员〔22〕。

民众教育馆陈列部有条不紊地开始准备。在陈列空间的准备上，“原日东西两庑及各祠均经改造，嵌以玻窗，刷以油漆，作为科学、卫生、实业出品、历史、美术、教育成绩等陈列馆。至改组为民众教育馆后，各馆改名陈列室”〔23〕。有趣的是，此时对陈列部的分支的记忆多有牴牾之处，可能其活跃和灵活程度也超乎想象。

文庙时代的展陈由于日军轰炸造成的房屋损失已无可能复原，但是库房收藏尚可通过检库管窥一二。昆华民众教育馆馆长周立慈于1942～1943年多次请辞，在多方慰留之后，最终以父病为由，获准由何少诚继任。周立慈请辞之时，已经言明，“兹者馆舍一再被炸，且已奉令停止工作，短期似无法恢复”〔24〕。《三十一年云南教育简报》也有，“省立昆华民教馆为各馆巨擘，但六次被炸，损失极大，工作几陷于停顿”〔25〕。抗战结束后，1946年年底，包维新代理何少诚辞职之缺，清点民众教育馆房屋时，特别提及被轰炸后修复的部分仅有抗

〔22〕 云南省立昆华民众教育馆：《云南省立昆华民众教育馆概览》，1933年。
〔23〕 云南省立昆华民众教育馆：《云南省立昆华民众教育馆概览》，1933年。
〔24〕 云南省档案馆1012-4-1867：3号档案。
〔25〕 云南省教育厅秘书室：《三十一年云南教育简报》，1942年。

战陈列室、大成门、崇圣殿、仓圣祠、明伦堂等，大部分建筑仍然无法得到修复[26]。清点馆藏时，计艺术部各种古物302项，科学室201项，卫生室227项，古今学画碑帖240项，美术品49项，另有单独列出抗战陈列室物品15项，国术团器械10项，孔庙礼乐器一组[27]。

抗战军兴完全打乱了民众教育的发展计划，除了一些因时而变的临时展之外，民众教育馆的黄金时代已经逝去，而且一直到1949年都未能恢复起来。抗战之后，云南的省级民众教育馆尚有在昆明的昆华、昭通、开化、丽江、楚雄和开远六处，其中仅有昆华和昭通两处有展览陈列内容，1946年民众教育馆整体实施裁撤和改属处理，“省级民教馆遵行裁员减证案，除省会地方保留昆华民教馆设置外，其余如开远民教馆均交当地县政府接办”[28]。至此，1949年之前云南博物馆事业进入尾声。

5.1.3 馆藏和展陈的变迁：从辅助教学到启迪民智

自清季民初到抗战时期，云南博物馆除了在馆址上屡次迁移外，在馆藏上也有从无到有的建设过程。馆藏的增长并不是直线发展过程，而是呈现为阶段式的扩充和调整，与博物馆自我定位密切契合。馆址和馆藏的变迁又直接投影到展陈上。

九龙池时代的云南博物馆以“博物科”为重，明确地表明辅助教学定位。此时的云南博物馆的馆藏还在征集之中。根据云南省图书博物馆公布的捐赠书物汇录，此时征集物品分类体系较为粗放，入藏物品的具体内容皆不可知。以宣统二年为例，云南博物馆接受的捐赠物包括书、碑帖、物和兽等，其中书为绝对大宗，仅商务印书馆就捐书达529种，而碑帖和兽仅是屈指可数的数种[29]。

何秉智成书于1923年的《云南图书博物馆一览》保留了尚在襁褓的云南博物馆的空间记忆。九龙池旧址的图书博物馆平面图揭示出若干未能见诸文字的特征。云南图书博物馆依地形而建，呈现为不规则形状。整组建筑由东西两路构

[26] “存核省立昆华民众教育馆馆长何少诚移交房屋器物及树木花草清册”，云南省档案馆1012-4-1867：15号档案。

[27] 云南省档案馆1012-4-1867：18号档案，第72～89页。

[28] 《民国三十七年云南教育行政会议特刊》，1948年。

[29] 《云南图书博物馆一览》附录，昆明：云南图书博物馆，1923年，第12页。

成，从空间分配上看，博物馆所在西路较图书馆所在东路多出一进，占地更广。图书馆和博物馆分布于两个独立院落。这与管理制度有关，图书馆免费开放，而博物馆需收取门票，规定“每一参观券售铜元二枚，军人学生以制服来者减售铜元一枚”。西路照壁处围合起来成为“动物饲养所”。

博物馆由狭长的两进院落组成。前一进的南座为“金石保存所”，北侧正房分左、右两部，分别为“历史品陈列室”和“美术品陈列室”，两侧厢房分别为“工艺品陈列室”、“教育品陈列室”和“铜佛陈列室”。通过小桥连接的后进实际仅有北排一列房屋，包括“科学品陈列室”、“天产品陈列室”和“书画陈列室”三个部分。大多数陈列室为三隔（开间），但教育品陈列室为五开间，工艺品陈列室为八开间。但是，这并不是馆藏组成的直观反映。一份未具年的藏品统计表明，云南博物馆的收藏已经达到4906件，其中最多的是天产品1795件，其次则是书画碑帖882件，教育品790件，历史品715件。剩余的美术品、工艺品和科学品多在200～300件之间。金石铜佛最少，仅有41件[30]。

粮道署时代的云南博物馆的复原在很大程度上依赖于编订于此时的《修订云南图书博物馆章程》和昆明法文学院院长的报道[31]。按照《修订云南图书博物馆章程》，博物馆的结构仍是按照一定的顺序编排的。“博物馆之部”第十节，“本馆陈列之品各有类别，不能互相混杂而紊秩序”。博物馆馆藏原本分成“天产”、“历史”、“美术”、“工艺”、“教育”和“科学”六部[32]。馆藏结构与部门设置大体可以对应起来，其中天产部“陈列本省及各省各国之动物植物矿物岩石化石等类或其主要之标本模型”，历史部“陈列本省或本国历史之风俗宗教武器战利等之主要物品”，美术部“陈列本省及他处之建筑雕刻绘画器物以及古今名人字画金石古玩”，工艺部“陈列本省及外省外国主要之陶磁器漆器铸金木工染织刺绣等之物品”，教育部“陈列本省各学校学生成绩品及各种教授用具”，科学部“陈列主要之物理化学地质天文地文数学农学工学医学之器械制品图画等品”[33]。粮道署时代的博物馆也不乏策展计划，但是，无论是空间，

〔30〕《云南图书博物馆一览》表，昆明：云南图书博物馆，1923年，第12页。
〔31〕《修订云南图书博物馆章程》，昆明，1915年。
〔32〕《修订云南图书博物馆章程》，昆明，1915年，第11～16页。
〔33〕《修订云南图书博物馆章程》，昆明，1915年，第14页。

还是馆藏都捉襟见肘。“旧粮署层次虽四进，概行无楼，不甚适用，屋檐甚深，光线不足，而云南总会光线较佳，只正屋六间可供陈列之用，且无窗牖，亟须修理外，有上下楼房一大间，可为实习科讲堂之用。旁虽有小屋数楹，尚须修改，始能为寝室之用，其他粮署西围墙内，虽有平房十数间，尽皆破滥”。陈列空间上，粮道署尚不及被陆军僧行所占据的旧馆。在军政府看来，图书馆和博物馆实为无关紧要的机构，所分房屋也就严重不足了。不过，博物馆幸而最终得到云南总会建筑。按照当时的计划，“粮署四堂庋藏书籍，西耳房庋藏书板，东耳房及云南总会之正屋及过厅暂定为陈列室之用，博物实习科则以云南总会内楼房一大间作为讲堂，寝室则以旁之小屋改之。其粮署之三堂则为管理员及经理司事住屋，并为安置器物之所”。但是，云南图书馆则认为阅书报室和书画陈列已无空间。

云南府法文学院院长柯蒂尔（Georges Cordier, 1872 ~ 1936）两度详尽报道了旧粮道署时代和经正书院时代云南博物馆的馆藏和展陈情形，成为建构独立的早期云南博物馆历史记忆的关键史料〔34〕。柯蒂尔的报道分别刊布于1915年和1922年的《远东学院学刊》（*Bulletin de l'École francaise d'Extremê-Orient*，下文简称*BEFEO*）上，虽然没有写明访问时间，但是由于准确提及博物馆馆舍位置，因此两次报道可以分别对应旧粮道署时代和经正书院时代的云南博物馆。同时，由于文体原因，柯蒂尔更偏向如实记录博物馆空间和内容，提供了异域观众视角的博物馆陈列面貌。

科蒂尔第一次报道偏重于粮道署的常设展陈。博物馆的公开展陈空间由三进衙署和一个侧跨院构成，分成八间展厅。柯蒂尔记录显示，创办数年后，云南博物馆已经形成收藏门类复杂，兼跨科学和历史的综合博物馆格局；不过，馆藏质量远达不到精致程度，展陈布局也没有展现出收藏分类的科学化趋势，甚至流露出早期博物馆的杂乱场景（图5.2）。柯蒂尔直白指出，“中国人全无分类法，陈列选择上也不审慎”，但不能排除科蒂尔不能理解民众教育类博物馆的特质而产生的误解〔35〕。作为一名严肃的博物馆观众，柯蒂尔试图按照西方博物馆布展模式总结云南博物馆的“参观路径”，并且按照这个顺序详尽记录了各个展厅的陈列内容，不过囿于对云南历史的熟悉程度，其记录可能略有误差；而且，柯

〔34〕 Cordier G. Le Musee de Yunnan-fou. *BEFEO*, 1915,15(1): 25-38.

〔35〕 Cordier G. Le Musee de Yunnan-fou. *BEFEO*, 1915,15(1): 25.

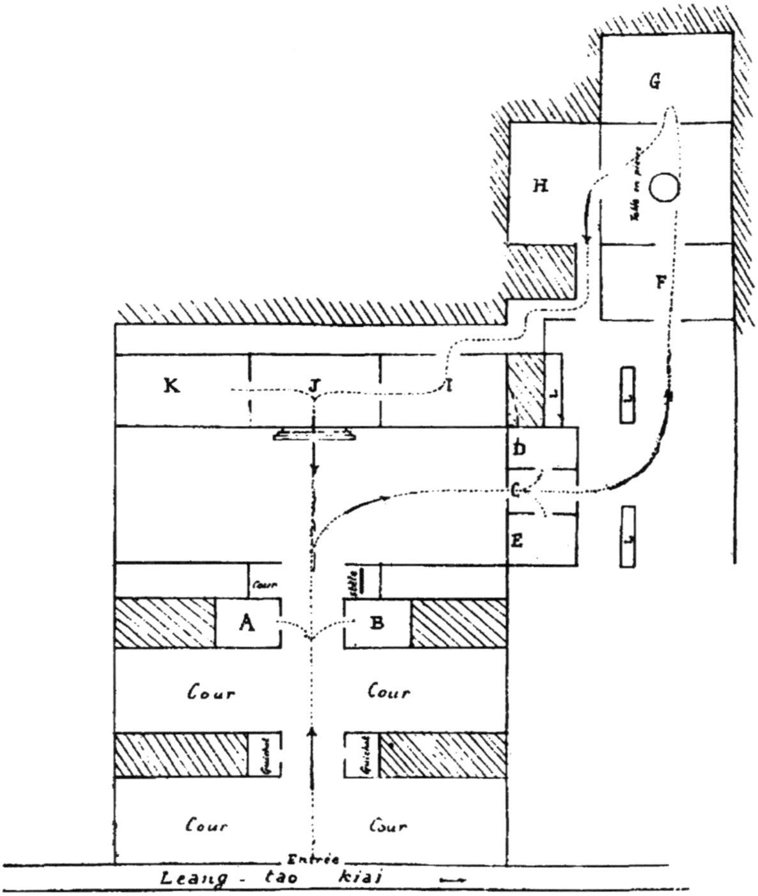

图5.2　旧粮道署时代的云南博物馆平面图
（采自Georges Cordier. Le Musee de Yunnan-fou）

蒂尔也没有说明，“参观路径”与博物馆设计线路的匹配程度。

按照科蒂尔的整理，展陈从衙署第二进开始。头进仅为通道，二进门道左右各有一间展厅，均展示碑刻拓片，其中展厅A包括赵藩、李根源等题记碑文，赵藩撰写高黎贡碑记，黄膺撰写阿卢洞碑记，张浚书写岳飞诗和禹王岣嵝碑铭。展厅B则有武安王庙碑记、杨忠毅公碑、中兴颂碑，圆通寺、庆云书院和城隍庙等碑文。

第二进中，参观路径右转至展厅C、D和E的右侧厢房，其中，展厅C实际上是通道，展陈包括钱沣和邓石如等书家书法作品。北侧展厅D陈列青铜佛像。南侧展厅E是一个相对独立的永久主题展，展陈“印支地区物产”。该展由河内农商博物馆设计，作为临时特展展陈后极受好评，因而转型成为常设展。河内农商博物馆馆长克莱佛斯特（M. Crevost）提到，“1912年10月，我在云南府粮道署旧衙布置了一个东京物产的小型展览”即指“印支地区物产展”。“大部分展品为东京的工业产品和土特产”，包括肥皂、水泥、火柴、棉纺织品、炼油等工业产品，以及草帽、烟草、漆器、丝绸等农产品[36]。

展厅F、G和H实际上是正衙的跨院，H居中，F和G在南北两端，其中南端展厅F兼为通道。展厅F陈列尤其芜杂，似无特定主题，既包括易门孔雀石、铜矿石等矿物样本，也包括青花瓷、建窑黑瓷、朱砂瓶、“明窑瓶”等瓷器以及明代瓷器碎片等陶瓷器，还有小件玉器、东方朔石雕像等玉石器及西塔藏文砖拓片、米芾书法拓片、仇英画作等。诸多展品基于何种理由组合在一起尚未可知。展厅H似为历史主题，进门即有杜文秀遗物，包括三顶帽子、两双靴子和整套刺绣龙袍。其他文物包括满汉双文圣旨，陈圆圆像、杨玉科马褂、潘永贵衣饰等晚期文物，也有汉代侯印、汉代钱币、舍利函盒等早期文物，还有以“诸葛鼓”相称的铜鼓等非华夏遗物。展厅G则是动物展区，主要陈列各种鸟类和动物标本，甚至包括来自河口的大龟。参观路径自跨院小门进入正衙三进，但是当时第三进之中尚无正式展厅。

至迟到旧粮道署时代，云南博物馆已经显著具备社会公共性综合博物馆的特征。在选址上，书院、旧衙署或者文庙等建筑旧有的公共属性成为博物馆馆舍的最佳选项。其次，由于作为民众教育的组成部分，云南博物馆展现出明显的乡土认知倾向。云南博物馆的馆藏无论在类别，还是数量上都有显著提升。柯蒂尔的记录显示出云南博物馆馆藏的多源特质。碑刻拓片、金石器物和书画可能在纳入博物馆馆藏之前就已经进入私人收藏，会社徽章和诰命文书则代表了“传家宝”（heirloom）类型的器物。“诸葛鼓”和“蛮或者苗子的众多器物”很可能是同时期边缘族群仍在使用的“风俗”器物。如果依传统金石学视角评判，诸多类别

---

〔36〕 柯蒂尔引克莱佛斯特函件，见Cordier G. Le Musee de Yunnan-fou. *BEFEO*, 1915, 15(1): 32。

的器物是不入法眼的，甚至连真伪都成问题，但如果从建构乡土记忆视角出发，则所有类别都自有价值。历史文物之外，矿产标本、岩石、动植物标本也纳入到博物馆藏品征集范围之内，一方面反映了云南博物馆的综合博物馆定位，另一方面也反映了建构乡土认知的导向。再次，“印支地区物产展” 收藏和陈列同时期最具代表性的近代工业和传统工艺产品，构成20世纪之初云南的历史记忆，完全可以被视为时代关怀的表达。

粮道署时代的云南博物馆虽然流露出综合博物馆的志向，而且馆藏规模上的确较九龙池时代有长足的进步，但是结构和质量明显呈现出多源性、失衡性、糅杂性和强烈现实关联特质，尤其是在质量上，几乎无法承担区域艺术或者传统典藏代表之责，这一不足也迫使云南博物馆更坚定地转向社会教育。

1922年，柯蒂尔发表了对迁回经正书院原址的云南博物馆的回访〔37〕。空间变动不言而喻，但是柯蒂尔几乎只字未提展厅布局，反而津津乐道短短数年中的急速扩展的馆藏。他认为数年来云南博物馆的馆藏在两个方面增长迅猛，一是碑刻，十余通来自不同地点的石碑移入博物馆中。另一是新增诸多馆藏类别。哥老会和同心会银徽章等革命文物，银行钞票等晚近社会文物，唐卡，册立土司的诰命和“属于蛮或者苗子的众多器物”都是此前未见的。即使竭力弥补，云南博物馆的馆藏扩充工作收效并不明显，云南博物馆坦承“室隘物稀，殊乏精采，即本省历办之巴拿马出品协会、物华会、花朝会、物产品评会、省劝业会等，虽亦设处陈列，仍属局部之点缀而已”〔38〕。整体格局没有扭转。这一时期的云南博物馆也举办了一些临时特展。1923年，双十节期间组织的书画展览会展期仅3天，展览兼有销售的意味，“分卖品非卖品两种，均由出品人于征集时声明”。展览亦需要门票，“加收券费铜元二枚，其军人学生以制服来者，加收券费铜元一枚”。预料到展览可能会受到欢迎，组织者提出“参观来宾仍应男女分日，以免拥挤”〔39〕。从记录上看，书画展览会似无意于只作精品展示，而是办成观众可以参与的社区建设活动。

---

〔37〕 Cordier G. Le Musee de Yunnan-fou. *BEFEO*, 1922, 22 (1): 135-138.

〔38〕 《云南图书博物馆公函》馆字第42号，云南省档案馆1012-4-1804：8号档案，第38页。

〔39〕 《云南图书博物馆筹开书画展览会简章》，云南省档案馆1012-4-1804：10号档案，第60～63页。

昆华民众教育馆时代的博物馆基本利用了旧有的文庙建筑。文庙建筑规范了博物馆的展陈空间，不同主题的陈列室分别占用独立空间。古物书画作为博物馆最重要的内容，占用了最大的空间，“有宫殿式屋一院，计正殿四大间，东西侧厢各四间，连同屋前天井，共约三十方丈”。其他的展陈空间可能就只有4～6方丈。正殿被辟作“古物陈列室”。两侧厢房分别是“书画陈列室”和“仇货陈列室”。二进院落中的孔子庙保持不变，但左右两侧厢房改成两个“美术陈列室”。大成门外的两侧厢房改成“卫生陈列室”、“实业陈列室”和“科学陈列室”。对比民众教育馆陈列部的设置，可以发现，“教育成绩”陈列已经消失，而出现了配合抗战时政的“仇货陈列室”。在大成门至泮池的空地上的确包括两处“鸟兽”空间和两处“孔雀园”，园中有何动物尚不得而知。

布展上基本采用了最常见的“回”字形参观路径。大部分陈列室都沿壁面排列展品和图片资料，展品较多的情况下在房间中间设一排或者两排陈列柜。科学、卫生和实业出品就属此类。而展品较少时，如美术陈列室，就采取“门”字形布展格局。

在管理上稍微特殊的是实业出品陈列。由于这一部分的展陈品多属“活”的物品，因此，很可能不在博物馆的永久收藏之中，而是由实业厅控制的。该陈列室的指导员由实业厅科长兼技正张朝琅担任，在布展时，也特别说明，“内部陈列品，均系本省实业厅出品，管理人员亦由实业厅委派”。从陈列设计上看，虽然也陈列粮食标本、种子、茶叶烟叶、药品皮革之类，但是各地出产矿产占据了展览的绝大部分。展厅正墙面甚至专门制作了“各县出产五金比较表”。由于展陈内容过多，导致展览室采取了“日”字形参观路线。陈列室中部摆放了两排陈列架，陈列各种矿物样本等。动物、植物、土产药品、皮革、药物等陈列在四周。

仇货陈列室是特定情境的产物。1932年11月12日，昆华民众教育馆组织了“仇货展览会”，通过陈列展示日货，实现教育民众抵制日货的目的。“本馆鉴于国难日急，非贯澈抵货运动不足以御侮救亡，而欲贯澈抵货运动，又非使民众均能认识日货不可”[40]。此次展览颇为成功，原定两周的展览先延时至三周，到12月5日方闭幕。随着抗战形势的发展，仇货陈列室以永久陈列室方式保存下来。

---

〔40〕 云南省立昆华民众教育馆：《云南省立昆华民众教育馆概览》，1933年。

伴随着自九龙池到文庙的空间转移，云南博物馆以不断增长的馆藏和不断修改的展陈方案展示了从辅助教育一变而成区域文化代表，再变而成民众教育的历程。

5.2　强人遗产：游离在民众教育之外的河北博物院

以天津为中心创办河北省立博物院之议最早可以追溯到20世纪之初。河北博物院自身定位为“普通之博物馆，……辅助学校教育社会教育之不逮，分自然科学与历史学术”，显然以作为河北全省普及社会教育的重要机构自勉[41]。但是，河北博物院显示出民众教育和社会教育潮流中不同寻常的特质。从基于博览会的考工厂和商业陈列所，到次第成立的天津博物院和河北博物院，河北博物院的成长和兴衰都与直隶的实业发展密不可分。实业关联是先后出任直隶省实业厅长、教育厅长和河北博物院院长的严智怡（1882～1935）只手赋予的。在他执掌天津博物院和河北博物院的筹备之前，直隶省公署教育科和天津劝学所筹办多年，始终未有实质性进展，严智怡顺利解决了馆藏、馆址和经费问题，河北博物院才最终得以成立。河北博物院称，“赖公坚苦百折，是启是辟，搜集考察诸役，每躬亲为之，捐金集品，独力扶持，以有今日之基础”[42]。但是，严智怡遗产绝不仅限于院务运作上。与实业的文化和经济关联，与教育和学校的分分合合不仅影响了博物馆的运营，也直接左右了馆藏结构和教育倾向，甚至河北博物院对自然史、人类学和普查式调查活动的强烈偏好都可溯源到严智怡的个人倾向。对于身处民众教育洪流的博物馆而言，强势人物可能使其具有超越群伦的先见之明的特质，但也不可避免地放大了个人认知的局限，而且抑制了民众教育的常规发展轨迹。1935年严智怡突然去世给河北博物院造成严重空白，使之在很长时间内都陷入茫无头绪之中（图5.3）。

5.2.1　从考工厂到河北第一博物院

河北博物院脱胎于天津的实业推广运动。工艺局下辖考工厂是河北博物院的

---

〔41〕　严智怡：《发刊辞》，《河北第一博物院半月刊》第1期第1版，1931年9月25日。

〔42〕　《故院长严持约先生纪念专号》，《河北博物院画刊》第97期第1版，1935年9月25日。

河北博物院畫刊

故院長嚴持約先生紀念專號

嚴持約先生遺像

發刊詞

天津嚴公持約。民國四年冬歸自美國。攜印第安人用品及風俗影片多種。將謀設博物院。明年春。適直隸巡按使公署教育科天津勸學所及各學校。發起組辦天津博物院。羣協力進行。請于巡按使朱公。委託直隸商品陳列所籌備。學校則任經費。公時爲商品陳列所長。籌定地址。蒐集品物。皆公主之。明年。公自農商部司長還直隸實業廳長。又明年六月。舉行博物院成立展覽會。旋遷入總事結束今址。九年。公令實業廳撥欵補助經費。十一年。釐訂簡章。及董事會簡章。成立董事會。僉推公爲院長。十二年。正式開幕。自十三年以還。時局傾擾。本院房屋。迭爲軍隊借住。經費亦形竭蹶。賴公維護調護之力。庋藏品物。保存無失。復于其時刊拓書籍影帖。宣揚文化。十七年。國內統一。公任河北省政府委員。議由省庫月補助三百六十七元。更名河北第一博物院。重定規章。保持董事制。明年。駐軍遷出。復請省政府撥欵修葺房屋。十九年七月。董事會推公爲院長。二十年三月。公商請河北省教育廳天津市教育局及各學校。恢復補助經費舊案。本院事業。略得擴充。乃發行定期刊物。與國內外學術機關相見。二十二年七月院長任職期滿。復推公連任。二十三年。修正規章。更名河北博物院。維東西各國公私博物院。所在林立。規模大者。歲費以數十百萬計。本院經費。月僅數百元。賴公堅苦百折。是敗是葺。蒐集考察諸役。每躬親爲之。捐金集品。獨力扶持。以有今日之基礎。最績論功。孰與高下。是年十一月。公既解組。尤以闡揚文化爲己任。本院爲公手創。方將廣拓規撫。乃不四月遽卒。董事會追念公德。第二十二次會議。議決于院內闢一室。命以公字曰持約堂。陳公遺物。以永不朽。並發刊紀念專號畫刊用誌紀念。公諱智怡。早歲留學日本東京高等工業學校。爲校長手島精一君所器重。歸國任直隸實業司科長。商品陳列所長。美國巴拿馬運河紀念博覽會直隸專員。農商部司長。直隸實業廳長。龍烟鐵礦公司理事。農商部商標局長。河北省政府委員。教育廳長。論政持大體。【接第二版】

嚴持約先生遺墨

嚴持約先生紀念碑

图5.3 《河北博物院画刊》严智怡纪念专号

雏形，考工厂逐步演进形成直隶商品陈列所，并进而孕育了河北博物院[43]。1902年，考工厂初设于北马路，以“广集本省及外省货物，兼外国制品，分类庋设，以资工业家考证，而生其激发之心”为宗旨[44]。“考工”系旧词新意，指新兴工业，因此，考工厂就是殖产兴业推广机构。考工厂收藏和展陈物品的细节已不可知。至迟在1904年，考工厂已经对外开放。1907年，考工厂迁址至河北中州会馆北首劝业会场，更名为劝工陈列所。1912年劝业道改组，劝工陈列所因而变更成直隶商品陈列所，工商科长严智怡兼任陈列所所长，这是严智怡参与成立和塑造河北博物院的起始。1913年直隶商品陈列所举办第一次全省资源普查，按照分区进行全方位调查，搜集的展陈品编号达4000号之多，此次收集成果以及活动经验都为未来的博物馆提供了重要的基础。1914年3月，严智怡和陆辛农率队参加了日本大正博览会，同年稍晚，严智怡又和娄鲁青一起

〔43〕 陆惠元：《天津考工厂是中国第一个博物馆》，《中国博物馆》1987年第1期，第82～85、63页。

〔44〕 郝庆元：《直隶工艺总局资料选编》，《天津历史资料》第16辑，1982年，第17页。

参加美国巴拿马万国博览会，在此期间，严智怡在东北美一带考察了博物馆、美术馆等机构[45]。严智怡辞世后的诸多纪念文字将此次美国之行看成河北博物院具有奠基价值的关键事件，“民国四年冬（严智怡）归自美国，携印第安人用品及风俗影片多种，将谋设博物院”[46]。这一说法显系严智怡出掌河北博物院后的传统重表[47]。但是，作为河北博物院的前身，从考工厂到直隶商品陈列所都预置了与殖产兴业的关系，而从创始之时起，严智怡就成为河北博物馆事业的决策者，因此，1914年的美国之行成为宣示严智怡的主导地位，暗示河北博物院馆藏特色的最佳事由。

河北博物馆先后多次筹组，开办过程尤为曲折。最初以成立天津博物院试水。1916年，直隶巡按使公署教育科、天津劝学所等发起创办天津博物院的动议，筹备处设址于商品陈列所，时任商品陈列所所长的严智怡即成为筹办核心人物。最早参与筹办博物馆的还有时任教育科科长李琴湘和商品陈列所技正华石斧。1917年6月，天津博物院成立，成立之初的收藏规模已经足以令人瞩目，“天然物品千有四百余事，古器二千三百余事”[48]。不过，虽然名为博物院，但天津博物院应只是脱胎于博览会的临时展陈机构，并无固定场所和常设展陈。晚近回忆提及，天津博物院成立之时，在天津公园旧学会“成立展览会”，“会期两月”，随后闭会。“成立展览会”除各临时展馆外，还设有游艺、武术、演说和余兴等部，完全仿照巴拿马国际博览会形式[49]。1919年，因为在甯河县获得座头鲸，天津博物院于金华商场内举办了一场观鲸会[50]。严智怡以“自是厥后，三四年之间，继续搜集物品，以修葺房屋，布置陈列之故，未能正式开幕”

〔45〕严智怡：《巴拿马赛会直隶观会丛编》，1921年。

〔46〕《故院长严持约先生纪念专号》，《河北博物院画刊》第97期第1版，1935年9月25日。

〔47〕严智怡：《本院沿革要略》，《河北第一博物院半月刊》第1期第1版，1931年9月25日。

〔48〕严智怡：《本院沿革要略》，《河北第一博物院半月刊》第1期第1版，1931年9月25日。

〔49〕马冬青、任海燕：《河北第一博物院及其出版的刊物》，《文物春秋》2006年第6期，第57页。

〔50〕严智怡：《本院沿革要略》，《河北第一博物院半月刊》第2期第4版，1931年10月10日。

概括，委婉表达了最初的天津博物院因为经费短绌而无法真正实现永久展陈的窘境。对于天津博物院的开馆进程而言，1917年9月天津大水引发的难民潮涌入天津公园里的博物馆成为压垮骆驼的最后一根稻草。

更为稳定的博物馆的筹备之议出现于1917年。此时筹办的博物馆不限于天津一埠，而以全省为量。屡议屡废后，筹备机构终于于1920年成立。省立博物馆蓝图最终能顺利呈现与直隶实业厅的支持不可分割。直隶实业厅于1918年申请以天津总站东侧的劝业道署为址，创办博物院。此前，天津博物院以省立学校教育经费的百分之二为开办费，月取百分之一为经常费，而重组的省立博物馆则改以实业厅厅属机关经费的百分之一为博物院的开办费用。获准后，博物馆筹备机构迁入车站东侧地址办公。1922年9月召开的第一次董事会推举严智怡和华石斧为正副院长。1923年2月25日，河北博物院正式开幕。始料不及的是，原本以便利为由选择的天津车站前东侧劝业道旧署在政局动荡之时成为博物馆的掣肘。由于位置重要，博物馆馆址一度置于军队交火之中，又长期被军事机关占据。1928年北伐成功之后，在严智怡的斡旋下，河北博物院更名为河北第一博物院，直隶省府，经费直接出自省库，劝业道旧署馆址开始被逐步清退回博物馆。严智怡短暂出任河北省教育厅长，不久竟因为以学校经费支持博物馆事业遭弹劾去职。1930年博物院重新整顿，推选新任董事会，以严智怡和姚彤章为正副院长。1931年经与河北省教育厅和天津市教育局协商，博物院的经常费改由各学校承担。1934年，博物馆又改回原名河北博物院。抗战期间，旧劝业道署被日军强占，博物院遭受重创。1939年，在院长姚彤章的奔走下，河北博物院在原河务局旧址重建，但旧藏基本无存。姚彤章于1940年去世后，伪政府强行接收了河北博物院，更名为天津特别市市立博物院。抗战之后，博物院被接收后，再度改名为河北省立天津博物院，但已经不再是国内具有代表性价值的博物馆了。

如果依照机构和名称标准的话，河北博物院可以区分成为前河北博物院时代（1916～1922）、河北博物院前期（1923～1928）、河北第一博物院时代（1928～1934）、河北博物院后期（1934～1945）和天津博物院时代（1945～1949）。但是，由于从筹办开始，河北的博物馆事业就极其依赖严智怡，而严智怡的突逝也给河北博物院造成极大的冲击，依其生卒年代将河北博物院划成严智怡时代（1916～1935）和后严智怡时代（1935～1949）也合乎情理。如果进一步考虑馆舍问题，河北博物院的馆址选择和实际使用几经波折。直到1928年，馆舍才逐步收回，馆藏扩张和展陈，以及相关教育才能最终落实，因此也可区分成为前劝业道时代（1916～1928）和劝业道时代（1928～1949）。数种分期方案比对可知，河北的博物馆事业在1928～1935年期间，在严智怡的强烈影响下达到鼎盛状态。

1923年河北博物院成立之后，作为母体的直隶商品陈列所并没有就此终结，而是延续了一段时间。由于经费压缩，1920年组织的第二次实业调查的成果未获刊行。1928年，直隶商品陈列所改组为河北省国货陈列馆，但是既无馆藏，也未定期开放，基本淡出公众视野。1935年，天津沦陷，河北省国货博物馆被彻底摧毁。

5.2.2　《河北第一博物院半月刊》所见格局变迁

1931年，河北第一博物院逐步收回劝业道馆址，重新布置和调整展厅，各项扩充馆藏和社会教育活动按部就班开展之际，《河北第一博物院半月刊》（下文简称《半月刊》）应运而生。《半月刊》是以普及为追求，但不失专业水准的期刊，一直持续出版到1937年，因局势日炽而中断。《半月刊》的作者群以河北第一博物院及平津知识群体为主，内容紧密围绕着河北第一博物院的馆藏和旨趣，“盖在普及文化教育，并以引起一般人士对于博物院之注意而已”。虽然在刊行期间，随着博物院的更名，《半月刊》也先后更名为《河北第一博物院半月刊画报》、《河北第一博物院画报》和《河北博物院画刊》，但是出版宗旨和内容格局始终不变。

严智怡开宗明义地确定了河北第一博物院及《半月刊》的基调，“本院乃普通之博物院，而非专门之博物院”。“其天职，盖在阐明文化，发扬国光，以辅助学校教育社会教育之不逮”[51]。严智怡将河北第一博物院界定为具有地方代表性的综合性博物馆。河北博物院的综合博物馆定位清晰体现在馆藏征集上。《半月刊》创刊号上，河北第一博物院即发布《本院征集物品分类及手续》。征集物品类别多达29类，足见河北第一博物院的综合和全面定位。征集物品细目中，“动物”、“植物”、“矿物及岩石”和“化石”四类属自然史收藏，剩余皆属历史和风俗收藏。其中，“礼器”、“货币”、“陶瓷”、“武器”、“舟

〔51〕　严智怡：《发刊辞》，《河北第一博物院半月刊》第1期第1版，1931年9月25日。

车”、“衣服”和“佩饰”等属传统金石器物收集范畴，“建筑”、“家用各器”、“农器”、“渔猎器”、“工用器”、“方伎用器”和“宗教用器”等则遵循近代意义博物馆的分类标准。“简书”、“符牌”和“玺印”等类别与天津的古物收藏和流通状况有关。尤为特别的是，河北第一博物院着重强调了风俗类别，可计入此类的包括“风俗像片”和“世界人种风俗”两种，这应该是严智怡个人偏好影响所致[52]。馆藏的自然史和历史古物二分法也映射到《半月刊》的内容分野上，“本刊内容，分自然科学与历史学术两大类”。甚至刊载国内外发现和研究简讯的栏目也分门别类为“古物消息”和“自然界消息”。

河北第一博物院以移存、寄赠、寄陈、价购四种方式扩充馆藏。“移存”指“国家所有或地方所公有之物”，具体而言，包括“历代历年因案抄没存于各县各处之器物及有清以前之卷宗”和“一县一村一镇一庙者”。两类皆有特色，前者得天津地利之便，常可得到遗落在京师之外的重要收藏，后者则显示出基于底层的独到视角，逆废寺毁佛趋势而行，可能与严智怡对人类学的个人兴趣有关。不过，此类馆藏向为各级公立收藏机构的关注重点，因此入藏数量有限。“价购”是馆藏入藏的市场化方式。1920年巨鹿古物迭出消息传出后，河北博物院即派李祥耆和张厚璜前往收购，次年，李祥耆又往内丘收购金代石狮。受制于博物馆经费短绌，“价购”亦不可能成为主要的入藏方式。因此，博物馆更加倚重“寄赠”或者“寄陈”。寄赠指“凡为一人一家所有之物，希望赠送本院陈列”，而寄陈则是“不欲移存或寄赠者，可暂存本院陈列”。两者之别在于是否转移所有权。1931年重新布展开放之时，“寄陈品得其什六，寄赠购置之品各居其十之二焉”[53]。事实上，上述四端并不是博物馆扩展馆藏的全貌，主动的采集方式遗漏在外。无论在历史古物，还是在自然科学类别中，河北第一博物院都曾经尝试主动采集。在历史古物类别中，主动采集可以采取考古发掘和普查征集两种方式，但是，职业考古学家的缺位导致河北第一博物院在通过发掘获取馆藏的道路上并不顺利，而普查征集上则由于严智怡的鼓吹而小有成就。河北第一博

---

〔52〕《本院征集物品分类及手续》，《河北第一博物院半月刊》第1期第4版，1931年9月25日。

〔53〕《本院征集物品分类及手续》，《河北第一博物院半月刊》第3期第4版，1931年10月25日。

物院在自然科学标本的采集上由于和静生生物调查所的合作而大获成功。此外，博物院还不定期地号召征集特定收藏。1934年，鉴于院藏仅有试卷夹带、用具、武举试石等少数关于“科举”的文物，河北第一博物院在《半月刊》上刊文专门征集“文武科场各项物品”，希望各界以“赠予”或者“借陈”的方式给予支持[54]。

严智怡的博物馆理念最终需在展陈空间中呈现。河北博物院院址规模“西式楼房及平房，计八十四间”，但是，1918年即已在名义上获得的馆址直到北伐之后才逐步收回和使用[55]。由于博物院地处枢纽位置，政局动荡时长期被军队当成军事要地占据。1929年年末收回后院，次年年初恢复展览。1931年收回前院后，展厅做了进一步调整。1931年《半月刊》创刊出版之时恰是博物院鼎盛之际，此时形成陈列室七间的规模。1931年9月1日，布置一新的陈列室全面开放[56]。陈列室依照馆藏内容分成“自然”和“历史”二部。前者有八室，后者计十二室[57]。具体而言，“植物、下等动物、哺乳动物、鸟、鱼、爬虫、进化、两棲、矿石、岩石、化石”属于自然，“文字、宗教、掌故、科举、巨鹿出土宋代器物、骨器、石器、玉器、陶器、金器、瓷器、纪念”属于历史。次年年底，河北第一博物院的陈列室进一步扩充，新增陈列室五间。1919年收集的甯河县座头鲸也现身于展陈之中[58]。1935年3月严智怡辞世后，河北博物院专门设立纪念陈列室，“持约堂陈列室5间，扩充人种风俗类陈列室一间，计植物类、矿物类、掌故类、纪念类、宗教类、人种风俗类，均各添陈列品，计共一千余件”[59]。严智怡去世之后，博物院的展陈格局基本维持不变，但是细节仍在继

〔54〕《本院征求关于科举各项物品启事》，《河北第一博物院画报》第65期第4版，1934年5月25日。

〔55〕《中国博物馆一览》，北平：中国博物馆协会，1936年，第47页。

〔56〕《本院重要纪事二十年八月》，《河北第一博物院半月刊》第1期第4版，1931年9月25日。

〔57〕庄亚文：《全国文化机关一览》，上海：世界书局，1934年，第300页。

〔58〕《本院重要纪事二十一年十二月》，《河北第一博物院半月刊》第34期第4版，1933年2月10日。

〔59〕《本院重要纪事二十四年七月》，《河北博物院画刊》第95期第4版，1935年8月25日；《故院长严持约先生纪念专号》提及，“第二十二次会议，决议于院内辟一室，命以公字曰持约堂”。

续调整和完善。1936年5月整理院外植物区，并且划定“以北段为天然林，备为采集野生植物及昆虫之用，以南段为谷蔬种植区之用”[60]。

河北博物院通过公开开放践行“辅助学校教育社会教育之不逮”的社会责任。开放是在1931年后全面实现的。博物院实施了免票和售票平行的双轨制度，对于政府机关及学校团体的参观皆予以免费。在针对个人的售票制度中，逢民国成立纪念日、双十节等公众假日和儿童节等专门假日，博物院均执行免费制度。对于来院参观的职业学者等也采用免费制，并在《半月刊》上公布。从《半月刊》逐期公布的数字看，半月间的参观人数在数百之间。首度开放时统计，八月免票入场观众系多所中小学学生及机关职员军警等187人，购票入场观众123人[61]。以后逐月统计显示，购票参观人数大体持平，但免票参观人数则出现较大的波动。

《半月刊》甚至超越具体的馆藏和展陈，表达严智怡及河北第一博物院在“阐明文化，发扬国光”上的愿景。《半月刊》旨在“于文化教育以及社会需要之知识，罔不力事灌输”，在内容上也超出了馆藏的界限。虽然发刊词表示，“就内容门类言，其界限固极广泛，而本院所定标准，务摈糠粃，专采精英”，但是编者亦知此非易事，而且将不可避免地呼应博物院在馆藏和展陈上的倾向。《半月刊》虽以“海内学者”为目标作者群，但院内博物馆人和与博物院关联密切的平津学人及收藏家构成了绝对主体。内容主要包括古物、人类学和自然史等方面。在古物相关方面，王汉章《古董录》，王襄《簠室题跋》和华石斧《义教钩沉》等长期连载，体例及内容均偏向传统的古董和古物之学。王汉章系王懿荣之子，也是王懿荣遗稿的主要整理者；王襄系天津重要的金石收藏家，与甲骨的发现关系密切；华石斧初为商品陈列所技正，后受命参与博物院的创办工作，曾经出任河北第一博物院首任副院长。从作者和篇目看，天津乃至河北的博物馆几乎没有受到现代考古学的影响。曾经参与伦敦艺展事务的傅振伦曾经著文统计参展的河北古物包括“铜器二，铜造像二，石造像二，陶器二，陶像二，瓷器

---

〔60〕《本院重要纪事二十五年五月》，《河北博物院画刊》第115期第4版，1936年6月25日。

〔61〕《本院重要纪事二十年八月》，《河北第一博物院半月刊》第1期第4版，1931年9月25日。

四十七”，总数达57件之多[62]。傅振伦此文也属河北乡土历史教育，不过，考虑到所列河北古物其实早已流入欧美收藏之中，此文效果就未可知了。人类学以李旭华为主要作者，著述主要编译介绍埃及木乃伊、爱斯基摩人等，也介绍国内的人类学调查成果，如海南黎族和西南瑶族的调查[63]。

《半月刊》的自然史内容比重颇高，而且成绩斐然，构成河北博物院有异于其他博物馆的亮点，与静生生物调查所的密切合作则是导致成功的重要保障。1936年，《半月刊》推出《生物专号》，胡先骕高度评价了河北博物院在自然史领域的贡献，“博物院之使命，在搜罗古物与天产，使国人有所观摩，以补教育之所不及。而省立博物院则首以陈列地方之文物与自然界产品为职志。河北博物院自民国二十年秋发刊《半月刊》以来，对于兹二者之搜集刊布，至为美备”[64]。早在专号之前，静生生物调查所周晦盦在《半月刊》上连载多篇以河北自然史为主题的论文[65]。两者之间的合作缘起于静生所向外派遣植物采集

〔62〕 傅振伦：《中国艺术伦敦国际展览会陈列之河北古物》，《河北博物院画刊》第139期第1-2版，1937年6月25日。

〔63〕 李旭华：《埃及之香尸》，《河北博物院画刊》第83期第1版，1935年2月25日；李旭华：《埃及之香尸》，《河北博物院画刊》第85期第1版，1935年3月25日；李旭华：《埃及古代文具考》，《河北博物院画刊》第88期第1版，1935年5月10日；李旭华：《哀斯基摩人》，《河北博物院画刊》第90期第1版，1935年6月10日；李旭华：《哀斯基摩人》，《河北博物院画刊》第92期第1版，1935年7月10日；李旭华：《哀斯基摩人》，《河北博物院画刊》第93期第1版，1935年7月25日；李旭华：《哀斯基摩人》，《河北博物院画刊》第95期第1版，1935年8月25日；李旭华：《黎人风俗考》，《河北博物院画刊》第94期第1版，1935年8月10日；李旭华：《黎人风俗考》，《河北博物院画刊》第96期第1版，1935年9月10日；李旭华：《黎人风俗考》，《河北博物院画刊》第98期第1版，1935年10月10日；李旭华：《猺人风俗考》，《河北博物院画刊》第110期第1版，1936年4月10日；李旭华：《猺人风俗考》，《河北博物院画刊》第112期第1版，1936年5月10日。

〔64〕 胡先骕：《生物专号序言》，《河北博物院画刊》第121期第1版，1936年9月25日。

〔65〕 周晦盦：《河北习见之灌木》，《河北博物院画刊》第89期第3版，1935年5月25日；周晦盦：《河北习见之鱼类》，《河北第一博物院画报》第59期第3版，1934年2月25日；周晦盦：《河北习见之树木》，《河北第一博物院半月刊》第20期第3版，1932年7月10日。

队。1934年，静生所与河北博物院达成合作协议，河北博物院补助采集队费用达350元。采集标本由协作单位分配[66]。1934年年底，经河北省政府批准的博物院常任董事会决议中，通过双方交换“副号标本”或者博物院“少助旅费，所得标本，分赠本院”，邀请鉴定博物院采集的标本，以及联合出版等方式建立和静生所的合作[67]。1935年夏天，博物院与静生所联合在太行山一带采集植物标本[68]。河北博物院在采集河北自然标本上成就斐然，数年后的1937年，天津市立第一民众教育馆征集藏品时，河北博物院馈之以“在平津采集之植物标本六十种及刊物四种”[69]。

严智怡倡导和施行了河北最早的普查活动，奠立了乡土教育的资料基础，范围甚至远不限于古物古迹。严智怡的普查活动源起于殖产兴业运动。尚在商品陈列所时，观摩和参加诸项赛会，尤其是组织直隶物产参加巴拿马国际博览会的经历，直接赋予严智怡以物产调查和采集经验。1913年，严智怡主持了首次对河北全省各类特产的全面调查。随着商品陈列所脱胎而成河北博物院，严智怡将物产普查方法引入博物馆的建设之中。在清晰调查“一县一村一镇一庙”的古物保存情况基础之上，将公有古物“移存”博物院是民众教育类型的博物馆的馆藏基本扩充方式，而河北博物院是率先推行此种方式的典范。1932年5月，河北省财政厅派员往各地视察，河北省第一博物院闻讯后即致函“请转托视察各员兼为本院调查各地古迹古物”[70]。次年9月，严智怡本人接受委派巡查县政，于是身体力行，兼在各县调查古迹。严智怡此行巡视分为三段，覆盖定县、涿县、良

〔66〕《本院重要纪事二十三年三月》，《河北第一博物院画报》第63期第4版，1934年4月25日。

〔67〕《本院重要纪事二十四年一月》，《河北博物院画刊》第83期第4版，1935年2月25日。

〔68〕《本院重要纪事二十四年一月》，《河北博物院画刊》第83期第4版，1935年2月25日。

〔69〕《本院重要纪事二十六年四月分》，《河北博物院画刊》第137期第4版，1937年5月25日。

〔70〕《本院重要纪事二十一年五月》，《河北第一博物院半月刊》第20期第4版，1932年7月10日。

乡、易县、平山、灵寿等多达14个县[71]。博物院指派俞祖鑫随同调查[72]。一年后，此次调查刊布于《河北第一博物院画报》，始料不及的是，此次普查及刊布竟成为严智怡的绝唱[73]。由于巡视的公务本质限定，在任何一县逗留时间均有限，多以二三日为期。如果排除县政公务安排的话，古迹调查需以密集行程的方式进行。例如此行首站定县，全程仅三天，古物古迹调查只可在巡视公务之余进行，但是从记录判断，安排非常密集紧凑。9月27日参观设址于城隍庙的民众教育馆，“有一部分陈列物品，系没收查获侵吞之物，为铜城隍像瓷佛等”。随即参观喜雨楼和慈云阁，后者内藏多通碑刻。再参观南街王氏进士牌坊。28日参加鹿公祠祭典之后，前往石柱村，观看石柱颂石幢、石佛像，及天顺三年和顺治九年两通碑刻。在沙丘寺旧址，严智怡“拾其（瓦砾）制古者数片，携归博物院”。29日前往定县名胜巽阁及陈村乐毅墓。虽然定县教育局长提供了杨村辽金经幢和北幸村唐经幢的线索，但可能受限于时间而未能复查[74]。

就在遭受战争威胁的前夜，河北博物院通过创设讲座活动进一步推动博物院的社会教育。1936年4月开始，博物院组织了五场讲座活动。4月，周晦盦以“益农动物”为题拉开了讲座活动的序幕[75]。10月25日，赵鸿年主讲“中国货币沿

---

〔71〕 严智怡：《河北十四县古迹古物调查纪略》，《河北第一博物院画报》第79期第1版，1934年2月25日。

〔72〕 《本院重要纪事二十二年九月》，《河北第一博物院画报》第51期第4版，1933年10月25日；《本院重要纪事二十二年十月》，《河北第一博物院画报》第53期第4版，1933年11月25日；《本院重要纪事二十二年十二月》，《河北第一博物院画报》第57期第4版，1934年1月25日。

〔73〕 严智怡：《河北十四县古迹古物调查纪略》，《河北第一博物院画报》第79期第1版，1934年2月25日。

〔74〕 严智怡：《河北十四县古迹古物调查纪略》，《河北第一博物院画报》第79期第1版，1934年2月25日。据严智怡《河北十四县古迹古物调查纪略（续）》可知，9月29日上午严智怡等就转赴涿县。

〔75〕 《本院重要纪事二十五年四月》，《河北博物院画刊》第113期第4版，1936年5月25日。

革概况”[76]。11月22日，李祥耆主讲“传拓的方法”[77]。最后一次演讲活动以“造林和植树”为题[78]。多场演讲均选取针对普通博物馆观众的通俗选题，由于缺乏记录，听众的反馈未可知，但是，毫无疑问，这是博物院服务于民众教育的具体举措。

5.3 陷城前后：转轨夭折的湖南省立博物馆

湖南省立博物馆的历史遽然停摆在1930年的悲剧性剧变上，嗣后的政治动荡导致屡次复原终成泡影。1951年在留芳岭百琴园挂牌的湖南省博物馆筹备处虽然在收藏格局的设计上与已经销声匿迹的湖南省立博物馆一脉相承，但人员和理念上已无任何延续性，因此，1949年之后的“新”湖南省博物馆的历史记忆之中，1930年即遭焚毁的湖南省立博物馆荡然无存也就丝毫不令人奇怪了。湖南省立博物馆遗留的印记既单薄又模糊，而且充满了不确定因素，甚至连其名称都模棱两可。两个方面的原因加剧了令人遗憾的失忆。一方面，1930年的博物馆之厄不过是政治和军事冲突的余波，由于湖南省教育厅，连同周边的图书馆和博物馆均遭焚毁，此前的教育公文毁之一炬，导致博物馆在湖南的初生记录悉遭破坏，复原研究几无材料可用。另一方面，1930年的长沙焚城关涉到政治正确性问题，长期以来鲜被触及。

对湖南的博物馆早期发展历程的复原不得不依靠残存的教育档案。复原研究不仅恢复了1930年之前的湖南省立博物馆的片段，而且揭示出1930年之后湖南省立博物馆艰难重建，并最终融入到民众教育潮流之中的历程。1930年之前，湖南省立博物馆已经流露出强烈的社会教育意识，长沙焚城之厄造成其在随后的博物馆社会教育发展大潮中缺席。1930年之后，与图书馆的迅速复原成对比之势的是湖南省立博物馆未能顺利重建，但在此事实掩盖之下，民众教育馆中的博物馆展

---

〔76〕《本院重要纪事二十五年十月》，《河北博物院画刊》第125期第4版，1936年11月25日。

〔77〕《本院重要纪事二十五年十一月分》，《河北博物院画刊》第127期第4版，1936年12月25日。

〔78〕《本院重要纪事廿六年五月分》，《河北博物院画刊》第139期第4版，1937年6月25日。

览活动并没有偃旗息鼓，即使在抗战时期的颠沛流离之中，也有可圈可点的表现。

5.3.1　1930年之前的湖南省立博物馆

1930年之前的湖南省立博物馆和湖南省立图书馆可能合署一处，而且可能缺乏独立性。1912年，湖南省立图书馆创办于长沙城东定王台。1923年，因为“地僻不便”，不利于开展社会教育，迁往冗余空地尚多的湖南省教育会后坪右侧。1927年，以纪念孙中山之故，湖南图书馆易名为湖南省立中山图书馆[79]。湖南省立博物馆的记忆穿插见于湖南省立图书馆的纪事之中，不过档案文献显示的历史记忆非常模糊，多数语焉不详，甚至在名称上都出现冲突和混淆。1948年刊印的《湖南省社会教育概况（民国二十一年至三十六年）》将民国时期湖南的社会教育划分为创始时期（1912～1931）、发展时期（1932～1944）、没落时期（1944～1945）和复活时期（1945年之后），在第一个时期中仅言及“民元至二十年，本省曾先后创设省立图书馆一所，县立图书馆五十二所，私立图书馆一所，省立通俗教育馆并附设通俗时报社一所”[80]。报告未提及独立的湖南省立博物馆，由于写作之时距焚馆尚不足20年，教育厅对湖南省立博物馆的记忆不可能荡然无存，因此，湖南省立博物馆很可能附庸于湖南省立图书馆，至少在馆舍上是依附于后者的。1929年的教育纲要出现“教育博物馆”，提出社会教育目标包括推广省立中山图书馆和整理教育博物馆[81]。由于教育厅其他文件从未提及“教育博物馆”，因此此处很有可能就是当时湖南仅有的省立博物馆；至于为何以“教育博物馆”相称，一方面应该是表明归属关系，即博物馆为教育会管理，

〔79〕　《湖南省社会教育概况》，湖南省档案馆59-3-8号档案。

〔80〕　《湖南省社会教育概况（民国二十一年至三十六年）》前言，湖南省档案馆59-3-8号档案。

〔81〕　湖南省教育厅：《湖南省最近三年（1929—1931）教育概况总报告》，1932年，第5页，湖南省档案馆59-1-433号档案。

另一方面，在馆藏结构和展陈内容上呈现出明确的教育属性和目的[82]。

1932年前湖南省政府的教育概况中，两馆并列提及，“省立中山图书馆博物馆有关历史文化概成灰烬”[83]。这是对图书馆和博物馆关系最常见的表述方式。事实上，1930年“七二七陷城”后，图书馆和博物馆同时被焚毁也可推知两者同在一处。所幸“馆侧新辟基址一所，尚未波及”[84]。随后的复原工作也就是以此为馆舍展开的，不过，图书馆的恢复速度甚快，1931年9月就已复建。而博物馆的收藏损失殆尽，虽屡经倡议复建，也追加了拨款，但终成泡影。

1930年之前的湖南省立博物馆究竟是何种面貌，实缺乏足够详尽的材料，仅能通过官方档案管窥一二。从馆藏方面看，1929年年底的教育纲要特别提出，“继续督促博物馆，编印植物图谱，增购动植物矿物标本”[85]。1931年检讨博物馆受损情况报告提及“博物馆庋藏各种仪器，古物，动植物，矿生物标本模型，供人阅览。十八年秋及十九年春均添置标本，及组织生物采集队赴各省名山实行采集，编有采集生物标本图说，亦因赤匪陷省将该馆舍及所庋藏概付一炬，至今尚未能恢复”[86]。作为整体的湖南省立中山图书馆博物馆在遭遇焚毁之后，检讨损失时也提出，“概付焚毁，将数百年先哲所遗留珍为秘宝之旧籍，及多方搜罗晚近出版之新书，并一切古物彝器标本模型，荡然无复存。痛文物之凋残，览劫灰而太息”[87]。仅依此两段推测，湖南省立博物馆原本设计为分类齐全的“普通博物馆”。“古物彝器”可能出自长沙的私人收藏和前官府学宫收藏，而非考古发掘；长沙城厢的战国、两汉墓葬及其随葬器物引起世界性关注尚

〔82〕侯良认为教育博物馆由湖南评议会组织，成立于1923年3月，6月开馆。侯良：《回眸与前瞻——再谈湖南博物馆事业》，《回顾与展望：中国博物馆发展百年——2005年中国博物馆学会学术讨论会文集》，北京：紫禁城出版社，2005年，第68页。

〔83〕湖南省教育厅：《湖南省最近三年（1929—1931）教育概况总报告》叙，1932年，湖南省档案馆59-1-433号档案。

〔84〕湖南省档案馆59-3-8号档案。

〔85〕《十八年度第二期行政计划（十月至十二月）》，湖南省档案馆59-1-433号档案。

〔86〕湖南省档案馆59-1-433号档案，第241页。

〔87〕《为湖南省立中山图书馆募集图书启事》，湖南省档案馆59-1-433号档案，第240页。

在数年之后，而且官方机构一直缺席于长沙古物的发现和收藏[88]。另一更为重要，也更得重视的收藏是各类动植物、矿生物标本和辅助教学仪器等，湖南此时已经有计划地开展生物标本采集活动。湖南省立博物馆被讹传为教育博物馆的原因可能也在于此。

极少数曾经参观了遭焚毁前的湖南省立博物馆的观众留下了可供复原收藏规模、来源和展陈特征的少量文字，不过，记录略有出入，是否反映博物馆展陈空间调整尚未可知。周勺泉记录的湖南省立博物馆陈列部共有五间展室。第一室为地质、矿物、古物、“修身”等类物品，第二室为古物、礼器及农业植物等，第四室为动物标本，第五室为动物标本及卫生模型[89]。各室主题区分的逻辑并不明显，可能以填充空间为考虑要素。李泽宗记录的湖南省立博物馆的陈列布局却大相径庭，不仅陈列空间更大，而且展品类别也更多。和云南省立博物馆一样，此时的动物园和博物馆其实并没有分离，博物馆中有些空间豢养了活体动物。在湖南省立博物馆中，“虎豹熊猴及飞禽等生物”罕见地占据了正间位置。其余各室为，“第二室陈列生理卫生模型，第三、四室陈列剥制之酒浸标本，第五、六室陈列由地质调查所赊来一部分岩石矿物标本及在南岳黄岑镇一带收集之腊叶标本”。此外，尚有未列入其中的“历代钱币，名人墨迹，并古战时盔甲弓矢，苗傜服饰”[90]。1924年博物馆开幕之际，所列馆藏组成与展陈内容基本可以对应。其中地质类为农商部地质调查所捐赠，矿物类为湖南省矿务局捐赠，古物类中，“最有价值者为麓山十彝器”。另外还有卫生、动物、植物、农业、理化器械和图志等。展陈品总数在2000种以上。

从教育厅的经费开支上看，博物馆逐步与图书馆分离，而且经费稳步增加，这从一定侧面反映了博物馆的独立倾向。至迟从1928年起，中山图书馆和省立博物馆已经分开独立预算和核算，中山图书馆和省立博物馆当年的预算分别为2812.800元和2364.505元，几达平分之势，不过两馆合计尚仅有通俗教育馆的半数（通俗教育馆达10636.100元）。1929年的经常费开支中，中山图书馆和省立博物馆分别显著追加至7132.500元和6612.744元。

---

〔88〕　商承祚：《长沙古物闻见记》，北平：哈佛燕京学社，1939年。
〔89〕　周勺泉：《湖南之博物馆教育》，湖南省图书馆藏稿本。
〔90〕　李泽宗：《湖南省立博物馆概况》，湖南省图书馆藏抄本。

5.3.2 湖南省立博物馆的复建尝试

"七二七陷城"之后，湖南省立博物馆的复建一度纳入教育厅的社会教育计划之中，但是数年的劳而无功后，最终放弃。1930年年底的教育纲要调整为两项恢复，"恢复省立中山图书馆"和"恢复省立博物馆"[91]。当年夏天之后确定的社会教育主要工作是，"调查省立中山图书馆博物馆通俗教育馆省立民众教育委员会受灾损失"[92]。下一个季度的社会教育工作就包括了"筹划恢复省立中山图书博物馆"和"征集中山图书馆博物馆散失图书版片仪器标本"[93]。1931年年初和年中的教育行政计划中，恢复省立中山图书及博物馆仍然赫然在编，但是到1932年夏季的教育行政计划中，社会教育中已不见博物馆条目。由于被焚毁的湖南图书馆旁另有一幢新建馆舍可供恢复之用，湖南省图书馆开始面向社会征集图书，得到了积极响应，因此恢复甚快，但是博物馆的恢复却遭遇了另一种情形，已经散佚的藏品几无回收可能，1930年之前新采的科学标本也不易重新获得。缺失馆藏基础之后，博物馆的恢复就显得遥遥无期了。1931年之后，博物馆基本从教育厅的社会教育复建计划中隐去。湖南省教育厅的社会教育经常费统计中，1930年度仅有通俗教育馆一家，1931年为通俗教育馆和中山图书馆两家，1931年之后的各项报表中再也见不到省立博物馆。不过，湖南的早期博物馆事业并没完全销声匿迹，而是并流到由通俗教育馆改组而成的民众教育馆中。

在湖南的民众教育中，博物馆观念的根基几近于无。民众教育见诸于各个省份，但是不同的民众教育的搭建基础各不相同，因此呈现出迥异特色。博物馆观念在湖南的民众教育馆体系之中相对弱势，这与湖南的民众教育馆以及通俗教育观念在湖南的具体理解方式密切相关。通俗教育观念在湖南的兴起与革命运动休戚相关，以演讲、办报等形式启迪民智一直是湖南民众教育的重点。湖南民众教育馆的肇起，多家都追溯至辛亥革命时期设立于湖南都督府的演说部。

---

〔91〕 湖南省教育厅：《湖南省最近三年（1929—1931）教育概况总报告》，1932年，第14页，湖南省档案馆59-1-433号档案。

〔92〕 湖南省教育厅：《湖南省最近三年（1929—1931）教育概况总报告》，1932年，第17页，湖南省档案馆59-1-433号档案。

〔93〕 湖南省教育厅：《湖南省最近三年（1929—1931）教育概况总报告》，1932年，第20页，湖南省档案馆59-1-433号档案。

"当武昌起义，湖南响应，于是有何劲辈，举行通俗讲演于省教育会，阐扬革命旨趣"[94]。演讲部到1922年改为省立通俗教育馆。在此基础之上，以博物馆为组织机构的展览活动在湖南民众教育体系之中并无地位，也无渊源。在1928年11月回顾发展历程中，湖南省立通俗教育馆馆长黄维园提出的通俗教育馆的发展历史中，"本馆分书报编辑、讲演、书报阅览三部"，全无博物馆的位置[95]。直到1929年拟定的湖南民众教育计划才出现博物馆的苗头。该计划将民众社会教育机关分成七类机构，计有识字运动宣传委员会、通俗教育馆、民众图书馆、阅报处、问字处、巡回文库和博众馆。其中，博众馆可能是博物馆的误植[96]。但是，民众教育系统对展览的态度并不是一以贯之的。未迁出长沙之前，理问街时代的省立民众教育馆设有教导、出版、阅览和总务四部，另有辅导委员会。1939年冬，民众教育馆分设总务、教导、生计、艺术和研究辅导五个部门，从机构设置上看，民众教育馆中没有与博物馆相关的部门。1938年的民众教育馆平面图上也找不到博物馆的位置[97]。

抗战时期，原设于长沙城内的湖南省民众教育馆面临一系列的内迁。1938年冬季，原在长沙理问街的省立民众教育馆先迁沅陵，次年春天再迁永顺，更名为湖南省立第一民众教育馆；原在长沙北门外文宫阁的湖南省立农民教育馆迁往邵阳，并更名为省立第二民众教育馆。1940～1942年分别于耒阳、零陵和衡阳创设第三、第四和第五民众教育馆，不久迁往郴县的第三民众教育馆和第五民众教育馆并入第四民众教育馆。抗战胜利之后，省立第一民众教育馆迁回长沙，更名为长沙民众教育馆。其他民众教育馆则转归所在地。

5.3.3　永顺的战时展览

在抗战时期的颠沛流离之中，湖南民众教育馆转入到战时教育阶段，展览和宣传一直被当成抗战时期民众教育的重点。困难是显而易见的，展览主题和相关展陈品一直是制约办展的直接原因。物产展成为抗战时期直接服务于抗战，最易

---

〔94〕《湖南省立通俗教育馆概况》，湖南省档案馆59-1-501号档案。

〔95〕《湖南省立通俗教育馆概况》，湖南省档案馆59-1-501号档案。

〔96〕《湖南省最近三年（1929—1931）教育概况总报告》，1932年，第50页，湖南省档案馆59-1-433号档案。

〔97〕《湖南省民众教育馆概况目录》，湖南省档案馆59-3-32号档案。

于组织，也最具展示效果的展览。抗战时期各省外迁的民众教育馆组织的展览多属小规模临时展，规模小，展期短，社会受众面狭窄，而且由于档案保存情况甚差，导致我们对大部分展览茫无所知。侥幸保存的一份展览报告书记录了1940年湖南省立第一民众教育馆在湖南第三区的农工产品展览，才使人得以管窥特殊时期博物馆活动的组织和成效[98]。

1939年，迁址于永顺的湖南省立第一民众教育馆和第三区专员公署联合组成筹备会，筹划第三区农工产品展览。这次展览旨在通过呼吁对偏僻的湘西地区的关注，振奋抗战人心，因此是一场以区域性内容为主体，本地民众为预设观众，但着眼于抗战现实的展览。展览会的展陈品皆为临时征集而来，分别出自保靖、永顺、桑植、龙山、大庸和古丈诸县。展陈品分农产品和工艺品两类，前者进一步区分为食粮、工用、园艺、畜养和药用五类，后者分为服用、饮食、冶炼、陶器、化学、机械、竹木漆、文化、美术和杂品十类[99]。展陈品的所有类别皆常见于殖产兴业类型的博览会中，没有任何历史属性物品。展览结束之后循博览会惯例评奖。

既是战时，又地处偏僻，此次展览会规模并不大。整个会场仅有一进小院，部分正房和左侧门房就是展览用地。考虑到各县距会场距离不等，特别是龙山县位置稍偏，物品转运费时较多，展厅排布上留有一定的冗余。龙山县展陈品“系于开幕后第三日运到，除农产部分仍归入第一室陈列外，特辟第五室，专供该县工艺品及矿产之陈列”[100]。尽管以序数编号，但是核对之后发现，限于空间，展览并没有按照顺序排列。

1940年3月1日开幕，持续时间共计7日。参观人数共计19891人次，其中3月2日因为雨雪天气而影响了入场观众，仅得1209人，而3月6日为永顺县城赶场日，展场中挤满了乡民。展览会会期长达7天，日均参观人数在3000人左右，在偏远的永顺县城，这是难以想象的。

---

〔98〕 湖南省立第一民众教育馆：《湖南省第三区农工产品展览会报告书》，1940年油印本。

〔99〕 《湖南省农工产品展览会征集出品办法》，《湖南省第三区农工产品展览会报告书》附录三，1940年油印本，第14～16页。

〔100〕 湖南省立第一民众教育馆：《湖南省第三区农工产品展览会报告书》，1940年油印本。

这次侥幸保留了记忆的展览无疑属于抗战期间湖南的一次重要的展览活动。从设计者初衷看，推进国人对边疆地区的认识是一个重要的目标。而从参观效果上看，也的确实现了明晰物产的目的。

5.4 谁的遗产，谁的博物馆

对于中国博物馆的历史进程而言，“民众教育”不是外来强加，又随风而逝的政治潮流，尽管有关民众教育类型博物馆的历史记忆现在几乎褪尽，但恰恰是政局变故才扼杀了民众教育类型博物馆的发展。20世纪80年代之后，新博物馆运动呼吁关注从实践到智识层面的博物馆可接触性，这正是将近半个世纪前中国的民众教育类型博物馆努力实践并小有成就的，也是此类博物馆最重要的遗产。

博物馆的可接触性问题是由博物馆观众研究揭示出来的，是博物馆的主权和代表性问题的另一种表述，也进一步涉及博物馆的公共性和阶级性问题。谁去博物馆？只有与博物馆表达的文化拥有认同感的人才去博物馆。但是，为什么，原本属于私人所有的艺术珍藏收归国有或者共有之后，作为博物馆的主人的“人民”，尤其是劳动人民，不去博物馆？博物馆的公共性不是通过化私为公的改造就一步到位实现的。事实上，前博物馆时代形成的阶级性表达在博物馆公有化之后很久才逐步得到清除。博物馆的壁垒不仅仅存在于博物馆的馆藏和馆舍的所有权问题上。贝纳特敏锐地观察到，早期博物馆是“民享”（museum for people），但却不是“民有”（museum of people），这正是启动民主化进程之前的博物馆的真实写照[101]。博物馆的门禁制度，无论是采用申请或审核制度，还是采取收费制度都会对观众提出限制。但是，免费或者无限制的准入政策并不是解决这个问题的全部良方。博物馆还通过一系列物质表现方式传递边界观念。早期兴建的博物馆建筑都是采用新古典主义风格，试图表达神庙感，但也同时传递了隔绝感。坚实的建筑传递了博物馆重藏而不重展的基本立场。更具有区分价值的是馆藏结构。博物馆在继承历史上形成的艺术收藏的同时，也继承了基于艺术收藏的审美情趣和阶级观念。世界上的大多数博物馆都没有经历像卢浮宫一样的

〔101〕 Bennett T. *The Birth of the Museum: History, Theory, Politics*. New York: Routledge, 1988: 64.

去神存形和旧形新神的改造。那么普罗大众在博物馆看什么？在窥视历史上的权贵生活的同时，封建史观也会随之而长驱直入。那些反映历史上的普罗大众的日常生活的物质被纳入到博物馆馆藏中，并且得到准确的表达的，是直到新博物馆运动之后才出现的新现象。

民众教育类型博物馆的出现无疑是早期中国博物馆历程中最灵光一现的时刻。对于民众教育类型博物馆而言，馆舍并不是显著的障碍。大部分馆舍都继承了历史上的文化设施，如孔庙、学宫，甚至一般意义的寺庙祠宗，很少有博物馆可以新建新古典主义建筑。真正值得关注的是如何通过馆藏建立基层社会和劳动人民的历史记忆？ 作为中国博物馆的渊源之一，1910年的南洋劝业会确立了得到广泛承继的馆藏结构。南洋劝业会具有明确的实用目的，“合一地方或一国之技艺及农工业品，次第陈列，以供公家之观览，藉以表示一国或一地方之生产力与技能，同时又为竞争广告之最大机关也”〔102〕。展陈品以“各处物产、工艺”为主，并且进一步区分成“天产品”、“工艺品”、“美术品”和“教育品”四大类别。其中，“天产品”为自然历史产品，“工艺品”为人工产品，“美术品”为美术内容，“教育品”为各种教具模型之属。这个分类体系对早期博物馆的馆藏结构设计具有决定性影响。即使是出自自然科学或者生计生产的“天产品”，也具有重要的建构乡土历史记忆的价值。在所有类别中，最难以拿捏的是“美术品”。区域性或地方性历史遗物、传家宝乃至风俗物品构成了主体，良莠不齐，但是，幸亏传统意义上精美的艺术品几乎不会流入到民众教育类型博物馆中，才避免了森严的等级观念的侵蚀。

博物馆是城市之肺。这是乔治·巴泰尔（Georges Bataille）的热切期许，“每到星期天，人群就像血液一样涌入博物馆，获得净化和清新”〔103〕。只有当博物馆能确凿地为市民提供精神上的清新和净化，也就是市民能够从中获取精神愉悦和充电时，博物馆才配得上城市之肺的称号。这正是民众教育类型博物馆的真实写照。

---

〔102〕《南洋劝业会说略》，原载《南洋劝业会通告》第一期，1909年2月。收录于鲍永安：《南洋劝业会文汇》，上海：上海交通大学出版社，2010年，第120页。

〔103〕Bataille G. *Museum*. Trans by Annette Michelson, *October*, 1986, 36: 25.

第六章

荷锄殿堂：作为公共事业的考古学与博物馆

作为社会知识的生产机构，博物馆是考古学的助产士和导师，而作为建构群体历史记忆的利器，考古学是博物馆的正名者和后援团。两者之间存在密切的双向呼应和刺激，也因对方而调整甚至转型。即使在博物馆和考古学的“史前阶段”，类考古学发现和研究活动就已经与类博物馆收藏结合在一起，但基于公共属性的考古学和博物馆的复杂互动关系是晚近才出现的。近现代意义的博物馆的萌生早于近现代意义的考古学，博物馆的物质和智识基础都不限于考古学一脉，然而公共博物馆与现代考古学之间存在着复杂而能动，却远未完整揭示的相互关系。现代考古学显而易见地为公共博物馆的馆藏建设提供了有力的保障，但是两者关系远非物质性一端，而且也不仅仅是单向度的流动。对于博物馆而言，馆藏结构和来源的更代是重申其公共属性的主要方式之一。相对于接收原本由私人收藏，来源上或多或少存在伦理障碍，更偏向艺术或者礼制价值的馆藏成分而言，具有社会公共性倾向的博物馆更有意接纳由同样更具社会公共属性的活动获取的、社会代表范围更广泛、价值更多元的器物。无论是材料属性还是活动属性都促使考古学深受博物馆欢迎。对于考古学而言，与博物馆的结盟也是其自身获取公共属性的主要方式。既往的考古学史观察多强调考古学自身学科理论、方法和实践，相对忽略了在社会层面上，考古学是如何与古物学等似是而非的前身区分开来，获取作为社会文化事业的身份。古物学从不具备考古学的公共属性；而具有社会公众性的博物馆就是考古学形成过程的催化剂。考古学的公共属性表现在三个方面，一是对整体性研究对象的关注。古物学偏狭地关注器物本身，而以物质为研究基础的考古学的旨趣则远远超出孤立的器物，这也正是前辈学人阐发的

“情境”在分离考古学和古物学上的价值所在[1]。二是对整体性主题的关注。无论依照何种标准，古物学并不关心稀松平常之物，其关注焦点始终不离历史上的权力。而考古学则通过对广幅的物质文化的关心呼吁公平和公正地对待历史上的显赫权贵和普罗大众。第三是考古学活动的公共性。考古学必须服务于社会认知，促进公共历史观念的发育。只有考古收获的历史建构价值超越作为宝物和财物的交换价值，考古发现才有望摆脱私有和私流的命运。这样，博物馆就不再只是出土材料的预置去处，有望进而成为考古学的公共属性的正名机制。依照行为考古学观念，考古学活动本身就是考古学资料的后埋藏过程中“文化转型（C-transform）”的形式之一[2]。如果不是选择公共博物馆作为最终流向，不仅后续的阐释过程将大相径庭，考古学自身的法理地位也将遭受质疑和否定。

中国的情形毫不例外。20世纪上半叶，无论是有意识、有目的的发掘，还是无意识、无准备的偶然发现，考古发现都应该最终服务于建构国家或者区域历史，因而也是公立综合性博物馆的预置馆藏成分。而在公共博物馆的建设过程中，考古学也得以和盗掘及私流等污名化活动分离开来。短短十余年，这个观念就成为社会共识。但是，这个观念的实现进程却充满波折。1949年之前，仅在为数不多的个案中，考古活动与公立博物馆才形成了良性互动关系。其中，河南博物馆无疑是值得称道的典范。到1935年，正式成立不过六年的河南博物馆以机关会员资格加入中国博物馆协会时，时任馆长王幼侨不无欣喜地借人之口自我嘉许，“统中国博物馆所藏物品，自价值论，除故宫博物院外，河南博物馆堪居第二之位置，度非溢誉也”[3]。河南博物馆的成就并非纯由其地下埋藏和发现之富造就的，而是众多关键转折点上的正确抉择所致。河南博物馆的骄傲也不限于王幼侨夸耀的藏品价值，而是丰富的藏品如何成为重塑区域历史和乡土文化认同的利器。这样，看似杂乱而偶然的考古发现背后隐现出统一的公共主题，博物馆并不是茫无头绪的仓库，而是有自身取舍标准的阐释和表达空间。不过，河南博物馆的成功有众多偶然原因，并无复制可能；1949年之前的中国博物馆发展缺乏

---

〔1〕 Renfrew C. *Loot, Legitimacy and Ownership*. London: Duckworth, 2000: 11.

〔2〕 Schiffer M. *Behavioral Archaeology*. New York & London: Academic Press, 1976.

〔3〕 王幼侨：《发刊词》，《河南博物馆馆刊》第1集，1936年，收录于《民国文物考古期刊汇编（附博物馆馆刊）》第19册，北京：全国图书馆文献缩微复制中心，2006年。

持续的保障机制，在一定程度上依赖于能正确抉择的关键人群，这导致20世纪上半叶同样不乏轰动一时的考古发现的其他省份并未走上类似道路，或者发展远不及河南博物馆。山西和安徽的博物馆和考古学虽然先后出露苗头，但考古学或者博物馆公共意识的匮乏导致最终不免夭折命运。

6.1　确立考古学与博物馆的伦理关系：从河南民族博物院到河南博物馆

虽然中研院史语所在安阳长达十五季的发掘毫无疑义地构成这个时期中国考古学的出彩重头戏，但是考古学和博物馆的结缘却并不始于安阳，甚至在相当长的时间里，安阳遗物的归属和管理反倒成为聚讼不休，一度爆发激烈冲突的难题[4]。与之相对的，在秉持地下古物的公有性质，考古发掘与非法盗掘在学术伦理以及作业方式上的差异，科学考古学和公共博物馆之间的合作关系等原则上，河南博物馆不仅率先确立了基本立场，而且尽管人事更迭频繁，仍然行之有效地贯彻下来。以1928年正式成立的河南民族博物院为本源的河南博物馆成为基于考古发现和收获的博物馆的最早典范，而且其演化和扩张始终与河南的考古学进程休戚相关。

1928年仓促成立的河南民族博物院虽然是时局变迁的产物，也是政治主张的表达，但是馆藏基础和收藏伦理应该追溯到1923年新郑李家楼器群的发现和处置。在各方呼吁多年之后，1927年夏天，河南省教育厅成立河南博物馆筹备委员会，由郭须静、徐金泉、何日章三人负责筹备事宜，迈出成立省立博物馆的关键一步。筹备委员会初定选址于“高等法院西街，前河南法政学校校舍”（今三圣庙街），并没有循用已经收藏了1923年出土的新郑李家楼器群的古物保存所文庙旧址，也无意接管古物保存所。不过，河南博物馆的开办过程深受经费短缺的困扰，捉襟见肘，迟迟未有实质性进展。次年，河南因北伐胜利而政权易手，冯玉祥入主，突然加速了河南博物馆的开幕步调，限令河南博物馆即刻筹办开馆，悬

---

〔4〕　关于史语所与河南方面在安阳发掘和遗物上的争执，参见徐坚：《暗流：1949年之前安阳之外的中国考古学传统》，北京，科学出版社，2012年，第29～33页；史语所和中博院在安阳遗物上的争执，尤其是在两家分离之初，参见岱峻：《李济传》，南京：江苏文艺出版社，2009年。

而未决的开办经费通过出卖充公田产筹集，但也明令将河南博物馆更名为河南民族博物院，收藏和展陈主旨随之而变，新郑李家楼器群更落在民族博物院青眼之外。1928年10月10日，河南民族博物院正式开幕，陈维新、何日章和刘毓桂分别出任正、副院长。这是河南省立博物馆事业的正式起点。以“民族”为号召的博物馆在当时的中国仅此一家，显属政令直接传达的意识形态的产物，虽然成立之后多人阐发“民族博物院”的概念，但民族文物并不丰富，如何征集和展陈民族文物也茫无头绪，甚至如何界定民族文物都未能达成共识。

河南博物馆的设计和理念数年之前就已经雏形初现。新郑李家楼器群的发现和处置实际上构成河南近现代意义的博物馆运动的源头。这并不是因为新郑李家楼器群是南迁之前的河南博物馆的最重要的馆藏成分。事实上，在河南民族博物院正式开办之时，新郑李家楼器群还收藏于古物保存所，直到数年之后，才随着古物保存委员会整体裁并进入河南博物馆。对于河南乃至中国的博物馆事业而言，新郑李家楼器群不可替代的价值体现在确立了博物馆的理念和实践原则。新郑李家楼器群的处置不仅表明考古学田野活动收获的文物可以有效地扩充公立博物馆馆藏，而且坚决认定出土文物的公共价值和公共归属，以公立博物馆作为最终归属地赋予近现代意义的考古学田野活动以合法性和正确性。同时，新郑李家楼器群的处置以清晰的案例法则提出了收藏和展陈上的“在地”原则，这个思路随后被各地涌现的博物馆纷纷援引。

促使河南博物馆早产的政局变迁也同样影响了博物馆的发展轨迹。1928～1930年是河南博物馆的震荡期。河南政权易手导致仅仅任职7个月的陈维新去职，何日章继任。何日章的任期也未持续很久，1930年4月竟遭军阀绑架勒索入狱而去职，张中孚继任，何日章出狱后远走北平。在何日章主持期间，河南民族博物院的“去民族化”趋势导致新置的“民族模型展览”被裁撤，博物馆的收藏和展陈重心向历史倾向回摆，历史和民俗文物回到博物馆舞台中心。因此，中研院史语所在安阳的发掘构成省院关系的一个微妙环节。双方合作起始的含混以及随后的猜忌最终引发冲突，何日章主导的河南民族博物院在驱逐史语所考古组后，单独在小屯连续发掘两季，获取了包括甲骨、铜器和陶器在内的诸多器物，搭建了河南民族博物院的殷墟馆藏。关百益以编辑员身份参与安阳遗物的整理，这是河南民族博物院的馆藏刊布和研究之始[5]。关百益的整理和研究迅速扩展到其他器类和领域，藏品研究与征集也形成良性循环[6]。河南民族博物院与史语所的冲突虽然造成了史语所安阳发掘的暂时悬置，但也并非全无价值。省院争执最终以成立河南古迹研究会的形式解决，发掘和保管分离构成了日后中央与地方一旦在出土古物上发生冲突时可资征引的思路[7]。1930年的另一项转型价值是河南民族博物院更名为河南博物馆，行政上明确归属教育厅管辖，此前一直独立的河南古物保存委员会并入到博物馆中，新郑李家楼器群最终纳入到河南博物馆的馆藏之中。1930年，关百益继张中孚出任河南博物馆馆长，直至1935年因博物馆重组去职，杜光远暂代馆务。关百益主持期间是河南博物馆稳定发展的阶段，由河南古迹研究会主持的浚县辛村、汲县山彪镇和辉县琉璃阁发掘所获古物，多次地面调查和采集，以及各类私人收藏陆续进入馆藏，河南博物馆格局基本确立。1936年4月，河南博物馆改组，除调整理事会由民政厅长、教育厅长、河南大学校长及聘任理事四名组成外，票选王幼侨担任馆长，直到河南博物馆因为日本侵华战争的爆发而关闭，馆藏文物装箱南迁。河南南迁文物共计68箱5000余件，先迁武汉，后存于重庆磁器口中央大学校区，1949年部分存渝文物迁台，而未及运走、滞留上海的部分经北京拣选后送返河南，重新启箱已是十余年后，河南南迁文物分散到台海两岸[8]。南迁之后，河南博物馆名存实亡，直至1949年之后才得以恢复。

在很大程度上，颇有争议的先后出任馆长的人选形塑了河南博物馆的成长历程。何日章时代（1929～1930）是河南博物馆走出“民族博物馆”的迷阵，确定未来发展走向的奠基期，关百益时代（1930～1935）是河南博物馆馆藏急速扩充

---

〔5〕 关百益：《殷虚器物存真初集》，开封：河南博物馆，1930年；《殷虚文字存真》，开封：河南博物馆，1933年。

〔6〕 关百益：《新郑古器图录》，上海：商务印书馆，1929年；《南阳汉画象集》，上海：中华书局，1930年；《伊阙石刻图表》，开封：河南博物馆，1935年；《益斋金石文存》，集文斋刻本，1940年；《龙门石刻图录》，东京：汲古书院，1978年。

〔7〕 郭宝钧：《浚县辛村》，北京：科学出版社，1964年。

〔8〕 李宏、夏志峰：《新郑彝器述略》，《新郑郑公大墓青铜器》，郑州：大象出版社，2001年；谭旦冏：《中央博物院廿五年之经过》，台北：中华丛书编审委员会，1960年，第330～333页。

的发展期，而王幼侨时代（1936～1937）是河南博物馆在全国博物馆中脱颖而出的成熟期。即使在短暂的杜光远时代（1935～1936），河南博物馆也没有停止成长脚步。存留至今的文献中分别以何任、关任、杜任和王任指代河南博物馆馆藏成长的不同时期，其间的机遇、选择和成果历历在目。

6.1.1　作为河南博物馆事业源头的新郑李家楼

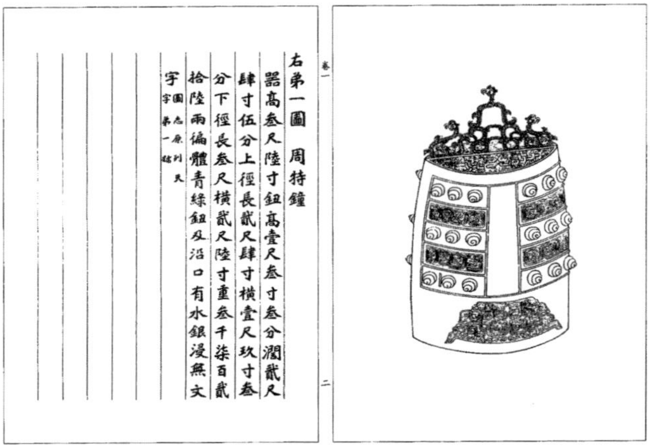

图6.1　《郑冢古器图考》选页

1923年新郑李家楼器群的发现启动了河南的博物馆事业进程（图6.1）。博物馆史上的新郑李家楼具有多个层面的价值：从馆藏层面上，新郑李家楼器物群成为数年后成立的河南博物馆的最重要馆藏，其独特的艺术价值和历史价值在当时就已得到公认，甚至有人将其列入中国考古十大发现[9]。在博物馆运作更深层、更内核的层面上，新郑李家楼器群的处置更具典范价值。在操作性层面上，新郑李家楼器群的整理方案曾经为若干博物馆效法。但是，更重要的是理念性层面，此次发掘和入藏过程确立的地下发现古物归公原则和厘定适当的文物保管机构的原则对中国博物馆事业都具有示范价值，本章因此以李家楼原则命名，以昭示其价值。

1923年8月，赋闲在家的安武军军官李锐在新郑南门外自家园地中凿井，意

〔9〕　同样被列入的计有“甘肃狄道发现商代陶器石器骨器”、“蒙古沙漠发现古城”、“河南孟津出土古器”、“河南渑池及奉天沙锅屯发现商代石器”、“敦煌石室发现唐代经卷及古器物”、“安阳出土商代甲骨文字及古器物”、“西域流沙发现汉晋木简”、“广州发现南越文王胡墓古器物”、“山东及河北新出土汉魏六朝隋唐等石刊”。参见《近代中国考古学界上之十大发见》，《河南博物馆馆刊》第6集，1937年，第4页。

外发现了十余件铜器。郑洛一带，凿井、挖窖得见古物的故事屡见不鲜，而当地已经培育出较为完备的古物流通网络，因此，出土铜器本可顺利地通过古物流通网络迅速进入市场[10]。但是，由于官方意外获悉并试图阻止，驻防此地的陆军十四师师长靳云鹗积极干预，新郑李家楼器群的命运随之逆转，最终催生了河南最早的公共收藏机构。

新郑李家楼器群首先面临的问题是公私之争。地主李锐起先仍然希望循例默认出土器物为私产，因此置之不理新郑县知事姚延锦的阻止，但是靳云鹗坚定地认为新郑李家楼器群归属国家。在靳云鹗的压力之下，李锐交出了部分出土器物，但是仍然试图通过平津一带的军中同僚疏通关系，劝退已经控制了自家园地的靳云鹗部。9月4日王毓芝致电和次日张国淦致电均游说靳云鹗罢手息事，“勿再前往伊家搜索，以免惊恐”。靳云鹗坦然回电，指控李锐“雇工乘夜私挖致多损坏，并且私卖”，表明军队并未骚扰李家，“只于土内寻求，未涉宅门一步”[11]。靳云鹗进一步重申新郑出土古物归属国有，“此项古物，皆祭祀宴享之器，实系中华国粹，片铜寸铁，皆足宝贵，应由公家保存，不容私人所有”[12]。说项人士也无法公然对抗古物归公原则。靳云鹗不仅立即派员接手了新郑李家楼的发掘，更多次迫令李锐交出可能匿藏的古物，以求完整获取。不同于当时的其他军阀，靳云鹗极具自律精神，并没有趁机将新郑器物据为己有。从《新郑出土古器图志》及其附编判断，靳云鹗除自用一块玉玦，赠送康有为“贝货玉玦各一枚”和陶云鹏“玉玦一枚”之外，剩余出土器物皆完璧归公，这不能不算是个奇迹（图6.2）。在发掘新郑李家楼的过程中，靳云鹗及其下属无一知晓近代意义的考古学，即使在全国范围，考古学概念此时尚只是零星出现于北京知识群体中。靳云鹗部以军事工程方式进行发掘，其具体组织方式和工作程序与嗣后的考古发掘截然不同，但规范有序的程度是同时期甚至更晚近时期的诸多发现远远无法比拟的。发掘过程中，靳云鹗部于9月17日发布《河南新郑县发见古物通启》，次月继而发布《河南新郑县发见古物通启二》，都以军事方式昭示所

〔10〕 徐坚：《暗流：1949年之前安阳之外的中国考古学传统》，北京：科学出版社，2012年，第239页。

〔11〕 《覆保定陆军讲武堂张君函》9月12日，《新郑出土古器图志附编》，1923年。

〔12〕 《上洛阳吴巡帅开封张督理电文》9月4日，《新郑出土古器图志附编》，1923年。

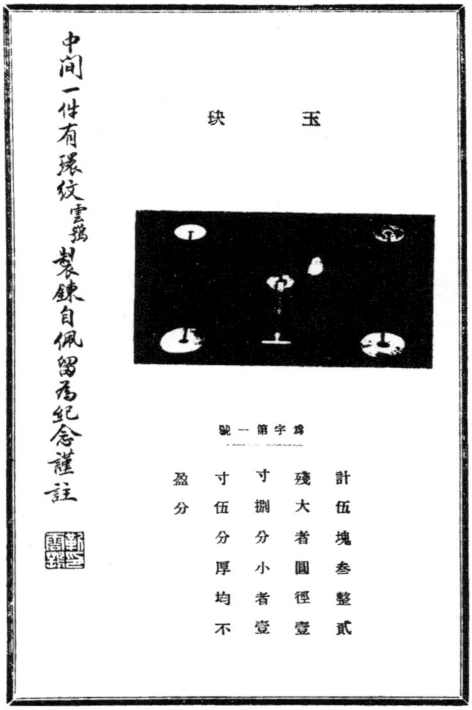

图6.2 《新郑出土古器图志》选页

出器物的公共归属。靳云鹗重申和落实的地下发现古物归公的观念几乎得到一致赞誉。

处置新郑李家楼器群的第二个主要争执是保存地之争。与在第一个争议中获得压倒性赞誉不同的是，靳云鹗在古物保存地上的主张引起了不少争议，但是争议双方呈现出显著的“在地”与“外地”之别，因此，至少在河南一地，靳云鹗的主张极得拥护，而且随后成为其他各省处置类似问题的榜样。作为具有明确的地域归属关系，但是又呈现出多层次、多指向的文化价值的器物群，究竟应该是在地保护还是易地保护，而且如何理解“地”的精准含义，以及“地”的层级意味，所作出的判断显然是现实考量和认同观念的糅合结果。自从公布以来，多家机构先后表达了争取新郑李家楼器群保管权的愿望。究竟是保留在国家首都，作为“全国性”文化遗产和最大限度地襄助学术，还是作为地域文化特征鲜明的文化遗产，保留在省城，抑或基于对本乡本土的文化价值而留在县城，在这一问题上几乎无法达成共识。9月11日，新郑教育会率先提出保管诉求，会长高烺致函靳云鹗，“将李锐掘出古物发还数件，保留公共处所，藉作鲁殿灵光之思，使我郑桓武之流风余韵得以不泯”[13]。虽然并未要求全数留县，但此议仍然招致巡阅使吴佩孚的断然拒绝，“该县教育会函请发还数件，留作纪念，应勿庸议”[14]。他建议所有古物应该悉数运往开封保存。靳云鹗的判断也如出一辙。靳云鹗发布两次《通启》之后，迅即将出土器物转运到开封专门保

〔13〕　《新郑教育会会长高烺等公呈》9月11日，《新郑出土古器图志附编》，1923年。

〔14〕　《洛阳吴巡帅来函》9月21日，《新郑出土古器图志附编》，1923年。

存。除了来自县乡的"保护"吁求，高于省份的"国家"也表达了"保管"愿望，无论吴佩孚还是靳云鹗更是严加防范。9月12日，靳云鹗长兄靳云鹏推荐古物研究社谭寿田、罗君美和罗圆觉三人前往研究，而次日，同一批人又委托天津潘复推荐[15]。此行三人仅作了"大尊四件，为周初古物"不甚高明的判断，目的并不甚明确。但是不久之后，北京方面即传出"保管"主张。9月20日，国务院电文称教育部部员高丕基、历史博物馆馆员裘善元"前往调查采集"，用词上已经显露出征调新郑李家楼器群的意味，靳云鹗则以绵里藏针式抵制回应，在22日表示欢迎之意的回电中，刻意保留"调查"而隐去"采集"[16]。同在20日，北京大学校长蒋梦麟也致函称"马衡教授前来研究并筹保存"[17]。北京大学随后更直接地表达，"与其供之于一省，何若供之于全国。与其陈之于仅供玩赏之机关，何若陈之于万国学者得共研究之学府"，"将新郑孟津两处所发见之古物全数运交中央，由本校负保管研究之责"[18]。如果我们考虑到此时的北京大学并无成熟的考古学研究机构和博物馆的话，北京大学致函的两相对比就只具有修辞价值了，而贬抑地方，将其保存古物的价值谑称为"玩赏"，自然招致反弹。靳云鹗回电称，"至新郑出土各件，已呈准运汴交教育厅妥为保存矣。敝处已交代清楚，无权办理。贵校既分函院署，应候覆示遵行可也"[19]。新郑李家楼器群最终落户开封，未转运北京等地，与靳云鹗的保管权主张密切相关。在这一点上，靳云鹗深得河南全省的支持。1936年，靳云鹗死于战乱已经三年，新郑器群发掘之时任河南省教育厅厅长，后转任河南博物馆馆长的王幼侨对靳云鹗的贡献仍念念不忘。王幼侨准确地指出靳云鹗身处乱世之中的两项砥柱之功，一是"统戎者率重货利"，但靳云鹗却能一反积弊，"珍护国宝"；一是"以新郑重器主持归省"，此后的河南主政者基本沿用此例。不过，王幼侨也不无遗憾地感叹"时过境迁，遂忘其人"。王幼侨惊讶地发现新郑古器陈列室"琳琅满目，独靳

〔15〕《天津靳上将军来函》9月12日，《新郑出土古器图志附编》，1923年；《天津潘馨航君来函》9月15日，《新郑出土古器图志附编》，1923年。

〔16〕《北京国务院来电》9月20日，《新郑出土古器图志附编》，1923年；《覆北京国务院电文》9月22日，《新郑出土古器图志附编》，1923年。

〔17〕《北京大学校蒋校长来电》9月20日，《新郑出土古器图志附编》，1923年。

〔18〕《国立北京大学来函》10月9日，《新郑出土古器图志附编》，1923年。

〔19〕《覆国立北京大学函》10月12日，《新郑出土古器图志附编》，1923年。

将军玉照未见”，而在储藏室最终发现时，靳云鹗肖像时已是“蛛网尘封”了[20]。

运抵开封的新郑李家楼器群成为改变河南向无公共博物馆和文物保存机构局面的催化剂。新郑李家楼器群交付省教育厅后，李济臣指定由教育厅决定存储场所。由于教育厅并无对口的机构接收此笔遗产，王幼侨于9月20日提出暂存地点方案，“惟查有文庙后院，上年新经修整之图书馆内，有阅览室五间，轩敞爽快，规模宏大，极便展览，而门窗坚固，墙宇卓荦，尤易保守，且免重加修理，又该馆原有经理员及司事夫役人等耳目众多，照管亦较容易”[21]。此地即后来提及的“乃暂设古物保存所，藏列于开封第一学生图书馆”[22]。但是，无论在保管条件还是陈列空间上，图书馆阅览室都不能满足博物馆的需求。此法并非长久之计，博物馆计划也就呼之欲出了。靳云鹗回电继续鼓吹，“此项古物，世所罕见，暂以圣庙房屋存放尚可，如为经久计，非特别建筑铁筋洋灰房屋，难免他虞”[23]。而恰成巧合的是，河南省当年的预算中的确有修建博物馆一项[24]。

河南博物馆并没有因新郑李家楼器群应运而生，两个至关重要的机构，古物保存委员会和古物陈列所先后成立。不久，古物陈列所即向公众开放。馆方详细介绍了来访学人，康有为、裘善元、李济等都大名在焉[25]。如果新郑李家楼器群继续保存在“古物”情境之中的话，则其命运无异于同时期涌现的其他发现。新郑李家楼器群本身的转机也得益于随后成立的公共博物馆机构。约在成立古物保存机构的同时，教育厅开始物色博物馆的选址，在呈交督理的公文中提出，“兹查有西司街前臬司废署，地址宽阔，室宇宏广”，适合用作博物馆用地，并恳请划拨给教育厅。但是在博物馆定位上也有含糊之处，有提议甚至认为“旧有之图书馆一并归入陈列观览”[26]。

〔20〕 王幼侨：《序》，《河南博物馆馆刊》第4集，1936年，第1页。

〔21〕 《新郑古器发见记（续）》，《河南博物馆馆刊》第10集，1937年，第5页。

〔22〕 王幼侨：《发刊词》，《河南博物馆馆刊》第1集，1936年，第1页。

〔23〕 《靳师长来电》，《新郑古器发见记（续）》，《河南博物馆馆刊》第10集，1937年，第7页。

〔24〕 《新郑古器发见记（续）》，《河南博物馆馆刊》第10集，1937年，第8页。

〔25〕 《河南第一学生图书馆纪事》，《新郑古物发见记》附录，1924年铅印本，第6～12页，收录于《金文文献集成》（第21卷），北京：线装书局，2005年，第91～94页。

〔26〕 《呈督理文》，《新郑古器发见记（续）》，《河南博物馆馆刊》第11集，1937年，第4页。

尽管新郑李家楼并没有立即催生河南省公立博物馆，但是古物归公和在省保护两项原则一直贯穿了河南博物馆的发展过程，成为最值宝贵的经验。一定程度上，李家楼原则比李家楼器物更为重要。

6.1.2　从小屯到山彪镇的学术和收藏公共性之路

成立不久的河南民族博物院面临数次发现和发掘的机会，值得庆幸的是，都无一例外地成为馆藏基础的扩张机会。由于河南民族博物院向历史取向回归，在从发掘到保存的过程中，都不可避免地和已经在小屯发掘的中研院史语所发生冲突。如果从在地保护原则和扩充馆藏需求考虑，河南民族博物院的诸多举措就并非不可原宥了。1928年起，中研院史语所选定河南安阳小屯，有计划、有步骤地展开连续发掘。虽然中研院与河南省政府签署了合作协议，但是双方的角力并没有得到有效的控制，一度酿成河南博物馆驱逐史语所，自行组织发掘的紧张局面，但最终双方的摩擦以联合组织河南古迹研究会为终结。由于此争涉及中央和地方的关系，而代表中央的中研院又以傅斯年、李济等学人为主，因此诱使后世的判断多采用中央视角，而将何日章、关百益代表的地方势力贬抑为局部、片面、逆潮流而动的[27]。

作为中央最高学术机构的中研院史语所在各地的田野调查和发掘是在与地方政府的合作框架下进行的。这个框架肇起于中研院史语所1929年与山东省政府的尝试，先期开展考古工作的河南大体以此为原型，达成了解决省院之争的方案。抗战之前，史语所的联合考古活动主要集中在河南和山东两地。尽管史语所在安阳第三季发掘与代表本地势力的河南民族博物院产生争执和冲突，但是史语所在河南的联合工作项目远较在山东的更多、持续时间更长、收获也更为丰富。基于决策者的国族主义学术立场，史语所成立之初就寻找在山东的发掘机会。通过直白地提出中国的考古学工作“决不仅凭一个线路的工作，也决不能但以外来物品为建设此土考古年代学之基础”，傅斯年表达了走出彩陶，面向东方的愿望[28]。在安阳之外寻找可能的发掘地点的活动与傅斯年强烈排斥“在中国遍求

〔27〕　近年也有论文为何日章正名，任大山：《何日章与河南博物馆早期建设》，《中原文物》2007年第3期，第106～108页。

〔28〕　傅斯年：《城子崖》序，南京：中央研究院历史语言研究所，1934年。

于中央及西方亚细亚采色陶器有亲属关系之中国采色陶器之分布”有关，因此山东成为不二之选。对于尚处于筚路蓝缕阶段的中国考古学而言，山东是罕见的有符合规范的调查基础的省份。清华国学院肄业生吴金鼎于1928～1929年六访平陵，早在1928年就已经揭示出龙山文化层的存在。1929年爆发的中原大战也迫使史语所中断在安阳的工作，移师山东。同年，山东省政府和中研院联合组建山东古迹研究会，委员由双方分别推举，包括作为中研院代表的傅斯年、李济和作为山东省代表的王献唐、杨振声和刘次箫。双方明确约定了职责之分，“本会工作暂分调查、发掘、研究三步，其科学的指导之责由国立中央研究院任之，其保护之责由山东省政府任之”[29]。发掘和保护两分法则随后移植到河南的实践中。虽然1928年夏天董作宾的第一次安阳调查是在省院合作的框架下进行的，期间得到当时仍在豫省的郭宝钧和张锡晋的支持，但是并无明确的框架协议规范双方的行为。1929年年底爆发的省院冲突是矛盾激化的结果，而1931年河南古迹研究会的成立则为这场冲突暂时画上了一个句号。直到1937年中止时，河南古迹研究会一直是与安阳平行的其他考古学发掘的主持机构。

1929年年底河南民族博物院与中研院矛盾爆发的诱因是李济和董作宾因为战事突发而携带安阳遗物返回北平。因为军事局势不稳，安阳第二季发掘于1929年5月6日停工。李济和董作宾的确携带了出土器物返回北平。傅斯年解释，“其后军事繁兴，安阳土匪四起，李济之先生在章河桥炸五小时前携数骨类陶类来北平本所，以求工作之不断，更以便北平专门学者之参与研究”[30]。河南方面则以此为由展开驱逐运动，并立即自行组织发掘。这自然引起中研院的严厉指责，傅斯年多次往返北平和开封之间斡旋，史语所考古组只能在此期间暂时前往山东。中研院和河南双方在考古发掘的科学性问题上各有攻防。何日章提出，“请准将掘得器物，仍留在开封保存，俾河南人有所观感，庶于地方文化及公开研究学术两得其益”。而傅斯年则辩白，中研院绝无占有出土遗物的设想，“敝院对出土品物之处置全无私见，可以昭然。且发掘安阳，所求者地下之知识，器物最后之

---

〔29〕《国立中央研究院、山东省政府合组山东古迹研究会办法》，《山东省政府十九年度行政报告·十月份》，1930年。

〔30〕傅斯年：《致史学杂志编辑先生函》，《傅斯年全集》（第3卷），长沙：湖南教育出版社，2003年，第64页。

处置，应以便于学人之研究为旨，至于何属，尽不关研究之大体也”[31]。傅斯年进而提出发掘的科学性问题，反诘质疑河南本地是否具有相应的能力。何日章不甘示弱地表明自身发掘的“科学性”，“重行发掘，匪第取其有记载之骨甲，且于其他器物之形状种类以及土质颜色，地层纹理，土中位置，距地深浅，莫不详为记录，设法影照，务期于古文字外能再有古文化之遗迹，供当代考古家之探讨”[32]。其表述实符合当时的科学认识，直至今日亦不为过时。不过，傅斯年却认为何日章纯属口头掩饰。“何君传单，直是欺语。彼见吾等工作之术，不得不抄袭若干方法论。然其在安阳在开封所作为者，则与此全不相干，其记事尤欺妄也”[33]。11月，傅斯年在开封斡旋时，赴河南大学作题为《考古学的新方法》的演讲，用意也在批揭何日章[34]。

显然，河南方面缺乏具备资质的职业考古学家。傅斯年多次指责何日章任用私人，以掘宝心态盲目发掘，“突于十月初旬到安阳，布告禁止吾等工作，由彼之妻舅警察学校毕业轩君率领‘发掘’，无方法，无问题，公然声言是来找宝贝的”[35]。“何氏中仅有一位号称古学家之关君，从未一履安阳工作之场。率其事者，乃其警官妻舅。无照像专人，仅雇一照像馆员学我等工作时照像，而不知其所谓。遇一墓葬，见头取头，见脚取脚，积而成之，不知谁为谁之头。其葬式之记载，更无论矣！陶片则一往弃置”。在傅斯年看来，何日章见识浅陋，言语粗鄙，与古董商无异，“彼等初次到安阳，经介绍到吾等工作地参观三日，不言何为。见一白瓦片，大喜，谓若置开封，可值九十余元。近督责工作，亦以谁能

---

〔31〕傅斯年：《本所发掘安阳殷墟之经过》，《傅斯年全集》（第3卷），长沙：湖南教育出版社，2003年，第98页。

〔32〕何日章：《陈列安阳殷墟甲骨暨器物之感言》，收入《傅斯年全集》（第3卷），长沙：湖南教育出版社，2003年，第85页。

〔33〕傅斯年：《致史学杂志编辑先生函》，《傅斯年全集》（第3卷），长沙：湖南教育出版社，2003年，第66页。

〔34〕傅斯年：《考古学的新方法》，原载《史学》1930年第1期，收入《傅斯年全集》（第3卷），长沙：湖南教育出版社，2003年，第88～95页。

〔35〕傅斯年，《致史学杂志编辑先生函》，《傅斯年全集》（第3卷），长沙：湖南教育出版社，2003年，第64、65页。

找到出宝的地方，则分半价奖之为言”[36]。

出土遗物的保管权之争早在小屯发掘起始就已经暗埋下来。何日章请求河南省政府致函中研院，要求至少将部分古物留置开封。而中研院的最初回复仅称，“研究后分存首都及本地”[37]。傅斯年进一步提出，“一切出物须先假本所以充分整理之机会，然后分送首都本地陈列，乃此学中常识上当然之事”[38]。这些回复自然引起何日章不满，“若以河南地方文明之表率，而尽移置于他方，未免不妥”[39]。何日章也指“董（作宾）君始终延宕，不得要领。不曰发掘完竣再行商酌，即曰彼无全权”[40]。

饱受诟病的河南本土势力的安阳发掘在关百益的指导下完成。作为“仅有的考古学家关君”，关百益本是金石学传统学人，并非田野考古学家，对于考古学田野规程自然陌生，对于地下资料的关注也难免偏狭。傅斯年指责他从未涉足安阳，而河南方面记录的发掘过程为，“十八年十月，前民族博物院院长何日章呈准省府，自动发掘殷遗古物，十一月底停止工作。十九年春继续进行，六月间移交古物保存委员会保管”[41]。发掘过程可能的确存在如傅斯年指责的种种错误，但是，安阳出土古物归公态度却是毫不含糊的，尤其对于豫省人士而言，是绝不拖泥带水的清白之举。

作为省院冲突的解决方案，河南古迹研究会由河南省政府、中央研究院和河南大学联合组成。委员会循例由各家分别推举，中研院提名李济、张嘉谋、郭宝钧和董作宾四人，河南省政府则推举王幼侨、杜襄、关百益和王公度四人，豫籍

〔36〕 傅斯年：《致史学杂志编辑先生函》，《傅斯年全集》（第3卷），长沙：湖南教育出版社，2003年，第65页。

〔37〕 傅斯年：《致史学杂志编辑先生函》，《傅斯年全集》（第3卷），长沙：湖南教育出版社，2003年，第65页。

〔38〕 傅斯年：《本所发掘安阳殷墟之经过》，《傅斯年全集》（第3卷），长沙：湖南教育出版社，2003年，第99页。

〔39〕 原载于《河南教育日报》1929年10月8日，收录于傅斯年：《本所发掘安阳殷墟之经过》，《傅斯年全集》（第3卷），长沙：湖南教育出版社，2003年，第100页。

〔40〕 何日章：《发掘安阳殷墟甲骨文之经过》，收入《傅斯年全集》（第3卷），长沙：湖南教育出版社，2003年，第81页。

〔41〕 赵惜时：《本馆度藏之物品（续）》，《河南博物馆馆刊》第2集，1936年，第2页。

元老张嘉谋任委员长，李济则为工作主任，关百益任秘书，但郭宝钧作为驻会委员承担了大部分实际工作[42]。依照《解决安阳殷墟发掘办法》确立的"保护之责，河南省政府担任，发掘研究之责，由中央研究院担任"原则成为河南日后发掘工作的圭臬[43]。在此基础之上，浚县辛村、汲县山彪镇和辉县琉璃阁和固围村的发掘渐次展开。

浚县辛村、汲县山彪镇和辉县琉璃阁和固围村都在豫北淇卫流域，这是1949年之前豫省考古学活动最为频密的地区。在田野考古学开展之前，辛村和山彪镇已经遭遇惨烈盗掘，只有辉县琉璃阁的发掘属于主动发掘类型。辛村是河南古迹研究会成立之后作为试办区着手的第一次发掘。在郭宝钧进驻之前，"盗伙之多，尝近千人，如集市然"[44]。以郭宝钧、吴金鼎和刘耀组成的发掘团队于1932年4月开始了第一季发掘，在月余时间内清理墓葬2座。当年10～12月，郭宝钧、刘耀和赵青芳进行了第二季发掘，清理墓葬11座。第三和第四季发掘安排在次年的春夏之交和冬季，先后清理了21座和51座墓葬[45]。其中，1932年的田野工作多为清理被盗大墓的残余，而1933年则主要针对中小型墓葬。

1935年汲县山彪镇的清理起因于山彪镇大墓被盗和河南博物馆许敬武和段凌辰清理时遭遇坍塌，发掘工作于是移交给河南古迹研究会。郭宝钧、王湘和赵青芳于1935年7月开始发掘，至9月12日结束，共清理大墓1座，即一号大墓，小墓7座和车马坑1座[46]。发掘山彪镇大墓时，根据乡民提供的线索，郭宝钧追寻到固围、琉璃阁、孟庄、百泉、褚都、田庄、赵固等多个地点[47]。从1935年开始，郭宝钧、王湘、赵青芳、周光普和孟长禄等发掘了琉璃阁，1936年河南省博

---

〔42〕《新闻报》1935年4月29日，收录于《中国考古学史》附录一《各地发现古物志》，上海：商务印书馆，1937年，第216页。原文"杜襄"为"林（伯）襄"误植。

〔43〕郭宝钧：《浚县古残墓之清理》，《田野考古报告》第1册，1936年，第169页。

〔44〕郭宝钧：《浚县古残墓之清理》，《田野考古报告》第1册，1936年，第168页。

〔45〕郭宝钧：《浚县古残墓之清理》，《田野考古报告》第1册，1936年，第169页。

〔46〕郭宝钧：《山彪镇与琉璃阁》，北京：科学出版社，1959年，第2～53页。

〔47〕中国科学院考古研究所：《辉县发掘报告》，北京：科学出版社，1956年，第1、2页。

物馆许敬参等发掘了琉璃阁甲、乙墓[48]。1937年春，琉璃阁第三季发掘清理了大墓5座和一般墓葬44座[49]。

以河南古迹研究会的名义开展的发掘基本都成为河南省博物馆馆藏征集的来源。除了上述重要发掘之外，河南古迹研究会还发掘了大赉店、巩县、广武等地点[50]。河南古迹研究会所得器物成为河南博物馆的重要馆藏成分，一直到迁台之后作为河南古物移交历史文物美术馆[51]。同样值得注意的是另一个侧面，即考古学的公共性也得益于博物馆的公共性。通过确立古物收归国有和国有古物的在地保护原则，与博物馆建立了密切联系的考古学活动得以最终与盗掘和私流活动区分开来。

6.1.3 “堪居第二”的馆藏的形成

河南博物馆并不是古物保存所的继承者。双方一度平行共存，直到王幼侨主导的全新的河南博物馆改组时，古物保存所的收藏才最终被新成立的博物馆接收。独立于轰动一时的新郑李家楼器群的保存和展陈，河南博物馆开拓了一条界定馆藏乃至博物馆的全新道路。新生的考古学机构调查和发掘所得器物的入藏界定了河南博物馆的公共属性，河南博物馆进而将公共性传递给陆续加入的其他馆藏成分，而新郑李家楼器群也在归属切换中悄然改变了自身的公共形象。

到1937年日本侵华战争全面爆发时，河南博物馆已经初具规模。不过，我们对其建筑空间和规模都知之甚少。河南博物馆报呈中国博物馆协会的记录显示，法院街建筑计有“房一百二十五间；新式楼房四座”[52]。然而，馆舍全然不是河南博物馆的优势，独特而卓越的馆藏才是河南博物馆的骄傲。从河南博物馆申请新造陈列柜和保存箱的计划中，我们可以蠡测当时展陈格局。首先，新郑李家

---

〔48〕 河南省博物馆、台北历史博物馆：《辉县琉璃阁甲乙二墓》，郑州：大象出版社，2003年。

〔49〕 河南省博物馆、台北历史博物馆：《辉县琉璃阁甲乙二墓》，郑州：大象出版社，2003年。

〔50〕 刘燿：《河南浚县大赉店史前遗址》，《田野考古报告》第1册，1936年。

〔51〕 谭旦冏：《中央博物院廿五年之经过》，台北：中华丛书编审委员会，1960年，第330～333页。

〔52〕 《中国博物馆一览》，北平：中国博物馆协会，1936年，第65页。

楼器群属于特例，“尚有适宜陈列柜橱”，其他各组各类则基本杂陈。已在展陈的除新郑器群外，还有殷墟甲骨，洛阳明器，历年收集的字画，自襄县、新安和滑县获取的古钱。洛阳明器等用旧柜陈列，字画则悬挂陈列，而馆方认为亟须展陈的是刚刚自辉县获取的铜器[53]。抗战之前，河南博物馆馆藏初成大体，王幼侨颇为自得于“堪居第二之位置”[54]。河南博物馆呈庚款委员会的报告中提供了具体数据：当时馆藏总数已经达到375669件，参观人数达到每年25万人次，在抗战之前的中国博物馆中，这可能是能够企及的巅峰了。

河南博物馆的馆藏屡经清点，其变迁既反映了博物馆的立意转换，又影响了博物馆的未来走向。1936年，王幼侨甫上任时，即将馆藏分成“自然”和“人文”两科，其意图也在于建立与考古收藏并驾齐驱的自然收藏，展陈物品部门分成动物、植物、地质、器物、民族等。随后，河南博物馆的馆藏结构进一步调整成为“考古、历史、天然历史”三大版块，展陈品分为“古物”、“自然历史标本”和“模型仪器图表”三类。同时期的博物馆行政机构分为事务、保管和搜集研究三部。承担研究业务的部门分考古、动植矿物、照相和印刷四组，可见从征集到展陈，藏品基本按照人文和自然两类区分，前者中，考古和历史并存，而后者指以动植矿物为主体的自然史。1936年修订的《河南博物馆专门委员会组织章则》则将专门委员会界定为“协同研究院负一切指导研究之责”。人文部的专门委员会分成考古和民俗两组，而自然部则分为动物、植物和矿物三组。虽然对于河南博物馆而言，“古物”是馆藏大端和骄傲，但是，作为省级综合博物馆，河南博物馆并没有过度依赖考古发掘或者征集，在河南境内也积极开展动植物资源的调查。“自然历史标本”中，动物和植物各有人专司其职。其中，葛守信负责动物标本的采集，参与采集工作的还有傅茂瑄、孙寿如等[55]。

不过，馆藏登记并不遵循主题分类原则，而是依照千字文顺序排列，各类之间的逻辑关系也不鲜明。1936年，河南博物馆曾大致说明其馆藏结构，“收藏物品，日益丰富，如新郑洛阳之铜器，相国寺鄢陵之瓷器，殷墟之甲骨器物，登

---

〔53〕　河南省博物馆、台北历史博物馆：《辉县琉璃阁甲乙二墓》，郑州：大象出版社，2003年。

〔54〕　王幼侨：《发刊词》，《河南博物馆馆刊》第1集，1936年，第1页。

〔55〕　葛守信：《嵩县动物采集记》，《河南博物馆馆刊》第1集，1936年，第25页。

封之如意，皆大群环宝，价值连城，近复收获襄县古钱、辉县铜器，皆属特殊异数”[56]。此外，尚有“新郑广武及鄢乡之陶器”。由此可见，由于具有明确地域归属的各笔发现不仅数量巨大，而且特色鲜明，河南博物馆当时采纳的主题编排法是保存各笔发现的固有特质的最佳方案。

作为拉开河南博物馆事业帷幕的新郑李家楼器群毫无疑义地以“天”字组编号。天字组包括“铜器一百余件，碎铜片六百余件，并介贝骨玉等件”[57]。这批古物是河南古物保存所成立时的基本班底，1930年11月28日并入到河南博物馆。天字编号基本保留了靳云鹗移交时的原貌，甚至在《通启》刊布之后新郑地方乡绅缴纳的晚期遗物也没有剔除出去。

紧随其后的“地”字组是何日章任内在洛阳罚没的古物，以“洛阳古物”之名统称。1928年，何日章奉命在洛阳收缴了70余件古物。何日章推测“地”字组古物基本出自洛阳一带古墓，而且仅仅是通过洋庄外流古物的劫后残余，“经市贾窃售于外人者，不知凡几”。该批古物原本存于古物保存所，后并入河南博物馆馆藏。“洛阳古物”包含铜器和陶器，但是来源、真伪和年代皆不一[58]。

“玄”字组由“登封如意”9柄构成。博物馆认定，“此九柄如意产自越南，乾隆时期入贡，留置中岳”，不过，此事却失载于任何典籍[59]。登封如意入藏博物馆如同新郑李家楼器群的抢救一样见证了吴佩孚的典藏观。该笔如意原存于登封县，1918年，早在新郑李家楼器群被发掘之前，河南督军赵倜派肖振泰提取到省城。赵倜败走之后，吴佩孚并未据为己有，而是命令实业厅接收。四年之后的1926年，实业厅将其移交给古物保存所，后来又顺延转入古物保存委员会，直至1931年古物保存委员会撤销后归入河南博物馆[60]。

“黄”字组是“殷墟器物”，应该是1929～1930年何日章任内两度组织自

---

〔56〕《呈送设备箱柜费支付预算书及图样》，《河南博物馆馆刊》第4集，1936年，第1页。

〔57〕新郑李家楼的考古收获在诸家公布中数字略有出入。《本馆之沿革》，《河南博物馆馆刊》第1集，1936年，第40页。

〔58〕《本馆之沿革》，《河南博物馆馆刊》第1集，1936年，第45～47页。

〔59〕关百益：《登封如意图考》，《河南博物馆馆刊》第6集，1937年，第1、2页；赵惜时：《本馆度藏之物品（续）》，《河南博物馆馆刊》第2集，1936年，第1页。

〔60〕赵惜时：《本馆度藏之物品（续）》，《河南博物馆馆刊》第2集，1936年，第1页。

行发掘殷墟所得。殷墟出土器物原本保存于古物保存委员会，1931年民族博物院改组成为河南博物馆后转入。虽然发掘之时所获器物类型更多，但是“黄”字组仅仅包括有字及无字甲骨，其中，有字之甲为267组，12873件，有字之骨为207组，30983件[61]。

“宇”字组原编为“天”字组第二部，称为“鄢陵瓷器”，1925年出自鄢陵县旧当典院。寄居此地的郁川人魏书成因为挖红薯窖而出土宋代瓷器数十件，但是官方闻知此事时，瓷器已经通过古物流通网络流入市场。教育厅命令何日章追查，最终采取赎回的方式获得。列入此组的瓷器均被厘定为出自鄢陵的宋瓷，计有19个编号76件瓷器，另外3个编号6件器物待考[62]。

“宙”字组包括各种机缘挖掘出土的陶器。1924年孟津县扣马镇宋家沟村民谢臻挖掘到7件陶器，1926年6月郑县居民在西门金水河发现汉代古物30余件，7月城厢区西陈庄的陈德茂地发现汉代古物，郑县七里头也出土陶瓷器16件，1928年陕县修路挖出古物11件，1928年10月在洛阳搜出古物260余件，1929年3月文底镇出土绿釉陶器79件及盘豆镇出土陶器72件，1929年3月灵宝县出土陶瓷器34件[63]。纳入此组的陶器或是农民掘地所得，或是工程意外发现，甚至是行政机构罚没收缴而来。

来源复杂，经营多年的石刻继之以“洪”字组编号。孙文青于1936年统计，“（石刻）十又四种，八百乙十六石。计堰石三十，墓志四百四十有六，志盖二百八十又八，石经、石牒、石门、石棺、石陛各一，石碑、石函各二，幢柱四，石像五，造像十四，题记十九”[64]。从数量上看，墓志和志盖占绝大多数，大多出自洛阳，也有出自滑县、邓县、开封等地范例。在河南民族博物院成立之前，石刻多保存在河南图书馆和古物保存所中。何日章于1930年清点古物保存委员会的记录中，一部分系河南省图书馆旧藏，另一部分则是胡景冀督豫时派

---

〔61〕 赵惜时：《本馆庋藏之物品（续）》，《河南博物馆馆刊》第2集，1936年，第2页。

〔62〕 赵惜时：《本馆庋藏之物品（续）》，《河南博物馆馆刊》第3集，1936年，第35页。

〔63〕 赵惜时：《本馆庋藏之物品（续）》，《河南博物馆馆刊》第3集，1936年，第35～37页。

〔64〕 孙文青：《整理河南博物馆藏石刻记》，《河南博物馆馆刊》第1集，1936年，第26页。

副官前往洛阳收购的。此外，在1930年下半年，河南省建设厅移交给古物保存委员会石刻达160余块，河南省图书馆移交17块，河南金石志修纂处移交4块〔65〕。接收如此数量甚巨的石刻后，河南民族博物院计划成立“碑林”，不过一直没有落实，直到1935年杜光远任内才最终在博物馆东侧建成。

“荒”字组亦是石质品，数量极大，但来源特别，对博物馆的价值也难以评估。此笔收藏被冠以“河源奇石”，原系前甘肃警察厅厅长王宗祐个人收藏。所有石头皆捡于河旁，因此本不宜纳入人文部。王宗祐曾经募人制作置物架，陈列其经年收藏。1918年，王宗祐转赴河南，将私人奇石收藏赠予古物陈列所，1930年转入河南博物馆。从编号上看，应该以一架一号，则合计24架，收入岩石1108件〔66〕。

“日”字组包含河南古物保存委员会原藏各类杂器，其出土地点信息已经丧失，而且在古物保存委员会中就已打散与其他器类或者器群混排在一起，直到关百益任内才单独以杂品之名列出。“日”字组共编124号，但是器类和数量均很杂乱〔67〕。

“月”字组为“各色织锦”，系1927年12月河南高等法院处置开封县法院呈送的李绍宾、王锡普财产执行案的结果。由于当事人均未出现，高等法院遂将涉案古物全部发往古物保存所。同组之中的铜铎纳入铜器编册之中，仅织物编号就达143号之多〔68〕。

“昃”字组统收“关任增收物品”，即1931～1935年关百益任内新增的收藏。不同于此前各组依主题划分，“昃”字组以行为者为取舍标准，可以揭示关任内馆藏新增细节。赵惜时列举“昃”字组馆藏的多种来源，“有系奉省政府令

---

〔65〕 赵惜时：《本馆庋藏之物品（续）》，《河南博物馆馆刊》第4集，1936年，第1、2页。

〔66〕 赵惜时：《本馆庋藏之物品（续）》，《河南博物馆馆刊》第5集，1936年，第1、2页。

〔67〕 赵惜时：《本馆庋藏之物品（续）》，《河南博物馆馆刊》第5集，1936年，第2～6页。

〔68〕 赵惜时：《本馆庋藏之物品（续）》，《河南博物馆馆刊》第5集，1936年，第6～13页。

交者，有系私人赠送者，亦有出资购买及本馆自行搜集者”[69]。除去已经独立的石刻“洪”字组和杂品“日”字组，收入此组的物品编号达95个，计有汲县县政府、项城县县政府、滑县县政府、公安局消防队、北区公安分局、南关五区公所、中山市场管理处、开封革命纪念园、河南救济院移送或送交，出土地点包括洛阳、浚县刘庄、广武、汲县山彪镇等地。类似的情况也发生在杜光远任内，1925年11月以省政府名义征集名人书画和现代艺术作品，该笔收藏以“画”字组编辑，共计17个编号[70]。

有的器类数量极巨，且在多处频繁出土，因此在历次清点中被分别纳入不同组别中。古钱币收藏即是显例。历任馆长任内都没有尝试进行统一清点。赵惜时注意到，“关任移交民族部册内”和“杜任移交杂品册内日字”都有不少钱币收藏，关任入藏的古钱币包括1927年相国寺出土古钱“半小篓”，合计7179枚。杜任入藏的古钱币包括殷墟出土28枚和其他杂出1344枚[71]。1935年5月，滑县天主教堂出土了一批古钱，共计17380枚，关任时编入昃字38号[72]。1936年9月，襄城县又上缴县民丁金兰因为掘井而发现的唐宋古钱3440斤，共计377639枚[73]。1936年10月，新安县上缴县民傅尚勤因为犁地而发现的唐宋古钱46斤，共计5800枚[74]。1937年5月，武安县第一区在建筑森林寨中发现与铜镜1面同装

---

〔69〕　赵惜时：《本馆度藏之物品（续）》，《河南博物馆馆刊》第10集，1937年，第1页。

〔70〕　赵惜时：《本馆度藏之物品（续）》，《河南博物馆馆刊》第14集，1937年，第6页。

〔71〕　赵惜时：《本馆度藏之物品（续）》，《河南博物馆馆刊》第13集，1937年，第1～3页。

〔72〕　赵惜时：《本馆度藏之物品（续）》，《河南博物馆馆刊》第13集，1937年，第4～6页。

〔73〕　《河南博物馆呈报省政府文》、《河南省政府民一字第二二八号指令》，《河南博物馆馆刊》第3集，1936年，第56、57页。另一统计数字称总重3560斤，赵惜时：《本馆度藏之物品（续）》，《河南博物馆馆刊》第13集，1937年，第6、7页。

〔74〕　赵惜时：《本馆度藏之物品（续）》，《河南博物馆馆刊》第13集，1937年，第8～10页。

于瓷罐中的钱币23斤，共计2207枚[75]。

未纳入千字文编号序列的馆藏亦不在少数。其中，最为显著的是确立河南博物馆事业基调之前，1927～1930年以民族博物院之名多方征集的"民族物品"，在河南博物馆馆藏体系中几乎无法适当定位。数年后的回顾提到此笔收藏仍觉得"颇为复杂"，包括"云南实业厅赠送之植物及矿产标本，甘肃省政府赠送之图画照片，河南省政府交送之嵩县庙匪扇子棕刷等物，陕西省政府赠送之拓片等物，云南省政府赠送之农作物丝茶各种，山西省政府赠送之棉绒及纤维标本，广东民政厅赠送之乳源县苗猺民族衣饰各件，成都市政府赠送之风景照片，北平市政府赠送之清制冠革弓矢佩饰各物，河南省政府交送之渑池石器，扶沟县之花瓮供器，清源县之会匪印符，安阳袁宅之衣服器物，省会公安局移送旧存相国寺之瓷器、字画、木器、丝绣、佛像、如意、文具等物"。"至民族模型所着衣饰，多属购自衣市或拾工自制者"[76]。现代性和民族性并存反映了民族博物院的自我定位。随着定位的转变，旧有的"民族"收藏面临被汰撤的命运，此笔馆藏的下落也不了了之。

辉县琉璃阁的两次发掘收获也没有编入任何字组。辉县发掘源起于1936年8月，琉璃阁乡民掘土获得一尊铜鼎的消息迅速为官方得知，省政府立即命河南省博物馆处理。由于官方和博物馆的及时介入，琉璃阁两墓的保存和发现情况都相对完整。琉璃阁的第一次发掘由许敬参主持，自9月4日开始，11月5日结束。第二次发掘由许敬参和郭育才主持，自10月26日开始，11月10日结束[77]。两次发掘收获都即刻运往开封，在省政府主持下点视入藏。第一次发掘编号达401个，但采用同类合并方案，如陶片之一的第400号就包含多达83件样本。第二次发掘编号为74个[78]。和未编号的"民族物品"不同，琉璃阁器物的未编号可能只是

---

〔75〕 赵惜时：《本馆庋藏之物品（续）》，《河南博物馆馆刊》第13集，1937年，第11、12页。

〔76〕 赵惜时：《本馆庋藏之物品（续）》，《河南博物馆馆刊》第7、8集，1937年，第1页。

〔77〕 赵惜时：《本馆庋藏之物品（续）》，《河南博物馆馆刊》第15集，1938年，第1页。

〔78〕 赵惜时：《本馆庋藏之物品（续）》，《河南博物馆馆刊》第15集，1938年，第1～17页。

工作延宕造成的。

此外，还有其他情形未纳入千字文编号序列的馆藏。1930年2月移交的相国寺旧藏中字画124种，1934年河南博物馆举办现代书画展览会，展品及清册共计26号，亦都没有编入到千字文序列之中[79]。

馆藏组成和来源分析显示，地下出土的古物构成了河南博物馆人文馆藏的主体，更有趣的是，大多数馆藏是在“前考古学状态”下出土的，因此，考古学情境资料基本都是残缺不全甚至丧失的。自新郑李家楼器群的发现以来，河南本土考古学机构和职业群体参与的所有活动的收获无一例外地成为扩充博物馆馆藏的材料；河南行政机构对私掘采取了具有相对连贯性的处置方法，罚没所得成为“地”、“宇”和“月”诸部馆藏来源，这在他省是不多见的；河南博物馆官方征集和交换上的成就也是其他省级博物馆所难以比拟的。河南博物馆采纳的馆藏千字文排序方案基本体现了对各笔收藏的独立性和完整性的尊重，但在某些类别中也表现出博物馆对重整重组的关注。不过，馆藏积累工作的巨大成功遮蔽甚至抑制了河南博物馆在入藏物品的“再情境化”上的努力，导致展陈可能远不能体现馆藏的全貌和特色，博物馆的组织能力几乎被隐没不见。王幼侨也批评展陈差强人意，“矿物之搜集，迄付阙如，其民族部分，亦未就纵的、横的两方面，有相当的系统的汇集与陈说，言考古则一鳞一爪，言科学则若有若无，类别茫然，陈列混淆，令人环顾其间，不识为荒凉寺宇，或古玩商店也”[80]。

6.2　后继乏力的万泉模式：作为博物馆的山西公立图书馆

作为考古学资源最为丰富的省份之一，毗邻河南的山西也涌现出基于考古发现的博物馆。1949年之前，山西的博物馆事业的发展脉络与其他省份大体相当，依图书博物馆之制设立。山西的图书馆事业起始于1909年，“兹勘得省城学务公所之西偏降地创建图书馆”[81]。十年后，图书馆更名为山西省教育图书博

〔79〕　赵惜时：《本馆度藏之物品（续）》，《河南博物馆馆刊》第14集，1938年，第1页。

〔80〕　王幼侨：《发刊词》，《河南博物馆馆刊》第1集，1936年，第2页。

〔81〕　《晋抚奏创设图书馆折》，《山西省图书馆史料汇编》，太原：山西人民出版社，2003年，第3页。

物馆，1925年进一步更名为山西公立图书馆，1933年又循全国兴办民众教育例改为山西省民众教育馆。山西公立图书馆馆藏的重要来源之一就是当地最早的考古发掘。对于中国考古学而言，山西也是最早的摇篮之一：中国考古学之父李济于1926年发掘山西夏县西阴村遗址，这是中国学人组织的最早的发掘[82]。而草创时期的山西考古学几乎片面地倚重卫聚贤（1899～1989）一人。虽然卫聚贤以故乡万泉为调查和发掘地点，其发掘、收集和展陈均属乡土考古学模式，但是由于未曾在山西任职，卫聚贤和山西的乡土纽带极为脆弱。山西本地的考古学学术力量缺位，倘卫聚贤一旦离开山西或者相关职位，山西的考古事业就可能无以为继。考古学和博物馆的关系从一开始就是不稳定的。与万泉和山西只有故乡情感关联的卫聚贤并未以乡土历史和认知为要务，更具有反讽意味的是，北平女子师范大学聘用卫聚贤的动机就与出土古物的在地保护原则相抵牾。万泉没有如预期地出现具有社会轰动价值的发现，也就无法唤起晋省知识阶层的保护和研究意识。1949年之前的山西不乏显赫的考古学发现，有的引起全国性甚至国际性轰动，但是由于处置不当，无一顺利地转型成为博物馆馆藏。更为严重的是，博物馆收藏的公有地位、非交易性和遗产价值都遭遇到不断挑战和否定，考古学活动沦为古物发现甚至掘宝，失去考古学奥援的山西博物馆事业在1949年之前从未得到充分的发展。

6.2.1 中国考古学史上的卫聚贤

中国考古学史上，卫聚贤是难以定位的早期学人之一。卫聚贤系山西万泉（今山西万荣）人，1927年毕业于清华大学国学研究院。就读期间，卫聚贤的研究领域初为商业史，后改上古史，师从王国维。卫聚贤对《春秋》、《左传》、《国语》、《山海经》、《禹贡》及《墨子》诸篇的研究最终以《古史研究》为题结集出版[83]。《古史研究》中，卫聚贤提出“恢复历史本来的面目”三步法，“第一步先从古籍整理着手，保存本来的面目”，“第二步……从考古学上着手，使有实物可资证明”，“第三步，……再要从考察现存的野蛮民族上

〔82〕 李济：《西阴村史前的遗存》，《李济文集》（卷二），上海：上海人民出版社，2006年。

〔83〕 韦大发痴：《鲁智深传》，《说文月刊》第1卷第8期，1939年。

着手，得知活动的情形”[84]。三步法既可见对王国维“二重证据法”的师承认同，又与同时期多位学人一样表达出文献、考古和民族志三管齐下的时代风格。三步法表达的考古的地位和用法在卫聚贤随后的研究中不断得到印证，对“实物”的追求促使卫聚贤萌生了强烈的考古兴趣，而“可资证明”的用法导致缺乏考古学分析，过于急切的割裂式和强拗式证史工作招致严重质疑和排斥。

李济和袁复礼的西阴村发掘既是卫聚贤考古学兴趣的直接来源，也是其考古学工作效仿和竞争的对象。1926年，李济和袁复礼发掘山西夏县西阴村遗址后，曾在清华大学举办发掘所获遗物展，此次展览成为卫聚贤从事考古工作，特别是发掘与西阴村遗址有近似之处的万泉诸遗址的直接诱因[85]。卫聚贤最初的考古学实践是1928年出掌南京古物保存所后发掘栖霞山汉墓和明故宫工部遗址。在栖霞山发掘过程中，卫聚贤发现“陶鼎腿七八件，残片数十件，石斧一”，认为栖霞山焦尾巴洞、甘夏镇西岗头等处所见石器和陶片性质等同，皆属新石器时代，并由此得出结论，“新石器时代遗址在长江下游发现为第一次，于中国民族上文化上发生很大的变化”[86]。这个今天看来是真知灼见的判断在当时与张凤、李四光等意见相左，亦未得到李济的足够支持[87]。不久，卫聚贤被解除南京古物保存所职务，返回山西。但是，卫聚贤对山西考古的兴趣，在供职于南京古物保存所期间就已经表现出来[88]。

卫聚贤在山西的乡土考古学发掘以1930～1931年万泉汾阴后土祠和万泉荆村两处的工作为著，不过持续时间不长，不久之后，卫聚贤的工作和社会活动

---

〔84〕　卫聚贤：《古史研究自序》，《中山大学语言历史研究所周刊》第39期，1928年，第25页。

〔85〕　李济：《西阴村史前的遗存》，《李济文集》（卷二），上海：上海人民出版社，2006年。

〔86〕　卫聚贤：《南京发现新石器时代遗址》，《东方杂志》第27卷1期，1930年，第65页。

〔87〕　卫聚贤：《中国考古小史》，上海：商务印书馆，1933年；卫聚贤：《吴越史地研究会成立经过》，收录于《吴越文化论丛》，《民国丛书》第五编第38册，上海：上海书店出版社，1996年，第384页。

〔88〕　卫聚贤于1928年已经宣称“已在山西发现新石器时代遗迹十五处”，参见卫聚贤：《古史研究》自序，《中山大学语言历史学研究所周刊》第39期，1928年，第25页。

重心转回上海、南京和杭州一带，再没回到故乡山西。1932年之后的数年间，卫聚贤先后任教于上海暨南大学、中国公学和持志学院等处。1935年下半年，卫聚贤与张凤、闻宥、蒋大沂、金祖同、陈志良等多次在常州奄城和金山戚家墩等遗址进行发掘工作。出自两处遗址的考古发现于次年在上海文庙路民众教育馆展览[89]。1936年，“以研究吴越史地为宗旨”的吴越史地研究会成立，卫聚贤担任总干事。1936年5月，卫聚贤、乐嗣炳、金祖同、董聿茂、胡行之、施昕更等发掘了古荡遗址，得到石器和陶片若干[90]。抗战之前，卫聚贤已经离开学术圈，任职于中央银行经济研究处等机构。抗战期间，基于联络和资助内迁学人的考虑，卫聚贤几乎独力创办了说文学社和《说文月刊》，成为抗战时期连续性最好的民间学术机构和学术刊物[91]。1940年，卫聚贤联合沈尹默、郭沫若、金毓黻、常任侠等在重庆成立巴蜀史地研究会，发掘了重庆嘉陵江北岸崖墓，得五铢钱、汉代陶器等，在此基础之上，卫聚贤又率先提出“巴蜀文化”的概念[92]。

在中国考古学的草创期，卫聚贤的确开展了众多具有独到贡献的工作，也极富预见性地提出了多种概念，但是罕有确凿的推理和论证。无论在南京、山西、浙江，还是四川，他都属于最早的考古工作者和发现者。虽然缺乏精确的界定，而且其具体内涵与现在通行的解释有别，卫聚贤仍然是最早提出长江下游地区“吴越文化”和四川“巴蜀文化”概念的学人[93]。但是，卫聚贤的田野考古工

---

〔89〕《吴越史地研究会的展览》，《说文月刊》第1卷第3期，1939年，第82页。

〔90〕吴越史地研究会、浙江省立西湖博物馆：《杭州古荡新石器时代遗址之试探报告》，1936年；卫聚贤：《古荡出土之新石器与吴越文化》，收录于《杭州古荡新石器时代遗址之试探报告》；松本信广著，徒然译：《吴越史地研究会两种报告之批评》，原载于《人类学杂志》第51卷第12期，1936年，现收录于《吴越文化论丛》，《民国丛书》（第五编第38册），上海：上海书店出版社，1996年。

〔91〕《说文月刊》于1939年2月创刊于上海，1941年12月后休刊，1942年7月在重庆复刊，1947年1月终刊。《说文月刊》创办缘起参见卫聚贤：《说文月刊发刊词》，《说文月刊》创刊号，1939年。

〔92〕《巴蜀史地研究会草章》，《说文月刊》第2卷第2期，1940年；夏鼐：《郭沫若同志和田野考古学》，《考古》1982年第5期。

〔93〕卫聚贤：《吴越民族》，收录于《吴越文化论丛》，《民国丛书》（第五编第38册），上海：上海书店出版社，1937年；《巴蜀文化》，《说文月刊》第3卷第4期，1941年。

作经验有限，更为重要的是，尽管他宣称以李济为师，但是缺乏对近现代意义的考古学田野法和分析的基本认识，反而迫切地将考古学直接用于古史重建，在证据不足的情况下强行解释，因此必然形成穿凿附会之嫌，这也导致其学术信用度多遭质疑和否定。

6.2.2　万泉模式的形成和中断

万泉的发掘和整理基本依赖于卫聚贤。发掘地点是卫聚贤的故乡，无论调查还是发掘都有赖于乡土社会的支持，而卫聚贤选择此地也是出自熟悉乡土社会的考虑，因此，万泉模式无疑是乡土考古学的范例[94]。但是，卫聚贤从未受聘于山西省内任何公立机构，始终维持了外来机构代表的身份。卫聚贤与晋省内的单薄沟通切断了山西最早的考古学实践与本地博物馆的兴建和扩充的关联。而且，卫聚贤一度受聘于北平女子师范大学，几乎是后者的临时设计之举：北平女子师范大学迫切希望出土遗物出省，因此雇佣本省人乃是出于沟通方便的考虑。发掘甫一结束，卫聚贤即遭解聘。一旦卫聚贤离境，山西的考古学就基本陷于停顿，无法继承。

卫聚贤的山西发掘以万泉汾阴后土祠为起始。卫聚贤对汾阴后土祠的兴趣由来已久，在任职于南京古物保存所期间，他就已经详细讨论后土祠的位置及发掘计划[95]。实际发掘过程甚为简单，仅持续一周。卫聚贤、董元忠和张蔚然以山西公立图书馆名义进行发掘，自1930年10月30日起，11月8日就宣告结束。发掘过程已未可知，出土遗物也稀松平常，以五铢钱和瓦当为主。卫聚贤因循习见的考古—历史对应思路推测遗址属性，将遗物和万泉柏林庙发现的“长乐未央”瓦当结合在一起，以特殊性事件解释普遍性发现，将此地推测为汉汾阴后土祠，此说有别于传统上认定的荣河说[96]。卫聚贤笃信汾阴后土祠说，不恰当地预设考古学遗物，提出希望得到三种类型遗物，包括“当然得物”的汉砖、汉瓦和瓦当，“预计所得”的祭器和石刻，以及“进一步希望”的“晋文公所埋五鼎之

〔94〕　卫聚贤：《新石器时代遗址发现的经过和见解》，《东方杂志》第26卷第4期，1929年，第69页。

〔95〕　卫聚贤：《汉汾阴后土祠遗址的发现》，《东方杂志》第26卷第19期，1929年，第71～81页。

〔96〕　卫聚贤：《汉汾阴后土祠遗址的发现》，《东方杂志》第26卷第19期，1929年。

四”、“春秋时代祭器”和“其他建筑物”[97]。卫聚贤的期待传递出对历史时代考古学的误解，不过，这并非特属于个人，实是时代特征，直到今天仍未消弭。事实上，汾阴后土祠仅仅出土了“当然得物”的类型，当然无法激起社会公众的热情，但是这也抑制了对汾阴后土祠的过度阐释。

1931年4~5月，卫聚贤又安排了万泉荆村瓦渣斜遗址的发掘，持续时间稍长，达一个半月。此次各人所代表的机构亦有所变化，卫聚贤代表北平女子师范大学研究所，董光忠代表美国弗利尔美术馆，而山西公立图书馆作为联合机构参加。万泉荆村遗址是在汾阴后土祠发掘之后调查过程中发现的。发掘始于4月1日，持续到5月15日。使用工人从最初的十余人到后来增加至40余人[98]。瓦渣斜遗址出土了石器、骨器、粗陶器、彩陶和人骨等，仅仅论及可完整复原的器形，“石器之中十三四种，骨器之中有六七种，蚌器之中有四五种”，“陶器之中门类更为繁多”[99]。从考古学田野方法上判断，瓦渣斜遗址的发掘是中国考古学确认作为遗迹现象的“灰坑”的最初时机之一。董光忠提及的“状如桃梨之圆洞”即是后世被习称为灰坑的遗迹现象。在灰坑的历史复原上，诸家并没有形成统一意见，有的认为是收藏器物的地下空间，亦即“窖藏”，有的则认为应为居址。董光忠采信了后者，“现今万泉县一带居民，尚有在黄土层内掘穴以住居者；但今通名之为窑，故吾等在地层内发现洞穴之废址亦以窑名之也”[100]。董光忠还记录了多个“窑迹”的“互相交错之形”，即存在叠压和打破关系的灰坑组合。由于灰坑间存在打破关系，董光忠推测，“瓦渣斜之遗址，非为石器时代人民一次连续不断住居之结果”。万泉瓦渣斜发掘亦揭示出一座新石器时代陶窑。该陶窑系馒头窑，底面和基本结构一直保存到发掘之时。不过，发掘者对于遗迹属性判断并未笃定，仅仅“论其为烧烘陶器之用，想有或然之可

---

〔97〕 卫聚贤：《汉汾阴后土祠遗址的发现》，《东方杂志》第26卷第19期，1929年，第79页。

〔98〕 董光忠：《山西万泉新石器时代遗存发掘之经过》，《三晋考古》（第2辑），太原：山西人民出版社，2006年，第331页。

〔99〕 董光忠：《山西万泉新石器时代遗存发掘之经过》，《三晋考古》（第2辑），太原：山西人民出版社，2006年，第331页。

〔100〕 董光忠：《山西万泉新石器时代遗址发掘之经过》，《三晋考古》（第2辑），太原：山西人民出版社，2006年，第332页。

能”[101]。卫聚贤别出心裁地提出万泉瓦渣斜有两项重要发现，其一是一件带有小孔的陶瓦管，卫聚贤视其为最早的“瓦质乐器”。另一是粟及高粱，卫聚贤以其作为最早的农业的证据[102]。但是，由于卫聚贤的学风向不为学界接受，这些发现都未获认可[103]。万泉荆村瓦渣斜之外，得到确认的遗址还有被推断为新石器时代遗址的“文水县之尚贤村，太谷县之废河道堤岸”[104]（图6.3）。

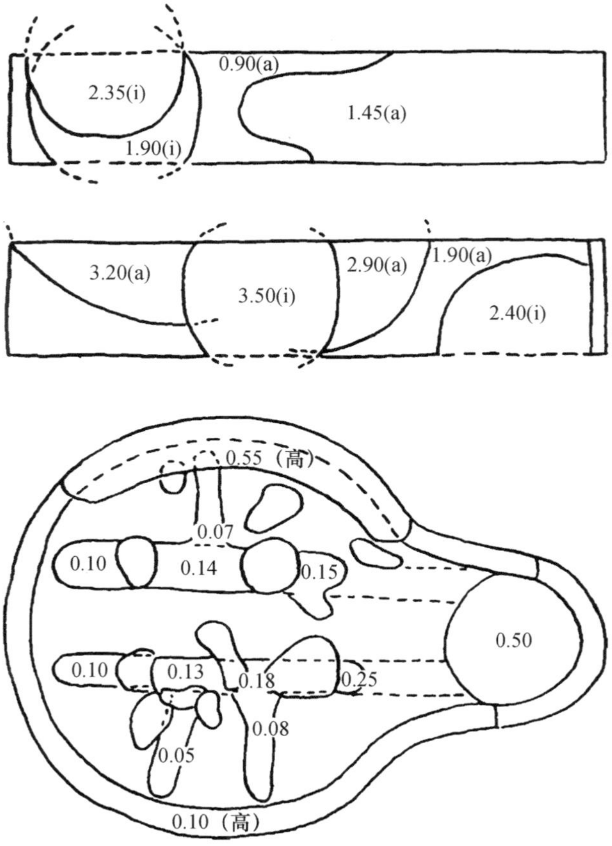

图6.3　万泉瓦渣斜遗址“窑迹交错图”和“炉灶平面图”
（采自董光忠《山西万泉石器时代遗址发掘之经过》）

从考古学和博物馆的互动层面论，万泉荆村瓦渣斜考古发掘是一次起于分歧，终于分离的仓促行动，对山西本地博物馆事业的贻害尤大。此次发掘

〔101〕　董光忠：《山西万泉新石器时代遗址发掘之经过》，《三晋考古》（第2辑），太原：山西人民出版社，2006年，第334页。

〔102〕　卫月望：《卫聚贤传略》，《中国现代社会科学家传略》（第9辑），太原：晋阳学刊编辑部，1987年，第306页。

〔103〕　商承祚：《成都白马寺出土铜器辨》，《说文月刊》第3卷第7期，1942年；曹聚仁：《可杀的张凤》，《文坛三忆》，北京：生活·读书·新知三联书店，1999年，第87页。

〔104〕　董光忠：《山西万泉新石器时代遗址发掘之经过》，《三晋考古》（第2辑），太原：山西人民出版社，2006年，第330页。

虽然号称北平女子师范大学、弗利尔美术馆和山西公立图书馆合作的长期考古项目计划，但是，在各方看来，都只是各怀打算的权宜之计。弗利尔美术馆基于扩充自身馆藏的考量，长期以来积极寻找与中国学术力量，尤其是新生的中国考古学的合作。在山西的考古活动之前，弗利尔美术馆曾经支持李济发掘山西夏县西阴村，也试图参与最早期的殷墟发掘，但是不久之后即出局[105]。山西考古随着卫聚贤的离开而匆匆结束后，弗利尔美术馆仍然积极寻找与其他的中国考古学学术机构的合作机会，但是，随着《古物保存法》的颁行和实施，国族主义情绪的高涨，弗利尔美术馆在中国几无生存空间。北平女子师范大学参与山西发掘全然出自获取出土器物私念的驱使。新郑李家楼器群的保存之争后，出土器物的易地保存已属敏感，因此，北平女子师范大学特意聘用卫聚贤，以期沟通乡里。按照合作协议，万泉荆村出土部分遗物需保存于北平女子师范大学。然而，北平女子师范大学并无收藏和研究考古出土器物的条件，似也无发展考古学的意图。在获得荆村瓦渣斜遗物之后不久，卫聚贤即遭解聘，北平女子师范大学也消失于山西的考古学舞台上。

山西公立图书馆也有通过田野考古方式获取古物收藏的愿望，但是由于缺乏职业考古学家，一直并无太大起色。民众教育运动中，山西公立图书馆并入民众教育馆。夏鼐于1934年访问山西，发现“（民众教育馆）即设于旧文庙内，包括图书馆、博物院及古物陈列所”[106]。令他感触颇深的是，卫聚贤在万泉发掘所得古物也保存在此。同样因为缺乏专业人士，民众教育馆时代的展陈较为杂乱，来源不一的各种馆藏尚未融为一体。文庙大成殿中保留了祭器之类，而古物陈列所陈列佛像、碑刻、钱币、科举遗物等，博物馆限定在科学教育上，以“动、植、矿”为展陈内容。

6.2.3 作为插曲的浑源铜器的发现和处置

在卫聚贤的乡土考古学发掘之前，山西也有堪与新郑李家楼相提并论的“前考古学发现”。山西北部浑源一带发现了规模庞大，特征鲜明的青铜器群（图

〔105〕 李济：《安阳》，收录于《李济文集》（卷二），上海：上海人民出版社，2006年，第355～362页。

〔106〕 夏鼐：《夏鼐日记》（卷一），上海：华东师范大学出版社，2011年，第231页。

图6.4　浑源李峪出土牺尊
（采自《上海博物馆　中国青铜器馆》）

6.4）。但是，由于见地、决策和处置的差异，特别是公共性原则受到严重挑战甚至践踏，浑源铜器群非但没有顺利地在山西催生考古学和博物馆，自身反倒成为考古学史和收藏史上扑朔迷离的一个环节。

20世纪初，山西北部浑源一带农民总结并传播了一则“乡土性知识”：雨后如见地陷，其下必有彝器，浑源铜器即是循此径发现的。但是，浑源一地铜器始见于何时已不可知。容庚、商承祚诸家皆以1923年2月李裕村村民高凤章发掘出土铜器数十件为浑源铜器发现之始，“浑源城西南十五里李峪村有高凤章者，在村南庙坡地掘土，掘出古铜器物多种，大小形状不一，牺尊瓶垒鼎豆洗之属，纷纷罗列满地，铜者多而金者亦不少”[107]。准确地说，这仅是浑源铜器引起全国性关注的起点。卫聚贤认为浑源铜器出土年代更早，1922年浑源县恒麓西北村民穆某就已经挖掘出数十件铜器[108]。商承祚称，浑源一地所出古物，村民“不知爱护，遂至毁坏，寂然而无闻者多矣”[109]。高凤章“任人取玩，又掘而伤碎者不知凡几”，所得完整铜器则售予古董商于某[110]。两个月后，县长谢恩承听闻此事，饬警前往李裕村，收缴铜器

〔107〕　麻席珍：《浑源出土古物图说》，1935年刻本，第1页。
〔108〕　卫聚贤：《中国考古学史》，北京：团结出版社，2005年，第127、154页。
〔109〕　商承祚：《浑源彝器图序》，原收入《金陵大学中国文化研究所丛刊》甲种，1946年，现收入《商承祚文集》，广州：中山大学出版社，2004年，第95、96页。
〔110〕　商承祚：《浑源彝器图序》，《商承祚文集》，广州：中山大学出版社，2004年，第95页。

共计26件，收藏于县立图书馆[111]。

山西本无作为社会公器的古物收藏的观念，又无强有力的政治人物的推广，浑源彝器并未由此纳入稳定的社会公藏，甚至已经收归公有的古物可能会以办学等各种由头出售变现。法国公使甚至直言“山西古物日日出省，并无阻碍，而古物交易，又为山西省进款之重要来源”[112]。早在1923年年底，法国古董商王涅克（Leon Wannieck）和葛扬（Grosiean）即与浑源县官绅达成协议，以5万银元价格购买已经收入县图书馆的35件铜器，后因为浑源商绅以赝品调包而未能成交，双方反而对簿公堂，但真正的浑源铜器可能已经由乡绅田应昌售往北京[113]。1926年，有私人欲收购已经藏于县立图书馆的浑源铜器群，居然获允，只是因买主中途离奇去世而作罢。1929年，又有出售器群换取教育经费之议，竟得以批准并付诸实施。浑源铜器的销售过程扑朔迷离，先后有法商和德商加入角逐，最终，藏于浑源县城的彝器被“卢氏”完整购得；而且无人知晓“卢氏”为何许人士[114]。古物保管委员会闻讯后，立即联合中华文化教育基金会致电天津海关，意图截留已经出售的浑源铜器群，防止国宝出境，而“卢氏”似已收到风声，浑源铜器并未出境，但也从此消失于公共视野之外，直至1947年才重见天日。因外销彝器，上海古董商铺雪耕斋遭扣押和搜查时，该商号库房中意外发现浑源铜器群，不过原藏36件仅余12件。高凤章第一次出售的铜器未遭追讨，古董商于某购得的浑源铜器可能最终转售给王涅克，该笔铜器中的15件曾于1924

---

〔111〕 容庚：《商周彝器通考》，北平：哈佛燕京学社，1941年，第9、10页。此次收缴古物的数目仍有争议，《浑源出土古物图说》记为18件，《李峪青铜器解读》称36件。商承祚《浑源彝器图序》认为“其归于公者，先存置于浑源中学，继藏县政府”。

〔112〕 《法商葛扬订购古铜器全案抄件收法玛使函》，《中华民国史档案资料汇编》（第三辑文化），南京：江苏古籍出版社，1991年，第258页。

〔113〕 《法商葛扬串购山西浑源县出土古铜器有关文件》，《中华民国史档案资料汇编》（第三辑文化），南京：江苏古籍出版社，1991年，第256～267页。

〔114〕 容庚：《商周彝器通考》，北平：哈佛燕京学社，1941年，第10页。有人推测“卢氏”即是洋庄古董商卢芹斋，但也有人不认同此说。商承祚称此卢氏为“卢丰年”。

年在巴黎塞努奇美术馆展出[115]。但是，由于浑源铜器出土时并非仅有高凤章一人在场，闻讯而来的村民持续哄抢，“发现古物甚多，人竟取之”[116]。又有传闻称，在收购于某所藏铜器时，王涅克甚至还另行组织了一场盗掘。更为严重的是，王涅克和商承祚都称，浑源铜器出土时多为残片，其中绝大部分遭到村民破坏和毁弃，未能复原。梅原末治也公布了9件浑源铜器，应该是通过其他渠道流出国境的[117]。

考古学上，“浑源铜器群”也可按照以更小的地理单位命名的惯例被称为“李峪铜器群”，但该群铜器可能既非出自单座墓葬，也非同时出土，甚至可能来自相距不算太远的不同遗址。浑源铜器的流散既可能沿着古董市场网络散布，也存在村民哄抢和自行兜售，因此目前任何博物馆的收藏都只是极不完整的片段。吉美美术馆收藏的浑源铜器展现的年代跨度之大，令人质疑其中既有同出浑源但年代不同的器物，也有因市场诱惑以“加法”混入的无关器物[118]。可以确信的是，浑源铜器群实际上是一个面相复杂、成因多样的组合。但是，由于晋省职业考古学的缺位和博物馆的弱势，围绕浑源铜器群长达十数年的去留之争中，几乎没有听到任何本地典藏机构和学人的声音。浑源彝器的规模到底有多大，来源是一处还是多处，通过何种渠道分散到哪些公私收藏中已不可稽考。

浑源铜器中仅有少数劫余样本保留在公藏之中，最终还能因种种原因而分崩离析，实属罕见。对于山西地方社会而言，本应激起社会极大热情和想象的地下出土古物仅具有宝物价值，因此以筹措教育经费为名变卖实属正常。在浑源铜器的处置过程中，地下古物的公共性遭到了严重的抑制，因此也就无法促成公共收藏的建立，反过来也制约了作为公共性学术的考古学。公共收藏和考古学在公共性上构成了一荣俱荣，一损俱损的关系。

---

〔115〕 Reidemerster L. Neuerwerbungen der Ostasratischen Kunstabterlung. 1. Bronzen. *Berliner Museen*, 1927, 48 (2):36-40.

〔116〕 麻席珍：《浑源出土古物图说》，1935年刻本，第1页。

〔117〕 梅原末治：《欧米蒐储支那古铜精华》，大阪：山中商会，1933～1935年。

〔118〕 徐坚：《暗流：1949年之前安阳之外的中国考古学传统》，北京：科学出版社，2012年，第278页。

6.3 考古学之外的博物馆：安徽省立图书馆中的博物馆雏形

同样肇兴于重大考古新收获的早期博物馆在安徽也出露苗头。不过，有别于河南，而更接近于山西的是，安徽的早期博物馆一直以历史民俗陈列室之名附着于省立图书馆，从未独立出来[119]。安徽的公共古物收藏的扩充得益于1932年盗掘的寿县李三堌堆楚墓出土古物的收缴充公，但是安徽最早的博物馆机构并没有回馈推进博物馆和考古的发展，同样由于考古学专业力量的缺失，考古工作没有成为博物馆藏品系统的、制度化的来源。先期入藏的古物的价值也就只能流于作为宝物的古物，而与本土历史认知的建构渐行渐远。

6.3.1 寿县楚墓的私掘和公藏

安徽的博物馆雏形的出现是寿县楚墓出土古物充公的直接结果，如果将观察的视界放得更为宽广的话，与20世纪初期以来淮河流域的古物发现密切相关。包括寿县在内的淮河流域的楚式古物是作为20世纪20年代铁路工程的副产品出现的。在修建铁路过程中，数量庞大的楚墓重见天日。在未惊动官方的情况下，所出器物流入到发达的流通网络体系中。在寿县古物的发布和流散上，作为最早的收藏者、刊布者和流转中介，长期驻扎此地的瑞典铁路工程师卡尔伯克（Orvar Karlbeck）起到了至关重要的作用。他依大致地理位置将出土器物称为“淮式”铜器，这一并不准确的命名法在很长时期误导和禁锢了学术界对楚式器物的研究。卡尔伯克旅居中国多年，后又多次专程为征集古物返华，北欧诸多收藏都是以卡尔伯克为组织者或者中介形成的[120]。

寿县古物的流散和保护都紧紧围绕着一座规模巨大但孤立的楚墓。虽然寿县古物的盗掘直到1932年才引起轰动，并随即触发了古物保护问题，但是，当地的盗掘至迟在清末民初就已经是见惯不惊的事实了。“地不爱宝”成为疯狂盗掘古

〔119〕《中国博物馆一览》记录其名为“安徽省立图书馆历史陈列部”，但是1935年出版的《安徽省立图书馆概况》记为“历史民俗陈列室”。

〔120〕Jurgens V A M. *The Karlbeck Syndicate 1930-1934: Collecting and Scholarship on Chinese Art in Sweden and Britain*. PhD thesis, University of London, 2010.

物的借口，而盗掘成为乡土社会农闲季节补贴家用的一种生计方式。朱家集保长朱元初呈文中提到，“三四年来，九里沟、砂石港一带挖掘古物，往往获利，虽水旱奇荒之后，衣食不缺”[121]。一旦当地发生任何洪涝灾害，盗掘很容易成为乡民解决生计问题的备选方案。受中研院史语所派遣，李景聃前往寿县调查劫后残余的古墓情况[122]。李景聃在寿县东津渡、邱家岗见到多起盗掘，盗掘者即为普通乡民，且对盗掘事实毫不忌讳。

寿县朱家集李三堌堆大墓毫无疑义地早已成为最适宜的盗掘对象，而且也不出意料地成为轰动一时的大发现。李景聃提到，宣统时期当地大水形成地陷，已经有人提出地下可能存在墓葬。李三堌堆的发掘采取了阖村合股的方式，推举具有行政能力和经验的朱鸿初和庞子平二人统筹。盗掘自1932年农历三月十九日开始，闰五月二十日结束，共计耗时92天。李景聃在盗掘之后访问该地，详尽记录了乡民在盗掘过程之中所见到的情形，算是一种退而求其次的补救。从规格上看，李三堌堆大墓应该是多室式木椁墓。墓葬铜器的出土时间集中在盗掘的最后一个月中，即自农历五月二十二日起。盗掘过程中官方已得风闻，也采取了制止手段，只是并未奏效。而盗掘者为了抵消发掘开支，在获得古物之后不久就出售了部分古物。不久，此事经曝光后广为人知，导致李三堌堆器物必须回到公共视野之中。

作为首要的环节，散落在私人手中的李三堌堆出土古物被清查和收缴。由于盗掘本身就密切关涉利益，盗掘者并不愿意将所获器物呈交给政府。李三堌堆究竟出土多少器物已不可知，各方转述数字也不尽相同，但是，随着收缴工作力度加强，所获古物数量也逐渐增加。不过，仍然可以肯定的是，这远未接近李三堌堆出土古物的原本规模。由于见诸市面的出土器物的精美和宏大程度引起轰动，安徽第四区于6月派遣特务员郑浚清彻查此事。6月23日，郑浚清得到报缴古物111件，经核对后居然确认“所有已掘出之古物，理合检同名单，呈请钧座饬员验收”[123]。此笔收藏于7月3日移交给民众教育馆，原计111件中，“小箭头”

---

〔121〕 转引自李景聃：《寿县楚墓调查报告》，《田野考古报告》第1册，1936年，第224页。

〔122〕 李景聃：《寿县楚墓调查报告》，《田野考古报告》第1册，1936年。

〔123〕 李景聃：《寿县楚墓调查报告》，《田野考古报告》第1册，1936年，第234页。

一类就有80件，而且核查时发现还短缺2件，因此移交数量实为109件，可见隐瞒之严重。清乡副司令曾拨缴获47件存寿县县政府，26件存民众教育馆。7月，民众教育馆馆长石补和办事员蒋沃泉受命前往调查。石补的调查同样漫不经心，7月18日上午前往朱家集，半路遇到朱鸿初、庞子平等组织发掘者，他们表示，如果县政府补贴工资，他们愿意将所获古物全数归公，石补因而认为再无必要赴朱家集，便中途折回。朱鸿初随后提交的清单包括古物274件。由于治安问题，所出古物仍然保存于朱家集，政府无法及时核查。但是，县政府已经明确知晓，“经手各人颇有隐匿情弊”〔124〕。在支付工人工资之后，官方收集到保存在朱家集小学的132件，以及保存在朱鸿初手中的274件。7月21日，朱鸿初和庞子平呈缴账簿包括出土古物416件，此外，两人承认为了抵消发掘开支，已经出售51件器物。短短月余，官方追缴的古物数量从百余件飙升至将近500件，而且具体器类前后大变，虽然小有斩获，但是寿县政府完全有理由相信仍有大量未揭露的隐情，因此仍坚持不断催缴仍然藏匿在私人手中的古物。

古物归公之后面临着保存地究竟留县还是缴省的选择。寿县政府无疑倾向于留县保护，郑浚青缴获的第一批寿县古物就保存于寿县民众教育馆，9月20日，县政府更是明确指定民众教育馆为保管朱家集古物的单位。但是，安徽省政府更倾向于以省立图书馆作为保存单位。8月16日，安徽省政府先派省立图书馆吴宗翰，后改刘复彭前往调查。省政府依据《古物保存法》，提出由省立图书馆保存寿县出土器物，“古物出土，史料攸关，集中研究尤不容缓，倘仍散置各县，不特考究方面无法着手，且与内政部保管条例亦有未合”〔125〕。李三堌堆出土古物因此得以迁往省城。迁出古物数量计为“由棚头等交出六百二十九件”，包括“暂存于朱鸿初者四百八十二件，存于朱家集小学者一百四十七件”，另外“原存县府之一百五十八件”，两笔合计787件。

寿县古物收缴省城的行为遭遇到保管权上的质疑。首先的争执出现于保存与否，以及是否悉数保存等问题上。寿县地方人士提出残破无价值的归省政府提供学术研究用，完整的保存于县政府供陈列用，而精品当出卖支付工人工资和用于地方公益的方案。这个提案在今天看来荒诞不经，但是却透露出在20世纪30年代

〔124〕 李景聃：《寿县楚墓调查报告》，《田野考古报告》第1册，1936年，第237页。
〔125〕 李景聃：《寿县楚墓调查报告》，《田野考古报告》第1册，1936年，第242页。

特定的情境下对古物的价值及去向的一般性认识。虽然在行政压力之下，出土古物的公私之辨被压制下来，但是归属哪个层面的公共机构，以及如何处置公有古物上，却存在诸多误读。

省县之争随即以寿县名胜古迹古物保存会、寿县教育会、寿县县立民众教育馆和寿县初级中学的吁请拉开帷幕。寿县名胜古迹古物保存会依据《古物保存法》对保存地的界定，以“省市县或其他地方机关”皆为适宜，呼吁即刻停止起运，以县为保存单位。同时，寿县强调李三堌堆的本地历史文化价值，宣称本地居民在理解早期文化上的优势。其他机构则援引《古物保存法》第十二条，“古物由中央或者地方政府直接之学术机关负责保存，以供学术上之研究”，要求认定自身的学术机构身份，以便获得保有古物的权利。安徽省政府委派省立图书馆职员吴景贤和省府保安处袁传璧为提运人。两人于12月20日抵达寿县后，遭遇当地人士的抵制，而寿县名胜古迹古物保存委员实为幕后操纵者。双方的纠纷持续近一月，至1933年1月17日，省政府电文称，“兹准内、教两部删电，以古物提省暂存省立图书馆可照办，除电寿县古物保存会遵照外特覆等由，合亟电仰该专员迅将古物点交袁、吴两委妥筹运省”，在行政上表达对省立图书馆和吴、袁二人的支持。寿县方面并未偃旗息鼓，指责吴景贤对寿县古董商的调查涉嫌污蔑古物保存会，并且多方干扰，导致启运装箱工作不得不移至客栈之中进行。已被收缴的李三堌堆古物未能悉数运省，保存在县民众教育馆的30件，教育办事处的11件和财委会的23件都不能如期启运。2月7日，清理运省古物共计717件，全部保存于省立图书馆。省县之争余震不断，李景聃和王湘回访寿县的调查就受到影响，也未获允查看县民众教育馆所藏李三堌堆器物[126]。此外，两人明确感到寿县仍有隐匿的楚墓器物，足见收缴的不完整程度。

6.3.2　博物馆的艰难历程

附庸于安徽省立图书馆的博物馆雏形成长并不顺利。安徽省立图书馆脱胎于光绪二十八年（1902）兴办的安徽学务公所藏书楼。在最初的20年间，安徽省立图书馆屡经搬迁，直到民国十年（1921）在旧藩署正中建立馆舍，又并入天柱阁花园，才最终稳定下来。寿县古物运省两年后，安徽省立图书馆编订的《安徽省

〔126〕　李景聃：《寿县楚墓调查报告》，《田野考古报告》第1册，1936年。

立图书馆概况》首次规划了以历史民俗陈列室为名的附属博物馆。历史民俗陈列室的展陈内容为“有关于历史民俗之各种实物、标本、摹型、拓片、照片、说明等”[127]。具体而言，展陈品分成“历史资料”和“民俗资料”两类。前者包括“文化艺术、生产工具、战争工具、交通工具、生活工具、人物、革命史料”等类别，而后者包括“职业生活、社会生活、宗教生活、休闲生活”等类别[128]。不过，安徽省立图书馆也承认，博物馆尚在紧张筹备之中，尚未开放。由于图书馆中并无理想的博物馆展陈品，因此吁请社会各界捐赠展品和捐款。寿县古物此时已经入藏安徽省立图书馆，但是《安徽省立图书馆概况》只字未提。考虑到李三堌堆的考古发现堪称当时安徽社会生活中的重大事件，不可能被编辑者完全屏蔽，而只有可能是李三堌堆出土器物没有混同于一般意义的“历史资料”。据《中国博物馆一览》，1936年1月，安徽省立图书馆正式成立历史文化室、图贴室和寿县古物室。前者显然是“历史民俗陈列室”更名所得，但是收藏范围和主旨应维持未变；寿县古物被单独保护。自成一类的寿县古物可能被视为“古物”或者“珍宝”，而并非“历史资料”。

寿县古物收归公有的过程中，职业考古学人基本是缺位的。虽然李景聃和王湘在事后进行了回访，但是李三堌堆的发掘过程牢牢地掌控在乡民手中，无论是本地还是外来学人都无法参与。即使是在确认了李三堌堆古物的公有属性之后，本地教育会还试图冒称学术机构，以求获取保管权。李景聃和王湘的调查也深受当地士绅的干扰。这无疑推动寿县古物越来越远离公共场域。

1948年，陈梦家将河南博物馆和安徽图书馆相提并论，盛赞两地有“应接不暇美不胜收之感”[129]（图6.5）。如果仅就“前考古学”意外发现本身而论，此说大体可以接受。但是，在意外发现进入公共收藏的方式和随后际遇，以及考古学活动和收藏的公共属性塑造上，两者实有云泥之别。作为两省博物馆的奠基性发现，新郑李家楼器群和寿县李三堌堆器群的历史价值和艺术价值各有千秋，数量规模大体相当，甚至在入藏之后的处置上也都是采用单独编排的方式。

---

〔127〕《安徽省立图书馆概况》，1935年铅印本，第3页，收录于王余光：《清末民国图书馆史料汇编》（第11册），北京：国家图书馆出版社，2014年。

〔128〕《安徽省立图书馆概况》，1935年铅印本，第12页，收录于王余光：《清末民国图书馆史料汇编》（第11册），北京：国家图书馆出版社，2014年。

〔129〕陈梦家：《对于博物馆》，《大公报》1948年6月6日。

在1935年的伦敦中国艺展上，新郑和寿县都是作为重要发现入选的[130]。河南和安徽截然不同的是，河南由此而建立起职业的考古学团队，并按照这种思路建立起更多的馆藏门类，而无论在山西还是安徽，职业学人和学术基本是缺位的，公共收藏和考古学都被抑制，反过来导致20世纪初的重大发现只能如同历史上的重要发现一样，仅仅具有宝物价值，而社会文化价值几近于无。

图6.5　寿县朱家集出土铜鼎

6.4　走出宝物悖论

地下宝物的出土是培育博物馆和考古学脆弱的契机。不可否认，中国最早的考古学博物馆涌现于地下埋藏丰富的地区，而且，在博物馆诞生时期应该有显著的古物发现。河南、安徽和山西无疑都具备这种潜质。考古或者前考古发现的精美程度越高，就越容易引起社会关注，也越容易促使行政或者军事权力决意保护。起步于新郑李家楼器群的发现的河南博物馆事业似乎是这个假说的最佳范例。而在山西，卫聚贤主持的汾阴后土祠和万泉荆村发掘，由于出土古物稀松平常，无法产生轰动效应，也就未能在山西培育起博物馆和考古学。但是，这个逻辑链非常脆弱，在前考古学阶段甚至考古学已经出现之后，地下宝物的出土催生出考古学和博物馆仍属罕见的例外。在大多数情况下，地下宝物的出土就是最终分析离散的厄运的起始。相对于未曾引起社会普遍关注的汾阴后土祠和万泉荆村，山西不乏堪与新郑李家楼或者寿县李三堌堆相媲美的发现，浑源铜器的出土和流散就形象地说明地下宝物的出土如何与考古学和博物馆渐行渐远。浑源铜器在考古学缺位的情况下发现，处置方式上与作为社会公器的考古学和博物馆背道

〔130〕　伦敦中国艺术国际展览筹备委员会：《参加伦敦中国艺术国际展览会出品图说》（第一册铜器），上海：商务印书馆，1936年。

而驰，即使被纳入公藏，也容易被当成宝物再度交易。因此，以地下宝物出土为契机的博物馆和考古学的创建过程必须在适当时机走出宝物观的桎梏。

对于博物馆而言，考古学的真正价值既不是发现“地不爱宝”的宝物，也不是扩充馆藏的发掘手段，而是提供了体现社会公共价值的全新材料。扬金斯提出，“（考古）博物馆应该有助于我们更好地了解器物所代表的社会；馆藏不过是接近那些日常使用这些器物的人们的方式”。换言之，历史上的普通人的普通器物应该成为考古博物馆的主要馆藏内容。宝物被普通器物所替代，显贵被普通人民所替代，在这个过程中，博物馆也就实现了自身从宝物仓储向教育和表达空间的转变。河南的博物馆和考古学的发展轨迹正揭示出基于新郑李家楼，但是逐步走向乡土史的进程。

考古学类型博物馆的出现和成长依赖于具有公共意识的考古学职业群体。河南、山西和安徽的博物馆的差异在一定程度上反映了不同省份的考古学职业群体的发育程度。职业学人在皖省的缺失和李三堌堆器物群的离散，和保留在公共收藏中的残余的宝藏化不无关系。卫聚贤以供职外省的本土人士的身份在晋省成功地启动了考古学发掘和研究，但是无以为继；而职业学人被屏蔽在外的浑源铜器的发现则重归出土古物流散的老路。豫省的考古学和博物馆相得益彰的局面背后，河南古迹研究会和最早的河南考古学人群体实是不容忽视的力量。

第七章

科学之光：生物和地质博物馆的出现和成长

对20世纪上半叶中国科学界的进步的检点中，公认“得到较快较好发展的学科，是地质学、生物学、数学和考古学”〔1〕。陈寅恪亦称，“地质生物气象等学，可称尚有相当贡献，实乃地域材料关系所使然”〔2〕。地利之便仅是表象，真正令这些学科风生水起的思想底色是强烈的实证主义、实用主义和平民主义倾向，而历史机缘则是社会进化主义和唯技术论在20世纪中国的盛行。对于具有浓厚的田野风格的学科而言，形象而直观的实物既是物证，又是成果，因此，它们的发展与其说离不开，不如说热切期盼作为重要吹鼓手和推动力的博物馆，考古学、地质学和生物学莫不如此。考古学与文化认同结合起来，构成全新的考古类博物馆；地质学和生物学则催生了中国最早的科学博物馆。如果在考古学与博物馆的接驳方式上还存在“古物发见”的价值，以及“保存”的学科伦理的纠葛的话，实证科学和科学博物馆的结合几乎毫无疑义，所有的科学博物馆都是作为科学研究机构不可分割的组成部分出现的。科学博物馆构成了科学机构与社会接触和沟通的界面。在传递学科知识和展示研究进展，实现博物馆的教育功能的同时，科学类博物馆没有自我禁锢在科学的被动镜像上，反过来成为科学进一步发展的现实推动力。科学博物馆的意义还不仅限于技术层面；在文化层面，它的创建表明，博物馆并不专属于文人雅士，也不是有钱有闲者的消遣娱乐空间，而与普罗大众的生活休戚相关。寻常的花草石头都可以进入博物馆收藏，博物馆展陈也可以表达日常生活和经世致用的技术。科学不仅仅是生产力，也成为民主的共谋。

---

〔1〕 周培源：《六十年来的中国科学》，《红旗杂志》1979年第6期，第61页。

〔2〕 陈寅恪：《金明馆丛稿二编》，上海：上海古籍出版社，1980年，第317页。

在历史类博物馆中引发激烈冲突的启蒙与救亡的二元关系没有出现在科学类博物馆中，启蒙和救亡呈现出高度趋同的态势。作为科学类博物馆的母体，实证性和田野性的科学从萌生阶段开始，就确立了和资源、实业乃至国家经济命脉之间荣损与共的关联。章鸿钊呼吁成立地质调查机构时即论到，“亟设局所，以之为经略之基；亟趋实利，以免于首事之困。亟兴专门学校，以育人才；广测量事业，以制舆图”〔3〕。20世纪初期，失位于传统的自然史收藏在经世致用的潮流下建立起来，甫一开始就极具实用倾向。地质博物馆与中国早期的能源和资源工业休戚相关，甚至直接得到后者的鼎力支持。给其他类型博物馆带来灭顶之灾的日本侵华战争虽然在物质和技术层面也对科学博物馆造成沉重打击，但是并没有同样导致科学博物馆的倾覆，相反，刺激生物类和地质类博物馆成为抗战时期重要的国情和乡土教育机构。

7.1 双峰竞秀：以静生生物调查所和北平研究院植物学所为中心

1949年年初，解放军兵不血刃地进入北平。存世已经20年的北平研究院向北平军事管制委员会提出，学术乃社会和国家公器，请求按照战前成例，以国库支持学术。因此，文化接管委员会于3月受命接管北平研究院。北平研究院并未立即改弦更张，临时管理体制一直维持到年末。月末，同在北平的静生生物调查所（下文简称静生所）也以平沪汇兑路断为由，谨慎地向文化接管委员会提出了借款探问〔4〕。5月下旬，乐天宇率华北大学农学院入驻静生所，次月即在组织上实施了接管〔5〕。1949年11月，中国科学院成立，数日后接管北平研究院全部研究

〔3〕 章鸿钊：《中华地质调查私议》，《地学杂志》第3卷第2期，1912年，第14页。

〔4〕 胡宗刚：《静生生物调查所史稿》，济南：山东教育出版社，2005年，第218、219页。胡先骕函虽然表示“素仰人民政府对自然科学事业最为重视”，但其最终解决方案为“待国家统一，局面告成，兑款方便时，将由本所基金中如数璧还”，而中华教育基金会此时已经迁往香港，无异于釜底抽薪。静生所虽然最终于次月获得半数10万元借款，但是胡先骕方案不合新政，静生所无法回避关闭命运已经昭然。

〔5〕 北京农业大学校史资料征集小组：《北京农业大学校史1905—1949》，北京：北京农业大学出版社，1990年，第600页。

所，以此为基础搭建新中国科学体系。北平研究院植物学研究所（下文简称植物学所）和静生生物调查所合并成为中国科学院植物分类研究所，设址于前者旧址三贝子花园，钱崇澍、吴征镒分别出任正副所长。两家研究所都曾经长期生存于强人羽翼之下，而新机构成立之时，双方灵魂人物齐齐离场。植物学所创始所长刘慎谔远走东北，于哈尔滨创办东北农林植物研究所。长期担任静生所所长的胡先骕早在静生所整理委员会阶段就被排除出核心圈，以新成立的植物分类研究所研究员终老[6]。全新的植物分类研究所的建立正式宣告，曾经占据中国生物学调查和研究半壁江山，同在北平，各有传统、相互竞争但又和谐相处的两家生物学研究机构及其学术传统至此全部偃旗息鼓。

虽然1949年之前的生物调查、采集和收藏的研究机构远不止两家，也不限于一地，但毫无疑问的是，设址于北平的静生所和北平研究院生物部是最核心的力量。同期并存的其他生物学研究机构尚有在南京的中国科学社生物研究所、中央研究院自然历史博物馆和中央大学生物系，在广州的中山大学农林研究所等。其中，静生所、中国科学社生物研究所和中山大学农林研究所均受中华教育文化基金会（下文简称中基会）支持。从资助方意图论，南北均匀分布的三家生物研究机构组成相互呼应的同一系统，任鸿隽提出“要在北方设立一个生物研究机关，以便与南京的生物研究所，广东的植物研究所联络一气，以完成中国整个的生物研究计划”[7]。植物学所看起来略显孤立而单薄。作为双璧的植物学所和静生所同驻北平，同以采集生物标本为业，甚至在工作地域上都高度重合，植物学所以华北和东北为中心，后因时局变化逐步偏向西北。静生所虽然以“调查及研究全国动植物之分类”为目标，但是由于中基会协调诸家接受资助的研究所的工作范围，从北方生物物种着手，后来同样因为时局原因扩充到西北和西南。两家同以建设中国的植物标本库为目标。然而，两家研究所就像平行线一样，并无交集。静生所的调查和采集成果丰硕，其合作和交换标本范围甚至远及英国皇家园艺学会和美国哈佛大学阿诺德植物园，但与同城的植物学所，交换标本仅仅偶一为之。两家的研究人员也缺乏交流。胡宗刚归结为英美学派和留法学派两脉在

〔6〕 胡宗刚：《静生生物调查所史稿》，济南：山东教育出版社，2005年，第217～233页。

〔7〕 任鸿隽：《十年来中基会事业的回顾》，《东方杂志》第32卷第7期，1935年，第23页。

中国文化事业上的君子之争[8]。但也有其他研究指出20世纪30年代不同留学背景的学派之间的相互倾轧，为静生所和植物学所之间的冷淡关系提供了另一种解释[9]。不过，在中国早期的生物学研究中，学派之争始终都是谦谦君子之争，这无疑成为北平学术界乃至中国生物学界的一道迷人的风景。本章以静生所和植物学所为中心，说明在不同的学术传统和追求下，具有田野倾向的生物学，尤其是植物学，如何培育出中国最早的生物学博物馆。

7.1.1 静生生物调查所及其博物馆谱系

在中国近现代学术史上，静生所是个特立独行的范例。到1949年转折之际，在中国的生物学研究，尤其是生物分类学中，静生所举足轻重，甚至成为国际生物分类学重镇，但是其源起和归属都有别于同时期大多数中国研究机构。静生所起步于纪念特定人物，终其始终都是由中基会托管的私立研究机构。

静生所以中基会干事长范源濂（1875～1927）命名。范源濂系湖南湘阴人，曾就学于长沙时务学堂，后留学日本东京高等师范学校，归国后先后出任教育总长、北京师范大学校长和中华教育文化基金会干事长等职。1909年，范源濂与梁启超等创立尚志学会。由于旅日期间学习博物学的经历，范源濂一直重视和推广生物学研究。任鸿隽回忆，“范静生先生于从事教育行政之外，雅好生物科学。晚年常手自采集，躬行研究。又欲设立天然物产博物院于北平，以广搜罗”[10]。1927年12月，范源濂突然病逝后，亲友决定以范源濂生前捐给尚志学会的15万元为基金，创办一家以范源濂命名的生物研究所。尚志学会委托中基会管理即将成立的生物研究所，并请求中基会支付维护和常年经费[11]。次年3月和6月，中基会董事会分别召集执行委员会和董事年会，通过接受尚志学会的委托案，成立静生所委员会，聘请江庸、陈宝泉、王文豹、范旭东、祁天锡、丁文

---

〔8〕 胡宗刚：《北平研究院植物学研究所史略（1929—1949）》，上海：上海交通大学出版社，2010年，第22页。

〔9〕 刘晓：《国立北平研究院简史》，北京：中国科学技术出版社，2014年，第4页。

〔10〕 任鸿隽：《静生生物调查所开幕记》，《科学》第13卷第9期，1929年，第1263页。

〔11〕 《尚志学会关于设立静生生物调查所的办法》，转引自吴家睿：《静生生物调查所纪事》，《中国科技史料》第10卷第1期，1989年，第26页。

图7.1　静生所成立合影
（采自《中国科学院动物研究所简史》）

江、翁文灏、任鸿隽、周诒春为委员，动物学家秉志为所长[12]。7月18日，静生所委员会举行第一次会议，确立静生所的组织架构。范源濂胞弟范旭东捐出北平石驸马大街83号故居为静生所所址；范家对静生所的支持始终不辍，陆续捐献范源濂遗书，设立范太夫人奖励基金，用于表彰静生所和中国科学社生物所青年学人。此次会议还聘请胡先骕为植物部主任，秉志兼动物部主任，寿振黄和刘崇乐为动物部教授（图7.1）。1928年10月1日，静生所正式开幕，此日被认定为静生所的成立纪念日。开幕式上，秉志提出“由近及远，首须注重于北方动植物品之调查，次乃及于远方各省”的工作步骤[13]。静生所之前，秉志、胡先骕、杨铨等已于1922年在南京成贤街创办中国科学社生物研究所。正是邹秉文、秉志和胡先骕极力游说范源濂，才预埋了成立静生所的渊源[14]。静生所成立后，秉志和胡先骕沿用中国科学社生物研究所的格局，分别出任动物和植物两部主任。按照设立初衷，静生所与南京的中国科学社生物研究所遥相呼应，因此调查和采集范围以北方为重。不过，静生所成立之后的迅猛发展很快就打破了南北平衡格局。

中国早期的生物研究所以生物分类学为重心，采集标本数量及体系的增进就是研究所发展的直接指标。1929年年底，成立仅满周年的静生所的标本数量就达

〔12〕　《中国教育基金会第三次报告》，1929年，转引自胡宗刚：《静生生物调查所史稿》，济南：山东教育出版社，2005年，第18页。

〔13〕　任鸿隽：《静生生物调查所开幕记》，《科学》第13卷第9期，1929年，第1263、1264页。

〔14〕　胡宗刚：《静生生物调查所史稿》，济南：山东教育出版社，2005年，第10、11页。

到植物标本18000余件，动物标本28000件[15]。一年之后，植物标本新增万件，而动物标本则增加到53000余件。1931年，植物标本达36000件，而动物标本数量迫近10万。1932年，植物标本超过50000件，动物标本数量已逾11万。至抗战前夕，静生所的标本数量达到植物标本18.5万件，动物标本30余万件。抗战期间，由于静生所误判形势，未随政府南迁，导致受到占领日军的破坏。尽管如此，1950年与植物所合并之时，静生所的标本数量仍有高等植物标本11万件，低等植物标本14柜，动物标本20余万件[16]。1936年，静生所已经毫无争议地成为中国动植物标本数量最多的机构。除了国内标本，通过标本交换等方式，静生所也建立了国际标本资源库。巨量标本构成静生所博物馆的馆藏基础。

图7.2　静生所文津街所址
（采自《中国科学院动物研究所简史》）

随着静生所的成长，石驸马大街所址已经不敷使用，另觅新址势在必行。1929年开始，静生所就开始计划建造全新所址。中基会极力支持静生所的成长，恰逢其以修建北平图书馆名义获得了养蜂夹道旁空地，因此计划新建三层楼房。由于新楼毗邻北平图书馆，格局不宜小气，因此中基会设计建筑了能够同时容纳静生所和陶孟和领导的社会调查所的大厦，造价也从数万飙升到二十余万[17]。1931年4月，北平文津街三号新址落成，静生所迁入。文津街新址的投入使用使静生所的博物馆的空间问题落实下来（图7.2）。

---

〔15〕　吴家睿：《静生生物调查所纪事》，《中国科技史料》第10卷第1期，1989年，第27页。

〔16〕　张新时：《中国科学院植物研究所建所70周年纪念文集》，北京：中国科学院植物研究所，1998年。

〔17〕　《北平图书馆建筑委员会报告》，《北京图书馆史料汇编》，北京：书目文献出版社，1992年，第714页。胡先骕次女胡昭静认为达到40万，参见苗青：《胡昭静访谈录》，《中国科学院院史资料与研究》1990年第6期。

比物理意义上的成长更重要的是智识意义的成长。同在1929年，静生所开始编辑出版*Bulletin of Fan Memorial Institute of Biology*（《静生生物调查所汇报》，下文简称《汇报》）。《汇报》以双年刊形式起步，但是始料不及地大获成功，第3期之后即成年刊，1934年第5期开始一拆为二，分别刊载植物学和动物学论文。抗战前夕，《汇报》已经成为具有代表性的中国生物学杂志，和多达200个研究所建立交换计划。

动物学家秉志出任静生所的创始所长，但是，静生所的整体走势和成就应该更多地归功于继任所长植物学家胡先骕（1894~1968）。1932年初，秉志以中国科学社生物研究所的工作繁重，无力兼顾为由请辞所长之职，不过仍继续执掌动物学分支。所长一职由胡先骕接任。胡先骕系江西新建人，1912~1916年就读于美国加州大学植物学专业，1923~1926年就读于哈佛大学植物分类学。胡先骕对于20世纪前期中国植物学的影响深远，《科学》杂志称，“惟二十年来吾国植物学之进展，在在与胡先生有关系”[18]。

胡先骕主导下的静生所的视野迅速地超越了北平一地。静生所的扩张既有基于学术价值的主动出击，又有时局所迫的无心插柳，其中最引人关注的是南向的两项活动。首先，1932年初，静生所组织了由蔡希陶率领的云南生物采集团，开启了民国时期历时最长的生物采集活动[19]。随后，王启无、冯国楣等陆续加入。1933年，又与四川西部科学院合作，组建以俞德浚为采集员的西南采集团[20]。1934年，与中研院动植物研究所等机构联合组成海南生物科学采集团，赴海南调查和采集。1938年成立云南农林植物研究所。其次，胡先骕1926年执教于东南大学期间就有与哈佛大学合作创办植物园的想法。“本人有志于创设植物园，在民国十五年……美国哈佛大学萨金得博士，即要求双方合作，在东大设一植物园，培植吾国植物，其经费可由双方募集之，嗣因北伐军兴，此议作

---

〔18〕 刘咸：《编者附志》，《科学》第19卷第10期，1935年，第1558、1559页。

〔19〕 关于云南生物采集团的始发年代存在1930、1931年和1932年多种说法。吴家睿辨之甚详，确认了1932年之说。参见吴家睿：《静生生物调查所纪事》注释23，《中国科技史料》第10卷第1期，1989年，第33页。

〔20〕 《静生生物调查所第四次年报》，北平：北平静生生物调查所，1932年，第10页。

罢”[21]。不过，因时局动荡，植物园的设想未能立即落实，数年之后才最终在静生所实现。1934年，静生所与江西省农业园合作创办庐山森林植物园，庐山森林植物园成为中国森林植物学的重要基地，胡先骕的夙念最终得偿所愿。静生所每年派出的调查员行踪北起满蒙，南到海南，几乎覆盖东部诸省全境。

静生所发展之厄来自于日本侵华战争。与中基会及退还庚款的与生俱来的关联使静生所没有在战争全面爆发前及早南迁，标本和图书数量过于庞大也的确妨碍了胡先骕早下决心。抗战初期，静生所因为属私立研究机构，并且得到美国保护而较少受到冲击。但是，同样由于与美国的千丝万缕的联系，太平洋战争爆发后，静生所受到的冲击益加强烈，不仅标本和资料损毁严重，滞平人员也因此背负终身政治和道德负担。早在日军占据静生所前一年，胡先骕就被迫流亡。太平洋战争爆发后，《汇报》动物学卷和植物学卷各出版到第10卷后停刊。1943年，流离在江西泰和县杏岭村的静生所学人复刊《汇报》，胡先骕发表了他平生最引以为骄傲的成果，宣告“活化石”水杉的发现[22]。不过复刊后的《汇报》出版频率不定，至1949年出版新1卷3期后，最终寿终正寝。作为战时替代，静生所曾经出版《云南农林植物研究所丛刊》和*Yunnania*，但可惜都是昙花一现，分别仅仅出版3期和1期[23]。

静生所在抗战之前就已经创设了博物馆。虽不一定以博物馆为名，但静生所不仅实现了标本展示，而且采取了针对不同受众的分流策略，即分设面向职业学者的标本室和面向社会公众的通俗博物馆。标本室的创设和维护一直是静生所的关注焦点。在标本陈列远未落实时，静生所即通过成立周年展实现正名目的。1929年成立周年之际，静生所假南池子政治学会大厅举行周年展。此次展陈本质上属临时特展，主要展陈品为一年内新采集的标本、调查论文及《静生生物调查所第一次年报》。1932年，静生所成立动植物标本室。由于逐年积累的标本数量显著增加，静生所于战前甚至宣称要建立中国最大的动植物标本室。静生所倡导

---

〔21〕《庐山森林植物园之创办与现状》，收录于江西省文献委员会：《庐山续志稿》，台北：成文出版社，1975年，第440页。

〔22〕胡先骕、郑万钧：《水杉新科及生存之水杉新种》，《静生生物调查所汇报》新第1卷第2期，1943年，第153～161页。

〔23〕吴家睿：《静生生物调查所纪事》注释23，《中国科技史料》第10卷第1期，1989年，第31页。

作为社会公器的学术，因此即使身为私立机构，也坚持面向全社会开放。秉志曾经表达，对于北平的生物学教师，静生所“深愿给予便利，共作科学之讨究”。而迁址文津街的静生所条件成熟，“新建巨厦，……可容许多学者”。事实上，北京大学和北京师范大学的生物系学生，“其有志于生物学者，常于课余至所研读”[24]。包括标本室在内的资源都是面向生物学学人和学生开放的。

静生通俗博物馆之设则起因于展陈空间的落实。1931年4月，静生所迁往文津街新址后，旧址则改成通俗博物馆。博物馆仅设管理员一人，以文牍张东寅充任，11月1日对外开放。博物馆主要展览静生所历年收藏的动物和植物标本。1935年中国博物馆协会调查结果稍显粗放，仅仅显示静生所标本馆藏分为动物和植物两类，种类和样本数量均不详。事实上，展陈空间共计八间，其中陈列室七间，纪念室一间[25]。通俗博物馆采取免费开放制，据统计，开放当年的最末两月观众达到8000人次以上，其后年份中，年均观众数量在万人以上。观众以中小学生为主。基于辅助教育的目的，静生通俗博物馆备有印刷品“阅览指南一种，凡所所陈列之标本均经详加说明，参观者颇称便利”[26]。1941年，因为所址被侵华日军强占，博物馆随之关闭。抗战之后，通俗博物馆未能得到迅速恢复，胡先骕称，“石驸马大街地方房屋本想创办通俗博物馆用，经费缺乏故没有恢复”，1949年之后，连管理权都出现争议[27]。

石驸马胡同的通俗博物馆是静生所博物馆的显性表现，而静生所面向社会的开放和合作姿态则在更早的静生周年展就已经表露出来。既有胡先骕的倡导，又有通俗博物馆的表率作用，静生所在中国博物馆界广为人知。然而，通俗博物馆仅仅只是静生所的博物馆谱系的一脉，从石驸马胡同到文津街，静生所不断扩张的标本室则是静生所博物馆的隐性表现。更难能可贵的是，静生所并没有固守面向专业和面向社会的博物馆之别，即使是当时已经成为国内最大的标本库的静生所标本室，也不容置疑地宣布了几乎不预设门槛的社会开放性。此外，1934年成立的庐山森林植物园构成了静生所博物馆的第三种形态。

---

〔24〕 秉志：《国内生物科学近年来之进展》，《科学》第18卷第3期，1934年。

〔25〕 《中国博物馆一览》，北平：中国博物馆协会，1936年，第36页。

〔26〕 《静生生物调查所第三次年报》，北平：北平静生生物调查所，1931年。

〔27〕 胡宗刚：《静生生物调查所史稿》，济南：山东教育出版社，2005年，第224、225页。

7.1.2 植物学研究所与北平天然博物院

相对于静生所诞生和成长的单纯执著和行云流水，北平研究院植物学研究所的出现显然既是一场更为轰轰烈烈的文化教育改革的组成环节，又是多股力量角力和多种考量平衡的现实结果，远较静生所复杂多变。对于中国早期博物馆事业而言，植物学所尤其引人关注的是，其前半段历史和北平城内罕见的自然科学博物馆的兴衰融为一体。

国立北平研究院的创立和天然博物院的改组是植物学所创设的机缘。国立北平研究院是1927～1928年的大学院制和大学区制教育改革的产物[28]。大学院和大学区制是李煜瀛和蔡元培力推的以法国为范本的教育和学术体制改革，而李煜瀛又有借改革之机控制北平文化教育界的意图，因此迫切地将北平纳入到三大试验区之列。根据1928年8月16日通过的《北平大学区施行办法》，1928年11月开始筹备北平研究院。筹备未尽，种种矛盾冲突爆发导致改革已终，不过，1929年8月7日行政院第32次会议仍以折中妥协方案完结此轮改革，改国立北平大学研究院为国立北平研究院，直属教育部，李煜瀛出任院长。是年9月9日，北平研究院正式成立，设总办事处于中南海怀仁堂西四所。研究院下设理化、生物、人地等部，分别设在东皇城根、天然博物院和西四所及丰盛胡同等地。非常明显，北平研究院诸研究所的设立就是整合北平城内外学术资源的尝试。北平研究院仅是李煜瀛的北平文化教育改革方案的一部分，他另有与之平行、相互扶助的北平博物院计划，其中，乐善园和三贝子花园旧址上天然博物院的创设和北平研究院生物部植物学所的并址合流就集中体现了李煜瀛设计的博物馆与研究院相联系、教育和研究相匹配等原则。

天然博物院是以巴黎皇家植物园为范本创立的。天然博物院院址是在居中的乐善园旧址，西侧三贝子花园和东侧所购民地基础之上发展而来的[29]。光绪

---

〔28〕《中华民国大学院组织法》，《大学院公报》1928年第1期，第49、50页；《大学区组织条例》，《大学院公报》1928年第6期，第13～21页；李书华：《李书华自述》，长沙：湖南教育出版社，2009年，第92、93页；刘晓：《国立北平研究院简史》，北京：中国科学技术出版社，2014年。

〔29〕庄文亚：《全国文化机关一览》，上海：世界书局，1934年，第203页。其他文献将乐善园旧址与三贝子花园视为同址。

三十二年（1906），乐善园旧址设立农事试验场。1912年之后改为农工商部中央农事试验场，1928年改为北平农事试验场。天然博物院即在农事试验场的基础上改组而来，也是李煜瀛整合北平文化和教育资源的重要举措之一。“农事试验场……与各国天然博物院略同”，“拟请将北平农事试验场改组为天然博物院，下设生物馆、农事馆等”[30]。1929年8月，天然博物院成立，理事会由易培基、李煜瀛、张人杰、吴稚晖、蔡元培、张继、蒋梦麟、陈郁、马叙伦、李书华、萧瑜等人构成，易培基的学生萧瑜出任主任。天然博物院的设立几与北平研究院同期，而且主事者基本重叠。此外，天然博物院理事会中，易培基、李煜瀛、吴稚晖、蔡元培等近半数都在故宫理事会中，因此，天然博物院和故宫博物院其实同在北平研究院的北平学术机关合作计划之内。“至两院组织大纲，除故宫博物院已有理事会外，天然博物院亦拟组织理事会。又由两博物院理事会，合组国立北平博物院委员会，即以两理事会全体理事为委员会委员，共筹北平博物院进行及发展事宜”。“其主要者，如故宫博物院，如北平农事试验场，就此两处，可分别研究关于国故与天然各种学术。……改组为国立北平天然博物院与故宫博物院，同供国立北平研究院之用”[31]。李煜瀛对改造和整合北平文化资源的整体方案就呼之欲出了。基于李煜瀛热衷的“大学区”方案，新成立的天然博物院和已于1925年成立的故宫博物院为主体，合组成为北平博物院委员会。在博物馆内部，天然博物院与故宫博物院代表了“天然”和“国故”的分野，而在外部，又可整体性地与北平研究院建立对应的协作关系，即以生物部对应天然博物院，以人地部对应故宫博物院，构成收藏和研究之间的匹配。

天然博物院成立之后，即与北平研究院达成协议，后者的生物部设址于博物院内，双方共同承担博物院的改造工程。“部中略分植物、动物、生物学等研究所，以便与贵院之动物园、植物园及动植物标本陈列室等工作，谋合作之便

〔30〕《国立北平研究院院务汇报公牍》第1卷第1期，第17页，转引自胡宗刚：《北平研究院植物学研究所史略（1929—1949）》，上海：上海交通大学出版社，2010年，第7页。

〔31〕《国立北平研究院院务汇报公牍》第1卷第1期，第17页，转引自胡宗刚：《北平研究院植物学研究所史略（1929—1949）》，上海：上海交通大学出版社，2010年，第7页。

利”[32]。北平研究院生物部下又设生理、动物和植物三所。生物部各所皆安置在天然博物院内，生理学和动物学两所设址于广善寺，植物学所设址于来远楼。李煜瀛兼任生物部部长，经利彬、陆鼎恒、刘慎谔分别出任三所主任。

终其历史，植物学所是植物学家刘慎谔（1897～1975）一手缔造和呵护的。刘慎谔系山东牟平人，1929年以法国高斯山地植物为题获法国国家理学博士学位[33]。一俟创办，刘慎谔招募研究和助理人员十余人，搭建机构，开展“弄植物园，建标本室，管理图书室”等事务[34]。此外，植物学所于1931年创办《北平研究院植物学研究所丛刊》，也迅速成为中国植物分类学重地，直至1937年休刊。

成立之后不久，植物所就开始进行调查。1929年秋季，刘慎谔率郝景盛、张凤瀛、刘月坡等调查东陵[35]。在随后的五年之中，植物所的调查足迹遍布东北和华北，孔宪武调查了吉林和辽宁，夏纬瑛调查了内蒙古、陕西和河北，郝景盛调查了河北、河南和陕西，王云章调查了河北和山东，刘慎谔本人调查河北、山东等地，甚至远及新疆和西藏[36]。1933年，植物学所的采集重心开始转向以黄河为中心，向西北上溯。植物学所在秦岭的采集工作为未来设立西北植物调查所奠定了基础。

植物学所及其标本室原本容身于来远楼内，后迁至新建的陆谟克堂。来远楼系一两层楼房，原有房屋二十八间，植物学所分配十间为研究室，八间为标本室，十间为宿舍。标本室到开办次年就不敷使用，只能将原本用作动物陈列室的房屋改造成为植物标本室，标本室数目扩展到十四间。尽管深受经费匮乏的困

---

〔32〕《国立北平研究院院务汇报公牍》第1卷第1期，第19页，转引自胡宗刚：《北平研究院植物学研究所史略（1929—1949）》，上海：上海交通大学出版社，2010年，第8页。

〔33〕王战、邓玉成、傅沛云等：《一代师表风范永垂：纪念刘慎谔教授》，《植物杂志》1997年第6期。

〔34〕转引自胡宗刚：《北平研究院植物学研究所史略（1929—1949）》，上海：上海交通大学出版社，2010年，第17页。

〔35〕刘慎谔：《东陵植物分布初步之观察》，《自然科学季刊》1930年第3期。

〔36〕《国立北平研究院五周年工作报告》，胡宗刚据此整理成表，见胡宗刚：《北平研究院植物学研究所史略（1929—1949）》，上海：上海交通大学出版社，2010年，第20、21页。

扰，生物部的标本数量仍然增长迅猛，1934年植物标本达3万号，至1937年抗战之前就已经到6万号了。虽然与静生所相比还有差距，但是在国内诸家生物所机构之中，标本数量已算名列前茅了。北平研究院、天然博物院和中法教育基金会遂联合于1934年兴修一座三层钢筋混凝土大楼。因纪念法国生物学家拉马克，命名为陆谟克堂，“以供北平研究院生理、植物、动物等研究所之研究室及标本室之用”[37]。1934年年底，陆谟克堂落成后，生理所和动物所一部分迁入大楼一层，而二、三两层则归植物所，其中三楼基本为标本室（图7.3）。

图7.3　陆谟克堂

（采自《中国科学院动物研究所简史》）

1930年，刘慎谔在农事试验场蔬菜园创办天然博物院植物园，兼有研究和休憩价值。对于植物学所而言，历年调查采集的样本被逐步移植过来，植物园将成为研究分类学和生态学的最佳场地。当年移植的植物达500余种，到1934年已经接近2000种[38]。植物园也面向社会公众开放。由于环境宜人，植物园成为北平市民郊游的热点之一，到1934年之际，植物园甚至计划举办“菊花展览赛会”[39]。不过，天然博物院也存在经营上的困难。1933年起代行馆务的李书华记录到，“院内房屋年久失修，动物园动物死亡过半，花园亦凋零”[40]。

1934年，正在艰难前行，曙光初现的天然博物院突然遭遇灭顶之灾。根据

〔37〕　胡宗刚：《北平研究院植物学研究所史略（1929—1949）》，上海：上海交通大学出版社，2010年，第23、24页。

〔38〕　《国立北平研究院五周年工作报告》，北平：国立北平研究院，1934年。

〔39〕　《国立北平研究院五周年工作报告》，北平：国立北平研究院，1934年；至迟在1933年，万牲园菊花已经成为北平的重要名胜。刘慎谔有《说菊》一文，当年已有“每盆可得三百至六百花朵，……此种培养之方法，在北平惟万牲园有之”的菊王品种。《说菊》，《刘慎谔文集》，北京：科学出版社，1985年，第23页。

〔40〕　李书华：《李书华自述》，长沙：长沙教育出版社，2009年，第113页。

行政院指令，天然博物院被迫移交给北平市政府。恢复了农事试验场身份的三贝子花园起初试种棉花，次年又改种白菜。这一幕场景让近在咫尺的刘慎谔伤心不已，于是力争，乃至慨叹，“植物园为中国首创之学术建设，积数年之惨淡经营，园内罗列之中外重要植物已达千余种，五千余株，极应北平大学区中教材需要，亦为研究学术不可缺少之资料。……（北平市府）以改充农田为名，取消中国已有五年历史之唯一植物园，各方面闻之莫不叹息”[41]。李书华表明无能为力，刘慎谔怒责李书华未能尽力保全。多年后的回忆中，李书华归咎于时局，“民国二十三年冬闻日人要求扩充华北种棉；行政院驻平政务整理委员会委员长黄郛请以天然博物院拨交北平市政府作为农场实验种棉，行政院嘱移交，我遂将该院移交北平市政府接管”。看起来，天然博物院的变更并不是政府官员颟顸行事，而与当时华北的紧张局势有关[42]。不过，李书华的解释有未尽之意。考虑到同一时期李煜瀛系人马被逐步排挤出故宫博物院，天然博物院的收回不过是对文化教育事业上的留法派的进一步整肃而已。但是对于植物学所而言，褫夺天然博物院实际就是断腕，采集与收藏、研究与教育的配置关系被彻底打碎。

1935年中国博物馆协会调查时，1929～1934年的国立北平天然博物院已成历史，三贝子花园只能重新以“北平市农事试验场”之名登记[43]。名虽不存，但天然博物院的开创价值不可否认，数十年后，包遵彭仍然遵其为“国立科学博物馆之最早者”[44]。

虽然遭受天然博物院被剥夺之厄，植物学所并未停止进步和拓展。抗战前夕最重要的成就是西北植物调查所的成立。到抗战期间半壁山河沦陷，植物学所遭受重创的情况下，原本只是细流余脉的西北植物调查所竟发展成为与南迁的本部并列的巨流。西北植物调查所系北平研究院和西北农林专科学校合办。首次签约于1936年，之后不断续签，一直维系到1949年。西北植物调查所设于武功，用意在于“渭水之滨，秦岭之侧，风景既佳，采集更便，且为中国植物区之中枢”，

---

〔41〕《刘慎谔文集》，北京：科学出版社，1985年，第5页。

〔42〕李书华：《李书华自述》，长沙：长沙教育出版社，2009年，第113页。

〔43〕《中国博物馆一览》，北平：中国博物馆协会，1936年。

〔44〕包遵彭：《中国博物馆史》，台北：中华丛书编审委员会，1964年，第17页。

“本所以调查西北植物为主，武功仍不失其为地理上之中枢”[45]。西北调查所驻于西北农林专科学校教学楼四层。1940年，西北调查所建成植物园，采集工作初成可见一斑。

抗战之后，植物学所本部随着北平研究院迁往昆明。起初虽有郝景盛张罗，但并无显著进展。1941年刘慎谔也抵达昆明，植物学所一直到1946年才迁回北平。抗战期间的采集工作并未暂停。“云南、贵州、四川、福建各省的植物搜集甚多；蒙古、新疆、青海、西藏的植物采集亦不少。总计已采得植物标本有十五万号”[46]。在昆明黑龙潭期间，植物学所与静生所南下与云南省教育厅合办的云南农林植物研究所有些往来，双方互换标本之数达到3万号之数。1946年的复原计划中，刘慎谔提出“收回天然博物院内之植物园及陈列馆”，不过，陆谟克堂保存完好，顺利收回，而植物园已经不复存在，收回即是重建。1948年，植物学所一度出现了短暂恢复，但是再也没有出现过完整的所院配置关系。

天然博物院的生与死构成了植物学所的博物馆的一条明线。原本就以绝配方式设计，天然博物院与植物学所几乎同步成立，天然博物院一直承担了植物学所面向社会的窗口功能，1934年的切割和天然博物院恢复成为农事试验场对于植物学所而言无异于肢解。自此之后，植物学所一直致力于夺回植物园，但是动荡的时局导致植物园早已无迹可寻，更无址可复。1936年植物学所的无心插柳之举反使植物园梦想在西北得以实现。与断续的面向社会的天然博物院及其植物园相比，更具有连贯性的是植物学所的标本室，从来远楼不足十间到陆谟克堂的整整一层，标本数量也在急速攀升。即使在本部远迁昆明期间，标本增长的步伐也未曾停止。面向专业研究的标本室则是植物学所的博物馆暗流。

7.2　万壑争流：兼具殖产兴业和乡土教育重任的地质博物馆群体

地质学在中国的起步是在实业环境中形成的。地质调查活动最初得到矿物

---

〔45〕《西北植物调查所成立典礼记录》1936年11月18日，转引自胡宗刚：《北平研究院植物学研究所史略（1929—1949）》，上海：上海交通大学出版社，2010年，第68页。

〔46〕李书华：《李书华自述》，长沙：湖南教育出版社，2009年，第135页。

司地质科首任科长章鸿钊的极力鼓吹[47]。近现代中国的地质学成就有目共睹，这与成雨后之笋之势成长起来的地质调查机构关系密不可分。中央层级的有1916年成立的地质调查所和1928年成立的中研院地质研究所。尤其是前者，对于各省陆续涌现出来的地质调查所起到了示范作用。几乎所有地质调查所都设立了以陈列馆或陈列室为名的地质类博物馆。根据各地不完整统计，至少有1927年成立的湖南地质调查所地质陈列馆和两广地质调查所地质矿产陈列馆，1928年成立的浙江省矿产事务所矿产陈列室，1931年成立的河南省地质调查所矿物标本陈列室，1940年成立的福建省地质地壤调查所地质土壤陈列室，1942年成立的云南矿产地质调查所陈列室，1943年成立的宁夏省地质调查所陈列室以及1945年成立的四川省地质调查所矿物标本陈列馆[48]。1935年中国博物馆协会调查之际，湖南地质调查所、两广地质调查所和中央地质调查所都积极回应，被当成中国地质类博物馆的代表[49]。

7.2.1 从农商部地质调查所到中央地质调查所

中央地质调查所是1949年之前中国地质学的风向标。时在四川的李春昱称，“中央地质调查所是全国地质界的重心。各省……调查所……与中央所之关系亦甚密切，可比作兄弟，亦可比作母子。各省所的视线都集中在中央所的身上。中央所之良影响到各省所，而各省所之得失亦有赖于中央所之辅助指导”[50]。甚至在最初创设静生生物调查所及其前身时，地质调查所就是可资征引的成功案例。邹秉义、胡先骕和秉志致范源濂函中即有“今日欧美各国科学发达，人民深受其赐，而于自然科学皆有调查所之设立，以此种学问与国内天产有关，设专门之机关以策研究之进行，其影响所及，实业及教育皆受其裨。吾国北平地

---

〔47〕 章鸿钊：《中华地质调查私议》，《地学杂志》第1、3、4期，1912年；《调查地质咨文》，《地学杂志》第2期，1912年。

〔48〕 侯江、詹庚申：《民国时期的地质矿产类博物馆》，《地质学刊》第35卷第4期，2011年，第432页。

〔49〕 《中国博物馆一览》，北平：中国博物馆协会，1936年。

〔50〕 《经济部中央地质调查所二十五周年纪念会记略》，《地质评论》第7卷第1期，1941年。

质调查所，即其证也”[51]。换言之，地质调查所之于地质学，就是静生生物调查所之于生物学。作为地质调查所的主要组成部分，地质矿产陈列馆成为地质调查所乃至中国地质学成长的表达方式。创设博物馆之议早在创所之初就已经出现，而且随后的实现方案都是地质调查所自身变迁的缩影。按照行政管理关系，地质调查所最初成立于农商部矿业司，由于业绩卓著而升格成为部辖，先后从属于农商部（1913～1928）、农矿部（1928～1930）、实业部（1930～1937）和经济部（1938～1949），但是对于作为博物馆的地质矿产陈列馆而言，所址变迁和具体的地质调查活动对展陈空间和内容施加了更直接的影响，因此，依照所址将地质矿产陈列馆区分成为丰盛胡同时代（1916～1935）和水晶台时代（1935～1949）。

地质调查所之设是基于发展近代中国实业，完整调查中国资源基础的需求而出现的。1913年应矿物司司长张轶欧之邀，丁文江出任地质调查局会办和技正，地质科改组为地质调查所。创设地质调查所时，丁文江已有明确的图书和博物馆的设想，“于所中附设图书馆、博物馆，搜集关于地质图籍、标本，以为研究之资料”[52]。将地质博物馆视为必不可少的组成成分，以及以“标本”为馆藏内容的特征鲜明地表现出来。但是，地质调查所面临严重的人员稀缺问题，于是有工商部地质研究所之设。地质研究所实际上是培养调查人员的学校。1913年10月1日，入选的30余名学生就读于马神庙北京大学内。“以中国之人，入中国之校，从中国之师，以研究中国之地质”[53]。而地质研究所也确立了实践教学原则，要求聘任老师“各以半年外出调查，半年担任教务，以期教学相长，切实进行”[54]。1913年年底，丁文江、梭尔格和王锡宾沿正太铁路进行地质调查，这是地质调查所野外调查的起始[55]。随后，丁文江又有“云南之行，兼及川黔边

---

〔51〕 转引自胡宗刚：《静生生物调查所史稿》，济南：山东教育出版社，2005年，第10页。

〔52〕 丁文江：《工商部试办地质调查说明书》，《政府公报》第339号，1913年4月17日。

〔53〕 翁文灏：《地质研究所师弟修业记》乙序，北京：京华印书局，1916年，第1页。

〔54〕 《部令》，《政府公报》第483号，1913年9月8日。

〔55〕 《调查正太铁路附近地质矿物报告书》，《农商公报》第1卷第1期，1914年；丁文江：《漫游散记》，《独立评论》1932年第13～15期。

界"[56]。自1914年开始，章鸿钊、虞锡晋带领学生在北京西山实习。从此，有明确规则的实习成为培养地质学人才的必备训练。实习的成效颇为显著，"诸生袖采石之锥，蹑双屐随诸先生后，上下山谷间，纵横及六七省，于京畿方数百里以内足迹无不遍"[57]。随着学生实习采集的标本的增加，陈列室馆藏和展陈雏形已经浮出水面。对于地质调查所而言，这应该是超乎设计初衷的收获。

1916年对于地质调查所具有分水岭价值。"本所历史虽与民国俱始，而有专任所员、独立预算、特别所址及正式工作者皆自民国五年始"[58]。1916年，地质调查所从归属于矿政司升格为农商部直属，成为独立核算单位[59]。此前分设两处的地质调查所和地质研究所迁入丰盛胡同三号及兵马司九号院内。地质调查所一直以此地为基本所址，即使在1935年迁往南京后，该院仍然以地质调查所北平分所的名义保留下来，只是日据期间一度被侵占而变更为华北地质研究所所址。地质研究所于1913年招收的第一批学生中，18人如期毕业并获得证书，悉数进入地质调查所，分别充任调查员、学习调查员或留所学习，先后成长为中国第一批职业地质学家，1922年2月，中国地质学会成立之时，地质研究所毕业生几乎占据半壁[60]。地质研究所完成自身历史使命而关闭[61]。地质调查所的工作从逐步明确到形成特色。1916年时仅分总务、地质和矿产三股，后以研究室制度

---

〔56〕《中国地质调查所概况》，北平：实业部地质调查所，1931年，第1页。

〔57〕章鸿钊：《地质研究所师弟修业记》甲序，北京：京华印书局，1916年。

〔58〕《中国地质调查所概况本所成立十五周年纪念刊》，北平：实业部地质调查所，1931年，第3页。

〔59〕1916年8月谷钟秀就任农商总长后裁并部属机构，地质调查局恢复为矿政司地质调查所。1920年7月农商部再度将地质调查所改为部属直辖，地质调查所维持部属身份，直到被接管改组。

〔60〕国连杰：《"十八罗汉"与中国早期地质学》，《科学文化评论》第11卷第5期，2014年，第55～80页。

〔61〕地质研究所培养地质科学高等人才的职责由1917年恢复招生的北京大学地质学门接棒。20世纪20～30年代，燕京大学、清华大学、东南大学（1928年后为中央大学）、广东大学（1926年后为中山大学）、中州大学、浙江大学、重庆大学都先后招收地质或者地学学生。停办地质研究所之议由丁文江提出，见丁文江：《序》，原载于《地质汇报》，1919年，现收录于《丁文江文集》（第3卷），长沙：湖南教育出版社，2008年，第189～191页；章鸿钊：《本所沿革》，《农商部地质研究所一览》，北京：京华印书局，1916年。

取代科股制度，地质股改为地质调查室，矿产股改为经济地质研究室，新成立岩石矿物研究室。1928年，在开滦和北票煤矿的支持下成立以无脊椎动物化石为研究对象的古生物研究室。次年，又在洛克菲勒基金会的支持下，与协和医院联合成立以脊椎动物化石和古人类为研究对象的新生代研究室。

即使在地质调查所的历史回忆中，地质矿产陈列馆的价值也被严重低估。对于地质调查所而言，地质矿产陈列馆不仅仅是收储和展陈历年调查成果的部门，而是地质调查所整体的学术倾向和工作重心的表达。更何况，由于它的社会能见度，陈列所实际成为地质调查所服务于社会教育的最主要窗口。在机构设置上，陈列馆最初以博物馆的名义出现，1916年2月改组中，丁文江出任新成立的地质矿产博物馆馆长[62]。而博物馆的实质性建成最终依赖于独特馆藏的形成。7月，地质研究所举办首届毕业生“学生成绩展览会”，地质调查所博物馆由此确认了独一无二，而且极具代表性的馆藏结构基础。7月14日的毕业典礼上，师生们数年来采集的岩石矿物标本、实习报告等公开展出，数十位来宾参观了展览。翁文灏也准确地指出，虽然“地质调查所创办之初，即有附设陈设馆之计划”，但是直到1916年才最终有眉目，“地质研究所毕业，就历年实地练习时师生采集所得，借用地质调查所新制柜架，举行成绩展览会，即为现在陈列馆之起点”[63]。学生成绩展览会成功转型成为地质矿产陈列馆的开幕展。作为地质矿产陈列馆继承者，中国地质博物馆至今仍将7月14日作为自身的诞生日[64]。地质矿产博物馆之名逐步被陈列馆所替代，11月地质调查局改局为所，“地质矿产陈列事宜即归矿产股兼理”，因此由矿产股股长翁文灏负责陈列馆。陈列馆之名由此确定，直到1952年。在翁文灏之后，安特生、卢祖荫、徐光熙先后负责陈列馆。

陈列馆的馆藏和展陈皆受制于空间，因此，空间变迁可以构成陈列馆分期的依据。地质调查所主要有两处所址，即1916年开始使用的丰盛胡同3号和兵马司胡同9号院落以及1935年开始启用的南京珠江路水晶台所址。地质调查所依所址变迁分成两个时期，即丰盛胡同时代和水晶台时代。

---

〔62〕《农商部饬119号》，《政府公报》第81号，1916年3月27日。

〔63〕《地质矿产陈列馆第一次报告》，《地质调查所办事报告》，北京：农商部地质调查所，1925年。

〔64〕《中国地质博物馆八十年》，北京：中国地质博物馆，1996年；张九辰：《地质学与民国社会：中央地质调查所研究》，济南：山东教育出版社，2005年。

图7.4 地质调查所丰盛胡同所址
（樊鑫拍摄）

丰盛胡同所址为兵马司胡同和丰盛胡同之间约5亩的方正地块。院内共有三栋主要建筑，分别是南楼图书馆、西楼办公楼和北楼研究室（图7.4）。南楼于1921年动工，次年年初落成，7月举办开幕典礼[65]。西楼建于1928～1929年，其南半部为标本存贮空间。北楼为1930年北平金绍基捐建，以其父金沁园命名[66]。从建筑历程看，陈列馆并没有获得如图书馆等同地位作整体设计，但是随着标本采集量的增加，特别是随着地质调查活动的多元化，陈列馆的展陈成分越来越复杂，导致扩充压力也日渐明显。丰盛胡同时代的陈列馆的扩充是逐步实现的，但是基于陈列馆需求的扩充改造也深刻地影响了丰盛胡同所址景观。

丰盛胡同时代的地质调查所陈列室从1916年的临时性“学生成绩展览会”起步。最初，空间甚为受限，展陈品数量亦不多，但是逐年增加速度很快。“学生成绩展览会”在一个不足100平方米的展室举办，原本系配合毕业典礼的临时展，始料不及的是引起知识界的强烈回响，临时展转变成为常设展。在大体呈正方形的“成绩展览室”中，展陈品的陈列方式为四周环绕，中置两组展柜。依照1916年“标本存储表”，展览室馆藏由两部分组成：中国地层系统和火成岩，以及各地岩石矿产标本[67]。地层系统和火成岩位于中央展柜，应该表现对于中国地层系统和岩石的实证性最新认识。来自各地的岩石标本按照地点分类陈列于四周，出土地点不仅包括北京周边的南口、门头沟、碧云寺、万佛堂及稍远

〔65〕《中国地质博物馆八十年》，北京：中国地质博物馆，1996年。
〔66〕张尔平、张复合：《兵马司胡同9号》，《建筑创作》2003年第1期。
〔67〕《农商部地质研究所一览》，北京：京华印书局，1916年。

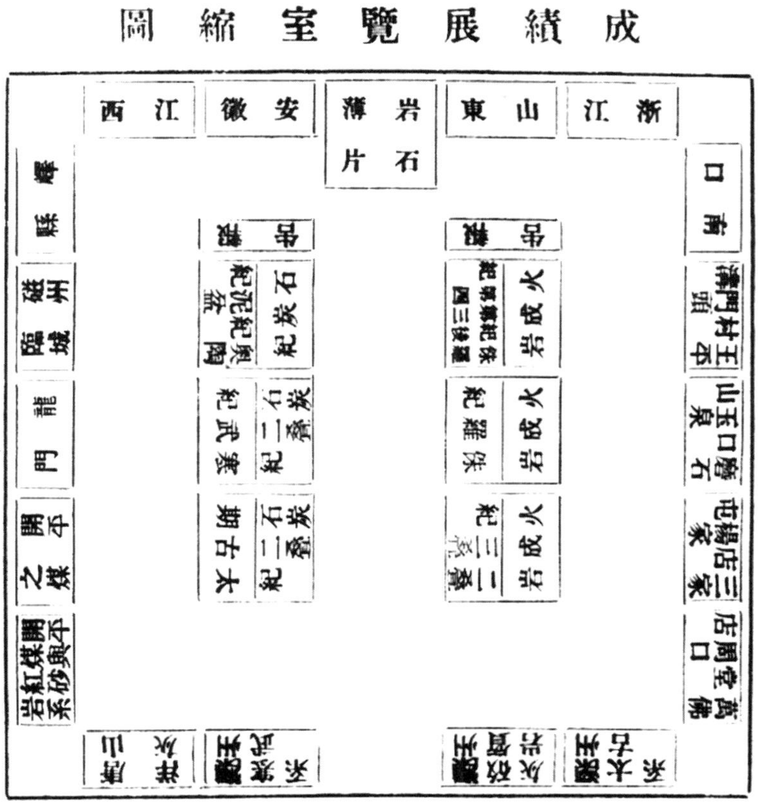

图7.5　成绩展览室平面图

（采自张尔平、曹希平《地质调查所地质矿产陈列馆考析》）

的滦州、唐山、开平、龙关，甚至远及浙江和江西。展陈品总数达到917件（图7.5）。

变成永久展陈的“成绩展览室”扩充至四间，办公楼楼上和楼下各有两间，各间主题不同，以此表明最初的馆藏分类，也是地质调查所创办初期用力最多，收获最丰的领域。“楼上二室，东为动力地质及岩石矿物，西为地质系统，按地层时代排列。楼下二室，东为煤铁矿产，西为金属矿产”〔68〕。

〔68〕　《地质矿产陈列馆第一次报告》，《地质调查所办事报告》，北京：农商部地质调查所，1925年。

丰盛胡同时代的地质矿产陈列馆经历了两次主要扩张。第一次是1921年翁文灏任内。1920年，丁文江等发起募捐，以兴建图书馆建筑为主由，兼及扩充陈列馆。此次募款成功募集39000元，主要成果即是1922年落成的南楼。而陈列馆的扩充是“大门内隙地添建新馆二间，民国十一年告成，此二间专为陈列古生物化石之用，现亦大致整备。暂以东一间为中生代及新生代化石室，而人类之史前古物附焉”〔69〕。1922年7月“图书馆陈列馆开幕典礼”时，恰逢曾任陈列馆馆长的安特生在河南渑池仰韶发现史前石器和彩陶，由此确认中国确有史前文明，陈列馆因势举办了“安特生采集人类石器及陶器陈列室”临时展。胡适曾经盛赞这次展览会，“这一周中国的大事，……乃是十七日北京地质调查所的博物馆与图书馆的开幕。中国学科学的人，只有地质学者在中国的科学史上可算是已经有了有价值的贡献”〔70〕。当时记录陈列馆规模为“煤铁一室，地层化石一室，火成岩及矿物一室，金属矿一室，非金属类一室，调查图稿及安特生君采集人类石器及陶器一室”〔71〕。除去安特生临时展，陈列馆当时应为展室五间，推测展陈面积达400平方米，展陈标本计3000余件〔72〕。新添古生代和中生代化石陈列室之后形成展室七间的格局，展陈标本超过8000件，而未经展出的藏品还有数千件〔73〕。地质调查所陈列室对北京的知识群体产生了强烈的吸引力，原本作为地质调查所领袖学人的私人爱好或者志向表达的安特生临时展成为地质调查所对近代中国知识界的另一伟大贡献。顾颉刚于1923年秋特地前来参观“河南仰韶村新石器时代的遗物”〔74〕。地质调查所在推广上古历史观念上起到了至关重要的作用〔75〕。

---

〔69〕《地质矿产陈列馆第一次报告》，《地质调查所办事报告》，北京：农商部地质调查所，1925年。

〔70〕胡适：《这一周》，《努力周刊》第12号，1922年7月23日。

〔71〕《农商部地质调查所开幕》，《申报》1922年7月20日。

〔72〕高振西、刘毅：《中国地质博物馆事业的发展概况》，《中国地质博物馆八十年》，北京：中国地质博物馆，1996年。

〔73〕《地质矿产陈列馆第一次报告》，《地质调查所办事报告》，北京：农商部地质调查所，1925年。

〔74〕顾颉刚：《古史辨自序》，《古史辨》（第1册），北京：景山书社，1926年，第57页。

〔75〕查晓英：《地质学与现代考古学知识在中国的传播》，《历史研究》2006年第4期。

丰盛胡同时代的陈列馆的第二次扩张是1929年西楼兴建带来的。在开滦矿务总局和北票煤矿的支持下，地质调查所建成西楼办公楼，原办公室腾给陈列馆，翁文灏计划，“丰盛胡同三号之房屋悉作陈列馆之用，现中部陈列室四大间，平均各有陈列柜子三十二只，若以此为单位，则现在之新计划实行后可增加陈列室十四间，连中部四室共为十八室，足容柜子六百只，陈列普通容积之标本四万余件”〔76〕。虽然维持展室七间的分野，但展室面积到1932年时扩至1000平方米，展陈标本数量已经过万。1935年中国博物馆协会调查之时，地质调查所分成地质标本、矿产标本和古生物标本三大类，展陈品数量已经超过万件。“其材料之丰富，陈列之完备，更为国内各陈列馆之所不及”〔77〕。

水晶台时代指1935年南京珠江路水晶台中央地质调查所新址大楼落成，中央地质调查所南迁之后的时期。自1935年起，中央地质调查所迁往南京，但是在北平的旧址乃至所有的工作都没有放弃或者中止，相反呈现出相互呼应的双所体系，在南京的为“本所”，而留在北平的则成为“分所”。附设的陈列馆中，南京的称为“总馆”，而北平的称为“分馆”。珠江路中央地质调查所新址内包括1935年10月落成的总办事处大楼和1937年年初建成的图书馆、陈列馆、实验室、制造室和宿舍等〔78〕。陈列馆大楼系三层楼房，其中一层为办公室，第二和第三层为陈列室，面积增至千余平方米，这也是陈列馆第一次以整体形态纳入到地质调查所的建筑设计中。总馆展室扩充到十二间，分别展陈矿物、矿产、燃料、土壤、区域地质、植物化石、无脊椎动物化石、脊椎动物化石、古生代地层、中生代地层、新生代地层和史前文化。此外，中庭里展出中国地势模型以及现代珊瑚和古动物模型〔79〕。陈列所展陈标本经盛莘夫和边兆祥整理，于1937年初公开展出。

中央地质调查所水晶台新址启用之后，北平丰盛胡同旧址并未拆除，更名为地质调查所北平分所，新生代研究室的周口店发掘和研究，西山鹫峰的地震研究等工作持续下来，并且与南京本所相互呼应。陈列馆以“分馆”的名义保存下来，但是展陈品上有不小的调整〔80〕。“标本亦大部分移至南京陈列，故平地之

〔76〕　《农矿部直辖地质调查所建筑经费报告》，北平：农矿部地质调查所，1929年。
〔77〕　《地质界消息》，《地质论评》1937年第2期，第2页。
〔78〕　李学通：《中国地质调查所南京所址建筑经过考》，《地质学刊》2009年第2期。
〔79〕　《中央地质调查所二十五周年纪念会报告》，重庆：中央地质调查所，1941年。
〔80〕　《中国博物馆一览》称“标本等均移京陈列”应不确。

陈列馆除新生代化石陈列室尚维持现状外，其他颇不充实”[81]。成为“分馆”的丰盛胡同陈列馆未单独设馆长，而由历任分所所长谢家荣、杨钟健、裴文中、李岐山兼理。仅以陈列馆论，到抗战全面爆发之前，南京总馆维持十二间陈列室的规模，而北平分馆设立了十四间陈列室，两地展陈品数量均在万件以上。北平分馆原从丰盛胡同出入，为了迎接中国地质学会第12次年会，杨钟健对丰盛胡同内的所址进行了较大规模的改造，正门改设到兵马司胡同。陈列馆对外开放时间为每天下午两时至五时，周日亦正常开放。陈列室包括新生代、古生代及中生代、金属矿产、非金属矿产、西山地质、普通地质、周口店、变质岩、火山岩、水成岩、地层、地质构造、矿物和土壤等[82]。分馆的分类体系体现了诸多自创所以来的认识，但是也有明显的改陈。盛莘夫提到，“按以前古生物陈列室，系依照地质时代陈列之，现在依地质时代陈列者，另辟地层陈列室；故该陈列室现以古生物学之分类整理陈列之”[83]。

无论是丰盛胡同所址，还是水晶台所址，都在抗战期间遭受重创。1947年7月，经济部令高平代理分所所务，次月即正式复办。高平回顾战后北平分馆的变化，不仅复原和完善旧有收藏，“举凡标签说明，一概重换过，新的标本加入了，错误的标签一概重新检定重换”，而且新增了展室两间，“一个普通地质陈列馆”，“一间珍贵矿物陈列室”[84]。相对而言，水晶台遭受的破坏更为严重。汪伪政权时期，这里曾被辟为文物保管委员会所在地。1946年8月，周赞衡被派往南京办理房产接收和修缮，但是陈列馆已经是“面目全非，陈列馆的柜子都不知去向了”[85]。1948年10月10日，大体修复的水晶台陈列馆重新开馆，共计开放史前文化、周口店、第三纪前脊椎动物化石、新生代地层及古生物、矿物、土

〔81〕《地质界消息》，《地质论评》1937年第2期，第2页。

〔82〕张尔平、曹希平：《地质调查所矿产陈列馆考析》，《中国科技史杂志》第28卷第3期，2007年，第235页。

〔83〕盛莘夫：《二十五年一月份陈列馆工作报告》1936年2月，中国第二历史档案馆第375-453号档案，转引自张尔平、曹希平：《地质调查所地质矿产陈列馆考析》，《中国科技史杂志》第28卷第3期，2007年，第236页。

〔84〕《地质界消息》，《地质论评》1948年第12期。

〔85〕《工商部中央地质调查所地质矿产陈列室指南》，南京：中央地质调查所，1948年。

壤、岩石、动力地质、古生物和地层十间陈列室[86]。

7.2.2 区域性地质博物馆的兴起：以湖南、两广和河南地质调查所为例

湖南地质调查所是中国最早建立的省级地质调查所。1926年，湖南省政府委派李毓尧和杨公兆筹办湖南地质调查所。次年3月即正式成立，以李毓尧为所长。数月后的改组中，刘基磐继任所长，所中聘用技士十余人，对湖南省境内进行系统的地质调查。湖南地质调查所一度频繁迁移，1930年得到中基会支持后逐步稳定下来，1935年中国博物馆协会调查时，湖南地质调查所设址于上黎家坡矿业银行旧址。调查所附设陈列馆。1930年期间，湖南地质调查所即开始建立地质陈列馆。原本系楼上楼下各两大间、一小间，面积达500平方米。大展室分别为地层系统、动力地质、矿物岩石和经济矿产，小展室则是各种湖南特有矿产[87]。标本分成矿物标本、岩石标本和化石标本，分别展陈于四间陈列室，矿物标本规模最大，分别陈列于金属矿产陈列室和煤矿铁产陈列室，岩石标本存于矿物岩石陈列室，化石标本则存于古生物陈列室。陈列标本总数已经达到8400余件[88]。

1936年，湖南地质调查所在地层系统的展陈上作出一个大胆但成功的尝试。地层系统陈列室按照地层学观念展现地面之下的湖南。在此，馆藏系统一直采纳的矿物、岩石、化石等分类法被暂时搁置起来，所有标本混在一起同时调用。陈列室里设立了三十多个展柜，每个展柜里有大约三十余件各类标本，按照地层关系分层排列，不同类型、不同地点的“地下湖南”一目了然。这种展陈思路是非常罕见的[89]。

虽然两广地质调查所的出现和转型深受政治局势变迁的影响，但是从长期发展看，仍不出地质类博物馆的正常发展轨迹。1927年7月，广州政治分会决议

---

〔86〕 张尔平、曹希平：《地质调查所地质矿产陈列馆考析》，《中国科技史杂志》第28卷第3期，2007年，第237、238页。

〔87〕 张以诚：《馆室虽微功非凡：漫话1916至1949年中国地质图书馆和博物馆》，《国土资源》2003年第11期。

〔88〕 《中国博物馆一览》，北平：中国博物馆协会，1936年，第118、119页。

〔89〕 王国方：《我国早期地质陈列馆概略》，《中国科技史料》第10卷第2期，1989年，第71页。

决定成立两广地质调查所，朱家骅、朱庭祜、叶良辅和谢家荣筹备两个月后即宣告成立，朱家骅任所长。1929年4月，奉中央政治会议决议，两广地质调查所划归国立中山大学地质系[90]。两广地质调查所初设址于东山庙前西街，1929年随着归属关系的变更搬迁至文德路教育厅旧址。虽然归属有变，但是两广地质调查所的工作是前后衔接的，而且第一个十年实际上就是其黄金时代。地质调查所以“两广”命名，两广地区是工作重点，也是主要的经费来源，广东、广西两省按照固定比例承担，不过实际调查足迹遍及南方诸省。按照地质调查所章程规定，每年10月至次年5月，地质调查队由技正或技士率领将前往指定地区进行调查，余下时间则用于整理和研究，历年采集的标本丰富了陈列馆馆藏。无论是东山还是文德路，两广地质调查所都设有陈列室，但是每处陈列室规模都比较小。东山时代有两间陈列室，其一为地层古生物标本陈列室，另一为岩石矿产标本陈列室。到文德路时代，陈列室系教育厅旧舍1930年改造而成，仅有一大间，展陈品包括地质标本和矿产标本两大类，也有细分为古生物地层、矿物矿产、岩石和现代生物四组[91]。1928年广州市立博物院尚在筹备之时，朱家骅即提出广州市立博物院应该建立自然史收藏，而两广地质调查所自愿提供博物院所需地质标本。待到移交之议尘埃落定时，两广地质调查所已经改属中山大学，因此由叶格尔负责接洽接收事宜。1935年中国博物馆协会调查时，广州市立博物院显示地质矿产标本分成三类，分别为“地史标本”、“矿物岩石标本”和“生物标本”，但是数量不详[92]。广州市立博物院并无专门人员从事地质矿产标本采集工作，因此，地质收藏应该是在中山大学的支持下建立起来的，其中部分馆藏可能源自两广地质调查所[93]。

河南省地质调查所的兴办过程则显得更为曲折[94]。虽然早在1923年10月就已经建立，但是，最初的河南省地质调查所面临了无论是人手、还是经费都严重

---

〔90〕 杨超群：《两广地质调查所简史》，收录于中国地质大学地质史研究所：《地质学史论丛》（4），北京：地质出版社，2002年。

〔91〕 两广地质调查所：《两广地质调查所概览》，1932年。

〔92〕 《中国博物馆一览》，北平：中国博物馆协会，1936年，第100页。

〔93〕 参见本书第四章《都会意象：以广州市立博物院和上海市博物馆为中心》。

〔94〕 陈宝国：《河南省地质调查所史略》，《地质学史论丛》（5），北京：地质出版社，2009年。

不足的困难，导致机构形同虚设，1930年奉令收归河南省建设厅。次年，在张斐然的倡导下，河南省地质调查所复办，设址于开封刷绒街。停办前的末任所长张人鉴得到重新任命。1932年开始，河南省地质调查所开始对河南省的煤、铁、硫磺和瓷土四类矿产资源进行有计划的系统调查，这一工作一直持续到抗战前夕。张人鉴提及，早期的地质调查所“迭受政局影响，工作无甚成绩”，即使在复办之后，“唯以经费有限技术人员无多，进行工作诸感困难”〔95〕。河南省地质调查所也有矿物标本陈列室，只是细节未详。展陈品包括矿物及岩石标本、古生物标本两大类别，基本都是地质调查所采集所得〔96〕。

尽管层级不同，发育程度各异，作为地质博物馆的陈列馆或者陈列室在结构、内容和展陈上表现出高度的统一性。几乎所有的地质调查所都附设陈列馆或者陈列室，这既是自身传统和地位的伸张，又是科学教育和社会教育的需求。不论空间大小，所有的博物馆都采纳了地层系统、矿物和古生物的基本三分法，但是，更为丰富的馆藏会促使分类体系进一步细化，既可能出现如中央地质调查所先后拥有依馆藏类别划分的多达十余间展室，也可能出现如黎家坡时代的湖南地质调查所增设专门展示湖南特有矿产的小展室。结构和内容的统一反映出认知的统一：所有地质博物馆都以如实传播客观而唯一的科学为宗旨。科学的恒定性诱导几乎所有的博物馆都不约而同地采取永久性常设展形式。然而，和生物博物馆一样，地质博物馆也传播和表达并不那么客观而唯一的国情，但是这并不在早期科学博物馆的考量范围之内。只有中央地质调查所才会因为特殊机缘筹办临时展，也只有湖南地质调查所才会灵光一现地考虑展陈问题，设计出别具一格的湖南地层表现方式。

7.3 收藏科学，展示公平

实证科学衍生的博物馆不仅是传播科学知识，促进学科进步的殿堂，也是追求社会平等的战场。作为博物馆外在界面的最基本和最主要的形式，博物馆展陈清晰无误地表达社会观念和吁求。事实上，在更早的馆藏采集和管理环节，社会观念就

〔95〕 张人鉴：《开发河南矿业计划》，《河南政治月刊》第2卷第4期，1932年。

〔96〕 河南地质调查所：《河南地质调查所五年来事业概况》，北平：新亚印书局，1935年。

已经干预了博物馆工作。原本被视为与意识形态基本绝缘的科学博物馆的馆藏和展陈同样出现社会公平问题，而且始料不及地率先提出了行之有效的解决方案。

博物馆的馆藏和展陈分析准确地揭示出博物馆里的知识垄断和社会不平等问题。走出文艺复兴知识结构后，博物馆展陈告别珍宝橱形式，展陈必然只能调用和组织部分馆藏。展陈是否可能全面而准确地表达博物馆的全幅活动呢？答案自然是否定的。展陈既没必要，也不可能是馆藏的直观而全面的反映，而只可能是“样本”。那么，“样本”是什么人在什么情况下，从什么样的选择范围，如何挑选出来的？博物馆观众只能被动地接受吗，尤其是当“样本”的选择性被科学外衣掩盖时？技术层面的追问却揭示出尖锐的社会性议题。毫无疑问，以策展人为代表的“博物馆代理人”直接干预了从搭建物质性基础开始的博物馆活动全过程，在博物馆展陈上起到重要乃至决定性作用。“博物馆代理人”的赋权机制因此值得讨论。他们或者宣称为抽象的人民的代表，或者得到职业化的科学身份的背书。在历史类博物馆中，“博物馆代理人”的利益归属和意识形态倾向相对容易被辨识出来，而在科学类博物馆中，“客观”科学更容易掩盖展陈设置的可接触性问题以及背后的知识垄断。作为社会公共性和平等机制的产物，博物馆在展陈方式上却悖论式地强化信息或者知识的可接触性，维护知识垄断。吊诡的是，正由于科学类博物馆的知识垄断和过滤问题未被广泛关注，揭示和纠正悖论格局遭遇的抵抗也相对微弱。科学类博物馆有可能率先摸索出突破知识垄断，实现社会公平的方式。

“开放馆藏”的呼声出现于质疑博物馆展陈的意识形态色彩，尤其是智识精英的垄断的情况下。开放馆藏意味着将展陈的选择权归还给博物馆观众，使之成为名副其实的博物馆主体。在如何实现馆藏开放上，德娜·奈泽尔（Dana Neitzel）提出了可视化馆藏、可开放的馆藏和可供研究的馆藏等具有层进关系的三种方式[97]。可视化馆藏指以透视墙体替代遮蔽墙体，让观众一睹博物馆库房真容。可开放的馆藏指变库房为展厅，观众可以真实地进入库房，接触馆藏。最后，可供研究的馆藏指馆藏可以按照观众的意愿重新组合，实现博物馆的具有自觉意识的使用之道。因此，“开放馆藏”实际上就是馆藏和展陈的民主化进程，

---

〔97〕 Neitzel D. Visible Storage, Study Storage and Open Storage. What do these terms mean to you? *Registrats' Quarterly*, 2004.

也就是博物馆经营的民主化进程。这一吁求在20世纪80年代之后广泛出现在人类学、艺术和历史博物馆中，毫无疑问，这就是新博物馆运动的组成部分。

虽然“开放馆藏”的吁求强烈地迸发于历史、艺术和人类学博物馆中，并且引发博物馆内外的尖锐交锋，但是，科学博物馆其实最具有打破垄断，迈向公平的可能性，不过，这种可能性一直没有得到应有的正视。和考古学一起作为近现代意义博物馆催生的学科，地质学和生物学的出现就已经构成对传统典藏观念和实践的否定。田野实证学科的非书斋倾向、基层倾向和经济基础倾向都有助于其成为传递公平和多元价值的最佳搭档。诸多科学博物馆馆藏源自于由女性创设的自然史收藏的事实也令科学博物馆更容易理解处在性别、年龄和族群边缘地位的群体[98]。

毫无疑问，中国早期科学博物馆的独特组合形态足以说明它们在追求社会公平上的先行价值。无论是生物博物馆还是地质博物馆，其多元程度都被严重低估。两者都不仅仅只有面向社会普罗大众的通俗博物馆，这只是一种以选择性展陈的方式试图揣测和迎合最广泛的博物馆观众的方式。但是，真正具有革命价值的是同样坚持开放性原则的专业标本室，无论是在文津街的静生所，还是陆谟克堂的植物学所，以及从中央到各地的地质调查所陈列室皆是如此；更全面、更完备的标本室的开放在一定程度上迈出了开放馆藏的第一步。附属于科学机构的植物园，如天然博物院植物园和庐山森林植物园，以及本书没有详加讨论的动物园和水族馆不仅仅是博物馆强调社会性的休憩功能的一面，同样也是可接触、可进入的博物馆馆藏形式。具有开放精神的科学博物馆在传递科学的公共性价值的同时，也传递了社会平等价值。

福柯一再强调知识和政治之间的密切关系，政治必须积极参与制造知识，知识又会回馈强化政治[99]。就像前章所述的考古博物馆并不能生产客观的历史一样，生物或者地质博物馆也不能生产客观的科学。什么样的科学发现应该被展陈，如何展陈，以及什么样的观念应该被表达，如何表达，其实都是政治问题。

---

〔98〕 Hill K. He Knows Me ... but not at the Museum: Women, Natural History Collecting and Museum, 1880-1914//Dubley S H, Barnes A J. *Narracting Object, Collecting Stories*. London: Routledge, 2012: 187.

〔99〕 Foucault M. *The Order of Things: An Archaeology of the Human Sciences*. London: Tavistock, 1970; Foucault M. *The Archaeology of Knowledge*. London: Tavistock, 1972; Foucault M. *Discipline and Punish: The Birth of the Prison*. London: Allen Lane, 1977.

第八章

道不孤也：早期大学博物馆群体

博物馆一度就是大学。博益兰（P. J. Boylan）全面回顾了博物馆史上的大学博物馆，将博物馆与大学的智识关联追溯到两者萌芽之初[1]。博物馆的词源直指创建于公元前3世纪的亚历山大大博物馆（the Great Mouseoin）。作为埃及的希腊化运动的产物和典范，亚历山大大博物馆实际上是包括博物馆、图书馆和学院的庞大机构。征集图书不择手段，藏书量高达50万卷，称冠于地中海地区的亚历山大图书馆仅是大博物馆的组成成分之一，大博物馆拥有堪与图书收藏相媲美的艺术和器物收藏。此外，学院之中还汇聚了地中海地区最好的科学家和作家。因此，大博物馆不仅仅是传统意义上文化的物质载体的保管和展示之地，更准确地说，是知识总合、生产和传播的机构，远非后世内容和功能都更为单一的博物馆或者图书馆可比拟。不过，mouseoin一词及其理想随着亚历山大城一起灰飞烟灭，被遗忘超过千年。17世纪中期，博物馆和大学被重新发现，两者之间的关系虽然有变，但仍然存在不容忽视的智识关联[2]。最早面向公众开放的博物馆就诞生于大学之中。1683年开放的牛津阿什摩林博物馆既是第一座近代意义的公共博物馆，又是最早的大学博物馆。随后，瑞典隆德大学（Lunds Universitet）、意大利佛罗伦萨大学（Universita di Firenze）和博洛尼亚大学（Universita di Bologna）次第成立大学博物馆。而在北美，哈佛大学碧波地美术馆（Peabody

---

〔1〕 Boylan P J. Universities and Museums: Past, Present and Future. *Jouradas de Museos Universitarios, Universititat d'Alacant*, 1999, (1/2): 11-21.

〔2〕 Findlen P. The Museum: Its Classical Etymology and Renaissance Genealogy. *Journal of the History of Collections*, 1989, 1(1): 59-78.

Museum）的成立被视为大学博物馆的新大陆传统的起点。因此，无论是在追认的传统上，还是在近现代意义上，博物馆与大学都存在着高度共享的智识基础和社会诉求。但是，近现代意义上的大学与博物馆不再同为一体，尤其是自维多利亚时代以后，两者日益成为既有分野，各司其职，也有融合，交互影响的教育机构[3]。两者交集形成了风格、地位和社会贡献均很独特的大学博物馆类型。

全球范围内，大学博物馆已经成为广泛可见的类别，但在分布上出现片面集中的趋势，这应该与不同大学和社区提供的智识支援的力度有关。美国博物馆协会统计，在1158所大学之中，有博物馆的大学计有526所，大学博物馆总数达到794家[4]。而英国的数据则显示，在117所大学之中，有博物馆的大学和大学博物馆之数分别达到51家和126家[5]。无论英美，有博物馆的大学约占半数，智识资源优越的大学则可能拥有多家博物馆，一般都精确反映出大学的历史传统和学科优势。哈佛大学博物馆群体由16家博物馆构成，仅艺术博物馆就大体依据馆藏内容分成3家。棚桥源太郎访美之际，惊讶地发现在哈佛大学的一栋大楼里竟然同时容纳了1784年成立的矿物和地质博物馆，1858年成立的植物标本馆，和1859年成立的比较动物学博物馆。日本的大学博物馆起步稍晚，但是发展迅速，在近百年的时间里已经形成逾百所的规模[6]。

在日本，附属于近现代意义大学的博物馆是明治维新的产物。由于金石和图像收藏已经与图书馆建立了传统性纽带，大学博物馆不得不转而求助于全新的科学性发现和收藏活动，不外考古学、生物学和地质学三类。以生物学和地质学收藏为基础建立的大学博物馆以东京大学博物馆为典范。明治十年（1877），幕府时代就已设立的小石川御药园划归东京大学理学部，更名为小石川植物园，这

〔3〕 史蒂芬·康恩著，王宇田译：《博物馆与美国的智识生活，1876—1926》，上海：上海三联书店，2012年，第1～33页。

〔4〕 西野嘉章：《大学博物館——理念と実践と將来と》，东京：东京大学出版会，1996年，iii页；安高启明：《歴史のなかのミユジアム: 驚異の部屋から大學博物館まで》，东京：昭和堂，2014年，第199、202～205页。

〔5〕 西野嘉章：《大学博物館——理念と実践と將来と》，东京：东京大学出版会，1996年，iii页；安高启明：《歴史のなかのミユジアム: 驚異の部屋から大學博物館まで》，东京：昭和堂，2014年，第199、200～202页。

〔6〕 安高启明：《歴史のなかのミユジアム: 驚異の部屋から大學博物館まで》，东京：昭和堂，2014年，第182～185页。

被计为日本近代大学博物馆的肇始。1879年，日本考古学先驱摩尔斯（Edward Morse，1838～1925）在东京大学理学部设立博物场，陈列和展示动物学和考古学收藏。但是，直到1966年，东京大学才最终成立包含地理、矿山、地史古生物、矿物、岩石矿床、动物、植物、医学、药学、考古、人类先史、文化人类12个门类馆藏，以综合研究资料馆为名的大学博物馆群体。30年后，东京大学综合研究资料馆更名为综合研究博物馆。以考古学收藏为基础建立的大学博物馆则以国学院大学和明治大学为典范。国学院大学博物馆的前身为1928年开办的考古学陈列室。明治大学博物馆的一部分来自于1952年成立的考古学博物馆。大学博物馆的馆藏结构就是大学的理想宏图和现实优势的直观表达。拥有卓尔不群的地位的哈佛大学和东京大学都以建立多学科的庞大博物馆群体为追求。明治大学独特的学科优势也反映在博物馆馆藏结构上，除考古学外，明治大学博物馆还整体性接纳了1929年成立的刑事博物馆和1950年成立的商品博物馆。事实上，明治大学博物馆就是由3家博物馆构成的博物馆群体。此外，还有基于特殊收藏而形成的大学博物馆，天理大学博物馆最早以“海外事情参考品室”的面目示人，1950年才改用现名。

中国早期大学博物馆是在缺乏土壤和共识的情况下萌生和发展起来的，直至1949年，中国的大学博物馆都数量有限，并且呈现出明显的偶然性。《中国博物馆一览》仅仅收录了屈指可数的几家大学博物馆，包括北京大学研究院文史门陈列室、厦门大学文学院文化陈列所、私立华西协合大学古物博物馆、岭南大学博物馆、北平协和医学院病理博物馆和厦门大学动物博物馆[7]。抗战之后，1948年，清华大学三十七周年校庆之际，陈梦家也建立了清华大学文物陈列室[8]。

大学博物馆与生俱来地面临了两难困惑和定位焦虑：更大学，还是更社会？这实际上是既冲突又妥协的“社会和大学（town and gown）”关系的具体表现。

---

〔7〕《中国博物馆一览》，北平：中国博物馆协会，1936年。

〔8〕1947年，梁思成和邓以蛰联合首发建立清华大学博物馆的倡议，11月，先期成立中国美术史研究委员会，作为预备成立博物馆的机构。清华大学暂以购书特款用作购买馆藏，以“不在求精品而但求示范的佳品”为原则。由于陈梦家实际负责博物馆的筹备，所以“以商周铜器较多”，其他还包括玉器、陶器、骨器、石器和漆木器等。1948年，以此为基础成立清华大学古物陈列室。参见陈梦家：《清华大学文物陈列室成立经过》，《大公报》1948年5月1日第3版。

大学的主导智识环境和社会的公共价值既给大学博物馆带来独特的资源和定位优势，也造成了发展道路抉择上的困扰。珍妮·薇科丝（Jane Weeks）以“双重孤立”描述身陷焦点的大学博物馆策展人，事实上，以此描述作为机构的大学博物馆更为恰当[9]。一方面，大学博物馆受制于大学的智识环境，而自20世纪初以来，大学博物馆逐步丧失了作为大学的知识生产中心的地位，甚至可能被隔离于大学整体的智识环境之外。另一方面，大学博物馆因袭了大学和社会的隔绝而缺乏与其他公共博物馆的沟通，社会普通观众也不在其考量范畴内。“双重孤立”的危机并非不可避免。成功的大学博物馆需要在内协调与大学整体智识环境的关系，在外与社会预期沟通。

大学博物馆的馆藏并不是综合博物馆的具体而微的形式。几乎所有的大学博物馆在馆藏上都无法达到综合博物馆的全面和均衡的程度，但是，大学博物馆可能获得独一无二或者出类拔萃的特定类别馆藏，更可能在馆藏的研究上取得令人瞩目的成绩。同时，身处大学情境之中，大学博物馆的馆藏需要表现出研究和教学的微妙平衡。陈梦家指出，“（大学博物馆的）意义并不在成功为可观的大收藏，不过是做一种初步的学术性的搜集，现代化的陈列，与敷以古物作为课堂上的教材”[10]。馆藏的形成和转型都是大学的智识环境变迁的产物。在特定情况下，大学博物馆的馆藏和展陈也会逆向影响大学的教学和研究。因此，大学博物馆就是大学的缩影，大学博物馆史就是大学史的特殊面相。

同在草创和初成阶段的中国大学在创立和建设博物馆上尚未形成共识。大多数大学并无创设大学博物馆的意识，因为建立独特的大学博物馆馆藏的三条途径基本都被堵塞：既无可继承的遗产，又无大笔私人收藏捐赠，具有田野倾向和实践倾向的学科也同在苦苦挣扎的起步阶段。事实上，成功创建了大学博物馆的范例都不得不在第三条途径上突围而出。陈梦家称大学博物馆的首要任务就是“采备实物”，主要手段不外乎“实地发掘、调查、征集各种遗物”[11]。基于学科背景的差异，中国早期的大学博物馆沿着不同道路筹建馆藏和策划展陈。考古

---

〔9〕 Weeks J. The Loneliness of the University Museum Curator. *Museum International*, 2000, 52(2): 10.

〔10〕 陈梦家：《对于博物馆的希望》，《大公报》1948年6月6日第4版。

〔11〕 陈梦家：《清华大学文物陈列室成立经过》，《大公报》1948年5月1日，第3版。

学、人类学、民俗学、地质学、生物学，甚至临床医学都可能成为大学博物馆迫切期待结盟的学科。更为困难的是，在新生的大学之中，这类学科也属初生，而且并不容易被接受，同样成长缓慢。具有西方背景的大学的自然史传统可能较中国本土的金石学传统更容易创建博物馆体系。不过，无论中西背景，大学博物馆都不是一蹴而就，一成不变的。因此，每一所最终创立和成长的大学博物馆都是独特情境的产物。

8.1　岂止“西南最完善”：华西协合大学博物馆

华西协合大学博物馆（下文简称华西大学博物馆）代表了1949年之前中国大学博物馆可能企及的巅峰。作为中国最早成立的大学博物馆，华西大学博物馆在发展连续性、体系完整性、学术贡献性、对乡土社会和大学的服务意识上，都是其他大学博物馆难以望其项背的。20世纪30年代早期，甚至整个西南地区都没有堪与华西大学博物馆相媲美的公私收藏机构，成都报端盛赞华西大学博物馆“收藏珍贵之历史遗物甚多”，誉之为“西南最完善之博物馆”[12]。作为典型的大学博物馆，华西大学博物馆的基本定位及其转型都是由所在大学及其学人们界定和促成的。虽然华西大学博物馆在建校之时就已出现，但是，直到1922年华西边疆研究学会（West China Borders Research Society）成立之后，华西大学博物馆才实质性拥有作为博物馆的智识和物质成分。此后华西大学博物馆的转型，都是华西边疆研究学会以及先后出任馆长的戴谦和、葛维汉和郑德坤，乃至更多较少甚至罕被提及的学人，如早期的叶长青、陶然士和晚期的林名均、梁钊韬策动和实现的。华西边疆研究学会就是华西大学博物馆的母体。

习惯上，华西大学博物馆的成长和变迁历程被概括成为从无到有，从少到多，从鲜为人知到引以为傲的“西南最完善”的连续的线性过程。按照不同的显性指标，华西大学博物馆的历史被划分成为多个渐进段落。1926年，初露峥嵘的华西大学博物馆迁入新落成的懋德堂（Larmont Memorial Hall，又译作赖孟德堂），直至1951年被接管时再未易址。此前的华西大学博物馆屡屡搬迁，迁入懋德堂之前曾经一度寄身于合德堂（Hart Hall，又译作赫斐堂）。因此，

---

〔12〕　《参观华大博物馆》，《成都国民日报》1933年12月23日，第6版。

华西大学博物馆的历史可以被区分成为前懋德堂时代（1914～1926）和懋德堂时代（1926～1951）。迁入懋德堂是华西大学博物馆获得大学和社会认可的起点，自有转型价值，但是在懋德堂内，华西大学博物馆的数度变化却因为馆址不变而被掩盖下来。1947年，时任华西大学博物馆馆长的郑德坤慨叹，"五年来移动安排，无日不在进行中"。展陈之变自是可见的馆藏和不可见的认知之变，岂能因为空间不变而一笔勾销？郑德坤提出了基于馆长人选的三期说，即以1914～1931年戴谦和（Daniel Dye）任内为第一时期，1932～1941年葛维汉（David Graham）任内为第二时期，和1941年之后郑德坤任内为第三时期[13]。以居于统摄地位的馆长人选界定博物馆分期方案有其合理性，在特别倚重充任馆长和策展人之职的学人的大学博物馆中尤为适用。有评论分别褒扬戴谦和为"一位具有创造力的梦想家"，葛维汉为"涵养很好的学者和博览群书的收藏家"，郑德坤则是"他的目的是使博物馆成为一个教育的中心和收藏有兴趣、有价值物品的地方"[14]。此论公允地赋予戴谦和以开创价值，葛维汉和郑德坤以守成和拓展价值，美中不足的是将三人视为单线式发展脉络上的连续环节。然而，自戴谦和、葛维汉到郑德坤的馆藏结构、研究主题和展陈策略都有显著差异，而这些差异都是更深层次的智识转型的表达。19世纪晚期开始进入四川及西南的西方传教士表达的探索精神和自然史倾向都毫发不爽地体现在华西大学及其博物馆的创办上，戴谦和时代的开创价值理当承认，但是早期的馆藏征集和建构活动中的殖民主义探险和自然史采集倾向也不容否认，叶长青和陶然士就是在此情境中完成奠基性贡献的。1932年开始的葛维汉时代在格局臻备上的成就有目共睹，但是支撑变革的学术导向变迁，甚至葛维汉数度返美学习和研究后带来的工作内容和学术范式之变却没有得到足够的关注。在抗战烽火中接手的郑德坤和林名均、李安宅等学人共同引导华西大学博物馆走上了本土教育之路。作为华西协合大学的缩影，存世不过半个世纪的华西大学博物馆成功地实现了从外来视角的探险和探索向内在视角的乡土认知和教育的转型，这不得不归功于前后承担馆长之责，不断

〔13〕 郑德坤：《五年来之华西大学博物馆》，华西协合大学博物馆油印本，1947年。1947年郑德坤离任。

〔14〕 黄思礼著，秦和平、何启浩译：《华西协合大学》，珠海：珠海出版社，1999年，第136、137页。

带领博物馆踏上新程的学人们。这一转型并不孤立，甚至可以被视为后殖民地博物馆转型的中国典范：博物馆的焦点自猎奇走向进化，再步入艺术和历史[15]。戴谦和、葛维汉和郑德坤就是华西大学博物馆的灵魂和数度转型的引路人。

8.1.1 以自然史倾向开局

戴谦和时代是华西大学博物馆的奠基期。地理学教授戴谦和早在1914年就开始筹备，1919年创办了华西大学博物馆，但是直到1922年华西边疆研究学会成立，确认了与华西大学博物馆的密切纽带之后，华西大学博物馆才告别最初数年茫无头绪的摸索。在一定程度上，晚生的华西边疆研究学会重置了华西大学博物馆[16]。从最初戴谦和一人苦心孤诣到在陶然士和叶长青以及华西边疆研究学会的支持下立稳脚跟，华西大学博物馆实现了馆藏从无到有，最终达到6000余件规模，馆舍也最终落户合德堂，实现了固定展陈。在保证稳定馆藏的同时，华西边疆研究学会也给华西大学博物馆带来自然史和民族志的基本取向。

赋予华西大学博物馆以物质和精神特质的华西边疆研究学会也不是零星的私慕或者突兀的雅集，而恰是华西大学独特的大学精神的集中表现。19世纪晚期，多家差会先后进入四川。1905年成立的华西差会顾问部中小学教育委员会议定成立华西教育协会，筹办华西大学。五年后的1910年3月11日，华西协合大学正式开学[17]。从创设开始，研究和服务中国西部地区就是华西大学设定的主要目标之一。华西边疆研究学会的成立看似偶然而率性，但是由于最初的成员多是华大教职员，华西边疆研究学会设定以西部历史、地理和族群为主要研究对象，应该是华西大学旨趣诱导和熏陶的结果。1922年3月24日，在一次自打箭炉到康西的调查之旅成功结束之后，12位华西大学教师在莫尔斯（W.R.Morse）家中聚会，决定成立华西边疆研究学会，作为类似的探索和研究活动的长期性组织。4

---

〔15〕 Vogel S. Always True to the Objects in Our Fashion//Karp I, Lavine S D. *Exhibiting Culture: The Poetics and Politics of Museum Display*. Washington, D. C.: Smithsonian Institute Press, 1992: 195.

〔16〕 Beech J. University Beginnings: A Story of the West China Union University. *JWCBRS*, 1934, 6: 92;《华西大学古物博物馆概况》，《文物参考资料》1951年第11期。

〔17〕 黄思礼著，秦和平、何启浩译：《华西协合大学》，珠海：珠海出版社，1999年，第25～29页。

月21日的第二次会议上就通过章程，选举莫尔斯为会长[18]。康西调查中充当向导、长期生活和传教于打箭炉的叶长青（J. H. Edgar, 1872 ~ 1936）成为学会首位名誉会员[19]。华西边疆研究学会明确表达，自身任务是“研究华西的乡土、人民、风俗和环境，特别是那些影响非汉人的成分”[20]。后来，学会宗旨进一步精确地表达为“与华西边疆地带的各种原住族群相关的生活和习俗、宗教和社会学、民族学和人类学以及其他问题”[21]。由于华西边疆研究学会建立在成功的康西之行上，创始成员达成“鼓励调查”共识，敦促会员至少每三年参加一次带有明确学术目的的旅行，而行程报告正是学会刊物《华西边疆研究学会杂志》（*Journal of West China Border Research Society*，下文简称*JWCBRS*）最期待的刊载内容，旅行途中采集的“西藏边缘地带的照片、用具、工具、服饰、文献，等等”则可纳入学会文物陈列室[22]。恰由于兼管华西大学博物馆的戴谦和参与了创会过程，学会文物陈列室的设想因此颇为顺利地与已经存世数年的华西大学博物馆合流，“以中国西部照片、器具、工具、服装、文献等为适当的起步”[23]。戴谦和系华西大学地理学教授，对于中国西部的人文地理甚至乡土知识都极具兴趣，曾经专门撰文介绍成都平原的灌溉系统、考古学和中国窗花等[24]。作为华西边疆研究学会的创始会员之一，戴谦和于1924 ~ 1929年担任学会秘书，1929年起担任会长。华西边疆研究学会创立之前，华西大学博物馆基本依赖戴谦和一人。创办伊始，戴谦和就“开始收集有关学术之古物”，“标本多为戴氏所采集”，但是无论经费还是人手都甚为稀缺，博物馆因此发展迟缓。华西边疆研究学会和华西大学博物馆的正式结合应该始于1923年，华西边疆研究学

〔18〕 Organization and First Year's Program. *JWCBRS*, 1923, 1: 11.

〔19〕 Sewell W G. James Hudson Edgar, An Appreciation and An Interpretation. *JWCBRS*, 1936, 8: 22; Kilborn L G. President's Address. *JWCBRS*, 1942, 14A: 101.

〔20〕 Purpose and Program. *JWCBRS*, 1925, 2: 1.

〔21〕 Foreword. *JWCBRS*, 1929, 3.

〔22〕 Purpose and Program. *JWCBRS*, 1925, 2: 1.

〔23〕 Purpose and Program. *JWCBRS*, 1925, 2: 1.

〔24〕 Dye D S. The Szechwanese Use of their Water Resources for Agriculture. *JWCBRS*, 1929, 3; Dye DS. A Study of Chinese Lattice (as of 1899). *JWCBRS*, 1931, 4.

会强调学会、杂志、博物馆和图书馆是学会的四大组成部分[25]。华西边疆研究学会宣布了合流计划，“学会的展览已经成为华西大学博物馆的一部分。……学校博物馆的策展人就是学会的策展人”[26]。因此，在以戴谦和时代统称的华西大学博物馆第一个时期中，尚可细分为戴谦和独力苦撑的时期，及1922年华西边疆研究学会兴起并对华西大学博物馆形成重要支持的时期。

深刻影响了1922年之后的戴谦和时代的走向的是两位长年生活在边缘地带的传教士兼学者——叶长青和陶然士（Rev.T.Torrance, 1871～1959）。葛维汉曾称，“对于物品之采集方面，则陶然士牧师与叶长青牧师二人之功尤伟”[27]。郑德坤也赞同此说，“创业之初，幸得陶然士、叶长青两先生之合作”[28]。叶长青和陶然士在馆藏上的贡献是显而易见的，但是在倡导馆藏背后的活动等非显性层面上，两人的贡献更为深远，却未被充分讨论。

叶长青和陶然士对华西边疆研究学会都有创造之功，进而为华西大学的边疆研究确定了基调和方向，也直接形塑了华西大学博物馆的馆藏结构和征集重心（图8.1）。叶长青出生于澳大利亚西部，成长于新西兰。1898年加入中国内陆会，最初在安徽教区，但不久转入华西地区。在随后的20余年中，叶长青以打箭炉为基地，足迹遍布四川西部和西藏东部；终其一生，他的传教和研究生涯都不出此范围。因为在华西地区的工作和发现，叶长青得以当选皇家人类学会院士和皇家地理学会院士。华西边疆研究学会成立之时，叶长青是唯一的名誉会员，1932年，学会又推举叶长青为名誉主席。叶长青对西藏边缘地带的报道广泛见于报道西方人士在华见闻、发现和研究的西文杂志，其早期文章尚散见于《皇家亚洲文会北华支会会刊》或者《教务杂志》，晚期文章基本集中发表在《华

〔25〕 Purpose and Program. *JWCBRS*, 1925, 2: 1.

〔26〕 Purpose and Program. *JWCBRS*, 1925, 2: 1.

〔27〕 葛维汉：《华西协合大学博物馆概况》，《中国博物馆协会会报》第1卷第3期，1936年，第13页。

〔28〕 郑德坤：《五年来之华西大学博物馆》，华西协合大学博物馆油印本，1947年，第1页。

图8.1 叶长青

（采自《华西边疆研究学会杂志》）

西边疆研究学会杂志》。后者的某些期次里，叶长青几乎独撑半壁[29]。由于长期生活在打箭炉，出于向居住在周边地区的族群传教的目的，叶长青甚至编纂了最早的英语—嘉戎语对译表[30]。叶长青也是最早相信中国的确有石器时代，并且长期在自宜昌到理塘一带寻找旧石器的学人。在寻找石器的过程中，他也连带发现了石板墓等特有的埋葬现象。叶长青在川康边境的频繁调查中采集到的标本大部分都最终收归华西大学博物馆。事实上，博物馆之外的华西大学，以及与之有关联的欧美学人前往川西一带调查时都离不开叶长青的帮助。1919年，欧柏林大学教授赫伯（Hubbard）调查成都至松潘的岷江流域，1930年，赫音（Arnold Heim）调查打箭炉，1931年包戈登（Gordon Bowles）的川西调查都先后求助于叶长青，包戈登还确认了叶长青采集标本的真实性[31]。换言之，叶长青的川西调查和采集工作已经得到国际认可，而且外界在很长时间都得依赖叶长青认知川西。

陶然士是华西边疆研究学会的另一位荣誉会员，并且在1929～1930年出任学会副会长（图8.2）。陶然士出生于英国，1896年入华加入内地会，以成都为中

---

〔29〕 1926～1929年的第3卷共刊载23篇文章，其中叶长青写作8篇；1930～1931年的第4卷，共刊载21篇文章，其中叶长青写作的达8篇。1932年出版的第5卷共刊载27篇文章，其中叶长青14篇。1934年出版第6卷收录29篇文章，其中叶长青12篇。

〔30〕 Edgar J H. English-Giarung Vocabulary. *JWCBRS*, Supplement to Volume V, 1932.

〔31〕 Liljestrand S H. Presidential Address, 1934. A Resume of Border Research and Researchers. *JWCBRS*, 1934, 6: xiii.

图8.2　陶然士
（采自《华西边疆研究学会杂志》）

心传教。1910～1913年短暂任教于华西大学后，陶然士加入圣经会，在川康边区开展传教和调查活动。陶然士也因在华西的调查和研究而当选为英国皇家地理学会院士。陶然士以羌族研究和崖墓研究著称，其研究成果主要发表在《教务杂志》、《华西教会新闻》和《华西边疆研究学会杂志》等上。和叶长青一样，陶然士在调查和研究过程中采集的器物除了少数流向大英博物馆和亚洲文会上海博物院外，基本贮藏于华西大学博物馆。

叶长青和陶然士向华西大学博物馆提供了包括石器、陶器、金属器在内的诸多遗物，但是更为重要的是，他们在智识层面上影响了华西边疆研究学会、华西大学博物馆和华西大学。兼有传教士、探险家和研究者身份的叶长青和陶然士具有显著的同质性，代表了最早涉足华西的观察视角。由于强烈的外来感和教化感，早期调查者们都更倾向于离开中心城市，走向边缘地带，离开汉族，走向边缘族群，偏离历史学倾向，转而走向自然史和民族志。叶长青和陶然士所代表的自然史和民族志探险倾向也体现在华西边疆研究学会的活动上。学会成立之后第一次特别会议就是迎接瑞典乌普萨拉大学的史密斯博士（Dr. Smith），史密斯应该自田野调查返回，以“番地植物”为题进行演讲[32]。数年内无论是主题演讲还是特邀演讲，基本都不离西部地区的自然史调查。

〔32〕　Organization and First Year's Program. *JWCBRS*, 1923, 1: 11.

8.1.2　职业化学术的人类学和考古学转向

葛维汉出掌的十年（1932～1941）是华西大学博物馆历史上最具有社会可见度的时期，华西大学博物馆逐步走向舞台中央。对于华西边疆研究学会而言，博物馆从可有可无的小角色一跃成为股肱之重。1934年年会的会长致辞中，莫尔斯首度提及博物馆，之后遂成惯例[33]。继任会长李哲士（S.H.Liljestrand）致辞中特别提及，在葛维汉任内，华西大学博物馆"成为校园中吸引中外游客的名胜"[34]。华西大学博物馆步入快速发展期，无论在馆藏上还是在展陈上都有长足的进展，郑德坤誉之为"一日千里之势"。馆藏剧增不过是博物馆的学术活动的连带产品，"其发掘工作使标本有正确之记录，华西考古学为放异彩，其采集旅行，深入边区，使本馆民族学标本，成为有系统之资料"[35]。展陈上的重大改观是华西大学博物馆最终迁入图书馆所在的懋德堂，虽然空间规模和位置仍不尽如人意，但稳定的展陈空间有助于吸引更多的社会关注。此时的华西大学博物馆甚至从华西边疆研究学会的阴影下脱身出来，一变成为探索和研究的主力；而这一变局应该归功于博物馆的主导学人。与华西协合大学的奠基学人的探险家风格和自然史倾向迥然不同的是，葛维汉虽然同样具有传教士背景，但是通过两度返美求学，成功地转型成为职业学者；由于身处馆长位置，葛维汉将自身的学术训练和诉求放大到博物馆整体，华西大学博物馆出现人类学和考古学并重格局。

葛维汉出掌华西大学博物馆与华西边疆研究学会的经济状况变迁有关。华西边疆研究学会以小规模业余志趣社团形式起步，经费最初由会员常规和额外会费支撑，但随着规模扩大，活动和出版越来越稳定，经济压力也日见明显。1930年开始，鉴于华西边疆研究学会认可度的擢升，华西协合大学和哈佛燕京学社都开始对学会予以经济支持。哈佛燕京学社对学会和《华西边疆研究学会杂志》的

〔33〕 Morse W R. Presidential Address, 1933. *JWCBRS*, 1934, 6: vi.

〔34〕 Liljestrand S H. Presidential Address, 1934. A Resume of Border Research and Researchers. *JWCBRS*, 1934, 6: xiii.

〔35〕 郑德坤：《五年来之华西大学博物馆》，华西协合大学博物馆油印本，1947年，第1页。

支持逐年增加，成为杂志连续出版的重要保障[36]。相应地，哈佛燕京学社对博物馆和学会人选也施加了更加直接而强烈的影响，葛维汉因此成为哈佛燕京学社嘱意的馆长人选。葛维汉（David Graham, 1884 ~ 1961）于1911年由北部浸礼会派往华西。在叙府传教数年后，1918年返美，于芝加哥大学修习宗教心理学，获得硕士学位。1926年再度返美，在芝加哥分别师从萨比尔（Edward Sapir）和科尔（Fay Cooper Cole）接受原始居民心理学和文化人类学训练，终以《四川的宗教》为题撰写博士论文。1931 ~ 1932年，葛维汉在哈佛大学师从胡顿（J. H. Hutton）接受系统的人类学和考古学训练。1931年开始，葛维汉于华西协合大学教授考古学和文化人类学，1932 ~ 1940年受哈佛燕京学社委托，担任华西大学博物馆馆长。卸任之后，葛维汉仍然活跃于华西边疆研究，直至1948年退休回国。布朗敏锐地观察到葛维汉每次返美深造都相应引起学术转型，因此以两度返美为分界线，将葛维汉的学术生涯区分成三段，一变而脱离自然史进入民族志，再变则进入民族学和考古学[37]。这一分期方案极有见地，但仍有可商之处。在最初的十年中，葛维汉以叙府作为传教活动和川西调查的中心。不过，对于1918年之前的葛维汉，无论是其传教生涯还是调查活动，我们都因为缺乏材料而知之甚少。葛维汉在《华西边疆研究学会杂志》崭露头角时的处女作以四川乡土社会的原始宗教为题，恰与数年后的博士论文相关，由此可见葛维汉早年的调查兴趣[38]。自芝加哥大学返回四川后，史密森学会委托葛维汉采集生物和自然史标本，这成为他的登场契机。1924 ~ 1935年间，葛维汉前后进行八次夏季调查，“在鸟类和动物收藏中用力颇多”，向史密森学会提供了共计约4万余件标本，包括250多个新物种，其中29个物种甚至以葛维汉命名[39]。葛维汉的历次夏季调查完美符合华西边疆研究学会设定的研究目标，报告基本都发表于《华西

[36] Foreword. *JWCBRS*, 1931, 4.

[37] 布朗著，饶锦译：《在中国的文化人类学家——大卫·克罗克特·葛维汉》，收录于《葛维汉民族学考古学论著》，成都：巴蜀书社，2004年，第214页。

[38] Graham D C. Notes on the Primitive Religion of the Chinese in Szechwan. *JWCBRS*, 1923, 1: 53-55.

[39] 布朗著，饶锦译：《在中国的文化人类学家——大卫·克罗克特·葛维汉》，成都：巴蜀书社，2004年，第217页。

边疆研究学会杂志》[40]。不过，即使在以自然史为主要题材的田野调查中，民族志也是葛维汉关心的课题。1923年《打箭炉之行》和次年的《松潘的一次采集之行》中，葛维汉都抑制不住地以相当篇幅描述当地风土人情[41]。1925年返美攻读博士学位和1931～1932年的芝加哥和哈佛之行为葛维汉未来的人类学和考古学工作注入了鲜明的理论和方法特色，使他从还处在盲人摸象阶段的探险家和自学成才的学人群体中脱颖而出。甫一归来，葛维汉就发表了考古学处女作《四川古代的僰人坟》，明确传递出学术新方向信息[42]。但是，将葛维汉返美前后，尤其是20世纪30年代初期之行作为分界线，甚至将历次返美作为学术转型的动力源并不妥当。葛维汉于20年代从事的自然史调查和采集实为史密森学会的委托项目，并不能反映调查者的学术偏好，反而是在《打箭炉》和《松潘》两文中偶尔流露的才是葛维汉真正关心的内容。30年代之后，除最终于1935年结束的史密森项目，葛维汉所做的调查和发掘基本都是自主设计的主动学术研究。当然，历次返美，尤其是1925～1932年间的数次，使葛维汉的民族学和考古学研究中的理论色彩和方法倾向越来越清晰。

继任馆长郑德坤精准地列举“民族学”和“华西考古学”为葛维汉两项最主要的贡献。在葛维汉时代，前一个时期已经声誉鹊起的川康边区民族学调查仍在继续，只是葛维汉悄悄地修改了早期田野调查中的猎奇探险倾向和单线式进化主义视角，赋予典型的博厄斯主义理论和方法，使华西的民族学调查拥有了参与世界对话的能力。如果这一转型可以用“脱胎换骨”形容的话，葛维汉在华西考古学上则拥有“开拓创造”之功，他见证、参与和主持了考古学在四川的诞生历程。

葛维汉的人类学调查和研究忠实地展现了博厄斯风格。葛维汉对西部边疆地区的川苗、羌、藏等族群进行了长时期的人类学调查。其川苗研究起步于1921

---

〔40〕 Graham D C. A Trip to Tatsienlu. *JWCBRS*, 1925, 2; Graham D C. A Collecting Trip to Songpan. *JWCBRS*, 1925, 2; Graham D C. A Collecting Trip to Washan and Mount Omei. *JWCBRS*, 1929, 3; Graham D C. A Collecting Trip to the Roof of the World. *JWCBRS*, 1932, 5: 5-9; Graham D C. A Summer Collecting Trip Among the Ch'iang People. *JWCBRS*, 1933, 6: 24-27.

〔41〕 Graham D C. A Trip to Tatsienlu. *JWCBRS*, 1925, 2; Graham D C. A Collecting Trip to Songpan, *JWCBRS*, 1925, 2.

〔42〕 Graham D C. Ancient White Men's Graves in Szechwan Province. *JWCBRS*, 1932, 5.

年，最初并无法体察出博厄斯风格，但是到30年代的采集和研究中，博厄斯主义已经表达得淋漓尽致，推测博厄斯主义对葛维汉的影响可能是1925年返美的结果。由于笃信博厄斯的历史特定主义主张，葛维汉也采取了长时间采集巨量调查材料的工作方式，在展示材料上规避过度干涉，希冀材料自我证明和自我阐释。“葛维汉的兴趣一度集中在川西南少数民族的民间传说上。每年夏天，他都在这些地方进行广泛的考察。他的发现保存在一系列有关花苗的习俗、礼仪和宗教等专题研究的著作之中”[43]。葛维汉也影响了同样从事川苗调查和收集工作的林名均[44]。海量采集资料的工作方式对博物馆馆藏的裨益显而易见。华西大学博物馆的馆藏数年后就增加到15000件，其中增长最迅速的就是西南民族文物。1939年《华大校报》称，“华大教师们对人类起源认识的最重大贡献是博物馆对收集的汉族、藏族和其他少数民族非常精细的器物的工作”。“陶然士、戴谦和和葛维汉负责对这些收集器物进行分类”[45]。

华西大学乃至四川的田野考古学都起始于葛维汉。田野考古学迅速地成为华西大学博物馆扩充馆藏和拓展学术领域的卓有成效的形式。华西大学博物馆的田野考古调查和发掘肇始于葛维汉和林名均，继之以郑德坤和苏立文。前者因为轰动一时的广汉发掘而被郭沫若盛赞为“华西科学考古工作的开拓者”[46]。葛维汉的考古兴趣最早发轫于对叙府南的僰人坟的简短记录，随后又频密安排了多次田野考古发掘。1933年，葛维汉以华西坝的华西大学校园内的一座唐墓试手，同年稍晚就发掘了新津江口崖墓。次年，葛维汉和林名均在广汉三星堆主持了一场悬置多年的发掘，始料不及地拉开了三星堆文化研究的序幕。1936年，葛维汉发掘了叙府和重庆的多座砖室墓，而当年更引人关注的是他和郑德坤主持的邛窑和琉璃厂窑的发掘[47]。虽然华西大学博物馆的田野考古发掘并未因为葛维汉的卸

---

〔43〕 黄思礼著，秦和平、何启浩译：《华西协合大学》，珠海：珠海出版社，1999年，第136页。

〔44〕 林名均：《川苗概况》，《新亚细亚》第4期，1936年，第49～59页。

〔45〕 University Bulletin, 1939.转引自黄思礼著，秦和平、何启浩译：《华西协合大学》，珠海：珠海出版社，1999年，第121页。

〔46〕 Graham D C. A Preliminary Report of the Hanchow Excavation. *JWCBRS*, 1936, 6.

〔47〕 Graham D C. The Liu Li Ch’ang Kilnsite. *JWCBRS*, 1939,11; Graham D C. The Pottery of Ch’iun Lai. *JWCBRS*, 1939,11.

图8.3　太平场发掘中的葛维汉、林名均和广汉乡绅
（采自《华西边疆研究学会杂志》）

任而终止，只是无论在成果的丰硕程度还是社会影响力上，都没法与这个时代相比较。

广汉（葛维汉坚持沿用清代旧名汉州）发掘构成葛维汉时代的华西大学博物馆在田野考古上最精彩一幕。伴随着20世纪80年代末期以来广汉三星堆重大发现频现，葛维汉时代的田野工作成为不可割裂的“前史”（图8.3）[48]。与抗战之前的诸多重大考古发现一样，汉州发掘同样起始于乡民的意外发现，也同样因为军政当局和学术力量的干预，才使汉州出土古物不至于悄无声息地消失在古物市场。但是，从工作属性论，1934年的葛维汉和林名均汉州发掘仍然是三年前广汉太平场乡民燕道诚意外获得玉石器的后续处理方式。一方面，学术力量滞后三年才最终介入，汉州玉石器已经部分离散，即使最终入藏博物馆，汉州器组的完整性已经遭受严重破坏；另一方面，燕道诚发现古物的地点制约和误导了华西大学博物馆的探索视域，虽然当时可能已经意识到邻近的月亮湾和三星堆均有发掘价值，但是华西大学博物馆并没有将发掘扩展到这些区域，与举世震惊的考古大发现失之交臂[49]。

1931年，太平场乡民燕道诚疏浚溪流时意外发现包括石圭、石璧、玉琮在内数十件玉石器。“璧形石圈数十，大小不等，叠置如笋，横卧泥中”[50]。燕

〔48〕　四川省文物考古研究所：《三星堆祭祀坑》，北京：文物出版社，1999年。

〔49〕　Graham D C. A Preliminary Report of the Hanchow Excavation. *JWCBRS*, 1936, 6: 116.

〔50〕　林名均：《广汉古代遗物之发现及其发掘》，《说文月刊》第3卷第7期，1942年，收录于《川大史学·考古学卷》，成都：四川大学出版社，2006年，第82～95页。葛维汉记录略有出入。

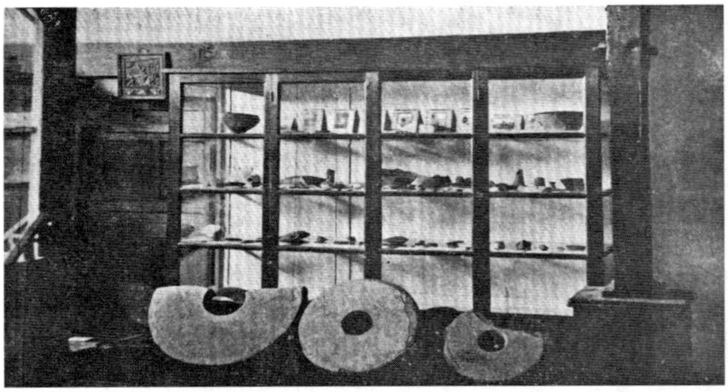

图8.4　收藏了汉州古物的华西大学博物馆
（采自《华西边疆研究学会杂志》）

道诚白天迅速疏散围观者，天黑后组织家人连夜私掘，但是所获器物显然不如燕道诚预期，颇感失望的燕道诚也就不再紧守秘密，私掘出土的玉石器且卖且送。“夸示乡邻，馈赠戚契友璧及玉圈数十，遂致分散无遗，圭琮石珠等物，亦大部散落损毁”[51]。在汉州传教的英国传教士董宜笃（A. H. Donnithorne）闻讯后认定这是一笔重大发现，并且按照当时的私掘私流情形，推测“汉州古物”很可能会瞬间四分五裂，但是如何保护颇费周章，因为董宜笃认为，“作为一个外国人出面获得这批散失在私人手中的器物是不妥当的”，因此报告当地驻军旅长陶宗伯，同时也通告了戴谦和。陶宗伯随即追查汉州古物下落，燕道诚遂将5件玉器售予陶宗伯，陶宗伯转赠给华西大学博物馆。董宜笃也购买了1件玉琮，并捐赠给华西大学博物馆[52]。随后，燕道诚又将“最大的石壁”和“琬圭”赠送给华西大学博物馆。1934年，燕道诚再度赠送石璧2件给华西大学博物馆[53]。即使尚未开始筹划汉州发掘，华西大学博物馆已经成为汉州出土玉石器的最集中的收藏机构[54]（图8.4）。但是，华西大学博物馆的汉州收藏在出土器物中所占几何，燕道诚是否悉数上缴古物，一切皆无从推知。燕道诚矢口否认有任何隐匿，不过，

〔51〕　林名均：《广汉古代遗物之发现及其发掘》，《说文月刊》第3卷第7期，1942年，收录于《川大史学·考古学卷》，成都：四川大学出版社，2006年，第83页。

〔52〕　Dye D S. Some Ancient Circles, Squares, Angles and Curves in Earth and in Stone in Szechwan, China. *JWCBRS*, 1931, 4.

〔53〕　Graham D C. A Preliminary Report of the Hanchou Excavation. *JWCBRS*, 1934, 6.

〔54〕　Dye D S. Some Ancient Circles, Squares, Angles and Curves in Earth and in Stone in Szechwan, China. *JWCBRS*, 1931, 4.

历年记录却显示燕道诚及其家人手中似乎有源源不断的汉州古物[55]。1932年，成都龚熙台自燕道诚手头购得玉器4件，幸而此笔收藏最终也于1940年纳入到华西大学博物馆[56]。更令人担忧的是，1931年汉州古物发现的消息已经诱发当地居民集体性地在太平场一带疯狂盗掘，出土情形和去向都无从追索。

华西大学博物馆的汉州发掘源起于对盗掘日炽现状的忧虑，但最终因治安问题而不得不草草结束（图8.5）。1932年，刚刚接任华西大学博物馆馆长的葛维汉就亲往广汉调查，注意到太平场土坡的燕氏田地里已经挖掘出一个土坑。有感于广汉遗址可能会毁于盗掘，葛维汉和广汉县县长

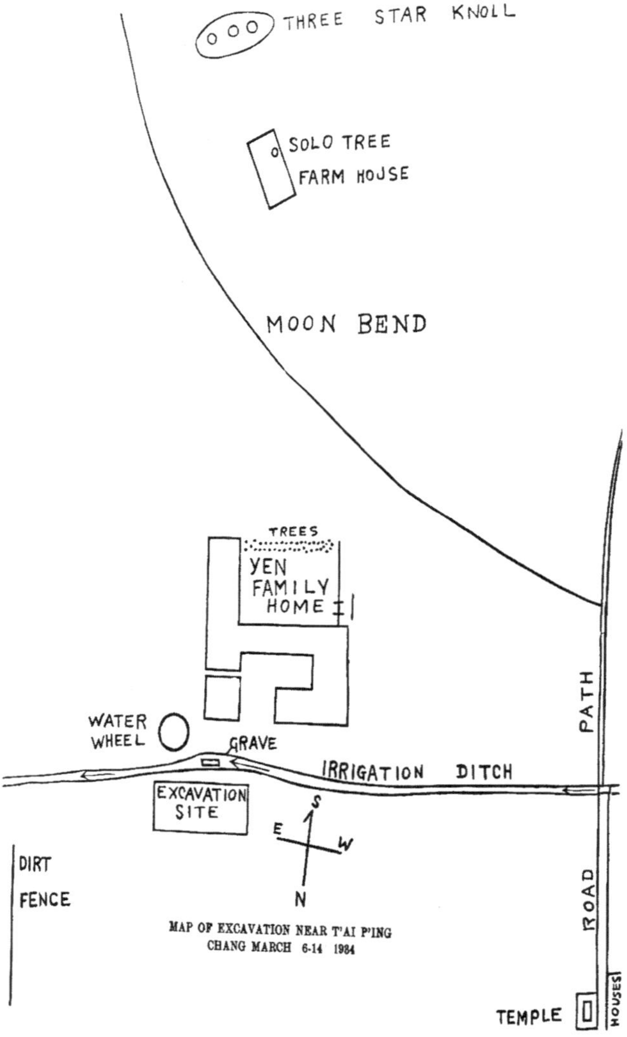

图8.5　汉州发掘平面图
（采自《华西边疆研究学会杂志》）

〔55〕 1934年广汉发掘之时燕道诚手中亦有数件玉器，华西大学博物馆交涉收购不成，仅仅拍照记录。参见林名均：《广汉古代遗物之发现及其发掘》，《说文月刊》第3卷第7期，1942年。

〔56〕 龚熙台：《古玉考》，《成都东方美术专科学校校刊》，1935年。

罗雨苍遂向四川省政府和教育厅申请发掘执照。执照批复下来，但是未能及时布置。1934年，罗雨苍再度邀请葛维汉前往发掘，葛维汉建议四川历史上的第一次发掘以中国官方名义为宜，因此改为广汉县政府主持，葛维汉负责指导，而田野现场工作主要由林名均承担，县府派人承担辅助和保卫工作[57]。葛维汉和林名均3月4日前往广汉，6日开始发掘。考古发掘原拟选择燕道诚宅外，但燕家以风水原因拒绝，遂移址溪北菂豆田坝。该地块传说土壤太薄不宜种稻，葛维汉等推测地下可能就有古物埋藏。在发掘过程中，葛维汉采用了探方发掘法，开方的规模为长40英尺，宽5英尺，数日之后发掘深度即到7英尺，土中出陶片甚多，葛维汉推测此处为一陶窑。此外，考古发掘者在溪底，即燕道诚数年前发现古物的地点，也进行了发掘。此地积水被抽干后显露出一方坑，大约长7英尺，宽3英尺，深3英尺。器物大部分被燕道诚取走，林名均仅拾得“琰圭之残块二片及破缺小石璧数件”，在坑边捡到早年散出的“长方形绿色小玉块，及绿松石磨成之有孔石珠”[58]。林名均推测此坑为墓葬或者祭祀天地山川场所[59]。在遗址的北、西、南侧，发掘者也以探沟形式进行了清理。考古发掘引起乡土社会的骚动，乡间谣传发掘者已挖到金马，当地社会治安状况堪虞，而且发掘者住地离发掘现场相距八九里地，为防不测，葛维汉决定发掘十日后匆匆结束。葛维汉已经注意到太平场周边的月亮湾和三星堆，并且预言此地将有重要发现，只是并未最终纳入到发掘日程之中[60]。此次发掘得到玉石器和陶器共计600余件，罗雨苍决定“全部移赠华西大学博物馆保存”。葛维汉将广汉遗物的年代推定到周初，但林名均则认为发掘的田坝和溪底两处年代略有差异，前者年代在新石器时代末期，后者年代在周代[61]。

---

〔57〕 Graham D C. A Preliminary Report of the Hanchou Excavation. *JWCBRS*, 1934, 6.

〔58〕 林名均：《广汉古代遗物之发现及其发掘》，《说文月刊》第3卷第7期，1942年，第85页。

〔59〕 林名均：《广汉古代遗物之发现及其发掘》，《说文月刊》第3卷第7期，1942年，第86页。

〔60〕 林名均：《广汉古代遗物之发现及其发掘》，《说文月刊》第3卷第7期，1942年，第86页。

〔61〕 林名均：《广汉古代遗物之发现及其发掘》，《说文月刊》第3卷第7期，1942年，第93页。

虽然得到郭沫若盛赞，但是广汉发掘的社会影响颇为微弱。林名钧认为是《华西边疆学会杂志》的发行范围狭窄造成的，“该志流传不广，仍未能引起海内学者之充分留意也”〔62〕。杂志以英文刊行，因此“海内”读者极其有限。郭沫若也是因为林名均特地寄赠才得见。因此，几近十年后，林名均以中文再度刊发华西大学博物馆在广汉的考古工作〔63〕。即使是偶然得到关注，却因为地域和学术传统的差异，葛维汉的考古实践未被初生阶段的中国考古学接纳。1936年初，夏鼐于伦敦得见广汉考古报告，虽然他提出“此遗址中发现玉璧、玉圭、玉琮等物，殊可注意”，但是对葛维汉的考古工作评价甚低，认为葛维汉“似未曾受过考古学的训练”。他批评葛维汉的报告中缺乏地层剖面图，陶片未加分类处理，无论是遗址的属性还是年代均舛误不断〔64〕。

在发掘之外，葛维汉和华西大学博物馆人还频繁开展考古调查。陶然士曾经在理番、威州和汶川一带的岷江和沱江两岸发现一批灰色双耳陶罐，收集后交给华西大学博物馆。葛维汉数十年后“重访”当地，也得到大量类似陶器〔65〕。

与华西大学博物馆密切纽结，融为一体的华西边疆研究学会乃至华西大学的边疆研究在葛维汉时代风生水起之势给同行们留下了深刻印象。徐益棠曾经叹息，成都一地大学中，边疆研究势力消长令人唏嘘，“私立华西大学之边疆研究学会反于是时积极扩充”，原本只是“会员仅十六人，且大都为西人；……辑印杂志第一册，仅六十八页，……内容极简隘”“二十三年以后，会员日渐增加，杂志内容亦日渐精彩，国际间亦渐有其相当的地位矣”〔66〕。作为旁观者的惊鸿一瞥，徐益棠此论虽点出华西大学的边疆研究异军突起，但是对这一格局的内在成因却如雾里看花。20世纪30年代，华西大学边疆研究的迸发并不是乘隙发展，而是自身转型的结果。葛维汉领导的华西大学博物馆不再是华西边疆研究学会的智识成果的仓储和展陈空间，甚至华西大学博物馆和华西边疆研究学会的相对地

〔62〕　林名均：《广汉古代遗物之发现及其发掘》，《说文月刊》第3卷第7期，1942年。

〔63〕　林名均：《广汉古代遗物之发现及其发掘》，《说文月刊》第3卷第7期，1942年。

〔64〕　夏鼐：《夏鼐日记》（卷二），上海：华东师范大学出版社，2011年，第17、18页。

〔65〕　郑德坤：《理番版岩葬》，《郑德坤古史论集选》，北京：商务印书馆，2007年，第404页。

〔66〕　徐益棠：《十年来中国边疆民族之回顾与前瞻》，《边政公论》第1卷第5-6合期，1942年，第54页。

位都悄然逆转。在一定程度上，在葛维汉时代，华西大学博物馆引导了华西边疆研究学会的前行。

8.1.3 走向乡土教育

“乡土教育”成为继葛维汉之后主导华西大学博物馆的郑德坤的最显著标志。郑德坤（1907～2000）系福建厦门人，1930年毕业于燕京大学，短暂任职于哈佛燕京学社和厦门大学后，1936年起任教于华西协合大学。1938～1941年，郑德坤于哈佛大学攻读考古学和博物馆管理博士学位，返回四川后接替葛维汉担任华西大学博物馆馆长。上任不久，郑德坤即提出的“第一个五年计划”，将华西大学博物馆的努力方向定为“整理标本，作系统之陈列，且与文学院课程配合，以作实物教学之提倡，务达利用乡土材料，以促进吾国教育之本位化”[67]。郑德坤夫人黄文宗叙述郑德坤生平事迹时也频频提及“乡土教材”。“1936年哈佛燕京社派他到蜀，在华西协合大学任教，主讲中国历史外，在大学博物馆主持田野考古及整理博物馆；将馆内两万多件古物，整理展览外，还将之作为‘乡土教材’”。“1941年获颁哲学博士学位。回校任教兼博物馆馆长。德坤定期展览文物外，仍然尽量利用馆藏文物作为‘乡土教材’”[68]。由此可见，乡土教育倾向是郑德坤早在出任博物馆馆长之前就已经具有的学术和教育倾向。与其他充任博物馆馆长的学人一样，1941年后，郑德坤将乡土教育和辅助教育观念放大到华西大学博物馆的经营上。此前从没得到过关注的如何与作为博物馆的情境的大学教育和乡土社会相适配的问题，在郑德坤时代成为博物馆工作的重点，由此也引起华西大学博物馆的进一步转型：华西大学博物馆看起来越来越像“中国的”、“大学的”博物馆了。

1946年作为华西大学博物馆专刊之一出版的《四川古代文化史》是郑德坤乡土教育倾向的最佳成果和表达。该书共计十二章，上起史前时代，下迄两汉，在史前时代石器和陶器、大石文化、广汉文化、版岩葬文化、汉代砖墓和崖墓等章

〔67〕 郑德坤：《五年来之华西大学博物馆》，华西协合大学博物馆油印本，1947年，第1页。

〔68〕 黄文宗：《郑德坤的生平》，《郑德坤古史论集选》，北京：商务印书馆，2007年，第2页。

节中，郑德坤及时而全面总结了四川有田野调查和考古活动以来的重要收获。四川本土史是郑德坤长期的学术兴趣，在写作《四川古代文化史》前后，他于1941年向剑桥大学提交了名为《四川史前考古》的博士论文，次年又出版了《四川史前石器文化》，并且都导致二十年后以四川考古为题的英文著述的出版〔69〕。在具体的研究上，郑德坤也展现了四川的考古学资料是如何从服务于自然史和人类学过渡到历史研究的。以华西大学博物馆前后数代学人在理番的调查和发掘为例，理番、威州、汶川一带河流两岸台地上常可见到双耳灰陶罐，陶然士在最早期的调查中已经留意，并为博物馆采集了数十件，命名为“羌人陶器”。陶然士的关注焦点锁定在可以充当馆藏的孤立器物上，“羌人”只是博物馆标签的索引而已。20世纪30年代，葛维汉因对作为馆藏的双耳罐的兴趣重返理番现场，采用考古学类比方法确认了双耳罐的年代应该早至商周时期，但是仍不能更改博物馆以遗物为主要追求对象，切割考古学文化的做法。只有到郑德坤的“回访”中，双耳罐才和具有共存关系的其他遗物联系在一起进行文化推断。郑德坤发现，“馆中又藏同时出土之人类头骨一具，是此宗陶器为墓中物甚明”。以同出的半两和五铢钱为据，郑德坤推定“其出于秦汉墓葬，似无可疑”〔70〕。理番陶器一例的价值并不仅仅在于见证了考古年代学的精准化进程，而是学术关注点如何从孤立器物转向到整体性文化（图8.6）。郑德坤提出，“调查发掘之外，还提倡乡土教材，以四川出土的文物为研究及教育的资料，结果为四川考古学建立了文化演进的系统”〔71〕。在很长的时期内，郑德坤独立支撑了四川考古学的写作，水野清一因此誉郑德坤为“四川考古学之父”。

郑德坤的乡土教育观念直接映射在华西大学博物馆的运作上。郑德坤时代，华西大学博物馆越来越明显地自外来的探险视角向本土视角转变，从表达本校教授的兴趣向社会公众兴趣转变。由于四川本地公共博物馆事业不发达，华西大学博物馆在一定程度上甚至充当了诸多公共博物馆的代庖角色。1944年，华西大学

〔69〕 Cheng T K. *Archaeological Studies in Szechwan*. Cambridge: Cambridge University Press, 1957.

〔70〕 郑德坤：《理番版岩葬》，《郑德坤古史论集选》，北京：商务印书馆，2007年，第404页。

〔71〕 郑德坤：《中国田野考古与史前学》，《郑德坤古史论集选》，北京：商务印书馆，2007年，第371页。

图8.6　华西大学博物馆中的理番陶器

（采自《华西边疆研究学会杂志》）

博物馆专门以艺术奖章和奖金表彰四川艺专教授沈福文在漆艺上的贡献[72]。1946年2月，黄希成将所藏古物寄存于华西大学博物馆，以专室的形式予以展示，命名为希成博物馆。一项看似是博物馆管理的技术性进步也揭示出郑德坤的乡土教育观念的驱动。黄思礼回顾，“郑德坤，他对成都西北部一些制陶场进行了相当程度的研究工作，完成了博物馆馆藏目录工作”，“他开始对博物馆所有的资料进行科学的分类”[73]。分类和编目工作只有在博物馆越来越倾向于社会教育时才变成亟需的基础工作，而在作为自然史或者学术研究的展陈空间的博物馆中，这种需求并不那么迫切。

对博物馆的乡土教育价值的强调并不会拉低学术研究的水准。研究和教育是郑德坤时代华西大学博物馆的双翼。即使在抗战最艰苦的时代，华西大学博物馆也没有放弃考古学发掘。郑德坤的“第一个五年计划”中，华西大学参与的主要考古发掘共计四次，即“汉墓、唐墓、王建永陵及文庙旧址”，具体而言，包括1942年林名均和苏立文参与后蜀王建永陵的发掘，1944年成恩元参与华西大学校内唐墓的发掘，1941～1947年郑德坤主持成都望江楼唐墓和文庙遗址的发掘[74]。作为创馆基础的川康民族调查在郑德坤时代进一步向更具学术建制化的民族学和人类学转型。在李安宅的主持下，华

〔72〕　《本校博物馆表彰艺术》，《华西协合大学校刊》复刊第1卷第9期，1944年，第5页。

〔73〕　黄思礼著，秦和平、何启浩译：《华西协合大学》，珠海：珠海出版社，1999年，第136、137页。

〔74〕　郑德坤：《五年来之华西大学博物馆》，华西协合大学博物馆油印本，1947年，第2页。

西大学建立起有别于南、北两系的华西学派人类学传统[75]。虽然华西大学的社会学早在创校之时就已经出现，但是社会学系几经兴废，30年代一度独立之后又面临裁并命运。1940年，李安宅在华西大学重建社会学系，“开设了藏人历史地理和边疆政策”[76]。李安宅甚至新创华西边疆研究所，“以研究华西边疆并造就是项服务及教学人才以谋华西边疆之改进为宗旨”[77]。1944年7月～1945年1月，李安宅、任乃强和玉文华在西康进行了频密而富有成效的考察[78]。郑德坤聘请中山大学梁钊韬以编辑之名加入华西大学博物馆，成立民族学研究室，以田野调查以及“搜罗标本”为工作重点[79]。梁钊韬在这个时期的采集工作奠定了未来编辑《西南民族志》的基础，在祭器和祭礼方面，无论是材料还是研究，都达到独到地步[80]。不久，宋蜀华也留学归来，华西大学博物馆的民族学力量得到进一步充实。摄影家、华西大学博物馆顾问庄学本进入西昌，极大地拓展和丰富了数年前四川博物馆冯汉骥调查和总结的四川大石文化的认识；此外，他也给

---

〔75〕 王铭铭：《25年来中国的人类学研究：对其成就与问题的思考》，《中国人类学评论》（第1辑），北京：世界图书出版公司，2007年，第15页。

〔76〕 McClain J. *Making Chengdu 'The Kingdom of God as Jesus Conceived It': The Urban Work of West China Union University's Sociology Department. Collection of the Second International Conference on the Urban Popular Culture in Modern China*. 2007: 316-328，转引自陈波：《李安宅与华西学派人类学》，成都：巴蜀书社，2010年，第89页。

〔77〕 《华西边疆研究所组织章程草案》，《华西协合大学校刊》1944年第2期，第7页。

〔78〕 陈波：《李安宅与华西学派人类学》，成都：巴蜀书社，2010年；李安宅：《李安宅、于式玉藏学文论选》，北京：中国藏学出版社，2002年；任乃强：《西康札记》，北京：中国藏学出版社，2010年；任乃强：《泸定考察记》，北京：中国藏学出版社，2010年；任乃强：《天芦宝札记》，北京：中国藏学出版社，2010年。

〔79〕 《华西大学博物馆民族学部门研究近况》，《文史杂志》第5卷第9-10期，1945年，第43页。

〔80〕 梁钊韬：《祭礼的象征和传袭：民族学的文化史研究》，《文讯》第5卷第1期；1944年，梁钊韬：《古代的馈牲祭器及祖先崇拜》，《文史杂志》第5卷第9-10期，1945年。

华西大学博物馆留下一笔珍贵的川康边区的影像资料[81]。

虽然即将去职，郑德坤对1947年后的华西大学博物馆充满期待，“不仅欲其成为一大厦，而主要目标系建设一近代教育之圣地，华西研究之中心，甚至务使其成一国际学术研究之大本营，以促进全人类之合作、进步及永久之和平”[82]。研究和教育并举正是他所重视和践行的，这一格局至少维持到1951年华西大学博物馆再度转轨之前。

8.1.4 空间和展陈之变

图8.7 懋德堂
（作者自摄）

1949年之际，华西大学博物馆已经成为华西坝校园之中最显著的地标之一（图8.7）。博物馆与图书馆合址，位于校园核心地带的懋德堂内。懋德堂是华西大学校园之中的核心建筑之一，和校园之中大多数建筑一样，出自英国设计师荣杜易（Fred Rowntree, 1861～1927）之手。1926年，懋德堂落成，与作为大学主楼的怀德堂隔中轴线遥相呼应。懋德堂系1916年赖孟德（B.C.Lamont）捐款兴建而成的。此前很长时间里，无论是图书馆还是博物馆的发展都严重地受制于空间，而懋德堂的出现，尽管不尽完美，但极大地缓解了这个问题。

华西大学博物馆和图书馆共享一幢两层楼房，图书馆在下，博物馆在上。平

〔81〕 郑德坤：《四川古代文化史》，收录于《郑德坤古史论集选》，北京：商务印书馆，2007年，第227页。
〔82〕 郑德坤：《五年来之华西大学博物馆》，华西协合大学博物馆油印本，1947年，第9页。

层分布的博物馆由三个部分整饬构成，不仅主持和设计者观念分明，参观者也能准确把握和记录[83]。不过，懋德堂并非完整的二层建筑，主体部分的二层仅有一周回廊，导致博物馆实际可以利用的展陈空间非常有限，而且建筑上还有其他制约因素。郑德坤在重整陈列时提及，“陈列室原为图书馆，极不合条件。楼顶栋梁纵横，天花板倾斜低迫，窗户位置奇特，光线不足，加以陈旧大形木柜，横立室中，重新设计，十分不易”[84]。更改陈列的难度受制于空间，“因受空间及不良环境之限制，陈列工作进行甚慢，五年来移动安排，无日不在进行中，前后设计布置，不下四十次，每一更动，则使陈列室陷入混乱状态者数日以至数月”[85]（图8.8）。

图8.8　懋德堂内景
（作者自摄）

博物馆展陈分成三个部分。居中回廊上是古物和美术品。卫聚贤统计，中间陈列室有六个大橱，四周有二十一个小橱。分别展出了“周口店安阳城子崖等处石器、陶器”，长沙出土古物，广汉出土古物，四川汉墓随葬器物和墓俑。其他各个小橱都包括铜镜、清代的服饰、饰物、雕刻、瓷器、鼻烟壶，基本是多类杂陈。回廊中部陈列叶长青在四川收集的石器、欧美各地所见石器和陶器，南面的一个小橱陈列僰人墓葬遗物。在华西边疆研究学会诸多学人的帮助下，华西大学博物馆形成了完备的西南土著居民物质文化收藏。博物馆西侧多间陈列室专门展陈西南民族民族学材料，陈列了“倮倮”、“羌民”、“丽江麽些人”、“川

〔83〕　卫聚贤：《华西大学博物馆参观记》，《说文月刊》第2卷，1940年，第425页。
〔84〕　郑德坤：《五年来之华西大学博物馆》，华西协合大学博物馆油印本，1947年，第6页。
〔85〕　郑德坤：《五年来之华西大学博物馆》，华西协合大学博物馆油印本，1947年。

苗”、“花苗”等族群材料。博物馆另有引以为骄傲的西藏收藏，卫聚贤赞为“最精彩之物在此”，展陈品多为“黄教红教及黑教物品”[86]。全体展陈品分陈于三十余柜中，总数达到10000种[87]。

毫无疑问，无论是整体，还是细节，展览皆有学术观念支撑，也都可以通过相关学人的研究找到馆藏来路。石器和陶器来自叶长青、戴谦和和陶然士的早期调查，广汉器物出自葛维汉主持的调查、发掘和采集，崖墓器物的采集始自陶然士，而陶瓷馆藏的增加则与郑德坤主持的多项发掘有关。从川苗到藏族的民族学实物材料是华西边疆研究学会的数代学人的调查成果。田野调查、采集和发掘活动成为华西大学博物馆馆藏的最主要来源。“陈列方式，不能不以考古人类学为准绳，务使金石古物成为文化系统之证据，使民族标本宣示边区生活之状态”[88]。作为华西学人的两大重要研究领域，考古学和民族学也是博物馆展陈的两项主要成分。

展陈布局体现出数代馆长的分类观念的变迁。1933年华西大学博物馆的民族志收藏初成时，葛维汉建立了类似于生物分类学的定名和命名系统，将民族志收藏按照从大到小的层级单位划分，在全球范围内以地理因素区分出中国和其他国家，中国之下则按照族属分成汉和少数民族，少数民族则采用列举方式，仅举出藏、羌、罗罗和苗[89]。这一分类命名体系体现了馆藏和展陈是研究活动的表达方式的观念。郑德坤时代，仅展陈品数量就增加到30000件。更为重要的是华西大学博物馆向服务于大学和乡土转型，因此也有重组展陈的尝试。博物馆展陈格式从百科全书式调整成主题式，共计七个主题，包括“中国石器与雕刻”、“中国金属器”、“四川陶瓷器”、“华东、华北陶瓷器”、“西藏文物”和“西南民族用具”[90]。毫无疑问，多个主题皆以四川器物为主要成分，陈列室入门处甚至悬挂了郑德坤手绘的“四川考古学”图表，用于简明扼要说明华西大学博物

---

〔86〕 霍巍：《郑德坤先生与四川大学博物馆》，收录于《郑德坤古史论文集选》，北京：商务印书馆，2007年，第764页。

〔87〕 《参观华大博物馆》，《成都国民日报》1933年12月23日，第6版。

〔88〕 郑德坤：《五年来之华西大学博物馆》，华西协合大学博物馆油印本，1947年，第2页。

〔89〕 Graham D C. The West China Union University Museum. *JWCBRS*, 1934, 6:34.

〔90〕 郑德坤：《五年来之华西大学博物馆》，华西协合大学博物馆油印本，1947年。

馆藏品年代关系[91]。不过，无论是视野还是馆藏都没有局限在四川乃至华西一隅。如在陶瓷中，虽然强调“专为布置四川陶瓷之用”，但是至少也多方搜集和陈列了甘肃彩陶，三代灰陶，陕西、河南和湖南出土的汉代明器，六朝和唐代陶器等[92]。

除了常设展之外，郑德坤时代的华西大学博物馆也举办了若干次基于固有馆藏的临时展，包括古玉展、书画展、藏传绘画展、藏传雕刻展和陶瓷展。由于华西大学博物馆馆藏已成西南一时翘楚，因此也常常借出馆藏，供公共展陈。抗战尾声川渝多次展览中，华西大学博物馆均有贡献。1944年，应川康公路管理局邀请，华西大学博物馆筹备“西方文物多种及动植物标本成品”参加在成都的展览[93]。无论是常设展还是临时展，华西大学博物馆的展陈都从百科全书式转变为基于教育的主题式。

华西大学博物馆的出版物完全服务于博物馆教育。独立的博物馆出版系列是郑德坤时代才出现的。按照由简入繁的顺序，华西大学博物馆出版物分成手册、抽印和专刊三个系列。手册是最通俗的“简要说明”，抽印是“较详说明”，“编成论文，发表后成为抽印丛刊”，专刊则是“长篇论文”[94]。此外还有翻译系列。1945年时出版手册5种，抽印9种，专刊1种；1947年新增手册2种，抽印1种[95]。手册包括郑德坤《古玉概说》、《蜀陶概说》、《四川考古学》、《西藏图画》和《中国名纸录》，郑德坤与苏立文合著《西藏文化导言》和郑德坤与梁钊韬合著《西南民族导言》；抽印包括郑德坤《史前石器文化》、《理番版岩葬》、《四川古代小史》、《王建墓》和《中国之敦煌研究》，李安宅《喇嘛庙概说》、刘恩兰《理番民族概说》、吴蔼宸《新疆民族概说》、林耀华《云

〔91〕 霍巍：《郑德坤先生与四川大学博物馆》，收录于《郑德坤古史论文集选》，北京：商务印书馆，2007年，第764页。

〔92〕 郑德坤：《五年来之华西大学博物馆》，华西协合大学博物馆油印本，1947年，第7页。

〔93〕 《小消息》，《华西协合大学校刊》复刊第1卷第9期，1944年。

〔94〕 郑德坤：《五年来之华西大学博物馆》，华西协合大学博物馆油印本，1947年，第9页。

〔95〕 郑德坤：《五年来之华西大学博物馆》，华西协合大学博物馆油印本，1947年，第9页，封底。

南边民之社会生活》；专刊即郑德坤《四川古代文化史》[96]。无疑，郑德坤既是组织者，也是最主要的作者。

8.1.5 多元格局的大学博物馆体系

严格意义上，自戴谦和到郑德坤主持的博物馆仅仅只是华西大学古物博物馆，而华西大学博物馆是1949年之前罕见地形成了多馆并存格局的大学博物馆典范。即使时至今日，也几乎没有大学博物馆达到如此完备的程度。早在抗战之前，基于馆藏和陈列内容的差异，同时也基于管理机构和服务对象的差异，华西大学博物馆由三间独立的专业博物馆构成，分别是设址于嘉德堂（Atherton Hall）生物室的自然历史博物馆，设址于医科教室和牙科教室的医牙科博物馆，和与图书馆合址的古物博物馆[97]。基于博物馆学和博物馆史的史学和考古学定位倾向，晚近的研究常常以古物博物馆指代整体性华西大学博物馆，几乎遗忘了自然历史博物馆和医牙科博物馆。

自然历史博物馆以在四川本地采集的标本和与美国国家博物馆交换而来的标本为主要馆藏。其中，四川本地采集的主要成分包括傅文博牧师（Rev. Geo M. Franck）采集的昆虫标本收藏和孔牧师（Rev. A. P. Quentin）采集的鸟类标本。前者数量逾4000件，是傅文博牧师穷20余年之功制作的。基于华西大学和美国国家博物馆的协议，华西大学博物馆获得了来自美国的数量在千件之上的标本。“深冀将来对于中国西部生物科学之研究上，能有特殊之贡献也”[98]。此外，自然史博物馆也得到华西大学班勤（Parker Bayhe）、刘承钊、葛维汉、张明俊、何文俊、何明春等学人经年累月的支持。

相对于古物博物馆和自然史博物馆，医牙科博物馆更偏向于辅助教学。解剖学组和病理学组有数量在千余之上的人体器官，不过对服务对象的界定更为明确，“均系供给教授医科及牙科学生之用”。牙科及口腔标本数量合计达13000

---

〔96〕 郑德坤：《五年来之华西大学博物馆》，华西协合大学博物馆油印本，1947年。

〔97〕 Graham D C. The West China Union University Museums. *JWCBRS*, 1934, 6:34.葛维汉：《华西协合大学博物馆概况》，《中国博物馆协会会报》第1卷第3期，1936年，第11页。

〔98〕 葛维汉：《华西协合大学博物院概况》，《中国博物馆协会会报》第1卷第3期，1936年，第11页。

件以上，除少数自北美输入外，绝大部分出自本地。有趣的是，医牙科博物馆的收藏不限于人体，还包含了众多动物标本。葛维汉提及，“对于来馆参观人之最感兴趣者，则为巨象，河马，及鳄鱼等类之颅骨；石膏制成之比尔唐人，爪哇人之头颅模型；与乎大猩猩黑猩猩等类之全体骨架”[99]。

到1949年，华西大学博物馆已经发展成均衡齐备的收藏格局。华西大学博物馆的考古和艺术馆藏，按照民族予以区分，计有汉族物品15559件，藏族物品3482件，其他西部少数民族物品1588件。另外，还有大量的旧石器时代石器和少数外国物品[100]。而自然历史博物馆馆藏中，动物学标本包括14目68科昆虫标本、127种鱼类标本、330个两栖类动物标本、800个鸟类标本，少量哺乳动物标本[101]。

8.2　迷失的定位：北京大学博物馆

1949年之前，身处北平博物馆群体和北京大学两种得天独厚的环境之中的北京大学博物馆需要通过独特的知识生产活动和产品类型界定自身。作为中国早期博物馆的中心舞台，北平的博物馆数量和种类都是首屈一指的，既有基于帝室收藏改造而成的故宫博物院和古物陈列所等艺术类博物馆，也有以国家博物馆为鹄的国立历史博物馆，还有依附于各类研究机构的专业博物馆，甚至如国剧陈列馆、北平国货陈列馆等专门博物馆。大学博物馆之中，虽然交通大学北平铁道管理学院博物馆早在1913年就已成立，但是收藏和展陈范围仅以铁道交通为限，与北平博物馆群体关系也若即若离，并不具有标杆价值[102]。因此，从甫一创办始，北京大学博物馆就被寄予创建全新类型大学博物馆典范的厚望，而且后路已被切断，转型成为综合类或者其他类别博物馆的空间几近于无。因此，北京大学博物馆的成长历程就是依托北京大学和北平博物馆群体的智识环境，创立独特的

---

〔99〕 葛维汉：《华西协合大学博物馆概况》，《中国博物馆协会会报》第1卷第3期，1936年，第11、12页。

〔100〕 黄思礼著，秦和平、何启浩译：《华西协合大学》，珠海：珠海出版社，1999年，第137页。

〔101〕 *West China Union University News Bulletin*, 1948, 6(8).

〔102〕 《中国博物馆一览》，北平：中国博物馆协会，1936年，第113页。

知识类型的过程。

北京大学博物馆选择北京大学研究院国学门为智识基础，此时北京大学着力培育的考古学和民俗学奠定了北京大学博物馆的基调。地质学迟至抗战前夕才和博物馆结合起来，而生物学博物馆从未出现在北京大学历史上。北京大学博物馆的选择也曲折透露出北平博物馆群体对于博物馆的形态和结构的共识。20世纪上半叶，北京大学乃至北平学术圈在发展考古学的进程中都选择东向学师于日本，与日本的东亚文化圈倾向一拍即合，开展了最早的交流和合作。随着日中交恶到战争爆发，学术上的以日为师成为政治的牺牲品而不得不偃旗息鼓。战后复原的北京大学博物馆改弦更张，大学关联和象征不复存在。

8.2.1 从乐浪到燕下都的战前之路

战前北京大学博物馆的出现和成长与北京大学国学门在考古学和民俗学上的努力休戚与共。1922年，在年初成立的陈列“本校所藏之古器物及金石甲骨拓本”的考古陈列室基础之上，北京大学研究院国学门组建了考古学研究室。次年5月，进而成立古迹古物调查会，提出“本学门欲借古代人类之遗物，以研究文化之过程，不能不破此恶习，求合于科学的研究；故一方面努力于古物之收买，一方面成立古迹古物调查会，以为发掘保存及研究之预备”[103]。古物征集和发掘调查构成了北京大学建立博物馆馆藏的两条主要途径。

作为插曲，1922～1923年间，北京大学一度希望采取征调新发现古物材料的捷径建立博物馆馆藏。在丁文江和翁文灏的鼓励和支持下，与北京大学地质学系有承继关系的地质调查所在同样具有田野倾向的考古学上大有斩获。1921年，朱庭祜调查在前，安特生发掘在后，“民国十年安君先后至奉天锦西县沙锅屯及河南渑池县仰韶村二处为详细之测量及采掘”，当年两地皆以重大发现轰动世界[104]。1922年年底，北京大学国学门考古学室征询地质调查所获取新得标本的

〔103〕《国立北京大学研究所国学门报告（民国十三年一月一日至民国十三年五月三十一日）》，《国立北京大学国学季刊》第2卷第1号，1925年。

〔104〕翁文灏：《近十年来中国史前时代之新发见》，《科学》第11卷第6期，1926年；安特生著，袁复礼译：《奉天锦西沙锅屯洞穴层》，《中国古生物志》（丁种第1号第1册），北京：农商部地质调查所，1923年；安特生著，袁复礼译：《中华远古之文化》，《地质汇报》第5号第1册，北京：农商部地质调查所，1923年。

可能，翁文灏不卑不亢地回复，如果北京大学给予经济支持，可望获取标本“副本”，此事遂至搁浅[105]。次年，河南新郑李家楼器物群的意外发现震惊中外学界。北京大学再度介入新郑李家楼器群的保存之争，但同样也未能成功地将其转化成为自身博物馆馆藏。新郑李家楼器群的出土见诸报道之后，北京大学即派马衡前往新郑和孟津一带调查，旨在获得此笔器物。次月，北京大学致函靳云鹗明确表达愿尽“保管研究之责”[106]。吴佩孚和靳云鹗嘱意在地保护，此事自然不了了之。无论是法律依据，还是政治影响，抑或经济力量都无法确保北京大学通过官方渠道获取任何地方的考古发现。

在无法确保获取他人掌控下的偶然发现的情况下，北京大学转而筹划展开田野考古。1924年5月，考古学研究室和古迹古物调查会合并成为考古学会，明确将自身的任务界定为“用科学的方法调查、保存、研究中国过去人类之物质遗迹及遗物”[107]。以华北为中心的考古调查活动成为考古学会的工作重心[108]。自1921年北京大学研究所国学门改组以来，考古学科的发展就一直深受日本影响[109]。1925年，滨田耕作、小泉显夫和岛村孝三郎筹划组建东亚考古学会，作为与北京大学考古学会合作的日方对等学术机构[110]。当年9月，滨田耕作和原田淑人利用发掘朝鲜乐浪汉墓之机访问北京，会晤沈兼士、陈垣、马衡等，约定中日双方合组东方考古学协会。10月马衡即赴朝鲜观摩乐浪汉墓的发掘，一方面以积极姿态回应日方，另一方面则亲眼验证有别于传统金石学的考古学

〔105〕《地质调查所所长翁文灏致研究所所长函》，《北京大学日刊》第1128号第3版，1922年12月8日。

〔106〕《国立北京大学来函》10月9日，《新郑出土古器图志附编》，1923年。

〔107〕《国立北京大学研究所国学门各会章程及纪事录》，《晨报副刊》第138期，1924年6月17日。

〔108〕《国立北京大学研究所国学门报告（民国十三年一月一日至民国十三年五月三十一日）》，《国立北京大学国学季刊》第2卷第1号，1925年。

〔109〕桑兵：《东方考古学协会述论》，《历史研究》2000年第5期，第160～169页。

〔110〕《中国博物馆一览》对东亚考古学会和东方考古学会（该书作东方考古学会和东亚考古学协会）的归属关系判断不同。“十五年，以考古学会名义，与日本东京帝国大学，组织东方考古学会；及与东京帝国大学及京都帝国大学合组东亚考古学协会”，认定东亚考古学会也是中日合作组织。参见《中国博物馆一览》，北平：中国博物馆协会，1936年，第27页。

工作[111]。1926年6月，中日双方在北京正式组成东方考古学协会。次年3月，中日双方于东京大学召开东方考古学协会第二次大会，此次会议亦是日本东亚考古学会成立大会。中方罗庸、马衡、沈兼士和日方滨田耕作、原田淑人分别演讲[112]。1928年4月，东亚考古学会在京都召开第二次大会，马衡和刘复等作为中方代表，高桥健自和小川琢治作为日方代表发表演讲。中国学人趁机观摩保存在京都大学的貔子窝考古收获[113]。1929年10月，东方考古学协会第三次大会在北平召开，滨田耕作、梅原末治、朱希祖、徐炳昶和张星烺以东方考古学协会名义于北京大学发表公开演讲[114]。20世纪20年代后期，北京大学考古学会与日本东亚考古学会的合作逐步展开，不过，互相观摩和访学是最主要的形式，实质性的联合调查和发掘尚未列入议程。日方开放的考古发掘现场不在日本本土，而是在朝鲜总督府控制下的朝鲜半岛和关东厅控制下的辽东半岛。马衡等先后参观了日本在朝鲜发掘的乐浪汉墓和在中国辽东半岛发掘的貔子窝遗址，庄尚严甚至短暂参加了1928年牧羊城发掘。作为对等交换条件，日本学人也得以参与1930年的易县燕下都发掘，驹井和爱、水野清一、江上波夫等因此被派遣中国留学[115]。或许基于历史地缘考虑，或许是更深层次的政治斗争的结果，日方就近开放了处在殖民机关控制下的考古场地，这种考量其实不智。日本在朝鲜和辽东的考古学与殖民主义千丝万缕的联系使中日之间的考古学合作从一开始就遭到中国知识界的指责和排斥。随着中日之间的对立和冲突加剧，日本对华文化政策转向，中日考古学合作不得不以破产告终。北京大学希望藉此合作掌握中国田野考古学的主导权或者制衡能力的努力随之化为泡影。

北京大学培育旨在扩充博物馆馆藏的考古学面临了专业人才和发掘保障上

---

〔111〕 马衡：《参观朝鲜古物报告》，《北京大学研究所国学门周刊》第1卷第4期，1925年11月。

〔112〕 《东方考古学协会公开讲演会》，《史学杂志》第38编第6号，1927年。

〔113〕 《东方考古学会第二回总会》，《史学杂志》第39编第6号，1928年。

〔114〕 《东方考古学协会讲演会》，《北京大学日刊》第2259号第2版，1929年10月19日。不过朱希祖未发表报告，反而以“重大事务”“均未经本会公开讨论，正式通过”为由提出辞职。《东方考古学协会委员朱希祖先生辞职书》，《北京大学日刊》第2260号，1929年10月21日。

〔115〕 水野清一：《北支史迹调查旅行日记》，《东方学报》第7册，1936年。

的严重制约：在确保考古学的专业性上，由于过度依赖与日本的合作而最终以颗粒无收的残局收场，在确保考古学的可操作性上，又缺乏可以保障田野考古学顺利进行的法理和行政能力。在此夹缝中，易县燕下都调查和发掘成为北京大学最具代表性的考古学活动，也是1949年之前河北地区最主要的田野活动。1949年之前，通过考古田野发掘扩充公立博物馆机构的观念尚未深入人心。北京大学进入燕下都并不是制度使然，而是得益于偶然的人事变更。1929年，北京大学教授沈尹默转任河北省教育厅长，成为北京大学考古学会进入河北发掘古迹的契机。马衡随即组团，燕下都考古构成北平考古学和博物馆学群体最主要的一次考古发掘活动，除北京大学外，北平研究院、历史博物馆和河北第一博物院也有参与。对于马衡个人而言，这是他的学术生涯中唯一一次田野考古经验。

至迟在乾嘉时期，河北易县已经因频繁出土古物引起金石学注目，其中尤以齐侯四器知名〔116〕。1929年11月19～28日，马衡偕常惠和傅振伦调查，在传为燕下都故城内外发现多达30处土台〔117〕。1930年春，北京大学、北平研究院和古物保管委员会联合组成燕下都考古团，以马衡为团长，庄尚严、常惠、王庆昌、孟桂良、王宪章和傅振伦为团员。试掘地点最初选定“拟掘发四台，先共同掘一台，然后再分掘三台”〔118〕。姥姥台系一明显高于平地的台地，“台基占地二十亩，高八米有奇”〔119〕。早在1914年，此地就以出土数十斤“小金牛”而引起国际性轰动。发掘队认定此地较为保险，适宜作为“共掘”点。发掘采取了较为符合现代考古学发掘要求的方式进行。虽然有雇工服务于工地，“团长团员，均任监督工人发掘各坑之工作”“团长更兼理团务，指导工作”，“余（傅振伦）则兼记录本团工作日记”。燕下都发掘用人规模甚大，每天至少10人，最多时曾达到46人。发掘采用探沟法，但是并不严格符合规范。“所掘沟坑，横者

---

〔116〕 傅振伦：《燕下都考古记》，《地学杂志》1930年第4期，第446页；傅振伦：《燕下都发掘报告》，《国立北京大学国学季刊》第3卷第1期，1932年，第175页。

〔117〕 傅振伦：《燕下都考古记》，《地学杂志》1930年第4期；常惠：《易县燕都故址调查报告》，《国立北平研究院院务汇刊》第1卷第1期，1930年。

〔118〕 马衡：《燕下都考古调查及发掘计划》，《北京大学日刊》第2385号第3-4版，1930年4月16日。

〔119〕 傅振伦：《燕下都发掘报告》，《国立北京大学国学季刊》第3卷第1期，1932年，第176页。

图8.9　燕下都发掘开幕式
（采自《良友画报》）

多而纵者少，斜沟只二道。各坑长度，四米至六米不等，宽度亦半米，二米，三米不一”[120]。发掘团4月22日当天即从北平抵达易县，正式的发掘工作从27日开始，5月31日结束，发掘报告也最终得以发表[121]。考古发掘获得“发掘物品二百零一布袋，又二十六木箱”[122]。在发掘收获的去留问题上，马衡曾经提及，“所得之古物，俟运平研究后，仍送回易县博物馆”[123]。燕下都发掘第一期结束不久，马衡因东陵盗宝案避祸南下，虽然次年曾有重启发掘的计划，但未能最终落实（图8.9）。

同时期，考古学研究室和考古学会也调查了北京大觉寺、大宫山、碧云寺、

〔120〕　傅振伦：《燕下都发掘报告》，《国立北京大学国学季刊》第3卷第1期，1932年，第176、177页。

〔121〕　傅振伦：《参与燕下都第一期发掘工作报告书》，《北京大学日刊》第2450号，1930年7月5日；傅振伦：《燕下都发掘报告》，《国立北京大学国学季刊》第3卷1期，1932年。

〔122〕　常惠：《易县燕下都考古团发掘报告》，《国立北平研究院院务汇刊》第1卷第3期，1930年，第1页。

〔123〕　马衡：《燕下都考古调查及发掘计划》，《北京大学日刊》第2385号第4版，1930年4月16日。

圆明园、文源阁等地，甚至远及洛阳北邙山、甘肃敦煌和朝鲜乐浪[124]。

与古迹古物调查会地位相锊的是同期成立的风俗调查会。1923年，北京大学国学门组成风俗调查会，以沈兼士为主任，主要成员包括徐炳昶、单不庵、张兢生、陈大齐、李世藩和董作宾等，起初以“北京一隅”的风俗材料为主要调查范围[125]。调查和征集对象包括“服、饰、器用”及其图像资料。风俗调查会明确表达了以成立博物馆为工作目标，成立之初就倡议成立“风俗博物馆”，虽然后来改称“风俗陈列馆”，但并无实质性差异[126]。1924年寒假到来之际，北京大学风俗调查会吁请返乡同学收集以神纸、春联为代表的各地新年风俗物品[127]。深受北京大学影响的厦门大学也随后成立了风俗调查会，以“设风俗物品陈列室”为目标。风俗调查会的调查很快即见成效，1924年5月15日开会审查章程之前，会员在沈兼士的引导下，“参观风俗陈列室陈列之成绩”[128]。1925年，赵元任和吴宓也顺道参观了风俗陈列室[129]。但是，随着主要学人的星散，北京大学的风俗调查很快就销声匿迹，并没有给北京大学博物馆留下实质性遗产。

尽管在定名问题上尚存在争议，北京大学在战前已经确凿无疑地拥有类博物馆机构了。1936年中国博物馆协会调查显示，北京大学的博物馆以研究院文史门陈列室为名，设址于松公府西跨院，建筑规模达到“瓦房41间，平房9间，楼房14间”[130]。也有其他资料称燕下都的考古收获收藏于历史陈列馆，名称之异可

---

〔124〕《研究所国学门考古学会保存大宫山古迹宣言》，《北京大学日刊》第1514号第1版，1924年8月9日；《本学门开办以来进行事业之报告》，《北京大学研究所国学门周刊》第2卷第24期，1926年8月。

〔125〕《风俗调查会启事》，《北京大学日刊》第1278号第1版，1923年7月7日。

〔126〕《风俗调查会简章》“宗旨”条提出，“并征集关于风俗之器物，筹设一风俗博物馆”，《歌谣》第58期第8版，1924年6月8日。

〔127〕《北大风俗调查会征集各地关于旧历新年风俗物品之说明》，《北京大学日刊》第1388号第2版，1924年1月17日；《北京大学风俗调查会征集各地关于旧历新年风俗物品之说明》，《北京大学研究所国学门月刊》第1卷第5期，1927年，第562页。

〔128〕《研究所国学门风俗调查会开会纪事》，《歌谣》第58期第7版，1924年6月8日。

〔129〕《北大风俗调查会征集各地关于旧历新年风俗物品之说明》，《北京大学日刊》第1388号第2版，1924年1月17日。

〔130〕《中国博物馆一览》，北平：中国博物馆协会，1936年，第28页。

能是记录者疏忽造成的。由于博物馆从属于研究院，馆藏门类和规模基本折射出国学门学人群体的学术兴趣和活动，毫无疑问，马衡在塑造陈列室上功不可没。陈列室自我定位为“考古，历史”，展陈品按传统的金石排序，涵盖金、石、骨、玉、砖、瓦、陶、木等类别，即以同光时期以来形成的古器物学分类原则为基础，根据新材料而有所损益。1924年，考古学会成立之初，检点北京大学的收藏基础，包括金、石、甲骨、陶、砖和杂类的馆藏品总计达3500多件。到1929年时，馆藏规模有了显著的扩充[131]。新增馆藏的主要来源有二：一是晚清藏书家缪荃孙的艺风堂金石拓本，数量达10800余种之多；另一则是北平研究院常惠主持拓印的北平市郊庙宇碑刻拓片，北京大学因学人关联获得了全套复本。30年代馆藏扩充则与考古学活动的进展有关。北京大学博物馆展陈新增了“甘肃物品”、“壁画”、“燕下都采集古物标本”和“朝鲜汉代坟墓模型”等专题，清晰地与敦煌、燕下都和乐浪对应，“甘肃物品”与北京大学参与的历次西北调查有关，“燕下都”反映了北京大学最初通过考古学建立馆藏的努力，而“朝鲜汉代坟墓模型”则显然是考古学会与日本东亚考古学会的合作收获。1948年北京大学五十周年校庆之际，作为战前北京大学博物馆的继承者，文科研究所以“史前石器陶器、殷商甲骨、两周铜器、秦汉瓦当封泥、隋唐明器、元明壁画，以及汉魏石经、北朝墓志、燕下都发掘品等”列举，既是博物馆馆藏门类，也几乎是与馆藏相关的学术活动的全幅表现[132]。

作为北京大学地质博物馆前身的地质系陈列室于1934年成立，至少设立了地层古生物、矿物岩石和普通地质三间陈列室[133]。不过，不同学科的陈列室没有整合成为大学综合博物馆。

8.2.2 五十年校庆历史契机的出现和消失

雏形初具的北京大学博物馆毁于战火之中。抗战之后，常新的北京大学选择了重建传统之路，而1948年北京大学五十年校庆的到来为博物馆再造提供了契

〔131〕 马思猛：《金石梦故宫情》，北京：国家图书馆出版社，2009年，第93、94页。

〔132〕 《国立北京大学五十周年纪念文科研究所展览概要》，北平，1948年，第2页。

〔133〕 傅公钺：《今昔北京博物馆》，收录于《首都博物馆建馆十周年纪念文集》，北京：燕山出版社，1991年，第207页。

机。全新的北京大学博物馆希望通过常设展和临时展的组织实现重生，但未能最终遂愿。战前旧有的博物馆收藏在经手伪北京大学之后退回到文科研究所，未能最终纳入到博物馆馆藏。

抗战胜利后，北京大学重萌创办博物馆的设想，1947年出现提议，次年年初就正式启动筹备工作，至迟在同年5月就有展览活动。在很大程度上，这是甫自美国归来的韩寿萱促成的。北京大学的智识环境较战前有显著变化，无论是与考古学还是民俗学的纽带，都未能形成与大学博物馆的良性互动；内迁时期的学术活动成为北京大学博物馆新馆藏和新展陈的部分来源，但也出现了与北京大学关联并不密切的馆藏和展陈活动。1949年前后，新北京大学博物馆在馆藏和智识上都无法承继曾经存在的前身。基于现已不可知的考虑，新北京大学博物馆并没有自伪北京大学手中继承战前北京大学博物馆的馆藏，而是重新开始征集，“只能就近代中国文物，作有限的收集”[134]。展陈的面貌呈现为“古代器物和近代的手工艺品，还有关于美术、考古的书籍和图片”[135]。新北京大学博物馆的拒绝虽然撇清了“伪产”嫌疑，但是也踏上了缺乏北京大学特质的普通综合型或者辅助教育型博物馆之路。

1948年北京大学五十年校庆成为北京大学博物馆复兴之路上的一支强心针，复办的北京大学博物馆通过策划全新的常设展和临时展界定自身在大学中的地位和导向。新北京大学博物馆设址于沙滩图书馆后，空间并不大，计有陈列室三间，参考室一间和储藏室一间。北京大学博物馆推出了常设展和三项临时展。常设展内容共计五项，分别为绘画、瓷器、铜器、丝织品和石刻[136]。韩寿萱对新北京大学博物馆的馆藏评估明显显得底气不足：绘画“难成系统，聊备一格”，瓷器中“清瓷所藏较多……（周汉）藏品无多”，丝织品“鲜有收集”，石刻“为数虽少”，综合而论，馆藏数量有限，即使在数量稍多的铜器和清瓷，也缺乏艺术精品，只够用于说明“历史的演进”。除石刻置于“本馆院庭之东部”外，馆藏诸门类的具体空间分配方案未知其详。

---

〔134〕　韩寿萱：《北京大学五十周年纪念博物馆展览概略》，北平：国立北京大学出版部，1948年，第1页。

〔135〕　北京大学博物馆：《北京大学博物馆概要》，北京，1949年，第1页。

〔136〕　韩寿萱：《北京大学五十周年纪念博物馆展览概略》，北平：国立北京大学出版部，1948年，第2、3页。

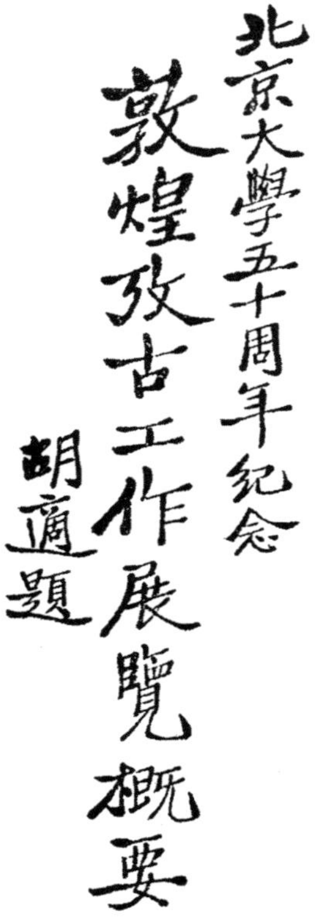

图8.10 《敦煌考古工作展览概要》封面

五十年校庆的临时展包括“敦煌考古工作展览”、“中国漆器展”和“古铜兵器展”，相当多的展陈品出自清华大学、北平研究院、北平图书馆以及私人收藏。作为预热，1948年5月4日，北京大学博物馆以固有和借自杨振声的藏品举办了“中国书画特展”[137]。数次临时展都如此倚重外借展陈品，这不能不令人质疑北京大学博物馆的基本馆藏状况。虽然北京大学与敦煌学结缘已久，但是敦煌展中过半展陈品以及主题都是校外力量贡献的，大学关联性明显降低。敦煌文书发现之初，若非学部插手，斯坦因、伯希和拣选后剩余的万余卷敦煌文书很可能流入京师大学堂。进入民国之后，北京大学先后派员参加了华尔纳（Langdon Warner）的敦煌考古队、中研院和中博院合组的西北史地考察团和西北科学考察团等活动。不过，尽管如此，北京大学拥有的敦煌古物并不多。敦煌展主要展示书籍、绘画和照片。北京大学并没有收藏敦煌卷子原件，因此，除由私人借展敦煌写经原件外，北京大学博物馆通过伯希和和翟理斯获允拍摄藏于法国和英国的卷子。曾经游历敦煌的艺术家提供了其他展陈品，罗继梅借展了千佛洞电影和照片，吴作人和董希文则借展了敦煌壁画临摹作品（图8.10）。

“古铜兵器展览会”可谓唐兰一个人的展览；虽然大多展陈品来自校外，但是策展设计以及支撑展览的学术研究都是唐兰独力完成的。通过展陈设计，唐兰

〔137〕 北京大学博物馆：《北京大学博物馆概要》，北京，1949年，第1页。

提出了全新的青铜兵器分类体系。青铜兵器被分成九类，不同类别之间其实存在转换关系。首先，“斧”和“刀”都是从工具转变为兵器的，而“矢”则是“最古之兵器”，“钺”和“戳”是“斧”（斤）的转化形式，“戟”和“剑”则是“戈”的转化形式，“矛”远承“矢”而来，最后，弓矢发展成“弩”。因此，青铜兵器可以区分为“刀”—“斧”系和“矢”系；这是唐兰在青铜兵器上的独到见解。展陈品按照类别编排，共计591件（组），规模不可谓不大。除了北京大学自有收藏之外，其他展陈品来自清华大学、北平研究院、北平图书馆等机构，以及马衡、黄文弼、黄浚、于省吾、乔又声、陈子篴、袁同礼、裴振山等私人藏家。另外，唐兰提供拓片60余张，陈梦家提供照片30余帧。“此次展览，多属珍品，不能久假”，导致1948年12月17日开幕的展览三天后便匆匆闭幕〔138〕。

中国漆器展览则属于另一种类型。韩寿萱提及，“外人以吾国之漆器与希腊的古陶，罗马的玻璃相比拟，非无故也。是中国之漆器在世界艺术史中，占有重要地位。但是传统上对艺术的定义太狭隘，对考古的范围太限制，社会对漆器便目为形而下学，多视为普通手工艺之一种，无人予以特别注意，更少人从事收集”，“即近年来的发掘，片段的报告，与专题的研究，亦多是东西洋学者的主持与努力”〔139〕。因此，北京大学博物馆几乎是在没有任何学术研究基础的情况下，出于“以资纪念兼示提倡”的目的举办了漆器展。从策展角度看，北京大学博物馆希望提出一个年代系统，但是首先由于“交通困难，时局不定，致北平以外的公私收藏，未能设法借来”，年代体系因此呈现断裂，“晋六朝期间无从举例”〔140〕。从展陈品目录看，展览规模甚小，仅有32件，大体分成三组，即以金村、寿州到乐浪的早期组，多自北平研究院、马衡和方雨楼处借得；以明清时代为主题的晚期组，多自朱家溍、方雨楼、陈梦家、王世襄等处借得；以及由沈从文提供的西南漆器组。

---

〔138〕《国立北京大学五十周年纪念古铜兵器展览会目录》，北平：国立北京大学出版部，1948年。

〔139〕韩寿萱：《国立北京大学五十周年纪念中国漆器展览概略》，北平：国立北京大学出版部，1948年，第7、8页。

〔140〕韩寿萱：《国立北京大学五十周年纪念中国漆器展览概略》，北平：国立北京大学出版部，1948年，第8页。

日据时期滞留北平的伪北京大学的博物馆遗产成为战后复原工作的鸡肋，北京大学复校过程中旗帜鲜明的立场影响了对伪北京大学博物馆遗产的接收。1945年之顷，伪北京大学博物馆馆藏是否应该按照逆产处置一度令人犹疑不定。虽然不少馆藏显然属于伪北京大学接收的战前博物馆遗产，但是由于博物馆馆藏极具象征意义，对于伪北京大学的彻底否定是否也会引起对其博物馆馆藏的规避呢？忌惮之情将新北京大学博物馆推向了传统新造之路。伪北京大学博物馆改由文科研究所接收。1948年北京大学五十周年校庆之际，文科研究所也布置了工作展览，谨慎地呈现出被扭曲的传统、需要否定和割清的传统和新生的传统的杂陈格局[141]。

北京大学文科研究所脱胎于1922年改革出现的国学门，从最初的编辑、考古、歌谣和明清档案四部门，到1928年添加语音乐律，1934年添加金石拓片，格局初定。抗战胜利之后，文科研究所各室合并成古器物、明清史料、金石拓片、语音乐律四部。自国学门到文科研究所，一脉相承。当然，抗战时期的历史，仅仅提及“学校南迁，本所亦迁于昆明”，但是，留在北平的伪北京大学无法回避，尤其是伪北京大学几乎亦步亦趋地继承了此前形成的格局。由于明清档案自1921年轩然大波后基本在国家控制之中，文科研究所于1922年和1946年分别接受教育部和史语所委托整理，政治正确性毋庸置疑。语音乐律的工作悉数随校南迁，抗战时期在极其艰苦的条件下进行“西南边语”的研究，亦无瑕疵。金石拓片一类自20世纪30年代独立之后，规模日渐增加，旧藏包括“缪氏艺风堂，……千唐志斋藏石，河南博物馆藏石，陕西碑志，北平市碑志，及本所古器物室藏品之拓片”。新增加的收藏仅以“民国三十五年行政院复以张氏柳风堂所藏之碑刻拓片”一语带过。张氏实指以汉奸罪论处的张仁蠡。虽然张仁蠡金石收藏在日据时代仍有扩充，但是并非此时捐赠给伪北京大学，而是作为战后正义的表现方式罚没移交的。真正有政治正确性包袱的是古器物一类。其中三项主要成分恰代表需要不同处置的遗产：一是战前形成的考古学会旧藏，一是“民国二十六以后抗战期间伪北京大学研究所考古组邯郸曲阜等处所发掘之物品”，一是战后接收和采购的新藏品[142]。

---

〔141〕《国立北京大学五十周年纪念文科研究所展览概要》，北平，1948年。
〔142〕《国立北京大学五十周年纪念文科研究所展览概要》，北平，1948年，第1～4页。

北京大学文科研究所所在的三进院落成为五十年校庆展览现场。古器物、明清史料、金石拓片、语音乐律四部的精彩亮点之外，新增加一个特藏部分，代表了北京大学文科研究所的近期进展。收藏家周进去世后，其兄周叔弢、外侄孙师白将其藏陶捐赠给文科研究所。砖瓦陶文是同光之后兴起的新收藏门类，周进收藏宏富，“唯陈簠斋所藏为最多，其次为建德周进（字季木）先生”。该笔收藏共计瓦60余件，陶片2000余片。根据记录复原，第一进院落北面正房展陈古器物。伪北京大学时期的两笔新藏“民国二十八年伪北京大学研究所发掘邯郸赵王城梳妆台所获之古器物”、“民国三十一年伪北京大学研究所发掘曲阜鲁灵光殿遗址所获之古器物”被排在最末的附展部分〔143〕。西厢房为周进藏陶特展，北京大学旧藏砖瓦文字也附展在此。东厢房展陈西北科学考察团文物。画像石、刻纹砖、石椁、石刻等陈列在东西两厢和北面正房廊下。第二进北面正房为明清史料及金石拓片，西厢房为清代史料展，东厢房为艺风堂金石拓片纪念室。不过，在“艺风堂”名下，文科研究所添加了一个注释，“艺风堂拓片大部庋藏于本校图书馆。本室现储柳风堂拓片，计历代石刻拓片碑帖字画等共十三立橱，内有艺风堂旧藏约百余种”〔144〕。清晰可见，以“艺风堂”为名的金石拓片实际上出自“柳风堂”，只是因为忌讳张仁蠡的汉奸身份而不得不含糊其辞。第三进北房为语音乐律工作成绩展示，展示自刘复至罗常培等学人学术成就和较为晚近的新设备和新研究。

由于馆藏的不可替代性和征集行为的不可重复性，伪北京大学博物馆传统就无法在政治正确性问题上清晰切割。新北京大学博物馆的断腕之举可能是不得已而为之，即使文科研究所接收了伪北京大学博物馆遗产，也大费周章才在继承优秀传统和洗刷历史污点上找到平衡。新北京大学博物馆选择了传统新造之路，然而五十周年校庆的常设展和临时展却显示，原本与大学的智识和精神融为一体的大学博物馆已经越来越转向内部智识生产了，虽然有不少藏品来自北京大学的学人们，但是博物馆更多地反映博物馆内部人员的智识倾向和成果。无论是和北京大学，还是和北平社会，新北京大学博物馆都愈行愈远。

---

〔143〕　《国立北京大学五十周年纪念文科研究所展览概要》，北平，1948年，第8页。
〔144〕　《国立北京大学五十周年纪念文科研究所展览概要》，北平，1948年，第12页。

8.2.3 新生

在1948年五十年校庆的喜庆气氛中，北京大学博物馆略感遗憾地公开了旧有传统继承不得，全新传统创立乏力的窘境，而在次年，北京大学博物馆还会始料不及地经历因为政局颠覆而造成的震颤。站在北京大学博物馆的角度，1949年之变起初看起来似乎只是自抗战以来的震荡余脉而已，全然没有意料到剧变莅临。

1949年年初，北京大学博物馆甚至出现新气象。由于沙滩馆址已经不能满足馆藏和展陈的需求，4月，北京大学博物馆搬迁到东厂胡同2号。东厂胡同2号为前后跨院形式，前院基本为图书馆、教室和办公室等，展陈空间集中在后院，空间已有显著扩大，不仅陈列室一跃至四间，年底更扩展成六间，常设展厅包括瓷器室、铜器室、手工艺品室和校史资料室，而且设立了独立的图书室、图片室以及照相暗房。东厂胡同院内，南房为经济植物陈列室两间，东厢房为地质矿产陈列室，西厢房为工程模型陈列室，北侧正房为“摆彝民族文物陈列室”和历代漆器、历代陶器陈列室（图8.11）。从空间布局上看，北京大学博物馆此时已经走上综合型博物馆之路，空间扩展背后

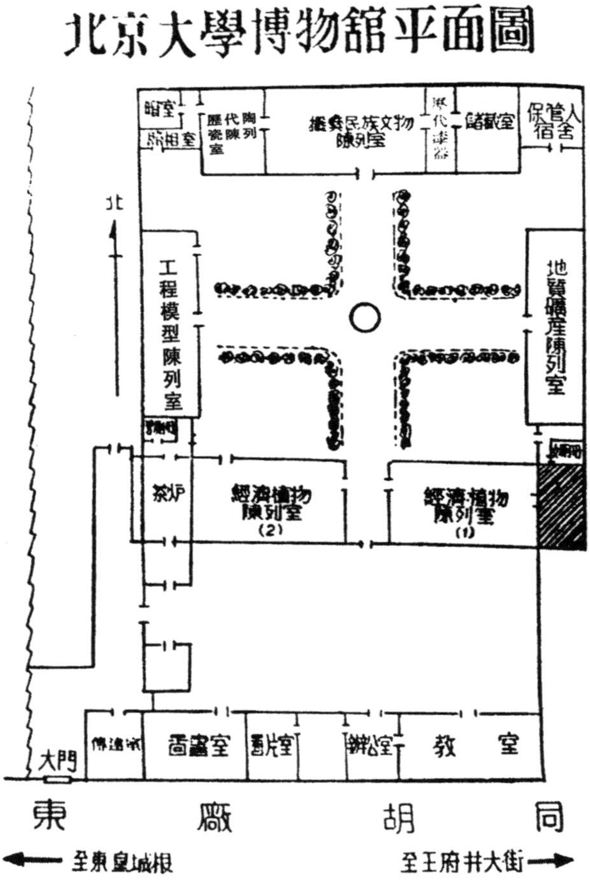

图8.11　北京大学博物馆平面图
（采自《北京大学博物馆概要》）

是值得关注的馆藏多元化进程。在既有的考古和民俗类别之外，北京大学博物馆尝试扩充自然史和地质收藏。其中，地质矿产陈列室中展出地球构造和地壳、从猿到人的进化、中国矿产和地质图等内容〔145〕。此外，博物馆中还出现了专门的工程模型和经济作物展室。相较之下，北京大学博物馆在历史和考古馆藏类别上的不足也显得格外清晰。1949年9月的统计显示，北京大学博物馆共有文物3700件〔146〕。

新北京大学博物馆的固有收藏仅在陶器和漆器上尚算充裕。1949年的数间陈列室都是系馆合作的结果。其中，农学院和中国植物学会承办了“生物科学展”，地质系承办了“地质矿产展”，机械系和建筑系合办了“工程模型展”，北京图书史料整理处举办了“摆彝民族文物展”。所有的临时展的主旨都征引不久前通过的《人民政协纲领》甚至斯大林语录；换言之，北京大学博物馆力图通过临时展适应政治之变。

突兀的摆彝民族文物展既无馆藏，又无研究，但强烈地表达了时代精神。云南摆彝的调查是由中研院史语所和北平图书馆史料整理处承担。中研院史语所在1934～1936年间组织了云南民族调查，与摆夷相关的包括陶云逵在1934年前后的调查，吴定良的体质人类学测量，邢公畹的语言学研究等，尤以前者为著。1936年，陶云逵和赵至诚在车里宣慰使司和江城镇董土司的帮助下，对摆夷的社会进行了系统而细致的调查。由于抗战期间成为驻军地点，车里的景观和文化都大为变样，导致陶云逵的调查显得尤为珍贵。陶云逵写作了《车里摆夷之生命环》。“生命环”指从生到死的生命周期，陶云逵记录了从婚姻制度开始，包括家庭生活、生产习俗、教育制度、公共生活和娱乐，以丧葬终止的摆夷人生活。为了形象说明，陶云逵和赵至诚拍摄了大约60多帧照片，赵至诚还绘制了插图〔147〕。摆彝展举办于“云南省境即将解放”之际，因此摆彝展旨在宣传民族平等和区域自治政策，展览需要准确传递既反对大汉族主义，又反对大傣族主义的

---

〔145〕　于洸：《孙云铸与北京大学地质学系的发展》，《名人与北京大学》，北京：北京大学出版社，1998年。

〔146〕　北京大学博物馆：《北京大学博物馆概要》，北京，1949年，第4页。

〔147〕　陶云逵：《车里摆夷之生命环》，《边疆研究论丛》，金陵大学中国文化研究所，1949年。

立场[148]。

1949年之后，北京大学博物馆同样面临重组命运。在如何自我界定上，北京大学博物馆在1949年前后呈现出微妙的变化。1949年之前，北京大学博物馆更倾向于与大学的密切结合，而博物馆的社会意义是通过大学实现的。博物馆的目的被表述为“供给本大学各院系教学和研究的资料”和“一般的教育意义”。专司博物馆教学和研究的韩寿萱则更加清晰地表述为“建立比较足资研究参考的大学博物馆，以供北大各院系教习之用，同时依西洋大学博物馆成例，完全开放，公之于世”[149]。与之密切相关的是，1949年之初，在年前设立的史学系博物馆课程基础之上，北京大学成立了博物馆专修科。新北京大学博物馆的知识生产内部化转向也与教学和研究机构之变有直接关系。1949年之后，北京大学博物馆的目的拆分为三，“供应教学研究的参考资料”，“作修习博物馆学者的实验室”和“服务人民大众”[150]。汤用彤此番表述将原本的服务教育拆分成为两项，第二项培养博物馆人的计划已经不再限于本校的博物馆学专业，而直接应对“新中国文化建设高潮”来临之际的社会需求。“服务人民大众”的具体内涵在新的政治环境下也悄然发生转变。北京大学博物馆开始向更倾向于社会教育的博物馆偏摆。这种偏摆固然和北京大学积极投身新社会建设相关，但是，从博物馆的内在属性看，也是大学博物馆的特色馆藏及特色活动缺位后，不得不向普通意义的社会博物馆靠拢的姿态。

8.3 游走在大学传统之间：岭南大学博物馆

在中国博物馆协会组织的第一次全国调查时，和华西协合大学一样，位于广州的岭南大学也表现出独特的博物馆传统和格局。馆方认可的历史起于1923年，但格外强调1927年岭南大学登记变更给博物馆带来的巨大变化，“十六年岭南大学收归中国自办后，博物馆亦因之成为独立机关”[151]。1888年，美国长

---

〔148〕 北京大学博物馆：《北京大学博物馆概要》，北京，1949年，第32、33页。

〔149〕 韩寿萱：《国立北京大学五十周年纪念博物馆展览概略》，北平：国立北京大学出版部，1948年，第1页。

〔150〕 汤用彤：《北京大学博物馆概要》序，北京，1949年，第1页。

〔151〕 《中国博物馆一览》，北平：中国博物馆协会，1936年，第101页。

老会于广州沙基创办格致书院，五年后，格致书院脱离长老会成为独立的基督教大学。1900～1904年，格致书院避祸迁往澳门，期间更名为岭南学堂。1904年，岭南学堂迁回广州，新购河南康乐村地块作为校园。1912年，岭南学堂更名为岭南学校，至1918年最终形成完备的大学教育体系。1927年，根据私立学校立案规程，岭南学校成立校董会，推举钟荣光担任校长，中文校名亦更为岭南大学。看起来虽属偶合，独立对于岭南大学博物馆而言却有划时代价值，因此，岭南大学博物馆可以以1927年为界，区分成附庸时代（1923～1927）和独立时代（1927～1952）。事实上，这个分期方案的价值还不限于博物馆"独立"与否。1935年中国博物馆协会的调查中，岭南大学博物馆的馆舍问题以"无正式馆舍，借用该大学十友堂一楼"一语轻描淡写带过，隐去了博物馆曾经容身于东院马丁堂的历史。岭南大学博物馆呈现为兼有"风土物品、古物美术和自然博物"的综合博物馆面貌，无意间透露出十友堂外还存在其他的大学博物馆，而博物馆记忆中的核心人物冼玉清（1895～1959）仅仅执掌古物馆，换言之，20世纪30年代中期岭南大学博物馆曾经出现的多元馆藏和展陈格局仅仅保留了扁平记忆。附庸时代被遗忘的历史和独立时代被扁平化的历史揭示出1927年的真正分界意义：岭南大学博物馆的变迁忠实地反映了大学的教育理念和经营策略的转型。

8.3.1 被遗忘的马丁堂前史

岭南大学博物馆最初栖身于1905年落成的岭南大学早期核心建筑之一马丁堂中（图8.12）。这座中国最早的钢筋混凝土建筑落成之时以"东院（East Hall）"相称，与"西院"陆达礼堂相对。这是岭南大学雏形，1905年更名的岭南学堂的最早的建筑。比照美国文理学院设计的岭南学堂规模

图8.12 马丁堂
（作者自摄）

甚小，东西二院即是学堂核心。不仅学堂、中学和小学俱在一体，马丁堂一楼中厅应该曾经容纳礼拜堂、图书馆和博物馆等，有记载称，“一楼中座之博物院及中学事务所”[152]。但是，博物馆内具体展陈品和活动皆不得而知。1911年颁布的《岭南学堂中学规则》有“博物院各种器具不得移动”条，可以推知岭南学堂的博物馆可能是辅助教学类博物馆，以辅助教具为主要展陈品[153]。至钟荣光出任校长之前，马丁堂内博物馆馆藏似有显著增加，至少包括“植物标本……”，“其他格致及动物矿物各科标本，与夫古今中外之钱币，及关于风俗历史之器物”。从馆藏结构看，岭南大学博物馆馆藏已经发展成混杂结构，既包括用于辅助教学的“格致”“标本”，也包括“风俗历史”器物，还包括一笔数量不菲的货币。博物馆的辅助教学目的依旧鲜明，“皆为学生研究之用”，但是从馆藏结构看未必如此，应该有人按照自身对典藏的理解，将特定馆藏捐赠或者寄存在大学博物馆中。

尽管1935年调查隐而不发，岭南大学博物馆可以确凿无疑地追溯到1923年之前。但是囿于材料的缺乏，发生在马丁堂的“前史”究竟可以进一步追溯到何时不易遽断。1927年之前，作为文理学院教育体制中的一环，岭南大学博物馆藏身于学校主要建筑马丁堂中，因此属于不折不扣的辅助教育类型博物馆。文理学院制度是否会在中国出现水土不服？岭南大学博物馆的馆藏结构一方面显示出服务于教学和研究的坚持，另一方面也不得不屈服于本土化和中国化改造，或可隐约透露出些有趣信息。这个时代自然随着1927年私立大学登记案后岭南大学的教学体制转轨而终止。

8.3.2　被扁平误表的多元化岭南大学博物馆

1927年钟荣光担任岭南大学校长后，博物馆地位、规模和社会可见度都发生显著变化。博物馆“因之成为独立机关”并不是博物馆的内在因素导致的，而是岭南大学教育体制变化的结果。虽然岭南大学继续维持基督教私立大学的法律地

〔152〕《岭南大学年鉴》，广州，1925年，转引自广东省地方史志编纂委员会：《广东省志·文物志》，广州：广东人民出版社，2007年，第97页。

〔153〕《岭南学堂中学规则》，收录于《广州岭南学堂》，广州，1911年，转引自广东省地方史志编纂委员会：《广东省志·文物志》，广州：广东人民出版社，2007年，第97、98页。

位，但是1927年的私立大学登记法案之变导致博物馆也重新定位，具体而言，从作为文理学院的辅助教学机构走向独立的大学博物馆。抗战之前，岭南大学博物馆馆藏已经形成多元并立格局，但是长期以来却被扁平化误表，贺辅民（W. E. Hoffmann，一译作贺夫满）对岭南大学博物馆的贡献几被遗忘。

《中国博物馆一览》清晰记录了岭南大学博物馆的统一的综合型博物馆的面貌。岭南大学博物馆馆藏由三个部分构成："风土物品、古物美术和自然博物"。其中，"风土物品"应属民族志和人类学收藏，展陈品来自国内外十余个地区，从美国到安南不等，国内则远及蒙古。"古物美术"包括礼器、乐器、钱币、陶瓷、砖、雕刻和书画多个类别，但是数量均不多，除钱币千枚之外，其余类别从三五件到三四十件不等。"自然博物"部包括动物、植物和矿物三类，标本总量在千件之上[154]。如果和马丁堂时代的岭南大学博物馆的馆藏结构相比，有的成分显系继承而来，如钱币，有的成分尚不易与此前存在的成分区分开来，如"风土物品"与马丁堂时代的"风俗历史"究竟有多少重叠部分尚不可知，有的成分虽然此前也存在，但形成如此庞大而系统的规模则显然是1927年之后的新进展。其中，体系完备的"自然博物"即是明证。20世纪30年代中期，有观众参观临时容身于十友堂的岭南大学博物馆，"其公开陈列者，皆载于玻璃柜中，附以卡片，于物名、出处、体质、来源，详为书出"[155]。岭南大学博物馆自陈主旨有三，"供给专门学者之研究"、"养成学生实物之观察"和"奋兴人民对于文化之观感"，已经超出了马丁堂时代作为教学辅助手段的婢女地位。

岭南大学博物馆的成就长期以来被归功于广东文史女学者冼玉清。冼玉清出生于澳门，幼读于陈子褒灌根学塾和子褒学校，后入读岭南大学文学院，1925年起任教于岭南大学国文系。钟荣光任格致书院汉文总教习期间曾于1900年随校避难于澳门，与同在澳门荷兰园的陈子褒往来频密。钟荣光出任岭南大学校长后，于1929年设立岭南大学文物馆，聘请时任国文系讲师冼玉清出任馆长，此后未有任何变更，冼玉清主掌文物馆直至1952年院校合并。1935年中国博物馆协会调查中，"岭南大学博物馆"条目下即以冼玉清为馆长，令人推测岭南大学博物馆可能是岭南大学文物馆的误记，或者是同馆异名。但是，岭南大学博物馆馆藏

---

〔154〕　《中国博物馆一览》，北平：中国博物馆协会，1936年，第101～104页。

〔155〕　庄文亚：《全国文化机关一览》，上海：世界书局，1934年，第510页。

包括“风土物品、古物美术和自然博物”，明显溢出文物馆范畴。因此，岭南大学博物馆应该不仅仅只有文物馆一处，冼玉清之外应该还有其他学人形塑了岭南大学博物馆，尤其是其中的“自然博物”部分。抗战之后，《旅行杂志》登载了对岭南大学博物馆的惊鸿一瞥，浮光掠影不免误读，但是也透露出值得关注的线索。记者笃定地写到，“工学院在大学的中区，是孙哲生先生出了大力帮忙建设成功的。工学院的第三层便是岭南的博物馆”[156]。记者目验的工学院（哲生楼）馆舍与1935年记录的“暂居十友堂”相抵牾。随后，记者解释“钟荣光先生长校时，原设有一所博物馆，由冼玉清教授主其事，……此刻的博物馆是以生物为主，由生物系教授美人贺夫满主持。馆中所陈列以南海珊瑚和若干万种的植物标本出名。很可以一看”[157]。虽然年代关系表述有误，但岭南自然博物采集所（The Lingnan Natural History Survey and Museum）和贺辅民因而浮出水面。

岭南大学博物馆中发展最为完善的的确是“自然博物”，并且应该归功于岭南自然博物采集所和岭南大学生物系教授贺辅民。岭南大学的自然史调查和采集工作始于1916年成立的植物标本室和次年成立的生物系，1932年，岭南自然博物采集所成立，以“采集广东动植物及搜罗其在经济上有重要之种种材料，并保存自然博物之标本，以为研究及公共展览之用”为立馆宗旨[158]。贺辅民出任主任，麦加福博士和莫古黎（F. A. Maclure）教授担任理事，麦家福为植物标本室主任，而莫古黎以经济植物为研究范畴[159]。博物馆馆藏包括植物和动物两部，其中植物部又区分成为经济植物和植物标本两组，收藏经济植物及木材标本5500种，植物标本48000种，哺乳动物之外的动物标本200000种。采集所甚至专设竹园一座，“内植逾百种不同之竹类，以备研究”，竹园至今仍在中山大学校园内[160]。在丰富的采集样本基础之上，采集所筹备编辑广东、海南和福建植物志。博物馆设址于亨利·墨菲设计的工学院大楼。该楼于1931年落成，因系孙科任铁道部长期间拨款兴建的，故以哲生（孙科字）命名[161]。抗战胜利之后，

〔156〕《岭大博物馆》，《旅行杂志》第22卷第10期，1948年，第20页。
〔157〕《岭大博物馆》，《旅行杂志》第22卷第10期，1948年，第20页。
〔158〕贺辅民：《岭南自然博物采集所》，《岭南学报》第4卷第3期，1935年，第163页。
〔159〕贺辅民：《岭南自然博物采集所》，《岭南学报》第4卷第3期，1935年，第164页。
〔160〕贺辅民：《岭南自然博物采集所》，《岭南学报》第4卷第3期，1935年，第165页。
〔161〕《岭大博物馆》，《旅行杂志》第22卷第10期，1948年，第20页。

生物博物馆重回旧址，于哲生楼三层复原（图8.13）。

图8.13　哲生堂
（作者自摄）

冼玉清执掌下的文物馆反而面目模糊。冼玉清擅长岭南文史，以整理乡土文献著称。1935年《梁廷枏著述录要》是冼玉清整理广东文献上的起始。次年，冼玉清又有《粤东印谱考》，搜罗了“篆刻字书”、“集印谱”和“自镌印谱”共计41种。又二年，冼玉清以类似的作业方式完成《广东女子艺文考》，收录女性著述106种[162]。此三篇可被视为冼玉清从事乡邦文献研究的代表作品。冼玉清的此类整理工作被抗战打乱，从已刊书文目录看，并无延续。遗著《广东释道著述考》收录逾200位粤籍或者旅粤僧人著述[163]。冼玉清的广东文献整理显然出自乡土史观的驱动。“欲人民之爱国，必须使其知本国历史地理之可爱，而对于本乡本土尤甚。所以言史学者，对于乡邦文献，特为重视也”[164]。但是，虽然执掌博物馆多年，冼玉清基本没有任何关于博物馆的专门论述及见解，最为接近的可能是《广东之鉴赏家》，但该文仍然按照她最熟悉的著述整理方式完成[165]。虽然也曾参与筹备1940年的广东文物展览会，但是冼玉清并不熟谙出土材料，对于考古学和人类学等新生学科也相对隔膜。此一时期的岭南大学博物馆的文物收藏规模迄今未知全豹，只能通过某些文献透露出的若干细节拼缀局部。文物馆中，石

〔162〕　冼玉清：《广东女子艺文考》，长沙：商务印书馆，1941年。
〔163〕　冼玉清：《广东释道著述考》，收录于《冼玉清文集》，广州：中山大学出版社，1995年。
〔164〕　谢健朝：《烽火岁月中的冼玉清二三事》，《岭南文史》1995年第1期，第28页。
〔165〕　冼玉清：《广东之鉴藏家》，《广东文物》（下册），香港：中国文化协进会，1941年，第982～996页。

湾陶瓷和古钱币收藏尚算丰富[166]。郑师许曾经提到岭南大学博物馆收藏铜鼓，“岭南大学冼玉清处亦有”[167]。岭南大学博物馆也接受捐赠。1935年，某胡姓人家将据传康有为寄存于他家的“意大利石雕”约十余件套转赠给大学[168]。

作为岭南大学最重要的学术刊物，《岭南学报》刊载了多篇与博物馆事业相关的学科的研究进展。《岭南学报》创办于1929年，连续出版直至1952年院系调整之际。岭南大学并无考古学传统，但是自然史和人类学都有不俗的表现。莫古黎的《广东的土纸业》和王善佺《中国之棉作》都可纳入“风土”范畴。杨成志在西南调查之后，曾在岭南大学作《西南民族概论》演讲，后成稿《罗罗说略》，亦刊载在《岭南学报》上[169]。遗憾的是，所有这些研究都未能转化成为建立馆藏的基础。以伍锐麟为代表的社会调查传统与博物馆的馆藏扩充相关，但是没有像李安宅、任乃强和庄学本之于华西大学博物馆那样，找到适当的结合点。

8.4 策展人的生与死

薇科丝提出，相对于其他类型的博物馆，大学博物馆更加依赖于策展人（curator）群体[170]。更进一步的观察揭示，大学博物馆特别依赖于由职业学者构成的策展人群体，而策展人群体也将大学博物馆培育成为特定类型的博物馆，即作为知识生产机构的博物馆。因此，大学博物馆成为分析策展机制（curatorship）与博物馆关系的最佳切入口。这个问题的实质是博物馆的核心问题——知识生产。博物馆如何生产知识？谁拥有知识生产权？被生产的知识和知识生产者是否免于监管，如果不是，那么如何保证策展人生产“真正”的知识，生产“我们”所需要的知识，但是又不为“我们”的狂热所干扰？

策展人一度被视为博物馆中无所不能，无所不包的职业角色。劳伦斯•阿洛

---

〔166〕　《岭大博物馆》，《旅行杂志》第22卷第10期，1948年，第20页。

〔167〕　郑师许：《铜鼓考略追记》，《学术世界》第2卷第4期，1937年。

〔168〕　该笔捐赠共计11件，至今仍然保存于中山大学人类学系。但是，无论是胡姓友人，还是他与康有为的关系及获得寄存品的缘由均不可知。

〔169〕　杨成志：《罗罗说略》，《岭南学报》第1卷第3期，1930年，第134～153页。

〔170〕　Weeks J. The Loneliness of the University Museum Curator. *Museum International*, 2000, 52(2): 10.

韦描述博物馆的策展人的功能，“为博物馆获取藏品，监管馆藏保存状况，展陈”[171]。策展人的工作共计四项，即典守宝藏，丰富馆藏，研究和展陈，这几乎就是博物馆的全幅工作范畴的翻版。策展人的最本质的职守原本是典守宝藏。到21世纪初的博物馆革命中，教育才压制住典守，成为博物馆的首要功能。博物馆必须“讲故事”，必须教育，因此，策展人也在征寻和典守宝藏之外，获得了教育者的身份。

第二次世界大战之后，策展人的核心地位受到两个方面的挑战。一方面是博物馆内部工作的职业化程度加剧。典守宝藏被更具体、更务实的藏品管理所替代。海里希和波洛克以法国博物馆的实例提出，策展人的职业空间越来越小，“只有像公众展示才需要一点点个性了”[172]。甚至在博物馆教育领域，随着1972年《博物馆培训基本大纲》（*Basic Syllabus for Museum Training*）的颁布，策展人在教育上的权力也遭到进一步瓜分。另一方面是博物馆教育的变迁，尤其是对教育的本质的认识发生了颠覆性变化，观众研究取代了博物馆教育[173]。如果策展人的职业范围已经萎缩到通过参与对馆藏的收集、保管和研究，实现教育目的的话，博物馆教育观念的转变对策展人的地位则是毁灭性打击。

策展人的权威性受到质疑和挑战。在博物馆的职业化进程中，策展人一直被视为知识传播者。但是，第二次世界大战之后，这一地位和认同不再。质疑首先出现在前殖民地国家，着眼于博物馆智识的政治属性。在前殖民地国家中，博物馆观众无法忘却博物馆曾经充当了殖民主义观念的帮凶，作为智识媒介的策展人的独立性和公正性因此被质疑。澳大利亚率先废止了博物馆中的策展人职位。随之而起，策展人在阶级、性别、族群等方面的倾向对博物馆馆藏征集和展陈的干

---

〔171〕 Alloway L. The Great Curatorial Dim-out//Greenberg B, Ferguson B W, Nairne S. *Thinking About Exhibition*. New York and London: Routledge, 1996: 221.

〔172〕 Heinich N, Pollak M. Du conservateur de musée à l'auteurd'expositions: l'inventiond'une position singulière. *Sociologie Du Travail*, 1989, 31(1):29-49. trans. In Greenberg R, Ferguson B, Nairne S. *Thinking About Exhibitions.* New York and London: Routledge, 1996: 235.

〔173〕 Hooper-Greenhill E. *Museums and Their Visitors*. London and New York: Routledge, 1994; Hooper-Greenhill E. Studying Vistors//MacDonald S. *A Companion to Museum Studies*. Oxford: Blacwell Publishing, 2006: 362-376.

预也引起警觉。尽管策展人的撤离并未广泛蔓延，但是策展人的前置标签已经成为引起人关注的问题。

大学博物馆成为作为知识生产者的策展人坚守的最后阵地之一。19世纪晚期博物馆的自我定位仍然接近于大学，但是20世纪以来，博物馆越来越不适应纯粹学科的发展，或者说，博物馆不再是培育学科新进展的空间。另一方面，博物馆，尤其是面向社会大众的普通类型博物馆，提出了“博物馆要教育”的观念，导致众多职业学者离开博物馆。但是，由于和大学的文化血缘，以及和社会的隔离，大学博物馆成为职业学者在博物馆领域保留的最后领地。在相当长的时间里，面临究竟选择大学还是社会的问题时，大学博物馆仍然不假思索地选择了前者，直到最近才出现向社会偏摆的反思[174]。

20世纪上半叶的中国大学博物馆一再展现了策展人对博物馆深远而持久的形塑之力。戴谦和、葛维汉和郑德坤以及华西边疆研究会之于华西大学博物馆，马衡和韩寿萱之于北京大学博物馆，贺辅民和冼玉清之于岭南大学博物馆，林惠祥之于厦门大学文化陈列所，商承祚之于金陵大学博物馆，陈梦家之于清华大学文物陈列室，皆属此类。大学博物馆的馆藏和展陈特质甚至就是策展学人的个性和学术倾向的放大版本。策展人群体之中，历史和考古学人所占比例甚高，这导致大多数中国大学博物馆属于历史古物类博物馆，显著有别于日本的早期大学博物馆。大学博物馆的馆藏结构并不均衡，直观地反映了策展人的学术旨趣和成就，华西大学博物馆和北京大学博物馆即是显例。

但是，兼具学者身份的策展人对大学博物馆具有双刃效应。一方面，因为“学者”的前置标签，绝大部分大学策展人都以对馆藏而非博物馆本身的研究著称，因此，策展人的影响集中体现在形塑馆藏上，而在展陈甚至教育上却相对薄弱。这甚至导致大学博物馆出现重馆藏、重研究而轻教育的倾向。另一方面，学人聚散可能会直接引起大学博物馆的兴衰。

韩寿萱是罕见的例外。他代表了有别于收集和典守宝藏的博物馆的另一面，也就是将博物馆作为教育场地的努力。

---

〔174〕 Drissche B van den. University and Universality in Belgium. *Museum International*, 2000, 52(3): 38-44.

第九章

和声：博物馆专业组织和博物馆学的初成

1935年5月18日成立的中国博物馆协会被追认为中国博物馆发展历程上不可替代的里程碑。虽然缺乏实际操作和运营机制的承继关系，现今的中国博物馆界仍然遥尊中国博物馆协会为行业源头，以此建构道统脉络[1]。中国博物馆协会试图将建立在不同基础和初衷，服务于不同宗旨，并且连续运作了数十年的各类博物馆统摄起来，发出统一的博物馆行业之声。这是将各种博物馆实践上升到统一诉求的契机。与之构成辅承之势的是博物馆学学科的形成和最初的著述的零星出现。20世纪30年代前后，基于对中国博物馆缺乏实际操作经验和适当引导的忧虑，不同学人分别自东西方输入博物馆学理论，出版了最早的博物馆学著述。中国早期博物馆的进程不再是零星的尝试，而试图转型成为既有理论和方法支撑，又有群体和组织奥援的活动。博物馆组织和博物馆学著述并不是重复的两条线索，而呈现出和而不同的格局。不过，中国博物馆协会乃至1949年之前的中国博物馆事业的黄金时代仅仅维持数年，不久就因为战争的全面爆发而濒于停顿，而早期博物馆学著述的影响几近消失，中国早期博物馆运动面临终结命运。

9.1　同声共识：中国博物馆协会的创办和复兴

作为行业组织的中国博物馆协会成立于1935年，在中国博物馆和博物馆学的发展历程上具有承前启后价值。只是由于日本侵华战争的全面爆发，博物馆学和其他众多学科领域一样遭受灭顶之厄。抗战胜利后不久的政权更迭导致学术范

---

〔1〕　巧合的是，1977年，国际博物馆协会（ICOM）宣布以每年的5月18日为国际博物馆日。

式也随之改变，以至于中国博物馆协会及各家博物馆的实践都不再具有继承和效仿价值，甚至坠入不可提及或者被遗忘的灰暗地带，其贡献更无从准确认知。但是，只要回到20世纪前30年博物馆成长的特定情境之中，中国博物馆协会的价值就会不容置疑地凸显出来。作为行业共识的集中表达，中国博物馆协会的影响力超出任何一家博物馆。中国博物馆协会的旨趣和倾向也整体性影响了30年代中期结盟的博物馆群体。

9.1.1 中国博物馆协会的筹组

1934年，故宫博物院院长马衡、中央博物院筹备处主任傅斯年、北平图书馆馆长袁同礼，以及朱启钤、叶恭绰、张元济、卢作孚等名流贤达68人共同发起倡议，筹备成立中国博物馆协会，会址暂设北平陟山门大街三号原御史衙门。次年5月18日，在筹备近一年之后，中国博物馆协会于北平景山绮望楼正式成立。这是中国博物馆群体的啼声初试。成立大会议程极为紧凑，但又不失精心设计，安排上隐约透露出发起者们的背景、立场和倾向。出席成立大会的代表达50余人，除讨论组织章程外，推选15人组成执行委员会，有会员提出加聘发起人，20余人得到提名。大会主席马衡作博物馆协会宗旨报告，袁同礼则报告协会筹备经过。此外尚有三场主旨发言，分别是李济报告中博院筹备和建筑进展，朱启钤报告北平礼器陈列所和古物陈列所成立情况，以及胡先骕呼吁各地成立自然史博物馆[2]。主旨发言基本反映了当时中国博物馆界的主要成就、关注热点和行业认知。成立大会仅费一个半小时，上午会议之前，代表们集体前往北海团城承光殿参观“欧美博物馆展览会”。午饭由故宫博物院和古物陈列所联合在传心殿招待。下午的余兴节目是参观“故宫实录大库及南三所档案”，沈兼士作“故宫博物院文献馆整理档案之经过”演讲[3]。5月28日的执行委员会会议抽签决定了各执行委员的任期，选举马衡为主席，袁同礼为书记兼会计，钱桐、李书华、翁文灏、李济和胡先骕为常务委员。作为成立过程的尾声，中国博物馆协会于9月20

---

〔2〕《成立大会纪事》，《中国博物馆协会会报》第1卷第1期，1935年，第5～9页。

〔3〕《成立大会纪事》，《中国博物馆协会会报》第1卷第1期，1935年，第5、6页；沈兼士：《故宫博物院文献馆整理档案之经过》，《中国博物馆协会会报》第1卷第1期，1935年，第9～12页。

日在民众运动指导委员会完成立案[4]。

中国博物馆人借助行业协会的成立表述了自我定位，既有对博物馆发展轨迹的共识，也有对时势的关怀。中国博物馆协会提出定位三项："欲使先民之遗迹永久保存，固有之文化，日新又新，则博物馆之建设，实为今日最迫切之需求"；"博物馆在教育上之价值，几倍于学校，是以先进各国于博物馆之设立提倡，不遗余力，收效之宏，堪资借镜"；"是博物馆者，静的方面可以为文化之保管人，社会教育之良导师，动的方面并可以为国家边陲，筹长治久安之策"[5]。归结起来，则是保存古物、提倡教育和稳定边疆三端。前两项表达了博物馆人对博物馆的基本功能的认知，最后一项则是对东、西方诸国在西北一带考古探险活动的有感而发，可以看成时势使然，因此，倡议者也就以"静"、"动"相分，意指博物馆的长期的固有功能和短期的现实功能。中国博物馆协会提出的"保存"方面集中于"先民之遗迹"。胡先骕呼吁重视自然史收藏，不过显然不在北平学术群体的关注重心上。"教育"方面似乎局限在学校辅助教育上，基本看不到当时已成燎原之势的民众教育运动的影响，与会代表的归属机构进一步证实了这个倾向。以保护和典藏为重构成中国博物馆协会的基本立场。"国家边陲长治久安之策"是"动的方面"的"余义"。不过，"动的方面"的意义并不是突兀提出的，所列西北诸项调查都是深刻刺激了北平学术群体固有的国宝保护意识的事件，如果结合成立会当天安排沈兼士报告，以及在一年后青岛年会上比重颇大的以西北发现为主题的报告的话，这个认识应该被看成北平学术群体在博物馆功能上的共识，而不是临时"动因"，西北只是固有的保存古物功能的具体表现。在中国博物馆协会的近期任务上，马衡提出了举办年会和发行刊物两项，两者不久都得以实现，成立大会之后即创办了《中国博物馆协会会报》，而第一届年会也在成立周年之际如期举办。

在中国博物馆协会的倡议、筹备、成立和活动中，北平博物馆和学人群体发挥了主导作用，他们对博物馆本质属性、功能和发展趋势的基本认识也直接反

---

〔4〕　《组织中国博物馆协会缘起》，《中国博物馆协会会报》第1卷第1期，1935年，第1～5页。

〔5〕　《组织中国博物馆协会缘起》，《中国博物馆协会会报》第1卷第1期，1935年，第1、2页。

映在中国博物馆协会的判断、立场和倾向上。北平的博物馆群体无论在数量、类型还是在收藏规模上都远超出中国其他任何一地，在博物馆的成长历程上，北平学术群体在历史学、考古学、地质学、自然史、生物学等诸多学科都给予了强有力的支持。特定的学术机构和学人在中国博物馆协会的成立过程中起到了举足轻重的作用，其中，故宫博物院、古物陈列所、北平研究院和北平图书馆是尤其不可忽视的肱股力量。成立大会的会址选定、招待午餐、相关参观活动甚至开会经费，基本由故宫博物院和古物陈列所承担。在人事安排上，马衡委派赵儒珍专司会务。袁同礼在成立大会上也特地说明，如非马衡以故宫博物院的资源支持的话，很难在年内成立博物馆协会[6]。而配合成立大会的欧美博物馆展览则由北平图书馆承办，资料是袁同礼旅美期间收集的[7]。在经费上，故宫博物院和北平图书馆等机构也是中国博物馆协会的最主要的支持者。由于中国博物馆协会并非公立机构，经费只能依赖募款。第一次常务会议上，经费问题通过在多个机关会员中募集的方式解决，其中北平图书馆、北平研究院和故宫博物院三家贡献最著[8]。会员会费也被计为经费来源的主要方式之一，因此中国博物馆协会特设“永久会员”，规定“凡个人会员一次缴足会费五十元，机关会员一次缴足一百元者”即可成为永久会员，因此永久会员的财务支持价值远大于其他，而率先成为个人永久会员的是马衡和袁同礼，首批机关永久会员则是故宫博物院和北平图书馆。

会员名单分析也揭示出中国博物馆协会对北平学术群体的整体性倚重以及特定的博物馆旨趣倾向。自1934年倡议到因战事而停止活动，中国博物馆协会逐批公布发起人和会员名单[9]。会员组成显示，北平学术群体明显构成了中国博物馆协会的核心，而且恰好由于专业的博物馆学人的缺失和现代考古学及自然科学力量的不足，金石器物学传统占据了主导地位。作为主要的发起机构，故宫博物院输出了大批个人会员，在首批116名个人会员中，自马衡起，43人来自故宫

---

〔6〕《成立大会纪事》，《中国博物馆协会会报》第1卷第1期，1935年，第7页。

〔7〕《中国博物馆协会之成立》，《中华教育界》第23卷第1期，1935年，第223页。

〔8〕《会务纪要》，《中国博物馆协会会报》第1卷第1期，1935年，第14页。

〔9〕重熙：《中国博物馆协会成立记》，《科学》第19卷第5期，1935年，第744页。另见于《中国博物馆协会会报》第1卷第1期，1935年，第2页。两者略有差异，前者所列卢作孚、狄平子、马君武、张伯苓、陈焕镛等未在最终名单中。

博物院，占会员人数三分之一强，而其他任何机构均不超出十名会员。个人会员较集中的机构还包括北平图书馆、北平古物陈列所和北平研究院。来自北平图书馆的会员计有袁同礼、向达、刘节、赵万里、徐鸿宝、贺昌群等七人，来自北平古物陈列所的会员计有钱桐、谢涛、傅以文、李仁四人，来自北平研究院的会员计有李书华、徐炳昶、黄文弼三人。以会员的登记机关作为分类依据有时并不能准确反映学人的群体归属关系，以不同机构登记的学人可能通过其他的组织和活动形成密切的关联。以燕京大学为名登记的容庚和以武汉大学为名登记的吴其昌通过馆藏清点活动与古物陈列所联系在一起，以清华大学为名登记的袁复礼则通过西北科学考察团活动与北平研究院捆绑在一起。山东省立图书馆王献唐是北平学术群体在山东金石收藏和考古调查的重要合作者。对古物陈列所有创造之功的朱启钤以营造学社的名义登记。丁文江以中研院筹备处的名义登记，但可以和翁文灏一并作为实业部地质调查所的代表，构成中国博物馆传统中来自自然科学的一支。一度活跃于北平金石学和博物馆群体之中的叶恭绰正在筹备上海市博物馆，因此以上海市博物馆临时董事会的名义出席，并且从一开始就积极参与到中国博物馆协会的筹措资金等事务中，意图为沪上博物馆谋求更大发言权。当然，中国博物馆协会中也涵括了此时得到北平学术群体认可和重视的外埠博物馆，其中显著代表就是华西协合大学博物馆的葛维汉和林名均，和广西省立博物馆的廖葛民。

除了易于识别的供职机构之外，中国博物馆协会个人会员还通过当时已经活跃的考古学、金石学、建筑学和书画等专业团体联系起来，这些群体甚至构成中国博物馆协会扩展会员所借助的网络；反过来，这些群体也影响了中国博物馆协会的倾向和色彩。考古学社、中国画学研究会、中国营造学社和陕西考古会构成了博物馆协会个人会员的重要重叠身份。考古学社是由容庚、刘节、唐兰、徐中舒、魏建功等发起，1934年成立于北平的中国考古学研究机构。虽然以“考古”为号召，但是，考古学社成员多属金石学人，他们所释的考古也多基于金石名物，虽方法上有所改进，但是并未逾出古器物学范畴，与真正意义上的考古学显著有别[10]。中国营造学社是朱启钤于1929年成立，以中国古代建筑为主要研究对象的学术团体。这是中国古代建筑测绘、研究和保护上最重要的一股力量。梁思成和刘敦桢均属营造学社核心成员[11]。中国画学研究会于1920年5月成立，核心成员包括金城、周肇祥、贺良朴、陈师曾、陈汉第、萧愻、徐宗浩、徐燕荪、吴镜汀和陶瑢等，其中多人与古物陈列所关系密切：金城系北平古物陈列所最早的倡议人，而周肇祥则曾经担任古物陈列所所长。中国画学研究会是北平学术圈中另一更趋保守的金石学群体[12]。陕西考古会系1933年徐旭生代表北平研究院史学研究会与何士骥等当地人士合组于西安的考古学组织。虽然陕西考古会以发掘宝鸡斗鸡台遗址为主要工作，但也因此而聚集了一批考古和乡土历史学者[13]。上述学术团体构成了联系个人成员的网络，所有群体都显示出强烈的北平倾向和古物学倾向。

相对于处在显性位置的故宫博物院和马衡而言，北平图书馆和袁同礼对于中国博物馆协会的开创之功尚未得到充分认识。成立中国博物馆协会的直接诱因是1934年袁同礼作为中国代表出席国际博物馆协会会议，归国后提议组建中国博物馆协会[14]。倡议尚未形成之时，袁同礼就开始留意收集欧美博物馆照片。中国博物馆协会成立大会之前代表们参观的“欧美博物馆展”，“系国立北平图书馆副馆长袁同礼去年在欧美各国所搜集”[15]。自中国博物馆协会成立以来，袁同礼与马衡同为永久个人会员，而北平图书馆则和故宫博物院一样，为永久机关会员。北平图书馆对中国博物馆事业的贡献不仅仅表现在袁同礼在成立中国博物馆协会上具有首倡之功，也不限于金石部一度汇聚了20世纪早期最优秀的金石学家

〔10〕《社务纪要》，《考古社刊》第1期，1934年；邵子风：《考古学社缘起》，《考古社刊》第1期，1934年；容庚：《考古学社之成立与愿望》，《考古社刊》第1期，1934年；刘节：《考古学社之使命》，《考古社刊》第2期，1935年；徐坚：《暗流：1949年之前安阳之外的中国考古学传统》，北京：科学出版社，2012年，第141～163页。

〔11〕《中国营造学社汇刊》（第1～7卷），北平：中国营造学社编印，1930～1945年。

〔12〕杭春晓：《渐进式文化改良：以民初北京地区传统派画家为中心的考察》，合肥：安徽美术出版社，2013年。

〔13〕徐旭生：《自传》，《河南文史资料》第14辑，1985年，第114～117页。

〔14〕《中国博物馆协会之成立》，《中华教育界》第23卷第1期，1935年，第222页。

〔15〕《中国博物馆协会之成立》，《中华教育界》第23卷第1期，1935年，第223页。

和古器物学家，影响了早期中国博物馆学和金石考古学进程，还在一定程度上表现为透过中国博物馆协会和中华图书馆协会的亲缘关系强化的图博一体观念。作为中国博物馆协会的主要工作目标，第一次年会就是和中华图书馆协会第三次年会合并办理的，而且在会务上多依赖后者。甚至，受到中华图书馆协会启用合体字的影响，中国博物馆协会成立之后即有甄选字例，确立自身象征符号的提议。上海市博物馆主张，比照中华图书馆协会合体字例，采用“[illegible]”字形〔16〕。中国博物馆协会会员就此议激烈讨论，第一次年会时最终决定以“馎”作为博物馆的合体字〔17〕。

9.1.2　青岛年会的巅峰绝唱

1936年7月20日，中国博物馆协会假青岛国立山东大学举办第一次年会，但始料不及地成为这家新生的全国性博物馆行业组织的绝唱（图9.1）。青岛年会系中国博物馆协会和中华图书馆协会联合举办，对于博物馆协会而言，这是正式亮相的第一次年会，而图书馆协会已是第三次年会了。相对于图书馆协会年会而言，博物馆协会年会的规模无疑相对简陋，这也是两者在抗战前夕的发展状况的准确反映。代表河南博物馆参加年会的该馆馆长王幼侨观察到，“博物馆协会参加者区域约二十余处，会员三十余人。图书馆协会参加者一百三十余人”。“内有东西外宾会员各一人。妙龄摩登异性二十余人，于思于思者十数人，混合种一人”〔18〕。博物馆协会的官方统计也大体相合，“博物馆协会机关会员及个人会员凡三十二人，来自平、津、汴、济、京、沪、杭州、西安、南宁及青岛”〔19〕。开幕式上，主席叶恭绰坦承“年来图书馆事业进步较速，而实际上尚

---

〔16〕　《上海市博物馆建设经过》，《上海研究资料续集》，《民国丛书》（第四编第81册），上海：上海书店出版社，1992年，第376页。

〔17〕　《中国博物馆协会第一次年会开会纪事》，《中国博物馆协会会报》第2卷第1期，1936年，第10页。

〔18〕　王幼侨：《青岛游记》，《河南博物馆馆刊》第2集，1936年，第5页。

〔19〕　《中国博物馆协会第一次年会开会纪事》，《中国博物馆协会会报》第2卷第1期，1936年，第1页。

图9.1　中国博物馆协会青岛年会合影

须充实。至于博物馆则更形幼稚”[20]。但是，仅仅成立年余时间就能召开如此规模的全国博物馆会议已属不易。

图书馆协会和博物馆协会的联合年会采取了分合结合的形式，合办会议和活动在科学馆大礼堂举行，而分组会议则在科学馆他处。合办活动包括20日上午联合开幕典礼，下午青岛市长沈鸿烈的市政近况讲演，和21日上午李煜瀛的“中国国际图书馆协会事业”报告。开幕典礼由叶恭绰主持，地方军政文教人士致辞，马衡代表两会致答辞。闭幕仪式仍由叶恭绰主持，袁同礼和马衡分别代表图书馆协会和博物馆协会作总结汇报。20日和21日两会的分组会议和讨论几乎是穿插在集中会议空隙间进行的，22日才得以专门留给分组的会务会议和演讲等活动。从宣读论文的安排上看，故宫博物院和北平图书馆两家占据了主要成分。方甦生、单士元、张德泽、方凤翔、单士魁、李德启、王梅庄等人报告均以清代档

〔20〕　《中国博物馆协会第一次年会开会纪事》，《中国博物馆协会会报》第2卷第1期，1936年，第1页。

案为题[21]。其他的报告则显示出主题的多样性，朱祖祐以作为博物馆的水族馆为题，胡肇椿着眼于博物馆运作中的具体问题，提交“标签之改良”，刘衍淮和袁复礼都报告西北科学考察，分别作了“考古学中气候学上的问题”和“新疆考古概况”，庄尚严作了“在欧洲所见之中国古物”，吴世昌作了“中国史学之革命”的演讲[22]。年会尚有专门的提案议决的安排。所有的提案按照博物馆行政、建筑及陈列、发掘及考古、古物保存和档案整理五组归类。根据统计，“共收到提案三十五件，内一件应属于会务会议”。提案有通过、修正、合并和否决等多种结果。王幼侨的两件提案之一是“请由会函请中央通令各省市政府对于图书馆博物馆增加经费以资发展”，系常见的博物馆意见。另一则是“请规定发掘与报告适当距离之时间”，是为约束考古发掘与博物馆收藏之间关系，颇具前瞻性。不过，王幼侨记录自己的提案更为丰富，包括“增加经费，请求庚款补助，编印博物词典，讨论博物标准分类法，及保管器物，陈列方法，编号标签等问题”[23]。

北平学术群体构成了中国博物馆协会第一次年会的参会主体。设址于天津的河北省博物院“严季聪先生代表出席”[24]。虽然河北省博物院自有特色，但是总体上与北平学术圈保持了一致。以开封的河南博物馆和南宁的广西省立博物馆为代表的少数外埠博物馆也积极参与其事。时任河南博物馆馆长的王幼侨与时任广西省立博物馆馆长廖葛民均作为地方博物馆代表出席，演讲主题也与所在博物馆密切相关。王幼侨的演讲安排在21日近中午时，以“博物馆与民族复兴”为题；廖葛民的演讲安排在22日下午，以“广西过去文化的检讨”为题[25]。但是，北平博物馆群体之中也有缺席青岛第一次年会者。王幼侨于19日晚自开封搭

---

〔21〕《中国博物馆协会第一次年会开会纪事》，《中国博物馆协会会报》第2卷第1期，1936年，第2页。

〔22〕《中国博物馆协会第一次年会开会纪事》，《中国博物馆协会会报》第2卷第1期，1936年，第2、3页。

〔23〕王幼侨：《青岛游记》，《河南博物馆馆刊》第2集，1936年，第5页。

〔24〕《本院重要纪事二十五年七月》，《河北博物院画刊》第119期第4版，1936年8月25日。

〔25〕《中国博物馆协会第一次年会开会纪事》，《中国博物馆协会会报》第2卷第1期，1936年，第3页。

车前往青岛，途中遇到同往青岛参加图书馆协会年会的河南大学图书馆主任李燕亭，次日在徐州转车时又遇北平历史博物馆主任裘善元和西安考古团主任黄仲良。不过，裘善元并未同赴青岛，在济南就转向北平了。

9.1.3 中国博物馆协会的复会努力和挫折

由于抗日战争的爆发，中国博物馆协会停办，直到14年之后才有复会之议[26]。复会之际，马衡回顾了中国博物馆协会的三项目标，“研究博物馆学术，发展博物馆事业，并谋博物馆之互助”[27]。无论在着眼层面，还是在表述上，都与成立之初截然不同，这既可能反映了十余年间博物馆学观念的进步，也反映了马衡对志在迅速复办的中国博物馆协会的期许。

在中国博物馆协会的复会辞中，马衡特意提及博物馆学国际潮流，感叹“各国博物馆协会的工作，就是在大战时期，也未尝稍懈。同时国际间对博物馆事业，也较前更重视”[28]。这并非虚言，同时也表明现实的压力。一方面，联合国教科文组织特设博物馆组，作为常任理事国，中国相应于1947年2月成立中国委员会，作为该组织在华的对口单位。李济当选为主席，韩寿萱担任秘书，委员包括马衡、袁同礼、杨钟健、冯汉骥、郑德坤、曾昭燏和胡肇椿等[29]。另一方面，国际博物馆协会第三届年会召开在即。因此，1948年6月6日下午，中国博物馆协会在午门举办了复会仪式。主要组织者仍是1935年成立大会时担纲的马衡和袁同礼：袁同礼主持，马衡致复会辞。韩寿萱报告筹备复办过程。李杏南、陈梦家、金毓黻、叶德礼（Matthias Eder, 1902 ~ 1980）分别作主题演讲[30]。甚至和1935年的成立大会相似的是，复会仪式时，中国博物馆协会也委托历史博物馆筹办了“欧美博物馆”展览[31]。该展览是自美国学成归国的韩寿萱以北平图书馆和北京大学博物馆提供的资料设计而成的。“欧美博物馆”展览在很大程度

---

〔26〕 1941年，中国博物馆协会曾出版《中国博物馆协会会报》复刊号一期，但再无后续。

〔27〕 马衡：《中国博物馆协会复会辞》，《大公报》1948年6月6日，第4版。

〔28〕 马衡：《中国博物馆协会复会辞》，《大公报》1948年6月6日，第4版。

〔29〕 《国际博物馆协会中国委员会成立》，《教育通讯月刊》第4卷第6期，1947年，第36页。

〔30〕 《博物馆协会复会》，《大公报》1948年6月7日，第3版。

〔31〕 韩寿萱：《“欧美博物馆介绍展”的意义》，《大公报》1948年6月6日，第4版。

上为中国博物馆的发展提供了一个美好的愿景，“作为我们博物馆界改进的参考”[32]。不过，复办的中国博物馆协会只是昙花一现，远未如期许地发展就遭遇了政治剧变。

9.1.4　早期中国博物馆的集体亮相

中国博物馆协会自拟的首要之责是“实际之调查”，这是经过近半个世纪的发展后中国博物馆群体的家底清点，而调查结果就是1936年初编定的《中国博物馆一览》。这是快速成长的中国博物馆群体的第一次整体亮相，无论是数量上，还是类型上，中国博物馆都达到了前所未有的高度，这一快速发展进程很快被动荡的政局打断，很长一段时间都无法恢复。

《中国博物馆一览》为日后鸟瞰1949年之前中国博物馆曾经企及的巅峰提供了最直观的记录。虽然书中包含的博物馆资讯细节丰富，且多有独特性，但是需注意的是，这仍然是仓促编辑之作，在地域、类型和归属关系的覆盖上都可见到草创时期的疏漏，有些博物馆未能及时寄回调查表，还有博物馆甚至整个博物馆类型都在调查者视野之外。不过，以行业组织主持此项调查的优势不言而喻，1934年教育部也曾经组织调查，最终仅得到收录了等级和归属参差不齐的18家博物馆的杂乱表格[33]。

《中国博物馆一览》是在中国博物馆协会“机关会员”的基础之上编定而成的。中国博物馆协会成立之时即有“机关会员”30家，但其中包括了中国画学研究会、营造学社、中山文化教育馆等作为协作单位的非博物馆机构。随后陆续加入的机关会员单位包括首都民众教育馆、陕西考古会、中央党史史料陈列馆、考古学社、上海市立植物园、济南广智院、重庆青年会民众博物馆、广州市立博物院、哈佛燕京社北平办事处附设博物馆、青岛市博物馆等多家[34]。中国博物馆

---

〔32〕　韩寿萱：《“欧美博物馆介绍展”的意义》，《大公报》1948年6月6日，第4版。

〔33〕　包遵彭：《中国博物馆史》，台北：中华丛书编审委员会，1964年，第42～45页。

〔34〕　《会务纪要》，《中国博物馆协会会报》第1卷第2期，1935年，第26页；《会务纪要》，《中国博物馆协会会报》第1卷第4期，1936年，第44页；《会务纪要》，《中国博物馆协会会报》第1卷第5期，1936年，第25页；《会务纪要》，《中国博物馆协会会报》第2卷第1期，1936年，第18页；《会务纪要》，《中国博物馆协会会报》第2卷第2期，1936年，第20页；《会务纪要》，《中国博物馆协会会报》第2卷第5期，1937年，第12页。

协会的机关会员经历次增加后，共计45家。《中国博物馆一览》共收入经厘定的博物馆机构62家，代表了这个时期的博物馆的基本可得数据。中国博物馆协会机关会员中凡是博物馆者皆收录于《中国博物馆一览》，而后者也补充了诸多尚未加入中国博物馆协会的博物馆，如震旦博物院。考虑到中国博物馆协会自身鲜明的倾向性，这一灵活处置明显弥补了代表性不足的缺陷。但是，仍然有多家博物馆未被纳入其中，有的可能是行政方面的疏漏，有的则可能与中国博物馆协会的立场有关。两个名单基本反映了以北平文化群体为中心的非官方统计。曾昭燏更为乐观地估算此时的博物馆总数达80家，由于视角与地位的差异，可以看成对中国博物馆协会统计数字的修正〔35〕。不过，此时博物馆数目波动仍大，虽然博物馆的重要性已为人所识，但是“因人成事，兴亡无定”的博物馆运营现状也不容忽视〔36〕。

抗战之后，短暂复会的中国博物馆协会已无力再组织调查，全国博物馆调查资料主要来自教育部主持的官方清点。教育部1947年记录显示，博物馆数量大减。除去各县民众教育馆外，成规模的博物馆仅存16家，其中国立3家，省立和私立13家〔37〕。虽然不能排除由于行政覆盖能力原因导致数据脱漏，以及战后博物馆的复原工作尚未全面完成，但是抗战导致一大批博物馆倒闭或者濒临倒闭也是不争的事实〔38〕。

9.2 格局初现：以早期博物馆学著述为中心

伴随着不同类型的博物馆的破壳和初成，中国也出现了博物馆学专业知识和最早的博物馆学著述。不过，就数量而言，著述仅有屈指可数五种。从博物馆学专业知识的生产机制看，内部话语（inward discourse）特征不言自明：几乎所

〔35〕 曾昭燏、李济：《博物馆》，重庆：正中书局，1943年，第5页。

〔36〕 包遵彭：《中国博物馆史》，台北：中华丛书编审委员会，1964年，第41页。

〔37〕 曾昭燏：《中国博物馆之沿革》，收录于南京博物院：《曾昭燏文集》，北京：文物出版社，1999年，第283页；包遵彭提供了国立之外的其他博物馆的数据，计为13家，数据统计年代称为1948年年初，参见包遵彭：《中国博物馆史》，台北：中华丛书编审委员会，1964年，第45、46页。

〔38〕 向达：《战后两年来的国立图书馆与博物院》，《中华教育界》复刊第2卷第2期，1948年，第17～21页。

有的早期博物馆学著述作者都曾经是博物馆从业者，森严的职业边界造成游离在博物馆之外的一般知识人士，甚至来自关联密切的学科的学人也无法涉足其中，这一方面说明博物馆学开始谋求作为独立的学科的地位，但另一方面也暗示博物馆学著述难以在一般意义的社会文化层面引起共鸣，博物馆学不可避免地滑入边缘地位。几乎所有编者或作者都深感中国博物馆的发展缺乏引导、参照和借鉴，这构成了共享的写作初衷。而且，在解决方案上，所有早期作者们都共享外源性特征，即理论、方法甚至范例的主体都来自域外。中国博物馆筚路蓝缕的现状导致最早的博物馆学著述直接自博物馆更为发达的域外输入学理，因此，早期博物馆学著述并不是同时期中国博物馆的发展的反映，相反，可能更多地表达了部分博物馆人对中国博物馆走向的期许。内部话语和外部来源相结合，导致早期博物馆学五种著述都未能引起社会甚至智识阶层的广泛关注。1949年的政权更迭造成前后阶段的博物馆学理论几无贯通之处，中国的博物馆运作改奉高度集中、统一的苏维埃模式，所有著述更沦落到几近被遗忘的境地。但是，这个时代的中国博物馆群体的焦虑、执著和突围路径都是此后从未见到的，而重新发现和评估这个时期的博物馆学著述文本仍然是管窥中国的博物馆从业群体的认知体系和知识结构的不二门径。费畊雨、费鸿年《博物馆学概论》，陈端志《博物馆学通论》和《博物馆》两种，荆三林《博物馆学大纲》和李济、曾昭燏《博物馆》虽属草创，但不乏远见，同时也为未来的博物馆学发展预埋了诸多观念。

9.2.1　和而不同的出版格局

20世纪30年代中期至抗战结束之前，早期博物馆学五种著述井喷而出，频密程度是嗣后很长一段时间都无法超越的。但是，令人遗憾的是，五种著述虽可按照年代排序，但并没有形成知识上的演进，反而属于架床叠屋，所言内容不超过概论，而且所述博物馆学理论都与中国博物馆实践油水两隔。

费畊雨和费鸿年的《博物馆学概论》于1931年10月撰就，1936年6月由中华书局出版，成为中国博物馆学的开山之作（图9.2）。次月，陈端志就在生活书店出版了作为上海市博物馆丛书之一的《博物馆学通论》，1937年又在商务印书馆出版了面向大众的《博物馆》。而此时，曾昭燏受命前往德国考察博物馆，作为此行成果的《博物馆》一书于1940年9月最终定稿，三年后，该书以李济、曾昭燏合署方式由正中书局出版。1941年夏天之前，荆三林也完成了博物馆论稿的

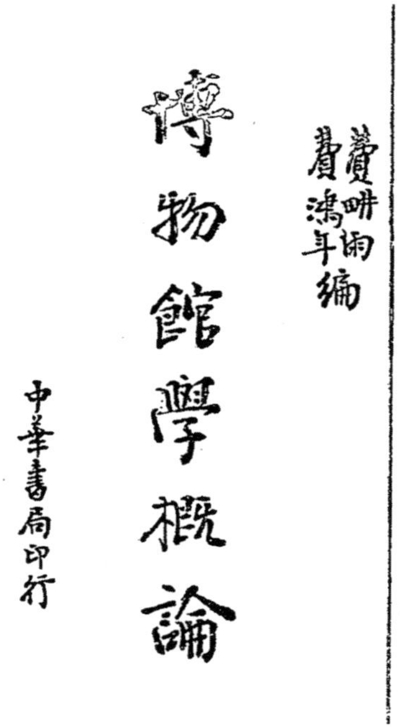
博物館學概論
費畊雨 費鴻年 編
中華書局印行

图9.2　费畊雨、费鸿年《博物馆学概论》

编辑，并且在当年迅速出版了《博物馆学大纲》。从绝对时间顺序看，费氏昆仲著述无论编撰还是出版都是最早的，陈端志紧随其后连续出版了两种博物馆入门书籍。李济、曾昭燏在抗战期间编撰的著述迟至1943年才出版，而编辑稍晚的荆三林著述反而较早获刊。诸种著述没有显示出任何确凿的认知上的渊源关系，甚至无法确证晚出著述明确知晓早出著述，不同作者的著述呈现出相对独立的轨迹。但是，有意思的是，诸家及诸部作品都不约而同地表达出对特定问题的兴趣，甚至近同的观念和解决思路。这或许表明，相互隔绝的作者们高度共享了特定的博物馆学思想，而这个来源在此前的博物馆史研究中是未得关注的。

费畊雨（1896～1932）和费鸿年（1900～1993）的《博物馆学概论》在中国博物馆学术史上名列开山之作，但很可能是作者们始料不及的无心插柳。费畊雨和费鸿年昆仲系浙江海宁人，均属中国生物学奠基学人，费畊雨以昆虫学研究著称，对浙江省昆虫局有创设之功，费畊雨的昆虫标本制作在西湖博览会上引起轰动，后分赠浙江和广东用于教学和展示，在一定程度上影响了未来的西湖博物馆的馆藏结构和发展取向。费鸿年留学于东京帝国大学，先后任教和任职于北京大学、广东大学、广西大学和南海水产研究所，在鱼类生物学上极富建树。费氏昆仲都是具有博物馆意识和兴趣的科学家，通过建立近代意义的自然史收藏和科学教育体系进入到博物馆中。费鸿年讲述费畊雨事迹，“曾于研究昆虫学之余，对于博物馆的事项，无不悉心研究，自行创作”[39]。费鸿年与博物馆的关联更为

〔39〕　费畊雨、费鸿年：《博物馆学概论》序，上海：中华书局，1936年，第1页。

密切，曾经担任广州市立博物院筹备成员，对其动物学收藏具有决定性影响。不过，《博物馆学概论》的写作没有局限在自然史或者科学教育，而是立足于普遍意义的博物馆。谈及《博物馆学概论》写作缘起，费畊雨有感于20世纪后中国博物馆成长迅速，但缺乏理论指导的现实。“最近数年来，我国各都市渐有此种机关的设置，……惟主其事者往往缺乏博物馆的常识，以致有博物馆之名，而不能举博物馆之实的，比比皆然”[40]。《博物馆学概论》起于费畊雨，但不久即因其肺病所累几至停顿，费鸿年代其编定全稿。《博物馆学概论》书稿于1931年10月完成，费畊雨于次年病逝。该书的出版延时数年，直到1936年6月方经中华书局出版，但仍是年代最早的博物馆学著述。

与费畊雨和费鸿年的《博物馆学概论》不同的是，陈端志的博物馆学著述是上海市博物馆在博物馆学和博物馆实践上宏大计划的组成部分，而陈端志就是该馆在博物馆学方向的核心人物。胡肇椿出掌上海市博物馆期间，以“提倡研究，以诱发高深兴趣”为预期，设计了庞大的丛书出版计划，博物馆学被列四大分支之一，这是中国博物馆以机构的名义提倡博物馆学研究的起始。因此，陈端志的博物馆著述可能代表了上海市博物馆的集体认知和愿景。供职于上海市博物馆期间也是陈端志的博物馆学著述写作最频密高产的时期。除《博物馆学通论》和《博物馆》外，陈端志尚有《地方博物馆实施法》和《博物馆陈列器物图说》的写作计划，前者亦属《上海市博物馆丛书》，不过仅存目，未知是否发行，后者为编译作品，可能都未竟完成[41]。

陈端志的《博物馆学通论》作为《上海市博物馆丛书》甲类第一种，于1936年7月由生活书店出版。全书篇幅甚巨，结构完备，但是写作时间应该不长，没有证据显示陈端志在上海市博物馆确立出版计划之前就已经着手写作。对于费鸿年增补费畊雨的写作一事，陈端志似一无所知，也应未见仅早月余出版的《博物馆学概论》，因此自我定位为“惟在国内博物馆事业正在勃发的时候，而出版界又未有此种书籍刊印，则本书的出版，视为吾国博物馆学的一个前哨

〔40〕 费畊雨、费鸿年：《博物馆学概论》序，上海：中华书局，1936年，第1页。

〔41〕 1937年出版的《博物馆》附录一参考文献中，陈端志提及《地方博物馆实施法》的出版状态为“印刷中”，而《博物馆陈列器物图说》则是“编译中”。陈端志：《博物馆》，上海：商务印书馆，1937年，第61页。

也可”[42]。在《上海市博物馆丛书》中，《博物馆学通论》是最先出版的书籍之一，《燕京学报》书评认为“此书之出，可称为该馆丛书之嚆矢”[43]。由于《上海市博物馆丛书》的出版规模在民国时期博物馆出版物中无出其右，陈端志《博物馆学通论》的社会可见度明显超过费畊雨和费鸿年的《博物馆学概论》也就不足为奇了。虽然列为《上海市博物馆丛书》一种，但是《博物馆学通论》基本不涉及上海市博物馆的实践，因此写作当另有来源。陈端志系上海金山人，1915～1917年留学日本庆应义塾大学，师从吉野造作，接受了法学和教育学的系统教育，社会教育和改造是其毕生志趣。1935～1936年，陈端志出任上海市博物馆总务主任。《博物馆学通论》和《博物馆》两书出版之后，陈端志于1937年被再度派往日本，考察以博物馆为中心的文化事业[44]。不过，二度东渡归来后，陈端志离开上海市博物馆，也再无博物馆学新著推出。此后，陈端志一直从事社会教育工作。除曾担任社会部秘书外，陈端志还一度出任中国青年工读团团长和建村农学院院长[45]。因此，系统的博物馆学基础理论来源无法归因于陈端志的教育背景。《博物馆通论》序言中，陈端志以“参考各国博物馆学名著”的“编著”自况，特别提及北平图书馆袁同礼和上海动物园沈祥瑞（1900～？）“供给不少参考资料”。

次年，陈端志出版了体量稍小的《博物馆》，收入商务印书馆的社会教育小丛书之中。《博物馆》写作时间应该不足一年，虽然距《博物馆通论》很近，但是两者在结构和内容上都有显著差异。《博物馆》以社会大众为设定读者，陈端志因此合并诸章，裁减掉多个更适合博物馆从业人员阅读的章节和西方博物馆个案。可能由于出版年代稍晚，《博物馆》书末附录的参考书名目中已经出现费氏昆仲的《博物馆学概论》。

相较于其他早期作者，荆三林（1916～1991）可能是最早在中国大学中讲

---

〔42〕 陈端志：《博物馆学通论》自序，《上海市博物馆丛书》（甲类第一种），上海：上海市博物馆，1936年，第1页。《图书展望》1936年第11期也沿用此判断，称其“诚是为我国博物馆学之前哨”。

〔43〕 《博物馆学通论》，《燕京学报》第20卷，1936年，第635页。

〔44〕 陈端志：《三渡观感录》，《教育建设》第1卷第5期，1941年，第68页。

〔45〕 陈端志：《新国民运动与工读教育》，《教育建设》第3卷第4期，1941年，第26～28页；《愚人之精神》，《社会旬报》第41期，1942年，第2页。

授博物馆学的学人[46]。1942年，荆三林获聘于国立社会教育学院，讲授博物馆学，开博物馆学纳入高等教育体系先河，而选用教材可能就是他于1941年9月由中国文化服务社陕西分社出版的《博物馆学大纲》。荆三林系河南荥阳人，1930年经关百益提携进入河南博物馆任练习员，随后任河南通志馆和《河南博物馆馆刊》编辑。中国博物馆协会成立后，经徐旭生介绍，荆三林以"河南博爱师范教员"的身份予以登记[47]。荆三林在博物馆学方面的论文先后发表在《学术世界》和《中国博物馆协会会报》等期刊上[48]。出版《博物馆学大纲》之时，荆三林正在主持自办的学术评论编辑室。荆三林与博物馆的学术渊源主要建立在曾经服务于河南博物馆上，但是从事的具体工作实与博物馆的基本业务无关，他的博物馆学写作也与河南博物馆实践无关。作为高等教育教材，《博物馆学大纲》一直都得到使用和补充，1983年尚有新版出版。《博物馆学大纲》出版之际，荆三林确切地知晓费畊雨和费鸿年《博物馆学概论》和陈端志《博物馆学通论》两书。不过，他批评，"博物馆通论及博物馆概论二书，皆注意于博物馆之形式，对其他方面多有忽略"，所述不无道理。荆三林自诩关注范围超出上述两书。据其自述，《博物馆学大纲》的编辑思路应该早已出现。抗战前夕，荆三林曾经试图编辑一卷《博物馆论丛》未成，篇目和内容应该与最终成书的《博物馆学大纲》相去不远。《博物馆学大纲》全书包括五篇，分别为绪论、发达史略、形式与功能、陈列方法和各部门及其组织，但是五篇既非自撰，亦非编辑，而是来源不一的文章辑录，而且荆三林在编辑时未附加任何整体性说明和修改，因此很难说此书表达了他对博物馆学的更全面、更完整的认知。

李济和曾昭燏合署的《博物馆》主要由曾昭燏执笔，系其于1937～1938年由中博院资助前往德国考察博物馆运作的报告（图9.3）。在此期间，曾昭燏分别在柏林国家博物馆和慕尼黑德意志博物馆实习，并曾参加柏林的田野考古发

〔46〕荆三林生平参见王星光、李趁有：《毕生追求学术　风范永存人间——缅怀荆三林教授》，《中原文物》1993年第2期，第105～108页。

〔47〕《会务纪要》，《中国博物馆协会会报》第2卷第2期，1936年，第21页。

〔48〕荆三林：《民俗博物馆在现代中国之重要性》，《学术世界》第2卷第2期，1936年；《地方博物馆之目的与组织》，《中国博物馆协会会报》第2卷第2期，1936年，第10～14页。《科学博物馆之功用及其组织问题》，《青年中国季刊》第2卷第4期，1941年。

图9.3　李济、曾昭燏《博物馆》

掘[49]。1939年年初，曾昭燏回国就任中央博物院筹备处专门设计委员，后来担任代理总干事及总干事，深得先后执掌中央博物院筹备处的傅斯年和李济的倚重。该书于1940年9月成稿并提交，1943年由正中书局出版[50]。1949年之后，她继续担任由前中央博物院改组而成的南京博物院副院长和院长。终其一生，曾昭燏主要服务于中博院及其后继机构，较其他作者而言，博物馆从业经验最为丰富，层次最高，影响也最大。

《博物馆》收入到教育部社会教育司出版系列，篇幅不大，共计十章，但涉及博物馆运作的诸多方面，以包括博物馆史和分类的概论开篇，随之分述组织、管理、建筑、设备、收藏、保存、研究、教育，末尾附战时工作一章。从严格意义上说，《博物馆》的设定读者实为博物馆从业人员，其中多章甚至达到指南或者手册的价值，而且征引实例几乎压缩至最低限度，对使用价值的强调也使该书更倾向于以条列方式行文。鉴于从考察到出版之时，中国都处在战火之中，曾昭燏特意增加了颇有时效价值的第十章“战时工作”，集中介绍了英国的博物馆如何保存馆藏和组织战时展览，力驳“或谓博物馆乃粉饰太平事业，值国家非常时期，无补实际”的谬见。

《博物馆》出版后，《中华图书馆协会会报》书评称，“书为职业（？）

〔49〕　南京博物院：《曾昭燏文集·博物馆卷》前言，北京：文物出版社，2009年，第1页。

〔50〕　曾昭燏日记记录，1940年5月21日将目次提交给李济，8月24日提交成稿给李济审阅，9月25日成稿。南京博物院：《曾昭燏文集·日记书信卷》，北京：文物出版社，2013年，第96、97、102、103页。

人士阅读之品，故言简意赅，纲举目张，第于博物馆事业之必需知识，已罗陈无遗”，说明时人亦认定此书更适合博物馆从业人员。不过，“研究工作、教育工作、战事工作三章，尤可使一般人士对博物馆事业作进一步之了解云”[51]。

《博物馆》在诸种著述中成书最晚，可能因为此稿兼作曾昭燏欧游见学报告，参考文献基本为西文，通篇从未提及任何较早出版的博物馆学中文著述，内容编排上也的确与此前的作者和著述有着泾渭之分。

因此，早期博物馆著述整体上展现出和而不同的面相。几乎所有著述都在独立摸索将博物馆学引进中国的方式，而且在一定程度上对于同在摸索的同行者知之甚少。所有的早期博物馆学著述都自我定位于社会教育层面。其中，陈端志的《博物馆》和李济、曾昭燏的《博物馆》被纳入到不同的社会教育丛书之中，不过两者都不适合非博物馆职业工作者阅读。荆三林《博物馆学通论》则是授课使用的文献汇编。因此，预设目标和设计读者各不相同。

9.2.2　博物馆学知识基因的东西分野

中国最早的博物馆学著述的作者或者编者都具备博物馆实践经验，无论是费鸿年之于广州市立博物院，陈端志之于上海市博物馆，曾昭燏之于中央博物院，还是荆三林之于河南博物馆，都亲身见证、参与甚至左右了特定博物馆的演化进程，但是，无论是个人的工作经验，还是中国博物馆的整体性实践，都没有在他们的著述中留下痕迹。因此，最早的博物馆学著述就只可能是脱离个人经验，转而输入学理的产物了。出人意料的是，诸种著述展现的多样性并没有达到研究者预期的程度。这应是多种原因造成的，既可能受到博物馆学理论和方法的可接触性的影响，也反映战前全球博物馆学界的整体潮流。

编作者们的教育和专业训练背景对于写作的影响，尤其是在主题和材料的选择上，似乎并不显著。早期作者中，除费畊雨和荆三林外，其余皆有海外教育背景，但是专业不同，费鸿年在东京帝国大学接受生物学训练，陈端志则在庆应义塾大学接受政治学和社会学教育，曾昭燏在伦敦大学以艺术史为研究方向，又在德国柏林国家博物馆及慕尼黑德意志博物馆中进一步见习，接受博物馆运营上的相关训练。专业背景的多样化造成作者参与的博物馆活动内容和对博物馆的理解

〔51〕《中华图书馆协会会报》第18卷第2期，1943年，第23页。

和期许上的差歧。费畊雨、费鸿年均与博物馆中的自然史收藏和科学教育相关，陈端志更关注博物馆如何进行社会教育，参与社会文化建设，曾昭燏的教育和训练则在博物馆经营的最基本范畴。相对而言，在博物馆学方向，费畊雨和荆三林均属自学成才，而且相对缺乏从业经验。但是，相对于作者们的教育背景和工作经验的差异，早期著述在内容上的差异明显要小很多。

更精准，更具细节性的文本分析揭示出编作者们隐而未发的倾向和意旨。无论是费畊雨、费鸿年昆仲，还是陈端志，都清晰无误地源自对日本博物馆学具有奠基价值，被尊为“博物馆学之父”的棚桥源太郎（1869～1961），但是出于国族主义忌惮，早期编作者们都隐匿了这一事实；同时，他们试图重构棚桥源太郎学说（亦即棚桥学），但是由于无论是经验还是见地上的匮乏，造成对棚桥学的肢解和曲解，降低了棚桥学对中国博物馆学进程本应有的贡献。

作为中国博物馆学础石的费氏昆仲《博物馆学概论》体量庞大，结构完整，内容丰富，十三章基本涵盖了博物馆的方方面面。首章“绪论”界定博物馆的定义、地位和现状，继之以第二章“博物馆发达史略”和第三章“博物馆的种类及效能”分别从历史和现实维度对博物馆进行细分和描述，四至九章分门别类地介绍“地方博物馆”、“教育博物馆”、“学校博物馆”、“儿童博物馆”、“室外博物馆”和“动植物园与水族馆”不同类型的博物馆，第十章“物品的收集与保存”、第十一章“博物馆的陈列”和第十二章“博物馆的社会事业”介绍博物馆工作的主要侧面，最后一章专述“博物馆的建筑”。由于费氏昆仲身处中国博物馆发展的外围，缺乏博物馆运作的通盘性观察和经验，因此，其著述的理论和实践来源尤其引人追问。在署于1931年的序中，费鸿年坦承，“（畊雨）去年以日人棚桥氏所著《诉于眼的教育机关》为蓝本，编博物馆学一书”，“（余）遂补编若干章而付梓”[52]。费氏昆仲援引的《诉之于眼的教育机关》即是棚桥源太郎于1930年首次出版的《眼に诉へる教育机关》（图9.4）。相对于博物馆作为珍宝收藏和展陈地点的陈旧认识，棚桥源太郎提出博物馆是实施“实物教育”的社会教育机构，全面揭示了博物馆的教育价值，极大地提升了博物馆的公共性。棚桥源太郎也以此书奠立了自身在日本博物馆学史上的地位。比对篇目内容和出版时间可知，棚桥源太郎的《诉之于眼的教育机关》出版不久，费畊雨就得

---

〔52〕 费畊雨、费鸿年：《博物馆学概论》序，上海：中华书局，1936年，第1页。

到了该书，并以此为源本，翻译出版了《博物馆学概论》。

图9.4　棚桥源太郎《诉之于眼的教育机关》

篇目和内容比对揭示出《博物馆学概论》和《诉之于眼的教育机关》之间超乎想象的近同程度。可以断言，《博物馆学概论》就是《诉之于眼的教育机关》的节译和编辑，增删内容兼受本土化和历史情境的影响，但是，受限于经验和见地，基本曲解和隐没了棚桥源太郎在博物馆学上的精彩理念。《博物馆学概论》的框架完全取自《诉之于眼的教育机关》，大部分章节都是后者的直译和删节。费氏昆仲的修改主要体现在几个方面，首先是删减和合并。棚桥源太郎以单独一章阐发的“乡土博物馆”被压缩成为“地方博物馆”中一节。《诉之于眼的教育机关》第十二章“博物馆的说明”也被删节压缩附于“博物馆的陈列”。《诉之于眼的教育机关》中“博物馆与学校教育”、“作为研究机构的博物馆”和“博物馆宣传”三章在《博物馆学概论》中合并为第十二章“博物馆的社会事业”。其次是全书整体性地“去日本化”。棚桥源太郎在《诉之于眼的教育机关》各章中几乎都有专门小节，冠以“本邦”情形，讲述日本在相关领域的进展。本应是中国博物馆发展的极佳参照体系，但费氏昆仲悉数清理了日本内容。“绪论”章中“本邦博物馆设施之贫乏”和“博物馆发达史略”章中“本邦博物馆沿革”都以中国情形替代，原本的日本内容也未另辟一节保存。“博物馆的种类和职能”章中“本邦拟建设博物馆及其配置”也相应替换，只是20世纪30年代初中国博物馆事业刚刚起步，诸多方面的实践并未展开，因此，费氏昆仲只能略谈愿景而不言实际。在分类详述的各种博物馆类型中，无论教育博物馆、大学博物馆、乡土博物馆、儿童博物馆，甚至作为博物馆的动植物园和水族馆，以及“地方博物馆”章“地方博物馆设施”和“商品陈列所、物产馆的改造方法”两节中，凡属专述日本经验的章节悉数被删。但是上述多类博物馆在中国都发育不足，也在费氏昆仲熟悉范围之外，因此《博物馆学概论》中也就只能告阙。此外，《诉之于眼的教育机关》中，棚桥源太郎多处征引其他学人论点，其范围并不限于日本学人，不仅包括小田内通敏、柳田国男对乡土博物馆，仓桥氏对波士顿儿童博物馆的记录，秋山氏对古代美术品修复、石川千代松关于古建筑修复的论述，也在多处征引欧美博物馆学人的论点〔53〕。但是，此类征引在《博物馆学概论》中也基本被清理干净。

费鸿年在序言中仅以“蓝本”称《诉之于眼的教育机关》并不恰当，实际掩饰了该书的日本来源。这种处理方式自然受到历史情境的影响，费鸿年序以“民国二十年十月国难日”署日，即是侧证。另一方面，《博物馆学概论》对《诉之于眼的教育机关》的压缩和修改也可能是技术性原因造成的。《博物馆学概论》的编纂起于费畊雨，但由费鸿年接手补全出版，尽快出版的愿望也可能导致费鸿年合并、裁剪和压缩多个章节。但是，不容否定的是，由于费氏昆仲对国际博物馆潮流基本隔膜，删改裁并《诉之于眼的教育机关》诸多章节后，导致棚桥学非但未能随着《博物馆学概论》的出版而整体性传入中国，反而讳莫如深地成为不可言说的对象。

对于日本博物馆学而言，棚桥源太郎有塑造之功。棚桥源太郎历经明治、大正和昭和三个时代，见证、参与和主导了日本教育的近代化进程，尤其是作为教育机构的博物馆的创设和成长过程。在晚年回顾时，棚桥源太郎将自己漫长的职业生涯分成早晚两期，分别以“科学教育”和“博物馆”作为关键词〔54〕。事实上，棚桥源太郎的职业生涯的前后阶段不过标明供职单位的变迁，而博物馆是从未变更的主线。即使在以科学教育为特征的早期生涯中，博物馆早已成为科学教育的重要阵地。棚桥源太郎系岐阜县本巢郡人。1889年毕业于岐阜县华阳学校师范部，短暂从教后于1892年考入高等师范学校博物学科。在兵库、岐阜和东京多处师范学校任教之后，1903年，棚桥源太郎担任东京高等师范学校教授，1906

〔53〕 棚桥源太郎：《眼に诉へる教育机关》，东京：宝文馆，1930年，第142、143、257～260页。

〔54〕 棚桥源太郎、宫本馨太郎：《棚桥先生の生涯と博物馆》，东京：六人社，1962年。

年担任东京高等师范学校附属东京教育博物馆主事。1909～1911年，棚桥源太郎由文部省派遣，至德国和美国留学。归国之后出任东京教育博物馆馆长。虽然在随后的岁月中，这家博物馆的名称和归属关系不断变化，但是棚桥源太郎一直担任馆长之职，直至1924年年底依律退官。在此期间，棚桥源太郎积极倡导“理科教育”和“科学教育”，提出并实践博物馆必须服务于教育的观念。大正十四年（1925），棚桥源太郎二度欧游，此次以法国为目的地，文部省特地指定对红十字会进行社会教育调查。归国之后，棚桥源太郎就创办了红十字会博物馆，并于1942～1946年担任红十字会博物馆馆长。自东京教育博物馆转入红十字会博物馆被视为棚桥源太郎职业生涯的转折点，但是，这只是他从服务于科学教育的博物馆转向服务于社会教育的博物馆，博物馆是棚桥源太郎从未变更的关注核心。1930年，棚桥源太郎出版了改变日本博物馆发展进程的《诉之于眼的教育机关》，将博物馆纳入到实施“实物教育”和“视觉教育”的社会教育之中。两年之后，棚桥源太郎出版了《乡土博物馆》。1928年，棚桥源太郎即参与博物馆专门组织“博物馆事业促进会”的筹办，编辑出版月刊《博物馆研究》。该组织自1931年起改称“日本博物馆协会”，后成为日本最主要的博物馆人专业团体。此外，棚桥源太郎也参与了1955年颁布的日本第一部《博物馆法》的拟订。

无论在博物馆的发育程度，还是作者的从业经验，《诉之于眼的教育机关》的写作情境都是中国最早的博物馆学著述不可比拟的。自然史收藏、帝室收藏等多股合流的帝室博物馆已经定型，柳田国男倡导的乡土博物馆正在蓬勃发展，各种类型的博物馆次第涌现，日本的博物馆建设和博物馆学讨论都已经发展到一定深度，另一方面，棚桥源太郎本人既有创设和管理主要博物馆的经验，又在博物馆学理论上有个性鲜明的主张。《诉之于眼的教育机关》书名就旗帜鲜明地表达了全书的定位。棚桥源太郎开宗明义地提到，“诉之于眼的教育机关”的语意来源是visual education，包含两个具有建基价值的观念：其一是博物馆作为教育机构的定位，另一则是博物馆教育的独特实现方式是“视觉教育”和“实物教育”[55]。这个观念重整了博物馆与社会的关系，使日本博物馆从典藏机构走向教育机构。棚桥源太郎随后以多篇文字申述这一立场，对于日本博物馆的近代化进程起到了关键的推动作用。在分类详述的各类博物馆中，棚桥源太郎在教育博

〔55〕　棚桥源太郎：《眼に诉へる教育机关》，东京：宝文馆，1930年，第1页。

物馆和乡土博物馆两类中贡献尤大。在教育博物馆上，棚桥源太郎致力于扫除教育博物馆与美术、历史、工艺、产业等博物馆之间对立关系的陋见。在乡土博物馆上，在棚桥源太郎时代，除了他本人的鼓吹和实践外，还有小田内通敏和柳田国男的推动，以及东京和大阪的乡土博物馆的实践，因此日本的乡土博物馆已成潮流。不过，棚桥源太郎是乡土博物馆最重要的理论总结者，两年之后，他出版了《乡土博物馆》，成为乡土博物馆运动的经典文献〔56〕。

由此可知，费畊雨、费鸿年的《博物馆学概论》就是隐去其名的棚桥学入华，但是由于情境差异，费氏昆仲未能全面把握棚桥源太郎在日本博物馆学史上的主张和贡献，因而也肢解和抹杀了他的价值，将对日本博物馆而言极富理论和实践价值的棚桥学拉低到支离的博物馆学入门的层次上。

无论体量、结构，还是细节上，陈端志《博物馆学通论》都高度近似于费畊雨和费鸿年的《博物馆学概论》，因此同样也毫无疑问地指向棚桥源太郎。《博物馆学通论》共计十八章，以“概论”起始后，第二、三章“博物馆的演进”和“我国博物馆事业之发轫”专述博物馆史，第四章“博物馆的分类及效能”以分类和社会功能为主题，随后五章分别讨论中央及地方、户外、教育、动植物园及水族馆等类别的博物馆，第十章起分别讨论博物馆工作的各个侧面。同样的文本比对方法揭示，陈端志《博物馆学通论》也是裁剪编辑《诉之于眼的教育机关》而成的。其中，既有章节原封不动照译，如第六章“户外博物馆”、第九章“动植物园及水族馆”、第十三章“博物馆的说明”和第十五章“博物馆宣传”，也有章节采取节译，如第二章“博物馆的演进”系《诉之于眼的教育机关》第一章“诉之于眼的教育机关的发展史”的节译，第四章“博物馆种类及效能”则是后者第二章“博物馆的种类及职能”的节译，第十六章“馆舍建筑的改进”是后者第十六章“博物馆的建筑”的节译。有的章节是《诉之于眼的教育机关》若干章节合并而成，如第五章“中央及地方博物馆”合并了后者第二章“博物馆的种类及职能”中“中央博物馆”小节，第三章“地方博物馆”和第四章“乡土博物馆”。有的章节则采取了拆分的方法，如第十章“博物馆的搜集和整理”和第十一章“博物馆的制作和修理”就是后者第十章“物品的搜集、制作、整理、保存”拆分而成；第十二章“博物馆的陈列”和第十七章“陈列器具的设计”则是

〔56〕 棚桥源太郎：《乡土博物馆》，东京：刀江书院，1932年。

后者第十一章“博物馆的陈列”拆分而成。《博物馆学通论》中也有基于《诉之于眼的教育机关》的重组章节。陈端志以两章篇幅写作“教育博物馆”，但是所言“教育博物馆”实是棚桥源太郎在第五章介绍的“教育博物馆”和第六章介绍的“学校博物馆”的总和。

与费氏昆仲的处理方式类似的是，陈端志在《博物馆学通论》中也着力清除了棚桥源太郎赖以立论的日本个案分析。棚桥源太郎在“本邦博物馆发达史”名目下介绍的日本博物馆史理所当然地被替换成“我国博物馆事业之发轫”名目下的中国博物馆史，日本博物馆史也没有作为与欧美博物馆史平行的内容保存下来。在介绍专门类型博物馆的章节中，仅有少数日本个案幸存。陈端志和费氏昆仲的编辑目的和过程显著不同，博物馆工作经验和认知也有差异，因此虽然两书基本未改棚桥源太郎原定框架，但是裁剪和组合方式却显著不同。

相对于费氏昆仲坦承棚桥源太郎渊源，陈端志仅在《博物馆学通论》附录“本书主要参考书”中列入棚桥源太郎，但是附录参考文献含中文、日文和西文39种，从未有只言片语说明棚桥源太郎的关键地位。“自序”言及资料来源时全然隐去棚桥源太郎，反而强调北平图书馆袁复礼和上海动物园沈祥瑞提供文献之功。袁复礼提供的资料应指他在参加1934年国际博物馆协会会议之后开始收集的，同一笔材料成为中国博物馆协会成立之时北海展览的底本。沈祥瑞提供资料的契机则是他于1935年10月至1936年4月在上野动物园实习[57]。值得玩味的是，按照棚桥源太郎的博物馆组成观，具有社会教育价值的动植物园和水族馆都应该被纳入到博物馆范畴[58]。沈祥瑞赴日之际正是棚桥学风生水起之时，而且，上野一带的博物馆受棚桥源太郎影响最深，常常被当成棚桥学立论范例。毫无疑问，沈祥瑞提供的博物馆资料就是棚桥学。可能出于同样的去日本化考虑，陈端志从未明确提及以棚桥源太郎为宗。

《博物馆》篇幅甚短小，正文仅有62页。全书简洁地分成五章，以“绪论”起始，继之以第二章“目标与职能”，第三章为从未见于同时期其他博物馆学著述的“设立博物馆的先决问题”，第四章为老生常谈的“设立与经营”，最终以

---

〔57〕《上海的动物园与植物园》，《上海研究资料续集》，《民国丛书》（第四编第81册），上海：上海书店出版社，1992年，第413页。

〔58〕棚桥源太郎：《眼に诉へる教育机关》，东京：宝文馆，1930年，第180～226页。

第五章“推广与活动”收尾。如果细究内容的话，从《诉之于眼的教育机关》到《博物馆学概论》和《博物馆学通论》的大部分主题都可见于《博物馆》，只是绝大部分章节仅叙大概，所有细致以至于琐碎的欧美博物馆个案基本被清除，各个主题也都经过颇费周章的编辑和重组。

相较于费氏昆仲，陈端志虽然系统译介了棚桥学，但同时也表现出独立于棚桥学总结中国博物馆实践的努力。这既与他的专业训练背景更易于与博物馆学接轨相关，也与上海市博物馆的相关实践有着不可分割的关系。《博物馆学通论》中，“工作人员的养成”一章已经隐约浮现上海经验。陈端志以上海市博物馆采用的为期三个月的课程和考核为例，较为详细地讨论了培养博物馆员工的方法，这种方法及其原则至今仍有不菲参考价值。在《博物馆》中，陈端志又专辟“设立博物馆的先决问题”一章讨论博物馆性质的设定、经营、选址和人才培养的诸多实际问题。棚桥源太郎曾经通过讨论学艺员（curator）制度及其养成提出了日本博物馆学中人力资源问题的解决方案，但是在讨论方式以及解决思路上，陈端志都表现出有别于棚桥学的特色。

李济、曾昭燏合署的《博物馆》的体量亦不大，和陈端志《博物馆》相当，仅有80余页，分成十章。在绪论章之后，《博物馆》分别讨论组织、管理、建筑、设备、收藏、保存、教育以及战时工作等。第十章“战时工作”可被视为应时代要求而添加的章节，但其他诸章均是博物馆常规工作的重要侧面。曾昭燏取法欧美的倾向也表露无遗。参考文献中，除《中国博物馆协会会报》外的期刊和全部专著均为西文。参考文献试图覆盖藏品征集、编辑和保管等多个方面，因此，在技术性层面较其他各种早期博物馆学著述更富实用价值。仅从参考文献论，曾昭燏已经明确显示出与费氏昆仲和陈端志截然不同的知识来源。参考文献所列专著基本为20世纪之后出版。除了涉及印刷品保存、古物保存等多种技术性问题的文献外，曾昭燏特地征引了亚当（T. R. Adam）的《博物馆的世俗价值》和科尔曼（L. V. Coleman）的《小博物馆手册》（*Manual for Small Museums*）和《历史建筑博物馆》（*Historic House Museum*）。

尽管来源明确不同，但是内容比较却揭示，曾昭燏的博物馆观念与棚桥源太郎相去不远。两者之间的相似可能揭示了在棚桥源太郎影响下的日本博物馆学并不孤立，基本与欧美博物馆学保持了同步。棚桥源太郎先后两度赴欧美研习博物馆学，并且长期以来维持了和西方同时期学人的联系。在晚年回顾中，棚桥源太郎特别提及与曾经担任美国国家博物馆协会主席的科尔曼的交往[59]。在一定程度上，棚桥源太郎与欧美博物馆学的同步关系造成分别取法日本和欧美的早期中国博物馆学著述在理论和方法框架上的近同景象。相对于同时期欧美博物馆学人的著述多属专论，棚桥源太郎写作了多本对日本博物馆学具有奠基价值的通论著作，导致棚桥学体系看起来更为完善。这也直接反映在曾昭燏不得不在不同章节中参考不同文献，以至于看起来有些参差，而费氏昆仲和陈端志的著述结构显得更为完善而合理。

相较于费氏昆仲和陈端志的棚桥学渊源和曾昭燏的科尔曼传统，荆三林缺乏直接沟通海外的机会和渠道，导致他在引进学术上采用了相对曲折的方式。从写作体例上看，《博物馆学大纲》是相对独立的诸篇论文构成的合集。荆三林并未试图加以编辑或者说明，仅在“自序”中说明了各篇来历。其中，第二篇“发达史略”基于艾弗拉德（L. C. Everard）的文章，第三篇“形式与功能”基于斯坦恩（Clarence S. Stein）的文章，第四篇“陈列方法”“完全采取李瑞年的大作，而加以编订”，第五篇“科学博物馆之各部分及其组织”应该出自荆三林自撰《科学馆之工作及其组织问题》。荆三林未及说明的第一篇“绪论”则以郑师许《吾国急宜提倡博物馆事业》一文为基础。

艾弗拉德、斯坦恩和李瑞年三文皆引自《中国博物馆协会会报》。《博物馆学大纲》各章与原文比对显示，第二章与李永增译本字句丝毫不爽，《博物馆学大纲》仅将译文截断成多个小节并添加节标题。第三章与赵儒珍译本完全一致，第四章亦全文采用李瑞年论文。各文主旨不同，行文有别，但在汇编成一册时并没有得到相应剪裁。《博物馆学大纲》第三章“形式与功能”后突兀地附了傅振伦《英国博物院参观纪略》，但是内容上与该章主旨毫无关联。只要核查出处，即《中国博物馆协会会报》第1卷第5期，就会发现傅振伦该文恰恰紧随斯坦恩译文之后，因此该文收录于《博物馆学大纲》及刊印于特定位置上，应是剪贴原版时的疏漏造成的。此外，《博物馆学大纲》第一篇引郑师许文原刊于《学术世界》，第五篇基本与荆三林自撰《科学博物馆之工作及其组织问题》的后半部分类似，只是此文的出处，荆三林反而记忆有误，误以为出自《中国博物馆协会会报》。因此，与费氏昆仲、陈端志和曾昭燏相较，荆三林接触的是经过特定过滤

〔59〕　棚桥源太郎、宫本馨太郎：《棚桥先生の生涯と博物馆》，东京：六人社，1962年。

的西方博物馆学；作为行业组织的中国博物馆协会成为最主要的滤层。

处在草创时期的中国博物馆协会在理论、方法和实践的输入上亦无整体性观念和必要的评判能力，因此，无论在引介理论还是对域外博物馆的观察上既不均衡，也不系统。有趣的是，《中国博物馆协会会报》多选译西文而非日文文献，即使涉及日本也仅仅是北平学术群体早已熟知的日本汉学和金石考古之学，基本不见棚桥学踪影。这应该不是刻意回避的结果，而很可能反映了北平学术群体的盲区。作为来源的《中国博物馆协会会报》选刊译文时并未明确说明理由，整体上看起来亦不整齐，而荆三林转载时未作任何编辑剪裁，亦无选择说明，《中国博物馆协会会报》在输入学理上的任意性特征被悉数继承下来。

中国最早的博物馆学著述的日本渊源和欧美渊源因此水落石出了。所有的博物馆学著述皆源自域外，都是中国的博物馆实践的愿景，而不是产物。费畊雨、费鸿年昆仲和陈端志取法于棚桥源太郎，曾昭燏继承英美博物馆学传统，而荆三林接受的是经过中国博物馆协会选择性过滤的西方博物馆学知识。系统性和完整性渐次降低。由于棚桥源太郎的独特经历和贡献，两次世界大战之间的日本博物馆学基本与欧美博物馆学同步，这导致中国最早从日本和欧美分头引入的博物馆学始料不及地呈现出近同之势。棚桥源太郎在学科理论总结和提升上甚至超出同时期欧美学人，因此，费氏昆仲和陈端志匿名引进的棚桥学看起来更为系统而整饬，但是两组编译者不明就里的去日本化裁剪也降低了棚桥学对中国博物馆进程的应有贡献。

9.2.3 作为学科伦理的博物馆格局和功能观

博物馆的分类和功能观念直观地表达了博物馆学界对自身与社会关系的认知。

在博物馆本体论上，费氏昆仲和陈端志基本秉承了棚桥学传统，即使译文之外的文字也忠实地体现了博物馆的社会教育本位。棚桥源太郎遵循古德的博物馆定义，以“设施”、“建筑”和“搜集”三要素界定博物馆，这一认识清晰地保留在费氏昆仲和陈端志的著述中[60]。陈端志在《博物馆学通论》里将博物馆界定成为“乃保存最足以说明自然的现象，及人类的业绩等物品，利用之以为民众知识的向上，及文化事业的发展之一种设施”，突出“保存”和“利用”关键

〔60〕 费畊雨、费鸿年：《博物馆学概论》，上海：中华书局，1936年，第30页。

词，保存是利用的基础，而“利用”就是社会教育[61]。在博物馆的意义上，费氏昆仲总结了“社会教育”、“学校教育”和“专门研究”三个方面[62]。费鸿年在译序中进一步强调，“博物馆在社会教育上占一极重要的地位”[63]。陈端志则进一步从静态和动态阐发博物馆的目标：静态包括“保存国粹文献”和“保存专门学问的精华和各地乡土的特征”，动态包括“使民众自动的探讨学识”和“推进社会文化和民族产业”[64]。基于棚桥学的博物馆译著都一再强调博物馆在社会教育中与图书馆具有等量齐观的价值，“博物馆在教育上的价值，原和图书馆相等，犹鸟之双翼，车之两轮，不可偏废”[65]。曾昭燏厘定的博物馆四大功能分别是“保存有价值之物品”、“辅助研究工作”、“实施实物教育”和“实施精神教育”[66]。基于中国博物馆协会和斯坦恩的表述，荆三林也强调博物馆的教育功能，不过，具体含义略有不同。荆三林提出的博物馆定义认为，“博物馆是一种文化机关，并不是专门为保管宝物的仓库，是以实物的证验而作教育工作的组织，及探讨学问的场所”[67]。在博物馆的价值上，荆三林提出，“博物馆在教育上的意义，就是用娱乐的机会及方法来教育大众”[68]。因此，荆三林所称“教育”实际上是曾昭燏所称“精神教育”，亦即后世所称的愉悦功能。虽然诸家理解并不一致，早期博物馆学文献几乎众口一词地将“教育”视为博物馆的最内核要素，相对而言，“收藏”和“保存”都只是基础。如果对照观察20世纪的中国博物馆实践的话，早期引进的学理并没有形成博物馆界的智识遗产，尤其是棚桥学的以社会教育为主导的博物馆经营观并没有被广泛接受，甚至

---

〔61〕 陈端志：《博物馆学通论》，《上海市博物馆丛书》（甲类第一种），上海：上海市博物馆，1936年，第4页；《博物馆》仅有极少的修改，见第4页。

〔62〕 费畊雨、费鸿年：《博物馆学概论》，上海：中华书局，1936年，第1、2页。

〔63〕 费畊雨、费鸿年：《博物馆学概论》，上海：中华书局，1936年，第1页。

〔64〕 陈端志：《博物馆》，上海：商务印书馆，1937年，第18页。

〔65〕 棚桥源太郎：《眼に诉へる教育机关》，东京：宝文馆，1930年，第102页。类似表述见于费畊雨、费鸿年：《博物馆学概论》，上海：中华书局，1936年，第60页；陈端志：《博物馆学通论》，上海：上海市博物馆，1936年，第23、93页。

〔66〕 李济、曾昭燏：《博物馆》，重庆：正中书局，1943年，第8～10页。

〔67〕 荆三林：《地方博物馆之目的与组织》，《中国博物馆协会会报》第2卷第3期，1936年，第10页。

〔68〕 荆三林：《博物馆学大纲》，西安：中国文化服务社陕西分社，1941年，第2页。

都不在主流认识之中。随后的中国博物馆实践又绕回到以馆藏为中心的收集和保管的“古典”阶段。

博物馆的分类观则体现不同作者对行业格局的认知。费氏昆仲和陈端志表达出修正的棚桥学观念。在《博物馆的种类及效能》一章中，费氏昆仲将博物馆分成“普通博物馆”和“专门博物馆”两类。专门博物馆按照内容分成“美术博物馆”、“历史博物馆”和“科学博物馆”三个类别。费氏昆仲提出，“现在一般的地方小博物馆，多是综合科学、历史、美术三方面而为普通博物馆居多；大都会的博物馆，则属于专门的亦颇不少”[69]。虽然费氏昆仲按照内容、关系区域和维持方法等多种标准对博物馆进行分类，但是随后章节平行地介绍了地方博物馆、教育博物馆、学校博物馆、儿童博物馆、室外博物馆、动植物园与水族馆。同受棚桥源太郎的影响，陈端志的《博物馆学通论》采用了类似的分类法，一方面将博物馆根据归属区分成为中央博物馆和地方博物馆，另一方面依主题区分成为多个类别。在分述各类博物馆时，陈端志详细介绍了户外博物馆、教育博物馆、动植物园及水族馆。曾昭燏也采取“普通”和“专门”之分。“普通博物馆，其范围常包括历史、艺术、科学三者”[70]。三者如何区分却是极其复杂的问题。“常有古代遗物，论其年代，则属历史；论其形制颜色等，则为艺术作品；论其制造技术，则须以科学解释”[71]。在三类之外，她又增加“工艺一门，与三者皆有关”[72]。专门博物馆实际上是普通博物馆的门类之一发展而来的，“历史、艺术、自然科学、工艺四者，各成专馆，则为专门博物馆”[73]。在“普通”和“专门”博物馆的关系上，曾昭燏的判断与追随棚桥源太郎的费氏昆仲和陈端志截然不同。在专门博物馆的分类上，曾昭燏采取了时代、地域、人物、主题、目的等多个标准。符合曾昭燏标准的专门博物馆已可见于中国，“专门博物馆，在我国已萌芽，北平之国立中央研究院天文陈列馆及国剧陈列馆，即其例也”[74]。

---

〔69〕 费畊雨、费鸿年：《博物馆学概论》，上海：中华书局，1936年，第26页。
〔70〕 李济、曾昭燏：《博物馆》，重庆：正中书局，1943年，第6页。
〔71〕 李济、曾昭燏：《博物馆》，重庆：正中书局，1943年，第7页。
〔72〕 李济、曾昭燏：《博物馆》，重庆：正中书局，1943年，第7页。
〔73〕 李济、曾昭燏：《博物馆》，重庆：正中书局，1943年，第7页。
〔74〕 李济、曾昭燏：《博物馆》，重庆：正中书局，1943年，第8页。

提出和实践博物馆分类问题的同时期文献还有1936年出版的《中国博物馆一览》。作为中国博物馆协会编辑的出版物，《中国博物馆一览》的编排体例应可被视为群体认同和追随的分类标准。中国博物馆协会采取三分法，即“凡历史、考古、艺术，及天然历史性质者属之”的普通博物馆，“凡收藏资料，限于专门性质者属之”的专门博物馆；以及“植物园、动物园，及水族馆”[75]。或许因为若干博物馆寄返问卷时间过迟，或者由于其他不可知原因，《中国博物馆一览》另辟“补录”收入8家“博物馆”[76]。其中，“颐和园博物馆”应可归入公园类型，不过此处景观兼具自然和历史价值，而且颐和园也有重要的宫廷艺术收藏。重庆民众博物馆、合川县科学馆博物部、东莞博物图书馆和晋绥物产陈列馆均属普通博物馆，北平协和医学院病理博物馆、厦门大学动物博物馆和静生生物调查所动植物标本陈列室则应该属于专门博物馆。

“普通”与“专门”的博物馆二分法已成主流。不论取法欧美，还是以日为师，都采用了类似的分类结构。“普通博物馆（general museum）”实指“综合博物馆”。综合博物馆的历史、艺术和科学的内容三分，乃至加入第四项工艺，对于处在起步阶段的中国大多数博物馆而言都属奢望。由于博物馆的先天基础及倾向，最早涌现的中国博物馆的内容多集中在历史和艺术，较少涉及科学和工艺。费氏昆仲转述的“普通”和“专门”之间的环境和规模关系应该基于棚桥源太郎的观察，与中国国情不符；相反，曾昭燏所述更为真实地反映了中国博物馆发展的实况。只有在作为国家形象的中博院设计蓝图中，才可能看到历史、艺术、科学和工艺四纲并张的格局。1935年的筹划中，全新的中博院设人文、自然科学和工艺三馆，就是四分法的一种组合形式。

无论是费氏昆仲，还是陈端志，略显凌乱的专门博物馆分类格局显示出对棚桥源太郎的博物馆分类思想的误读。棚桥源太郎服膺于爱德华·福布斯（Edward J. Forbes）在1928～1929年罗彻斯特大学博物馆管理研讨班界定的博物馆分类原则，提出了博物馆的层级式分类体系。棚桥源太郎平行地采用了两种博物馆分类

〔75〕　《中国博物馆一览》，北平：中国博物馆协会，1936年，第1页。

〔76〕　《中国博物馆一览》另有附录二“在调查中之博物馆”，共收入18家“本会屡次去函调查尚未得复”的博物馆。因此，“补录”所收8家很有可能是排版后新收到复函的博物馆。

原则。一方面，他将博物馆分成为综合和专门两个大类，专门博物馆中又细分为历史、科学和美术三个类别。具体而言，历史博物馆包括世界文化史、国史、考古学、民族学、民俗学、社会史、地方史和综合历史。科学博物馆则包括博物学、动物学、植物学、矿物学、体质人类学、物理学、科学、理工学、产业、农业、林业、医事卫生、综合科学，美术博物馆包括古美术、现代美术、工艺、建筑、演剧等[77]。另一方面，棚桥源太郎也用设立和管理者、观览利用者、对象地域和陈列场所等指标进行区分。按照设立和管理者，可以区分成为官立、公立和私立，按照观览利用者，可以区分成为公共、学校、教育、儿童等博物馆，按照对象地域，可以分出全国、地方和乡土，按照陈列场所，可以区分为户外博物馆、地学园、公园博物馆和路边博物馆等。虽然在棚桥源太郎之后，鹤田总一郎、富士川金二、伊藤寿朗、新井重三、加藤有次等先后提出了各种分类方案，但都不脱离棚桥源太郎奠立的基本分类原则[78]。《诉之于眼的教育机关》的博物馆排列思路即是以此为序，第三章“地方博物馆”和第四章“乡土博物馆”是地域对象意义上的专门博物馆，第五章“教育博物馆”、第六章“学校博物馆”和第七章“儿童博物馆”是观览利用意义上的专门博物馆，第八章“户外博物馆”和第九章“动植物园水族馆”是陈列场所意义上的专门博物馆。中文编译者们在未能理解棚桥源太郎的专门博物馆分类体系的情况下裁剪和合并，将多向度、多层次的分类体系再度抹平，棚桥学的原意和贡献顿失。曾昭燏在对棚桥学毫不知情的情况下，依照内容提出了另一种单向度的博物馆分类体系。

9.2.4 作为建构之术的中国博物馆史记忆

历史记忆是阐释，而不是描述。职业群体的历史记忆是在分辨自身的文化血缘，确定自身在道统谱系中的相对位置的焦虑下形成的。只有在此思路下，我们才能理解，即使是中国博物馆雏形甫现的20世纪30年代，中国最早的博物馆学著述都无法回避自述身世和正本清源的迫切问题。通过建立对中国博物馆的血统和

---

〔77〕 棚桥源太郎：《博物馆学纲要》，东京：理想社，1950年。

〔78〕 鹤田总一郎：《博物馆学入门》，东京：理想社，1956年；富士川金二：《博物馆学》，东京：成文堂，1971年；伊藤寿朗：《博物馆概论》，东京：学苑社，1978年。

谱系的集体记忆，早期博物馆人达成了自我认知上的共识。对于当代的博物馆人而言，最早的自我认知也不是与己无关的客体，相反，基于学术承继性，早期认知会被当成学科遗产，构成当代博物馆学的预置观念。

费氏昆仲笔下的中国博物馆现状以“缺乏”为特征。虽然开篇提及“徐家汇博物院”和“亚细亚学会”附设博物馆，但费氏昆仲并不认为这两家是中国博物馆的源头，甚至自身都难以为继，“继起乏人，物品陈列已多残缺”。基于“作为民众教育或专门研究用的”考虑，费氏昆仲将中研院自然历史博物馆和北平研究院博物馆视为“博物馆事业的萌芽”，这一判断显然迥异于嗣后的认知〔79〕。费氏昆仲坚定地认定博物馆应该具有“民众教育”和“科学研究”两种目的，提出“当此科学发展民智上进时代，博物馆是与学校图书馆并重，所不可缺少的重要文化机关”〔80〕。正由于这一倾向，同时也和博物学及自然科学倾向有关，费氏昆仲基本忽略了民初北京涌现的诸多博物馆。在其他章节中，费氏昆仲暗示对改造清宫旧藏而生的博物馆的保留态度。“其物品虽多古物，而为一般好古董者所垂涎叹羡，但其陈列的方式，以及对于民众教育上的价值，则尚待相当的考虑”〔81〕。费氏昆仲对中国博物馆的发展愿景也提出设计，“……有若干完备的国立中央博物馆，此外则至少各省亦当有一、二博物馆的设置。其配置则属于中央的，以南京、广东设立两所的科学博物馆，而北平设立一美术博物馆及历史博物馆为宜，至于故宫博物院等，则可作为特种历史博物馆或改为历史博物馆，较为适宜”〔82〕。无论是专业倾向，还是参与中国早期博物馆实践的程度，都制约了费氏昆仲对中国博物馆的全面理解；但是，他们仍然提供了视角独特的认识。

陈端志《博物馆学通论》专辟一章讲述中国博物馆史，无论在整体性框架，还是细节上，都是其他早期博物馆学著述难以比肩的，若干判断迄今仍令人有鞭辟入里感。在起源上，陈端志认同震旦博物院、上海博物院和华北博物院的先驱地位，但并未将其计入中国博物馆的传承脉络之中。以震旦博物院为例，陈端志

---

〔79〕　“北平研究院博物馆”实为“北平天然博物院”，参见费畊雨、费鸿年：《博物馆学概论》，上海：中华书局，1936年，第24页。

〔80〕　费畊雨、费鸿年：《博物馆学概论》，上海：中华书局，1936年，第3、4页。

〔81〕　费畊雨、费鸿年：《博物馆学概论》，上海：中华书局，1936年，第24页。

〔82〕　费畊雨、费鸿年：《博物馆学概论》，上海：中华书局，1936年，第33、34页。

认为“……不予公开陈列，其功效仅为文化保管人，不足以为社会之良导师，故年代虽久，搜罗虽多，绝未引起国人的注意”[83]。陈端志首倡张謇南通博物苑构成中国博物馆的起点，直呼为“国人创办博物馆之发轫”，“这在我国博物馆史上，乃是最先的一页”[84]。河北省国货陈列所也被赋予了同样的开局价值[85]。两相比较可知，在中国博物馆的源起问题上，陈端志坚持以社会教育作为基本导向。随后，陈端志按照“普通”和“专门”博物馆两条线索评述中国早期博物馆的创设。在普通博物馆中，陈端志将北平古物陈列所称为“吾国由政府经营博物馆事业的最早者”，南京古物保存所则是“地方政府设立博物馆之最早者”，天津博物院是“吾国政府与人民合作举办博物馆之始”，国立故宫博物院则是“中央政府经营博物馆之始”[86]。在专门博物馆中，陈端志涵盖了中央研究院天文陈列馆、汉口商务公所、交通大学北平铁道管理学院博物馆等。覆盖面之广，信息之完备，评估之精准，都是同时期其他文献所不具备的。陈端志进而提出，为何在多元化蓬勃开局之后，中国博物馆迅速遭遇了一个低谷？这是其他博物馆人从未提出过的问题，陈端志归因于新文化运动带来的冲击，同时冀望“新教育运动”能够促使博物馆的复兴。最终，陈端志提到，中央博物院和上海市博物馆的筹备和建立，伦敦中国艺展以及中国博物馆协会的成立，构成了中国博物馆的新气象或者复兴。在陈端志的历史回顾中，中国博物馆最初30年历史中所有重要节点几乎无一遗漏，叙事体系几近完备，评估不谀不毁。令人遗憾的是，随着陈端志离开博物馆界，同时由于所有早期博物馆学著述都沦落到边缘境地，陈端志在博物馆史上的洞见几被彻底遗忘，更遑论继承。

在《博物馆》中，曾昭燏仅仅以数页空间写作中国博物馆史，但是却确立了中国博物馆史的基本叙事框架。虽然有“我国博物馆之设，始于同治七年”的判

〔83〕 陈端志：《博物馆学通论》，《上海市博物馆丛书》（甲类第一种），上海：上海市博物馆，1936年，第25页。

〔84〕 陈端志：《博物馆学通论》，《上海市博物馆丛书》（甲类第一种），上海：上海市博物馆，1936年，第24页。

〔85〕 陈端志：《博物馆》，上海：商务印书馆，1937年，第13页。

〔86〕 陈端志：《博物馆学通论》，《上海市博物馆丛书》（甲类第一种），上海：上海市博物馆，1936年，第26～28页；陈端志：《博物馆》，上海：商务印书馆，1937年，第14、15页。

断，但是曾昭燏仍然将“自周以降，历代文物，皆藏内府”冠于沿革之首[87]。在近现代意义的博物馆中，通过区分“外人建立”和“国人自办”，中国博物馆的源头被一分为二，继之而起的历史博物馆筹备处和交通大学北平铁道管理学院博物馆则被赋予“国家博物馆之开始”的地位。自此开始，中国的博物馆建设渐进进步，曾昭燏以“计我国自革命而后，博物馆岁有增加”予以定性。到成书之时，统计全国博物馆达到80处，“较之欧美各国，自属瞠乎其后，然二十余年中，有此发展，亦可为乐观之事实也”[88]。中国博物馆的小阳春遭遇到日本侵华战争的毁灭性打击。曾昭燏指出，抗战期间，旧有博物馆或被毁、或被占据、或关闭，但是也有中博院筹备处在川滇继续工作，川省新设博物馆、各地民众教育馆设置专门陈列室等新进步。

由于编辑体例的制约，荆三林没有在《博物馆学通论》中另辟专章讨论中国博物馆史。直到1983年出版的《博物馆学・第一辑・通论之部》中，中国博物馆史才有所涉及，不过，无论是整体框架还是具体评估，都已经完全服膺于主流认识[89]。因此，编辑《博物馆学通论》之时荆三林的中国博物馆史观已经无从追溯。

不同历史记忆的遗产价值显著有别。姑且不论在此问题上未作表述的荆三林，费氏昆仲的博物馆史叙事原本就是局部性和边缘性的，基本没有得到继承。体系最为全面，评估最为精准的陈端志的博物馆史也被人遗忘，而曾昭燏一脉逐渐成为中国博物馆学界的主流认识。这或许是博物馆学著述作者们参与中国博物馆实践的程度的反映。虽然都认同南通博物苑的奠基价值，但陈端志的“服务社会”标准被替换成曾昭燏的“外人建立”和“国人自办”之别。在中国博物馆开局之后的叙述中，多元式叙事方式被单线式叙事方式所替代。曾经得到讨论的多个节点被逐步淘汰和遗忘，特征不同、评估不一的不同博物馆被拉回到同一线索上，更为重要的，在“岁有增加”的表述下，陈端志提出的中国早期博物馆历程中的低谷被巧妙掩盖了；同时被抹杀的是联系博物馆发展和社会进程的情境分析方法。

---

〔87〕 李济、曾昭燏：《博物馆》，重庆：正中书局，1943年，第4页。

〔88〕 李济、曾昭燏：《博物馆》，重庆：正中书局，1943年，第5页。

〔89〕 荆三林：《博物馆学・第一辑・通论之部》，郑州，1983年，第517～529页。

9.3 风向哪里吹去：来去无痕的棚桥学和转瞬即逝的小阳春

中国博物馆群体在错愕、失序和冲突中发出了最早的集体之声。20世纪30年代，中国博物馆迎来了小阳春，博物馆数量呈现出井喷之势，群体之声既有可能，又有必要。超越博物馆个体，就会出现博物馆组织；超越博物馆实践，就会形成博物馆学理论和方法。然而，无论是博物馆组织，还是博物馆学，都缺乏足够的代表性，甚至两者之间也罕有沟通。

中国博物馆协会是在内需群体抱团，外需国家代表的双重压力下仓促成立的，北平博物馆群体构成了最早的核心。现实考量优先于学理考量使中国博物馆协会对于博物馆学理论和方法的兴趣并不强烈。虽然北平学术群体在战前维持了密切的日本关联，但是更偏向于汉学传统和金石器物之学，因此与棚桥学及日本博物馆学没有交流融汇机会。这导致中国博物馆协会对博物馆学的介绍既不系统，也不精准。

棚桥源太郎仅仅在中国博物馆学中留下模糊的身影。从费畊雨、费鸿年到陈端志的中国博物馆学先驱以不同的渠道接触到如火如荼的日本博物馆运动和棚桥学，并且做出正确的引进抉择。毫无疑问，棚桥学是20世纪30年代最具前瞻、最成系统的博物馆理论体系，对中国博物馆实践也极具启蒙价值。但是，在一触即发的战争威胁下，棚桥学不得不以改头换面的匿名方式进入中国。更为严重的是，无论是费氏昆仲，还是陈端志都在不同程度上裁剪和重组了棚桥源太郎的奠基名作《诉之于眼的教育机关》，使棚桥学潜在的贡献大打折扣。

博物馆学理论单向度地从域外流入中国，而且并未渗透到博物馆实践中。中国早期的博物馆实践没有表现出对理论和方法的渴望，这导致棚桥学在悄然入华之后，最终油水两隔而销声匿迹，在很长时间的博物馆学历史回顾中难以寻觅棚桥源太郎的身影。另一方面，虽然中国博物馆实践在20世纪30年代之后出现蓬勃之势，并且形成了最早的行业组织，但是也无意于总结和提炼基于自身独特实践的理论和方法，因此，在全球范围，中国的早期博物馆实践基本是失语的。

余论
重新发现黄金时代

“我们生活在博物馆时代”。

在《博物馆还需要物质吗？》中，康恩开篇明义地作出如是判断。博物馆仍然是我们当下社会生活的重要主题，而且，我们正亲眼见证和亲身参与“第二次博物馆黄金时代”[1]。黄金时代意味着博物馆在社会生活中的急速扩张：一方面，博物馆数量激增，馆舍和馆藏扩张；另一方面，无论是学术生活还是社会生活中，博物馆越来越占据主导地位。康恩提出，西欧和北美的博物馆发展历程中出现过两次黄金时代：从20世纪90年代开始，一直持续至今，是第二次黄金时代；而前一次黄金时代是19世纪晚期到20世纪早期的半个世纪[2]。毫无疑问，第二个黄金时代是全球性的，中国就是其中最具活力的一支。自90年代开始，中国博物馆中出现馆舍翻新、扩建和新建浪潮，甚至在毕尔巴鄂古根海姆美术馆（Museo Guggenheim Bilbao）的示范效应下，博物馆建筑成为城市地标营构的重要内容。与此同时，博物馆也在努力修正作为宝物仓储的刻板形象，展陈的活跃和丰富程度大幅提升。一个世纪前，纽约大都会美术馆（Metropolitan Museum of Art）、美国自然史博物馆（American Museum of Natural History）、哈佛大学碧波地博物馆、芝加哥菲尔德博物馆的相继成立掀起第一次博物馆黄金时代的帷幕。更为重要的是，那个时代的博物馆心存高远之志，以作为智识生产的枢纽为

---

〔1〕 Conn S. *Do Museums Still Need Objects?* Philadelphia: University of Pennsylvania Press, 2009.

〔2〕 Conn S. *Do Museums Still Need Objects?* Philadelphia: University of Pennsylvania Press, 2009.

己任。爱德华·科普（Edward Cope）提出，他所身处的时代是“大型博物馆的时代，是关于重要创造的智识大规模发展的时代”[3]。清晰可见的是，前一个黄金时代也同样表现在数量和智识上。

那么，在中国博物馆历程的最初半个世纪里，是否也如同欧美一样，曾经出现过一次黄金时代？长期以来，对这个问题的回答是否定的。1949年之后，郑振铎以“数量太少”、“质量太差”的“古董铺子”和“杂货摊子”对此前的中国博物馆予以定性[4]。然而，这一判断并非全然出自革命情怀的驱使。前章已揭示，中国最早的博物馆学著述都不约而同地坦承草创艰难。丧失政权前夜，民国政府教育部先后于1947年和1948年仓促清点存世博物馆，统计结果似乎也支持了郑振铎的观察。社会剧变强化了1949年之前的中国博物馆的隔膜感，郑振铎的判语一锤定音。

II.1 在凋零后发现井喷

1949年之际，中国博物馆的凋零场景不可否认。教育部1947年的全国统计显示博物馆残余区区16家：国立3家，计有中央博物院、故宫博物院和沈阳博物院，省、市立8家，计有四川省立博物馆、浙江省立西湖博物馆、河北省立天津博物院、河南省立博物馆、陕西省立历史博物馆、台湾省立博物馆、上海市立博物馆、青岛市立博物馆，私立博物馆5家，计有华西博物馆、希成博物馆、中国西部博物馆、济南广智院、天津广智院[5]。抗战胜利之后，博物馆事业未能及时恢复活力，反而进一步恶化。

但是，教育部统计结果并不一定真实可靠。政府部门主导的博物馆统计受制于行政网络的覆盖范围和执行能力，时局动荡时尤其明显。在战争阴霾笼罩，但是时局远未败坏到一触即发的1934年，教育部也搜集了博物馆资料，仅录得博物馆18家，其中省立和市立博物馆11家，计有浙江省立西湖博物馆、山东省立博物

---

〔3〕 Cope E. The Academy of Natural Sciences. *The Penn Monthly*, 1876, (7): 176.

〔4〕 郑振铎：《博物馆事业应该为科学研究服务——全国博物馆工作会议开幕辞（提纲）》，《文物参考资料》1956年第6期，第2、3页。

〔5〕 李济、曾昭燏：《博物馆》，重庆：正中书局，1943年，第4～6页；包遵彭：《中国博物馆史》，台北：中华丛书编审委员会，1964年，第45、46页。

馆、河北省第一博物馆、河南博物馆、云南省立博物馆、广西省立第一图书馆附设教育品陈列所、湖南省立博物馆、辽宁省立博物馆、江西省立科学博物馆、南京市立历史博物馆和兰州市立博物馆，其他公立博物馆5家，计有保定教育博物馆、苍梧县教育品陈列所、山西徐沟县历史博物馆、山西襄陵县图书馆博物馆和山西辽县博物馆，私立2家，计有福建博物研究院和济南广智院[6]。尽管统计数据中既有“后被毁”的湖南省立博物馆和“未详”的辽宁省立博物馆，也有身份可疑的3家山西县立博物馆，然而却与1935年中国博物馆协会统计多达62家博物馆相去甚远。更为重要的是，如果以抗战胜利之后的凋零场景结合“岁有增加”的博物馆发展曲线，则难免低估了日本侵华战争对中国博物馆事业的毁灭性打击，以及抗战前夕中国博物馆曾经达到的空前高度。

虽然中国博物馆事业的起步可以追溯到19世纪下半叶，但是20世纪30年代之前一直处在相对低缓的发展水准上，无论是博物馆数量还是博物馆在社会生活中的地位都乏善可陈。1914年，颜惠庆、顾维钧、林长民、严智怡、章士钊等发起筹备中华博物院，罗列中国博物馆时计有“外人来华传教师所立”华北博物院、烟台博物院、上海博物院和济南广智馆4家，“国人自立”古物陈列所、历史博物馆、南通博物苑、济南博物院（旧莲池书院）和天津博物院5家[7]。1917年北洋政府国务院统计显示，公私博物馆仅有9家，分布于直隶、山东、山西、江苏、湖北、广东和云南[8]。

包遵彭敏锐地发现，中国博物馆事业于20世纪30年代取得了突飞猛进，“我国近代博物馆事业，以民国二十年起日趋发展，二十五年最为鼎盛”[9]。包遵彭分别从机构、人员和经费三个方面统计1928～1946年间博物馆、美术馆和古物保存所的变迁。1930年开始，博物馆迈入到高速发展阶段，其中，尤其是古物保存所数量和人员激增，经费也大幅飞涨。包遵彭认为这是于右任、胡汉民和邵力子于年初的中央政治会议中提出“收购各地方精贵之古籍书画、金石及古代美术

〔6〕 包遵彭：《中国博物馆史》，台北：中华丛书编审委员会，1964年，第41～45页。

〔7〕 《中华博物院组织缘起》，《中华民国史档案资料汇编》（第三辑文化），南京：江苏古籍出版社，1991年，第286页。

〔8〕 《各省博物馆一览统计表（1917年10月）》，《中华民国史档案资料汇编》（第三辑文化），南京：江苏古籍出版社，1991年，第298页。

〔9〕 包遵彭：《中国博物馆史》，台北：中华丛书编审委员会，1964年，第19、20页。

品之用”的直接结果[10]。1930年统计显示有博物馆27家，美术馆24家，古物保存所40家，合计91家。1934年统计数值最高，达到博物馆74家，美术馆55家，古物保存所121家，合计250家。不过，1937年各项预算锐减，博物馆和古物保存所数量锐减到仅有前一年的半数。但是，到抗战中期，与博物馆和美术馆的持续衰败形成对比的是，古物保存所数量在40年代出现了稳定和回升，包遵彭认为，“盖以战事破坏愈甚，国民愈感古物保存之重要”[11]。

荆三林提供了1949年之前中国博物馆发展的另一种曲线。按照历史考古、美术、科学和普通四分法，荆三林统计了1921～1942年间博物馆数量的变迁。从1921年的18家起步，博物馆数量逐年增加，到1929年达到美术馆26家，历史考古博物馆1家，普通博物馆34家，合计61家的规模。进入30年代后，博物馆数量增长明显加速。1930年增加到91家，1933年各类博物馆总计250家，达到峰值，而且远超出其他渠道统计的中国博物馆总数[12]。进入抗战之后，伴随着美术馆、历史考古博物馆和普通博物馆的凋零和关闭，科学博物馆和“生物园”突然增加到47家[13]。荆三林统计数字的确有可能偏大，这主要是两个方面原因造成的，一方面是对博物馆界定和分类的标准稍过于宽泛，另一方面是尝试将不同政治势力的博物馆均纳入统计。

中国博物馆协会的统计则提供了抗战之前“小阳春”的最后一个切片。在45家博物馆“机关会员”的基础之上，中国博物馆协会于1936年初编辑《中国博物馆一览》共收录62家博物馆。曾昭燏在此基础之上，调整形成“全国公私立博物馆达八十处”的判断[14]。

虽然不同来源的数据不尽相同，但至少一致表明，以1949年前后的残存数量评估中国博物馆在最初半个世纪的成绩是有失公允的。而且，中国博物馆在此期间的发展规律并不是“岁有增加”的平滑渐变。自初诞以来，博物馆在中国经历了相对漫长的缓慢发展时期，博物馆在社会中处于边缘位置，甚至遭遇到不友好的对待。1930年开始，中国博物馆踏入快速发展通道，无论是数量、经费还是从

〔10〕 包遵彭：《中国博物馆史》，台北：中华丛书编审委员会，1964年，第18页。
〔11〕 包遵彭：《中国博物馆史》，台北：中华丛书编审委员会，1964年，第20页。
〔12〕 荆三林：《博物馆学第一辑通论之部》，郑州，1983年，第523页。
〔13〕 荆三林：《博物馆学第一辑通论之部》，郑州，1983年，第525、526页。
〔14〕 李济、曾昭燏：《博物馆》，重庆：正中书局，1943年，第5页。

业人员规模上，20世纪30年代前期都见证了中国博物馆的第一次井喷。井喷不是自19世纪中晚期输入的博物馆基因长期循序渐进发展的结果，相反，每一次巨大进步都能精准地在社会情境，尤其是政治议程中，找到重要的推动力。

II.2　在秩序里辨识多元

不论是坚持强调“数量太少”的凋零，还是拨乱反正地重新发现“井喷”，1949年之前的中国博物馆发展进程一直是按照线性关系描述的。虽然早期博物馆学著述并没有回避博物馆分类问题，从包遵彭到荆三林对博物馆的统计也粗略提出了历史考古、美术、科学和普通之分，但是，过于笼统而含糊的分类并不足以说明1949年之前的中国博物馆已经实现的多元化程度。而在评估博物馆的“质量”上，类型多元远比数目多量更为关键。

如前章所述，中国博物馆学的分类思想和方案最初源自棚桥源太郎，但在译介过程中又基于诸多想法，在未能全面理解原意的情况下重新组合和表述。棚桥源太郎的博物馆分类方案最初刊于1930年出版的成名作《诉之于眼的教育机关》，在1949年出版的《博物馆学纲要》中得到进一步调整和完善，不过复杂的多维度格局基本未易。棚桥源太郎从“普通”和“专门”二分法着手。普通博物馆就是包含历史、美术和科学等多个类别的综合博物馆，到《博物馆学纲要》中最终改用“综合”〔15〕。专门博物馆则至少分成历史、美术、科学三个基本类别。棚桥源太郎坚持认为，“当今地方上的小博物馆多是综合科学、历史和美术的普通博物馆，而大都市的博物馆中，专门博物馆也不在少数”〔16〕。此论颇容易引起误读。棚桥源太郎并不意味综合与专门博物馆之分是小城和大都之分，相反，无论任何层级的区域或城市，综合博物馆必然是首选，但是只有在大都市里，才有足够丰富的社会和文化资源支持专门博物馆的生成。棚桥源太郎也不认为“综合”与“专门”之分就足以分辨博物馆的“质量”之别，因此平行地采纳了其他的分类标准。在《诉之于眼的教育机关》中，棚桥源太郎按照内容、地域范围和维持方法等标准进一步细分博物馆类型。在《博物馆学纲要》中，除了沿

〔15〕　棚桥源太郎：《博物馆学纲要》，东京：理想社，1950年，第55页。

〔16〕　棚桥源太郎：《眼に诉へる教育机关》，东京：宝文馆，1930年，第32页；棚桥源太郎：《博物馆学纲要》，东京：理想社，1950年，第55页。

用内容、地域和维持方法等分类方案外，棚桥源太郎明确地按照“参观利用者”的身份将博物馆区分成为公众博物馆、学校博物馆、教育博物馆和儿童博物馆，按照“陈列场所”划分出户外博物馆、民俗园、考古学园、文化史户外博物馆、地学园等多个类型。然而，依“参观利用者”和“陈列场所”进行分类的实践都早已见诸《诉之于眼的教育机关》。棚桥源太郎毕生倡导多维度的多元博物馆体系，用意在于推广有别于传统的珍宝典藏机构，作为社会教育机构的博物馆，因此极力鼓吹教育博物馆、儿童博物馆、乡土博物馆、户外博物馆等诸多类别。在《诉之于眼的教育机关》流传入华之际，有的类型的博物馆已经有成熟的范例，有的还停留在愿景之中。

如果参照棚桥源太郎分类体系，重新梳理载录及失载于《中国博物馆一览》的早期中国博物馆，多维度的多元特征也就水落石出了。《中国博物馆一览》的编辑采纳基于内容的普通和专门两分法，但是将“艺术历史及天然历史”调整至上篇“普通博物馆”中，因此，中篇“专门博物馆”和下篇“植物园动物园及水族馆”就只能是局部专门博物馆，而且上篇“普通博物馆”中的专门博物馆与中篇“专门博物馆”无法区分。如果重新梳理，国立中央博物院、河北博物院、河南博物馆、上海市博物馆、浙江省立西湖博物馆、广州市立博物院、广西省立博物馆、震旦博物院、亚洲文会博物院等尽管归属不一，但都确凿无疑地属于“普通博物馆”。专门博物馆则分成历史、艺术和科学三个基本类别，南京市立历史博物陈列室、安徽省立图书馆历史博物部、国剧陈列馆等可计为历史类专门博物馆，国立故宫博物院、国立美术陈列馆、北平古物陈列所则属于艺术类专门博物馆，静生生物调查所通俗博物馆、华北博物院、北疆博物院及各家地质调查所地质矿产陈列馆都属于科学类专门博物馆。曾昭燏曾经提出新增工艺一类专门博物馆，不过尚欠样本。“植物园动物园及水族馆”单独成篇应该是棚桥源太郎影响所致，虽然数量不多，但类型全面，既包括北平市农事试验场、庐山森林植物园、广西植物园等植物园，也有以上海市立动物园和青岛水族馆为代表的动物园和水族馆。依照博物馆馆藏和展陈内容的分类体系，中国博物馆在抗战之前已经实现了完备和均衡。

早期中国博物馆的多元性不仅仅限于内容。在层级和归属上，棚桥源太郎先以“关系地域”笼统区分出中央博物馆、地方博物馆、大学博物馆和学校博物馆，后细分为以“观览利用者”分成公共博物馆、学校博物馆、教育博物馆和儿童博物馆，以“对象地域”分成全国博物馆、地方博物馆和乡土博物馆[17]。在管理关系上，棚桥源太郎先以“维持方法”区分出国际、国立、公立和私立四类，后调整为以“设立管理者”为标准区分成官立、公立和私立三类[18]。从纵向的社会等级论，早期中国博物馆也覆盖了从国立到私立，从国家到地方的全幅范畴。从横向的社会群体论，早期中国博物馆既包括面向普通社会公众的公共博物馆，也包括与学校教育相结合的大学博物馆。因此，博物馆的多元特征也表现在社会等级和群体的代表性上。

棚桥源太郎尤其着力推广教育博物馆和乡土博物馆，早期中国博物馆在这两个方面都有独到的表现。在教育博物馆中，棚桥源太郎列举了学校博物馆、教育博物馆和儿童博物馆三类。学校博物馆虽亦可设于中学，但多指大学博物馆，从欧美到日本皆如是[19]。1949年之前，虽然中国大学亦属草创，但是先后涌现出交通大学北平铁道管理学院博物馆、华西协合大学博物馆、北京大学博物馆等兼具地域和大学特色的范例。教育博物馆指辅助教育博物馆，虽然诸多博物馆最初以辅助教育博物馆的形态出现，如南通博物苑和云南省博物馆等，都先后转型成为其他类型博物馆，但也有博物馆始终维持了辅助教育博物馆的身份。济南广智院“注重科学常识、农林卫生及国有文化之介绍并推进”[20]。福建博物研究院“制造动植矿物标本出售，成绩尚著”[21]。专门针对儿童和少年教育的儿童博物馆以布鲁克林儿童博物馆（Children's Museum, Bidford Park）和波士顿儿童博物馆（Children's Museum of Boston）为典范，无论在日本还是中国，都无成功范例[22]。

棚桥源太郎力倡旨在认知和建设乡土的“乡土博物馆”未能直观地反映在中国博物馆协会的分类上，但是，这并不表明乡土博物馆在中国的缺席。事实

---

〔17〕 棚桥源太郎：《眼に诉へる教育机关》，东京：宝文馆，1930年，第35页；棚桥源太郎：《博物馆学纲要》，东京：理想社，1950年，第60～63页。

〔18〕 棚桥源太郎：《眼に诉へる教育机关》，东京：宝文馆，1930年，第35页；棚桥源太郎：《博物馆学纲要》，东京：理想社，1950年，第62页。

〔19〕 棚桥源太郎：《眼に诉へる教育机关》，东京：宝文馆，1930年，第102～136页。

〔20〕 包遵彭：《中国博物馆史》，台北：中华丛书编审委员会，1964年，第44页。

〔21〕 包遵彭：《中国博物馆史》，台北：中华丛书编审委员会，1964年，第43页。

〔22〕 棚桥源太郎：《眼に诉へる教育机关》，东京：宝文馆，1930年，第136～155页。

上，采纳其他类别名称的博物馆同样可以表达乡土关怀，《中国博物馆一览》收录的北平、河北、山东、上海、青岛、山西、浙江、绥远、宁夏、福建和贵州等地国货陈列馆以“工商物品”为馆藏范畴，具体而言包括农林、矿产、化工、织染、机械、教育、医药、饮食等诸多内容，实际就是“乡土博物馆”的本土化形式[23]。此外，引发20世纪30年代中国博物馆井喷的民众教育博物馆群体明确以“教化民众”为宗旨，构成了另一种形式的“乡土博物馆”。但是，由于《中国博物馆一览》及中国博物馆协会的辐射能力和整体性偏见，大部分民众教育类型博物馆都未纳入统计之中[24]。

相对于内容多元而言，博物馆的阶层和代表人群多元更具有说服力。在棚桥源太郎的多维度多元分类体系下，1949年之前的中国博物馆展现出出乎意料的社会覆盖和代表能力。

II.3 在和声中揭示预流

仅仅推翻“数量太少”和“质量太差”还不足以褒扬中国博物馆史上的第一个黄金时代。如果博物馆只是“古董铺子”和“杂货摊子”，换言之，是古德所称的“墓地”，无论博物馆的数量和内容如何丰富，都无关乎社会进步，也不足以认定自身的黄金时代，因此，博物馆经营者需要自我质询，博物馆的社会角色和社会责任是什么？回答并非一成不变。对博物馆如何参与社会生活，实现社会价值的回答成为博物馆经营理念变迁的重要指标。

伊藤寿朗曾经提出“博物馆三世代”说，将博物馆发展历程按照博物馆定位划分成为三个阶段：一世代博物馆以大型珍宝博物馆为代表，二世代博物馆以地方性公共博物馆为主流，三世代博物馆则转向以基于社会需要的博物馆为特色[25]。这一分期方案与胡珀—格林希尔基于福柯的“知识结构”理论提出的文艺复兴式、古典式和现代式博物馆进程不谋而合[26]。按照大体时代序列，最初

〔23〕《中国博物馆一览》，北平：中国博物馆协会，1936年，第123～128页。

〔24〕《中国博物馆一览》中仅收入山西省立民众教育馆和重庆民众博物馆两家。

〔25〕伊藤寿朗：《市民のなかの博物馆》，东京：吉川弘文馆，1993年，第142页。

〔26〕Hooper-Greenhill E. *Museums and the Shaping of Knowledge*. New York and London: Routledge, 1992.

的博物馆继承了珍宝收藏特性，强调典藏功能高于其他。随后阶段的博物馆在理性主义和科学主义的鼓励下，逐步转型成为客观知识和文化的宝库，强调博物馆的科学价值和单向度的教育功能。晚近的博物馆自神庙向论坛转型，从单向度的俯视式教育转型到双向的沟通和妥协。胡珀—格林希尔提出，“博物馆现在被视为关乎文化和历史再现的机构。……博物馆对其阐释和表现多元‘现实’的能力已有充分自觉意识”，正是对这个时代的博物馆的精确描述[27]。

博物馆的第一个黄金时代随着二世代或者古典式博物馆的诞生而到来。博物馆帮助国家、地区和大都会建立解释自身历史地位和成就的物质话语体系，也依照理性主义和科学主义原则建立百科全书式知识体系。正如丹纳指出，博物馆需要教育，在摆脱宝物库房的地位，博物馆通过成为特定的社会伦理和知识体系的共谋而参与到社会和历史中[28]。1949年之前的博物馆已经清晰地意识到，并且努力实现教育责任。从国家博物馆到大都会博物馆都追逐独一无二的代表性，即使是脱胎于帝制遗产的故宫博物院，也在谨慎地切割政治关联的同时，谋求中国传统艺术典范的地位。虽然难易程度不同，作为近代意义学术代表的考古学、地质学和生物学博物馆都以建设百科全书式知识体系为追求目标。

1949年之前的中国博物馆远没有止步于此。迟至20世纪末，伊藤寿朗依然悲观地认为，三世代博物馆尚未到来。事实上，基于社会需求，强调表达、沟通、协商和互动的博物馆不正是20世纪70年代以来的新博物馆运动孜孜以求的吗？在公共性的掩护下，二世代博物馆的精英特质非但没有消弭，反而通过单向度、训诫式的教育方式得到强化。三世代博物馆正是通过反思博物馆的垄断特质，寻找长期以来被压制的其他声音脱颖而出的。未被人注意的是，1949年之前的中国博物馆中，一度出现针对二世代博物馆的最早的反思和挑战。20世纪30年代，民众教育运动高涨之时，孟宪承（1894～1967）提及博物馆，尤其是民众教育类型博物馆的社会地位，“最初只当它是珍奇的库藏，其次当它是学术研究的场所，现

〔27〕 Hooper-Greenhill E. *Museums and the Shaping of Knowledge*. New York and London: Routledge, 1992: 20.

〔28〕 Dana J C. The Gloom of the Museum, The New Museum Series//Anderson G. *Reinventing the Museum: The Evolving Conversation on the Paradigm Shift*. Lanham: AltaMira Press, 2012: 17-33.

在则把它当做民众教育的工具”[29]。这不正是三世代说或者三种知识结构说的先声？而且，这不仅仅是博物馆学的学理总结，更是活生生的社会实践的指南。30年代前期，从中央到地方，一大批以启迪和教育基层民众为目的的博物馆如雨后春笋般地建立起来，无论是馆藏结构，还是展陈活动，都是此前其他类型博物馆从未见过的。1949年之前的中国博物馆的社会角色并不是“古董铺子”或者“杂货摊子”，不仅展现出二世代博物馆的整体格局，甚至抢先发出三世代博物馆之声。

1949年之前的中国博物馆史既不是可有可无的“前史”，也不是孱弱、低回的“暗流”，相反，中国博物馆的伟大传统就孕育和起步于这个时代。

〔29〕 孟宪承：《民众教育》，上海：世界书局，1933年，第36页。

参考文献选编

一、中文文献

《巴蜀史地研究会草章》，《说文月刊》第2卷第2期，1940年。

《北京大学风俗调查会征集各地关于旧历新年风俗物品之说明》，《北京大学研究所国学门月刊》第1卷第5期，1927年。

《北平故宫博物院接受古物陈列所》，《燕京学报》第33期，1947年。

《北平图书馆建筑委员会报告》，《北京图书馆史料汇编》，北京：书目文献出版社，1992年。

《本馆开馆纪事》，《国立历史博物馆丛刊》第1卷第2册，1926年。

《本学门开办以来进行事业之报告》，《北京大学研究所国学门周刊》第2卷第24期，1924年。

《博物馆界》，《中国博物馆协会会报》第1卷第4期，1936年。

《参加伦敦中国艺术国际展览会出品目录》序，《故宫周刊》1935年第460期。

《成立大会纪事》，《中国博物馆协会会报》第1卷第1期，1935年。

《地质调查所所长翁文灏致研究所所长函》，《北京大学日刊》第1128号，1922年12月8日。

《地质矿产陈列馆第一次报告》，《地质调查所办事报告》，北京：农商部地质调查所，1925年。

《风俗调查会简章》，《歌谣》1924年第58期。

《风俗调查会启事》，《北京大学日刊》1923年第1279号。

《风俗调查会征求旧本烧饼歌》，《北京大学研究所国学门周刊》第1卷第5期，1925年。

《工商部中央地质调查所地质矿产陈列室指南》，南京：中央地质调查所，1948年。
《国立北京大学研究所国学门报告（民国十三年一月一日至民国十三年五月三十一日）》，《国立北京大学国学季刊》第2卷第1号，1925年。
《国立北平研究院五周年工作报告》，北平：国立北平研究院，1934年。
《国立中央博物院筹备处第一次专题展览会记事》，《图书季刊》新第4卷第3-4期，1943年。
《国立中央博物院筹备处工作报告》，《中国博物馆协会会报》第1卷第2期，1935年。
《国立中央博物院筹备处暂行规则》，《中华民国教育部：教育法令续编》，南京：中华民国教育部，1934年。
《国立中央博物院筹备处之麽些文物展览》，《图书季刊》新第5卷第4期，1944年。
《国立中央博物院选定图案招标兴筑》，《民众教育通讯》第6卷第1期，1935年。
《国立中央博物馆建筑委员会建筑图案审查委员会报告》，1935年。
《国际博物馆协会中国委员会成立》，《教育通讯月刊》第4卷第6期，1947年。
《华西大学博物馆民族学部门研究近况》，《文史杂志》第5卷，第9-10期，1945年。
《华西大学古物博物馆概况》，《文物参考资料》1951年第11期。
《华西边疆研究所组织章程草案》，《华西协合大学校刊》1944年第2期。
《晋抚奏创设图书馆折》，《山西省图书馆史料汇编》，太原：山西人民出版社，2003年。
《经济部中央地质调查所二十五周年纪念会记略》，《地质评论》第7卷第1期，1941年。
《巨鹿宋代故城发掘记略》《国立历史博物馆丛刊》第1卷第2册，1926年。
《教育部筹设国立博物院之计划》，《云南教育》第1卷第3期，1933年。
《考古工作概况及物品展览》，《世界画报》第276、277期，1931年。
《历史语言研究所十九年度上届第一次所务会议》，《国立中央研究院院务月报》第2卷第5期，1930年。
《岭大博物馆》，《旅行杂志》第22卷第10期，1948年。
《民国文物考古期刊汇编》，北京，全国图书馆文献缩微复制中心，2006年。

《农矿部直辖地质调查所建筑经费报告》，北京：农矿部地质调查所，1929年。
《农商部地质研究所一览》，北京：京华印书局，1916年。
《上海市博物馆》，《上海年鉴》1937年。
《盛京清宫藏品录》，《国立历史博物馆丛刊》第1卷第1册，1926年。
《为清室倒卖四库全书敬告国人速起交涉启》，《北京大学日刊》1922年第1005期。
《信阳汉冢发掘记》，《国立历史博物馆丛刊》第1卷第2册，1926年。
《研究所国学门风俗调查会开会纪事》，《歌谣》1924年第58期。
《研究所国学门考古学会保存大宫山古迹宣言》，《北京大学日刊》1924年第1514期。
《震旦博物院概况》，《中国博物馆协会会报》第1卷第3期，1935年。
《中国博物馆协会第一次年会开会纪事》，《中国博物馆协会会报》第2卷第1期，1936年。
《中国博物馆协会之成立》，《中华教育界》第23卷第1期，1935年。
《中国大百科全书·文物博物馆卷》，北京：中国大百科全书出版社，1993年。
《中国地质博物馆八十年》，北京：中国地质博物馆，1996年。
《中国地质调查所概况 本所成立十五周年纪念刊》，北平：实业部地质调查所，1931年。
《中国营造学社汇刊》（1～7卷），北平：中国营造学社编印，1930-1945年。
《中华民国史档案资料汇编》（第三辑文化），南京：江苏古籍出版社，1991年。
《中华民国史档案资料汇编》（第三辑政治），南京：江苏古籍出版社，1991年。
《中华民国史档案资料汇编》（第五辑第三编文化），南京：江苏古籍出版社，1999年。
《中央地质调查所二十五周年纪念会报告》，重庆：中央地质调查所，1941年。
《组织中国博物馆协会缘起》，《中国博物馆协会会报》第1卷第1期，1935年。
爱德华·亚历山大、玛丽·亚历山大著，陈双双译：《博物馆变迁》，南京：译林出版社，2014年。
安来顺：《历史博物馆与博物馆的历史》，《回顾与展望：中国博物馆发展百年——2005年中国博物馆学会学术讨论会文集》，北京：紫禁城出版社，2005年。

安特生著，袁复礼译：《奉天锦西沙锅屯洞穴层》，《中国古生物志》丁种第1号第1册，北京：农商部地质调查所，1923年。

安特生著，袁复礼译：《中华远古之文化》，《地质汇报》第5号第1册，北京：农商部地质调查所，1923年。

柏永年：《徐家汇博物馆》，《自然界》3卷2期，1928年。

包遵彭：《中国博物馆史》，台北：中华丛书编审委员会，1964年。

宝筏：《评广东文物展览会》，《宇宙风》1940年第100期。

鲍永安主编，苏克勤校注：《南洋劝业会文汇》，上海：上海交通大学出版社，2010年。

北京大学：《国立北京大学五十周年纪念古铜兵器展览会目录》，北平：国立北京大学出版部，1948年。

北京大学：《国立北京大学五十周年纪念文科研究所展览概要》，北平：国立北京大学出版部，1948年。

北京大学博物馆：《北京大学博物馆概要》，北京，1949年。

北京农业大学校史资料征集小组：《北京农业大学校史 1905—1949》，北京：北京农业大学出版社，1990年。

布朗著，饶锦译：《在中国的文化人类学家——大卫·克罗克特·葛维汉》，《葛维汉民族学考古学论著》，成都：巴蜀书社，2004年。

蔡寒琼、谈月色：《发掘东山猫儿冈汉冢报告》，《考古学杂志》创刊号，1932年。

蔡建国：《蔡元培口述传略（上）》，《蔡元培先生纪念》，北京：中华书局，1984年。

蔡元培：《蔡元培全集》，杭州：浙江教育出版社，1998年。

蔡元培：《国立中央研究院十七年度总报告》，《傅斯年全集》（第6卷），长沙：湖南教育出版社，2000年。

沧阁：《广东文物展览会印象记》，《广东文物》，香港：中国文化协进会，1941年。

曹聚仁：《可杀的张凤》，《文坛三忆》，北京：生活·读书·新知三联书店，1999年。

曹意强：《美术博物馆的定义与国际学术现状》，《新美术》2008年第1期。

常惠：《易县燕都故址调查报告》，《国立北平研究院院务汇刊》第1卷第1期，1930年。
常惠：《易县燕下都考古团发掘报告》，《国立北平研究院院务汇刊》第1卷第3期，1930年。
陈宝国：《河南省地质调查所史略》，《地质学史论丛》（4），北京：地质出版社，2009年。
陈波：《李安宅与华西学派人类学》，成都：巴蜀书社，2010年。
陈春晓：《近代中国博物馆的移植与发展》，《河南教育学院学报》（哲学社会科学版）2009年第5期。
陈春晓：《博物馆视角下的近代中国知识体系的蜕变》，《中原文物》2010年第6期。
陈德富：《建国前四川现代博物馆述略》，《四川文物》1991年第2期。
陈端志：《博物馆学通论》，《上海市博物馆丛书》（甲类第一种），上海：上海市博物馆，1936年。
陈端志：《博物馆》，上海：商务印书馆，1937年。
陈端志：《三渡观感录》，《教育建设》第1卷第5期，1941年。
陈端志：《新国民运动与工读教育》，《教育建设》第3卷第4期，1941年。
陈端志：《愚人之精神》，《社会旬报》1942年第41期。
陈翰珍：《二十年来之南通》，《南通博物苑文献集》，1985年。
陈建明：《关于开展中国博物馆学史研究的构想》，《中国博物馆》2001年第3期。
陈建明：《汉语“博物馆”一词的产生与流传》，《回顾与展望：中国博物馆发展百年——2005年中国博物馆学会学术讨论会文集》，北京：紫禁城出版社，2005年。
陈钦育：《国立故宫博物院的展览动向（1925—2001）》，《博物馆学季刊》第15卷第4期，2001年。
陈师曾：《清代花卉之派别》，《湖社月刊》（11～20合册），1928～1929年。
陈为：《新文化运动与博物馆的关系——兼述新文化运动影响下中国博物馆事业的初步发展》，《故宫博物院院刊》2011年第5期。
陈为：《京师同文馆博物馆考略》，《中国博物馆》2014年第3期。

陈星灿、马思中：《胡适与安特生——兼谈胡适对20世纪前半叶中国考古学的看法》，《考古》2005年第1期。
陈寅恪：《金明馆丛稿二编》，上海：上海古籍出版社，1984年。
陈长虹：《四川大学博物馆：历史与今天》，《回顾与展望：中国博物馆发展百年——2005年中国博物馆学会学术讨论会文集》，北京：紫禁城出版社，2005年。
程军：《上海近代早期博物馆史料补遗》，《博物馆研究》2005年第4期。
程军：《1842—1900年间中国博物馆发展状况》，《博物馆研究》2007年第1期。
岱峻：《李济传》，南京：江苏文艺出版社，2009年。
戴丽娟：《从徐家汇博物院到震旦博物院——法国耶稣会士在近代中国的自然史研究活动》，《中研院历史语言研究所集刊》第84本2分，2013年。
丁文江：《漫游散记》，《独立评论》1932年13～15期。
董光忠：《山西万泉新石器时代遗存发掘之经过》，《三晋考古》（第2辑），太原：山西人民出版社，2006年。
杜春和、林斌生、丘权政：《北洋军阀史料选辑》（下），北京：中国社会科学院出版社，1981年。
段勇：《古物陈列所的兴衰及其历史地位述评》，《故宫博物院院刊》2004年第5期。
段勇：《武英殿与古物陈列所》，《紫禁城》2005年第1期。
范春荣：《上海市博物馆大事纪要（1933—1948）》，《中国博物馆》1991年第2期。
方甦生：《内阁旧档辑刊叙录》，国立北平故宫博物院文献馆刊印，1935年。
房建昌：《天津北疆博物院考实》，《中国科技史料》第24卷第1期，2003年。
费畊雨、费鸿年：《博物馆学概论》，上海：中华书局，1936年。
冯汉骥：《前蜀王建墓发掘报告》，北京：文物出版社，1964年。
傅公钺：《今昔北京博物馆》，《首都博物馆建馆十周年纪念文集》，北京：燕山出版社，1991年。
傅公钺：《北京博物馆事业的历史及现状》，《中国博物馆》1996年第1期。
傅兰雅：《上海格致书院》，《格致汇编》夏第6卷，1876年。

傅斯年：《历史语言研究所概况》，《国立中央研究院院务月报》第1卷第1期，1929年。
傅斯年：《考古学的新方法》，《史学》1930年第1期。
傅斯年：《城子崖》序，南京：中央研究院历史语言研究所，1934年。
傅斯年：《本所发掘安阳殷墟之经过》，《傅斯年全集》（第3卷），长沙：湖南教育出版社，2000年。
傅斯年：《致史学杂志编辑先生函》，《傅斯年全集》（第3卷），长沙：湖南教育出版社，2000年。
傅斯年：《傅斯年全集》，长沙：湖南教育出版社，2000年。
傅振伦：《参与燕下都第一期发掘工作报告书》，《北京大学日刊》第2450号，1930年。
傅振伦：《燕下都考古记》，《地学杂志》1930年第4期。
傅振伦：《燕下都发掘报告》，《国立北京大学国学季刊》第3卷第1期，1932年。
傅振伦：《中国艺术伦敦国际展览会陈列之河北古物》，《河北博物院画刊》1937年第139期。
傅振伦：《中国博物馆学概论》，北京：文物出版社，1957年。
傅振伦：《河北省博物馆事业史略》，《中国博物馆》1986年第2期。
傅振伦：《三十年代中国博物馆事业发展的历史条件》，《中国博物馆》1987年第2期。
傅振伦：《故宫今昔》，《七十年所见所闻》（卷一），上海：华东师范大学出版社，1997年。
傅振伦：《北京国立历史博物馆史略》，《七十年所见所闻》（卷一），上海：华东师范大学出版社，1997年。
傅振伦：《历史博物馆》，《七十年所见所闻》（卷一），上海：华东师范大学出版社，1997年。
傅振伦：《英国亚洲文会》，《七十年所见所闻》（卷一），上海：华东师范大学出版社，1997年。
傅振伦：《蒲梢沧桑：九十忆往》，上海：华东师范大学出版社，1997年。
富田升著，赵秀敏译：《近代日本的中国艺术品流转与鉴赏》，上海：上海古籍出版社，2005年。

高平叔：《蔡元培教育论集》，长沙：湖南教育出版社，1987年。
高平叔、王世儒：《蔡元培书信集》（上卷），杭州：浙江教育出版社，2000年。
高去寻：《崖墓中所见汉代的一种巫术》，《古今论衡》第2期，台北：中研院历史语言研究所，1999年。
高振西、刘毅：《中国地质博物馆事业的发展概况》，《中国地质博物馆八十年》，北京：中国地质博物馆，1996年。
葛守信：《嵩县动物采集记》，《河南博物馆馆刊》第1集，1936年。
葛维汉：《华西协合大学博物馆概况》，《中国博物馆协会会报》第1卷第3期，1936年。
龚熙台：《古玉考》，《成都东方美术专科学校校刊》创刊号，1935年。
古肃：《广东文物展览观后感》，《广东文物》，香港：中国文化协进会，1941年。
顾颉刚：《古物陈列所书画忆录》，《现代评论》第一卷第19～24期，1925年。
顾颉刚：《古史辨自序》，《古史辨》（第1册），北京：景山书社，1926年。
顾颉刚：《顾颉刚全集·宝树园文存》（卷五），北京：中华书局，2011年。
关百益：《登封如意图考》，《河南博物馆馆刊》第6集，1937年。
关百益：《龙门石刻图录》，东京：汲古书院，1978年。
关百益：《南阳汉画象集》，上海：中华书局，1930年。
关百益：《新郑古器图录》，上海：商务印书馆，1929年。
关百益：《伊阙石刻图表》，开封：河南博物馆，1935年。
关百益：《益斋金石文存》，集文斋刻本，1940年。
管劲丞：《通州师范的创办与发展》，《南通文史资料选辑》（第二辑），1982年。
广东文物展览会：《广东文物》，香港：中国文化协进会，1941年。
郭宝钧：《浚县古残墓之清理》，《田野考古报告》第1册，1936年。
郭宝钧：《山彪镇与琉璃阁》，《考古学专刊》（乙种第十一号），北京：科学出版社，1959年。
郭宝钧：《浚县辛村》，《考古学专刊》（乙种第十三号），北京：科学出版社，1964年。
郭大烈、杨世光：《东巴文化论集》，昆明：云南人民出版社，1985年。

郭嵩焘：《伦敦与巴黎日记》，《走向世界丛书》（Ⅳ），长沙：岳麓书社，1984年。
国立北平故宫博物院：《故宫已佚书籍书画目录四种》，故宫博物院图书馆铅印本，1933年。
国立历史博物馆：《国立历史博物馆陈列室物品目录》，1928年。
国连杰：《“十八罗汉”与中国早期地质学》，《科学文化评论》第11卷第5期，2014年。
韩寿萱：《国立北京大学五十周年纪念博物馆展览概略》，北平：国立北京大学出版部，1948年。
韩寿萱：《国立北京大学五十周年纪念中国漆器展览概略》，北平：国立北京大学出版部，1948年。
杭春晓：《绘画资源：由“秘藏”走向“开放”——古物陈列所的成立与民国初期中国画》，《文艺研究》2005年第12期。
杭春晓：《渐进式文化改良：以民初北京地区传统派画家为中心的考察》，合肥：安徽美术出版社，2013年。
郝庆元：《直隶工艺总局资料选编》，《天津历史资料》1982年第16辑。
何日章：《陈列安阳殷墟甲骨暨器物之感言》，《傅斯年全集》（第3卷），长沙：湖南教育出版社，2000年。
何日章：《发掘安阳殷墟甲骨文之经过》，《傅斯年全集》（第3卷），长沙：湖南教育出版社，2000年。
何煜：《内务府古物陈列所书画目录》，北京：京华印书局，1925年。
河南地质调查所：《河南地质调查所五年来事业概况》，北平：新亚印书局，1935年。
河南省博物馆、台北历史博物馆：《辉县琉璃阁甲乙二墓》，郑州：大象出版社，2003年。
贺辅民：《岭南自然博物采集所》，《岭南学报》第4卷第3期，1935年。
贺履之：《篑公论画》，《三六九画报》1941年第18期。
黑翁：《文物展览会闲评》，《广东文物》，香港：中国文化协进会，1941年。
侯江：《抗战内迁北碚的中央地质调查所与中国西部科学院》，《地质学刊》2008年第32期。

侯江：《近代中国早期博物馆——中国西部科学院附设公共博物馆与民众教育》，《博物馆研究》2014年第2期。
侯江，詹庚申：《民国时期的地质矿产类博物馆》，《地质学刊》第35卷第4期，2011年。
侯良：《回眸与前瞻——再谈湖南博物馆事业》，《回顾与展望：中国博物馆发展百年——2005年中国博物馆学会学术讨论会文集》，北京：紫禁城出版社，2005年。
湖南省立第一民众教育馆：《湖南省第三区农工产品展览会报告书》，1940年。
胡昌健：《六十年来重庆文博事业发展概述》，《史志文汇》1996年第3期。
胡道静：《上海博物院史略》，《上海研究资料续集》，《民国丛书》（第四编第81册），上海：上海书店出版社，1992年。
胡进：《贵州早期博物馆事业发展概述》，《贵州文史丛刊》1999年第6期。
胡先骕：《胡先骕文存》，南昌：江西高等教育出版社，1995年。
胡肇椿：《二十年度之广州考古发掘事业》，《西南研究》创刊号，广州：国立中山大学，1932年。
胡肇椿：《广州市西郊大刀山晋塚发掘报告》，《考古学杂志》创刊号，1932年。
胡肇椿：《古物的修复和保存》，《文史丛刊》1933年第1期。
胡肇椿：《广州市近郊之考古发掘述略》，《持志学院考古学小史讲义》，1934年。
胡肇椿：《现代化博物馆与学校合作问题初论》，《学术世界》第1卷第12期，1935年。
胡肇椿：《古玉概说》译序，《上海市博物馆丛书》（丙类第一种），上海：中华书局，1936年。
胡宗刚：《胡先骕与庐山森林植物园创建始末》，《中国科技史料》第18卷第4期，1997年。
胡宗刚：《静生生物调查所史稿》，济南：山东教育出版社，2005年。
胡宗刚：《北平研究院植物学研究所史略（1929—1949）》，上海：上海交通大学出版社，2010年。
黄化龙：《纪念桑志华创立北疆博物院八十周年》，《化石》1995年第3期。
黄健敏：《乡邦文化与民族精神：李仙根与1940年香港“广东文物展”》，《美术学报》2014年第3期。

黄克武：《画中有话：近代中国的视觉表达与文化构图》，台北：中研院近代史研究所，2003年。
黄启善：《广西博物馆早期史略》，《中国博物馆》1992年第3期。
黄式权：《淞南梦影录》，上海：上海古籍出版社，1989年。
黄思礼著，秦和平、何启浩译，《华西协合大学》，珠海：珠海出版社，1999年。
黄文宗：《郑德坤的生平》，《郑德坤古史论集选》，北京：商务印书馆，2007年。
霍巍：《川大史学·考古学卷》，成都：四川大学出版社，2006年。
霍巍：《郑德坤先生与四川大学博物馆》，《郑德坤古史论集选》，北京：商务印书馆，2007年。
吉开将人：《近代日本学者与殷墟考古》，《纪念殷墟发掘八十周年学术研讨会论文集》，台北：中研院历史语言研究所，2015年。
季剑青：《"私产"抑或"国宝"：民国初年清室古物的处置与保存》，《近代史研究》2013年6期。
简又文：《逸经的故事》，《逸经》1936年第1期。
简又文：《文展之概观》，《广东文物》，香港：中国文化协进会，1941年。
蒋复璁：《李石曾先生与国立故宫博物院》，《李石曾传记资料》（第3辑），台北：天一出版社，1981年。
姜舜源：《古物陈列所成立前后》，《紫禁城》1988年第5期。
蒋维乔：《江苏教育行政概况》，上海：商务印书馆，1924年。
蒋伟国：《试论近代中国的博物馆事业》，《博物馆研究》1995年第2期。
蒋伟国：《中国早期博物馆述评》，《博物馆研究》1995年第3期。
姜玉平：《静生生物调查所学术建制研究》，《中国科技史杂志》第26卷第4期，2005年。
靳云鹗：《新郑出土古器图志附编》，1923年。
荆三林：《地方博物馆之目的与组织》，《中国博物馆协会会报》第2卷第2期，1936年。
荆三林：《民俗博物馆在现代中国之重要性》，《学术世界》第2卷2期，1936年。
荆三林：《博物馆学大纲》，中国文化服务社陕西分社，1941年。
荆三林：《科学博物馆之功用及其组织问题》，《青年中国季刊》第2卷4期，1941年。

荆三林：《博物馆学·第一辑·通论之部》，郑州：郑州大学出版社，1983年。
静生生物调查所：《静生生物调查所第三次年报》，1931年。
静生生物调查所：《静生生物调查所第四次年报》，1932年。
映厂：《广州的博物馆》，《旅行杂志》第22卷第10期，1948年。
孔令伟：《从近代中国社会的博物馆建设看艺术收藏与美术史写作的关系》，《新美术》1999年第1期。
李大超、胡肇椿：《上海市博物馆筹备经过报告》，《中国博物馆协会会报》第2卷第3期，1937年。
李光谟：《从清华园到史语所——李济治学生涯琐记》，北京：清华大学出版社，2004年。
李宏、夏志峰：《新郑彝器述略》，《新郑郑公大墓青铜器》，郑州：大象出版社，2001年。
李济：《中国考古学之过去与将来》，《东方杂志》第31卷第7号，1934年。
李济：《安阳》，石家庄：河北教育出版社，2000年。
李济：《西阴村史前的遗存》，《李济文集》（卷二），上海：上海人民出版社，2006年。
李济：《远古石器浅说》，《李济文集》（卷二），上海人民出版社，2006年。
李济：《中国考古学之过去与将来》，《李济文集》（卷一），上海：上海人民出版社，2006年。
李济著，张光直、李光谟编：《李济文集》，上海：上海人民出版社，2006年。
李建丽、陈建华：《河北省博物馆事业一百年》，《回顾与展望：中国博物馆发展百年——2005年中国博物馆学会学术讨论会文集》，北京：紫禁城出版社，2005年。
李景聃：《寿县楚墓调查报告》，《田野考古报告》第1册，1936年。
李霖灿：《么些经典译注九种》，台北：中华丛书编审委员会，1978年。
李书华：《李书华自述》，长沙：湖南教育出版社，2009年。
李枢强：《韩伯禄及其动物标本收藏》，《生物学通报》第39卷第3期，2004年。
李晓东：《民国时期的“古迹”、“古物”与“文物”概念述评》，《中国文物科学研究》2008年第1期。
李晓东：《民国文物法规述评》，北京：文物出版社，2013年。

李玄伯：《玄武笔记》，《故宫周刊》第102期，1931年。
李学通：《中国地质调查所南京所址建筑经过考》，《地质学刊》2009年第2期。
李永平、李天铭：《甘肃博物馆事业发展述略》，《中国博物馆》1988年第4期。
李煜瀛：《故宫博物院纪略（一）》，《故宫周刊》第1期增刊版，1929年。
李振强：《北疆博物院》，《生物学通报》第42卷第9期，2007年。
李宗侗：《李宗侗自传》，北京：中华书局，2010年。
栗亭（吴景洲）：《故宫博物院前后五年经过记》，《故宫周刊》第1期，1929年。
梁丹：《北京早期博物馆概述》，《中国博物馆》1988年第4期。
梁吉生：《旧中国博物馆历史述略》，《中国博物馆》1986年第2期。
梁吉生：《中国博物馆史上一个值得澄清的问题》，《博物馆研究》1987年第2期。
梁吉生：《论旧中国博物馆事业的历史意义》，《中国博物馆》1988年第2期。
梁吉生：《中国博物馆的骄傲——关于张謇及其博物苑的随想》，《回顾与展望：中国博物馆发展百年——2005年中国博物馆学会学术讨论会文集》，北京：紫禁城出版社，2005年。
梁吉生：《中国博物馆协会及其学术活动》，《中国文化遗产》2005年第4期。
梁容若：《中国创办最早的一个博物馆——广智院》，《教育与民众》第3卷第7期，1932年。
梁钊韬：《祭礼的象征和传袭：民族学的文化史研究》，《文讯》第5卷第1期，1944年。
梁钊韬：《古代的馈牲祭器及祖先崇拜》，《文史杂志》第5卷第9-10期，1945年。
梁钊韬：《梁钊韬文集》，广州：中山大学出版社，2004年。
两广地质调查所：《两广地质调查所概览》，1932年。
林名均：《川苗概况》,《新亚细亚》1936年第4期。
林名均：《广汉古代遗物之发现及其发掘》，《说文月刊》第3卷第7期，1942年。
刘鼎铭：《国立中央博物院筹备处1933年4月—1941年8月筹办经过报告》，《民国档案》2008年第2期。
刘敦桢：《西南古建筑调查概况（1940年7月—1941年12月）》，《刘敦桢全集》（第4卷），北京：中国建筑工业出版社，2007年。
刘敦桢：《云南古建筑调查记（未完稿）（1940—1942年）》，《刘敦桢全集》（第4卷），北京：中国建筑工业出版社，2007年。

刘敦桢：《云南之塔幢》，《刘敦桢全集》（第4卷），北京：中国建筑工业出版社，2007年。

刘敦桢：《刘敦桢全集》，北京：中国建筑工业出版社，2007年。

刘慎谔：《东陵植物分布初步之观察》，《自然科学季刊》1930年第3期。

刘慎谔：《刘慎谔文集》，北京：科学出版社，1985年。

刘锡鸿：《英轺私记》，《走向世界丛书》（Ⅷ），长沙：岳麓书社，1986年。

刘咸：《编者附志》，《科学》第19卷第10期，1935年。

刘晓：《国立北平研究院简史》，北京：中国科学技术出版社，2014年。

刘燿：《河南浚县大赉店史前遗址》，《田野考古报告》第1册，1936年。

鲁迅：《谈所谓"大内档案"》，《语丝》第4卷第7期，1928年。

陆丹林：《广东文物展览会纪事》，《广东文物》，香港：中国文化协进会，1941年。

陆惠元：《天津考工厂是中国第一个博物馆》，《中国博物馆》1987年第1期。

伦敦中国艺术国际展览会筹备委员会：《参加伦敦中国艺术国际展览会出品图说》，上海：商务印书馆，1936年。

罗香林：《古代越族的文化》，《吴越文化论丛》，《民国丛书》（第五编第38册），上海：上海书店出版社，1996年。

罗振玉：《集蓼编》，上海：上海古籍出版社，2013年。

落花：《观文物展览会书感》，《广东文物》，香港：中国文化协进会，1941年。

吕建昌：《近代中国博物馆史上需要澄清的一个问题——上海徐家汇博物院创建年代质疑》，《上海文博论丛》2011年第4期。

吕济民：《世界博物馆的演变及其发展趋势》，《中国博物馆》1985年第4期。

吕济民：《中国博物馆史论》，北京：紫禁城出版社，2004年。

吕军：《东北早期博物馆概述》，《中国博物馆》1991年第4期。

麻席珍：《浑源出土古物图说》，1935年刻本。

马承源：《上海文物博物馆志》，上海：上海社会科学院出版社，1997年。

马冬青、任海燕：《河北第一博物院及其出版的刊物》，《文物春秋》2006年第6期。

马衡：《参观朝鲜古物报告》，《北京大学研究所国学门周刊》第1卷第4期，1925年。

马衡：《燕下都考古调查及发掘计划》，《北京大学日刊》第2385期，1930年。
马衡：《凡将斋金石丛稿》，北京：中华书局，1977年。
马衡：《马衡日记：1949年前后的故宫》，北京：紫禁城出版社，2006年。
马金香：《北疆博物院的追溯、传承与展望》，《中国博物馆》2014年第4期。
马敏：《张謇与近代博览事业》，《华东师范大学学报》（人文社会科学版）2001年第5期。
马思猛：《金石梦故宫情》，北京：国家图书馆出版社，2009年。
马长寿：《凉山罗彝考察报告》，成都：巴蜀书社，2006年。
马宗荣：《社会教育概说》，上海：商务印书馆，1925年。
马宗荣：《社会教育事业十讲》，上海：商务印书馆，1936年。
孟德鲁斯著，郑师许、胡肇椿译：《考古学研究法》，《学术世界》第1卷第2-6期，1935年。
蒙德留斯著，滕固译：《先史考古学方法论》，上海：商务印书馆，1937年。
孟宪承：《民众教育》，上海：世界书局，1933年。
苗青：《胡昭静访谈录》，《中国科学院院史资料与研究》1990年第6期。
那志良：《故宫四十年》，台北：商务印书馆，1966年。
那志良：《典守故宫国宝七十年》，北京：紫禁城出版社，2004年。
南通博物苑：《南通博物苑文献集》，1985年。
南通市政协文史资料研究会：《文史资料选辑》（第二辑），1982年。
南通市政协文史资料研究会：《情系南通》，北京：中国文史出版社，1990年。
彭善国：《中国早期博物馆的观念和实践》，《博物馆研究》1993年第2期。
溥仪：《我的前半生》，北京：东方出版社，2007年。
齐燕铭：《为文物、博物馆事业更大跃进而奋斗！——文化部副部长齐燕铭在全国文物博物馆工作会议上的报告》，《文物》1960年第4期。
钱玄同：《钱玄同日记》，北京：北京大学出版社，2014年。
秋声：《白云山及观音山》，《旅行杂志》第22卷第10期，1948年。
任大山：《何日章与河南博物馆早期建设》，《中原文物》2007年第3期。
任鸿隽：《静生生物调查所开幕记》，《科学》第13卷第9期，1929年。
任鸿隽：《十年来中基会事业的回顾》，《东方杂志》第32卷第7期，1935年。
容庚：《宝蕴楼彝器图录》，北平：古物陈列所，1929年。

容庚：《武英殿彝器图录》，北平：哈佛燕京学社，1934年。
容庚：《海外吉金图录》，北平：考古学社，1935年。
容庚：《善斋彝器图录》，北平：哈佛燕京学社，1936年。
容庚：《商周彝器通考》，北平：哈佛燕京学社，1941年。
容庚：《容庚学术著作全集》，北京：中华书局，2011年。
桑兵：《东方考古学协会述论》，《历史研究》2000年第5期。
商承祚：《调查员村乡发现晋代古塚始末记》，《语言历史研究所周刊》第3集第30期，1928年。
商承祚：《十二家吉金图录》，南京：金陵大学中国文化研究所，1935年。
商承祚：《长沙古物闻见记》，北平：哈佛燕京学社，1939年。
商承祚：《成都白马寺出土铜器辨》，《说文月刊》第3卷第7期，1942年。
商承祚：《浑源彝器图序》（金陵大学中国文化研究所丛刊甲种），1946年。
商承祚：《商承祚文集》，广州：中山大学出版社，2004年。
商务印书局编译所：《上海指南》（卷四），上海：商务印书馆，1909年。
上海通社：《上海研究资料续集》，《民国丛书》（第四编第81册），上海：上海书店出版社，1992年。
邵勤：《现代化和中国博物馆事业的创始》，《学术月刊》2005年第4期。
沈兼士：《故宫博物院文献馆整理档案之经过》，《中国博物馆协会会报》第1卷第1期，1935年。
沈松金：《考古学与二十世纪中国学术》，北京：学苑出版社，2003年。
沈之瑜：《最早的两个博物馆》，《上海滩》1989年第5期。
沈之瑜：《沈之瑜文博论集》，上海：上海古籍出版社，2003年。
石璋如：《田野考古第一——吴金鼎先生》，《新学术之路》，台北：中研院历史语言研究所，1998年。
史蒂芬·康恩著，王宇田译：《博物馆与美国智识生活，1876—1926》，上海：上海三联书店，2012年。
史华慈著，程钢译：《古代中国的思想世界》，南京：江苏人民出版社，2004年。
史吉祥：《论博物馆的公共性》，《中国博物馆》2008年第3期。
史式徽：《江南传教史》，上海：上海译文出版社，1983年。
史勇：《中国近代文物事业简史》，兰州：甘肃人民出版社，2009年。

松本信广著，徒然译：《吴越史地研究会两种报告之批评》，《吴越文化论丛》，《民国丛书》（第五编第38册），上海：上海书店出版社，1996年。
宋伯胤：《宋伯胤文集·博物馆卷》，北京：文物出版社，2009年。
宋伯胤：《宋伯胤文集·民族调查卷》，北京：文物出版社，2012年。
苏阿德著，戚铭远译：《中国博物学：上海博物院指南》，亚洲文会华北支会，1937年。
苏东海：《博物馆演变史纲》，《中国博物馆》1988年第1期。
苏东海：《博物馆的沉思——苏东海论文选》，北京：文物出版社，1998年。
苏东海：《南通博物苑诞生的历史性贡献》，《回顾与展望：中国博物馆发展百年——2005年中国博物馆学会学术讨论会文集》，北京：紫禁城出版社，2005年。
苏联博物馆学科学研究所编，博物馆科学工作研究所筹备处编译：《苏联博物馆学基础》，北京：文物出版社，1957年。
孙渠：《回忆南通博物苑见闻》，《南通文史资料选辑》（第二辑），1982年。
孙文青：《整理河南博物馆藏石刻记》，《河南博物馆馆刊》第1集，1936年。
谭旦冏：《中央博物院廿五年之经过》，台北：中华丛书编审委员会，1960年。
陶云逵：《车里摆夷之生命环》，《边疆研究论丛》，南京：金陵大学中国文化研究所，1949年。
童宇：《1940年广东文物展览会筹备人物考证及其相关问题》，《美术学报》2012年第3期。
万依、王树卿、刘潞：《清代宫廷史》，沈阳：辽宁人民出版社，1990年。
王国方：《我国早期地质陈列馆概略》，《中国科技史料》第10卷第2期，1989年。
王国维：《库书楼记》，《观堂集林》，《民国丛书》（第四编第92册），上海：上海书店出版社，1992年。
王宏钧：《中国博物馆学基础》（修订本），上海：上海古籍出版社，2001年。
王宏钧：《中国博物馆事业的创始和民国时期的初步发展》，《中国文化遗产》2005年第4期。
王雷：《中国近代社会教育史》，北京：人民教育出版社，2003年。
王莉明：《安徽省博物馆事业回顾与展望》，《中国博物馆》1993年第4期。
王美怡：《冼玉清与广东文献整理研究》，《开放时代》2011年第12期。

王铭铭：《25年来中国的人类学研究：对其成就与问题的思考》，《中国人类学评论》（第1辑），北京：世界图书出版社，2007年。
王仁波、周丽中：《上海市博物馆事业的历史、现状和发展趋势》，《中国博物馆》1997年第4期。
王世襄：《回忆抗战胜利后平津地区文物清理工作》，《锦灰堆》，北京：生活·读书·新知三联书店，1999年。
王嵩山：《特展双刃》，《博物馆学季刊》第17卷第1期，2003年。
王嵩山：《差异、多样性与博物馆》，台北：稻乡出版社，2003年。
王韬：《漫游随录》，《走向世界丛书》（Ⅵ），长沙：岳麓书社，1985年。
王星光、李趁有：《毕生追求学术，风范永存人间——缅怀荆三林教授》，《中原文物》1993年第2期。
王仰之：《旧中国的地质调查所》，《中国科技史杂志》1983年第3期。
王毅：《皇家亚洲文会北中国支会研究》，上海：上海书店出版社，2005年。
王幼侨：《新郑古器发见记》，1924年铅字本。
王幼侨：《青岛游记》，《河南博物馆馆刊》第2集，1936年。
王余光：《清末民国图书馆史料汇编》（第11册），北京：国家图书馆出版社，2014年。
王战、邓玉成、傅沛云等：《一代师表风范永垂：纪念刘慎谔教授》，《植物杂志》1997年第6期。
卫聚贤：《古史研究自序》，《国立第一中山大学语言历史研究所周刊》第39期，1928年。
卫聚贤：《新石器时代遗址发现的经过和见解》，《东方杂志》第26卷第4期，1929年。
卫聚贤：《汉汾阴后土祠遗址的发现》，《东方杂志》第26卷第19期，1929年。
卫聚贤：《南京发现新石器时代遗址》，《东方杂志》第27卷1期，1930年。
卫聚贤：《持志学院考古学小史讲义》，1931年。
卫聚贤：《中国考古小史》，上海：商务印书馆，1933年。
卫聚贤：《古荡出土之新石器与吴越文化》，《杭州古荡新石器时代遗址之试探报告》，1936年。
卫聚贤：《中国考古学史》，上海：商务印书馆，1937年。

卫聚贤：《华西大学博物馆参观记》，《说文月刊》第2卷，1940年。
魏源：《海国图志》，长沙：岳麓书社，1998年。
闻宥：《评麽些象形文字字典》，《燕京学报》1946年第30期。
翁文灏：《地质研究所师弟修业记》乙序，北京：京华印书局，1916年。
翁文灏：《近十年来中国史前时代之新发见》，《科学》第11卷第6期，1926年。
吴家睿：《静生生物调查所纪事》，《中国科技史料》第10卷第1期，1989年。
吴瀛：《故宫盗宝案真相》，北京：文史资料出版社，1983年。
吴瀛：《故宫尘梦录》，北京：紫禁城出版社，2005年。
吴越史地研究会：《吴越文化论丛》，《民国丛书》（第五编第38册），上海：上海书店出版社，1996年。
吴越史地研究会、浙江省立西湖博物馆：《杭州古荡新石器时代遗址之试探报告》，1936年。
夏鼐：《齐家期墓葬的新发现及其年代的改订》，《考古学报》1948年第3期。
夏鼐：《吴禹铭先生传略》，《中国考古学报》第4册，1949年。
夏鼐：《郭沫若同志与田野考古学》，《考古》1982年第5期。
夏鼐：《夏鼐日记》，上海：华东师范大学出版社，2011年。
冼玉清：《广东女子艺文考》，长沙：商务印书馆，1941年。
冼玉清：《广东之鉴藏家》，《广东文物》，香港：中国文化协进会，1941年。
向达：《战后两年来的国立图书馆与博物院》，《中华教育界》复刊第2卷第2期，1948年。
项隆元：《中国博物馆建筑的百年回顾与分析》，《回顾与展望：中国博物馆发展百年——2005年中国博物馆学会学术讨论会文集》，北京：紫禁城出版社，2005年。
萧若瑟：《天主教传行中国考》（卷八），《民国丛书》（第一编11册），上海：上海书店，1989年。
谢健朝：《烽火岁月中的冼玉清二三事》，《岭南文史》1995年第1期。
谢先良：《晚清域外游记中的博物馆》，中国美术学院硕士论文，2009年。
谢英伯：《黄花考古学院的组织和使命》，《考古学杂志》创刊号，1932年。
谢哲帮：《谢英伯的一点史料》，《广州文史资料存稿选编》（第4辑军政类），北京：中国文史出版社，2008年。

熊月之：《上海通史》（15卷），上海：上海人民出版社，1993年。

徐继畬：《瀛寰志略》，上海：上海书店出版社，2001年。

徐坚：《作为南越考古学起点的龟岗和猫儿岗：发现与方法》，《历史人类学学刊》第9卷第1期，2011年。

徐坚：《暗流：1949年之前安阳之外的中国考古学传统》，北京：科学出版社，2012年。

徐坚：《时惟礼崇：东周之前青铜兵器的物质文化研究》，上海：上海古籍出版社，2014年。

徐坚：《和声：清末民国博物馆的众流格局》，《东方早报》2014年5月14日。

徐坚：《走出收藏史，走向思想史》，《中国博物馆》2015年第4期。

徐玲：《中国近代博物馆学研究综述》，《中国博物馆》2007年第2期。

徐玲：《博物馆与近代公共教育》，《博物馆研究》2014年第1期。

徐玲：《博物馆与近代中国公共文化》，北京：科学出版社，2015年。

徐婉玲：《博物馆与国家认同之建构——以故宫博物院开院为中心》，《故宫学刊》2013年第2期。

徐蔚南：《顾绣考》，《上海市博物馆丛书》（乙类第一种），北平：中华书局，1936年。

徐蔚南：《上海棉布》，《上海市博物馆丛书》（乙类第二种），北平：中华书局，1936年。

徐文梅：《静生生物调查所的创办和贡献》，《生物学通报》第44卷第5期，2009年。

徐锡龄：《强迫教育私议》，《东方杂志》第3卷第5期，1906年。

徐锡龄：《中国民众教育发展之经过》，《教育与民众》第3卷第6期，1932年。

徐旭生：《自传》，《河南文史资料》（第14辑），郑州：河南人民出版社，1985年。

徐益棠：《十年来中国边疆民族之回顾与前瞻》，《边政公论》第1卷第5-6期，1942年。

徐中舒：《内阁档案之由来及整理》，《明清史料》（甲编第1册），国立中央研究院历史语言研究所刊印，1930年。

严智怡：《巴拿马赛会直隶观会丛编》，1921年。

严智怡：《河北第一博物院沿革要略》，《河北第一博物院半月刊》1931年第1-4期。
杨超群：《两广地质调查所简史》，《地质学史论丛》（4），北京：地质出版社，2002年。
杨成志：《罗罗说略》，《岭南学报》第1卷第3期，1930年。
杨成志：《云南民族调查报告》，广州：国立中山大学语言历史研究所，1930年。
杨成志：《云南罗罗族的巫师及其经典》，《国立中山大学文史研究所辑刊》第1卷第1册，1931年。
杨成志：《中国西南民族中的罗罗族》，《地学杂志》1934年第1期。
杨成志：《杨成志文集》，广州：中山大学出版社，2004年。
杨志刚：《博物馆与中国近代以来公共意识的拓展》，《复旦学报》（社会科学版），1999年第3期。
杨志刚：《中心与边缘——中国博物馆文化一瞥》，《粤海风》2002年第6期。
叶恭绰：《遐庵谈艺录》，1960年仿宋铅字本。
叶恭绰：《矩园余墨》，沈阳：辽宁教育出版社，1997年。
叶恭绰：《上海文献展览会概要序》，《遐庵小品》，北京：北京出版社，1998年。
叶恭绰：《遐庵小品》，北京：北京出版社，1998年。
于洸：《孙云铸与北京大学地质学系的发展》，《名人与北京大学》，北京：北京大学出版社，1998年。
俞庆棠：《中国民众教育之演进》，《俞庆棠教育论著选》，北京：人民教育出版社，1992年。
雨果·戴瓦兰：《二十世纪60—70年代新博物馆运动思想和“生态博物馆”用词和概念的起源》，《2005年贵州生态博物馆国际论坛论文集》，北京：紫禁城出版社，2006年。
袁小伦：《粤港抗战文化史论稿》，广州：广东人民出版社，2005年。
云南省博物馆：《春秋——云南省博物馆60年》，昆明：云南美术出版社，2011年。
云南省立昆华民众教育馆：《云南省立昆华民众教育馆概览》，1933年。
云南省教育厅：《云南省二十四年度教育概况》，1935年。
云南图书博物馆：《修订云南图书博物馆章程》，1915年。
云南图书博物馆：《云南图书博物馆一览》，1923年。

曾传韬：《南越朝台残瓦考》，《考古学杂志》创刊号，1932年。
曾纪泽：《出使英法俄国日记》，《走向世界丛书》（V），长沙：岳麓书社，1985年。
曾昭燏：《云南苍洱境考古报告》（乙编），李庄：国立中央博物院，1942年。
曾昭燏：《南京博物院介绍》，1952年。
曾昭燏：《中国博物馆之沿革》，《曾昭燏文集·博物馆卷》，北京：文物出版社，2009年。
曾昭燏：《关于〈西南少数民族文物展览会观感〉致二野司令部江南办事处各位同志》，《曾昭燏文集·博物馆卷》，北京：文物出版社，2009年。
曾昭燏：《曾昭燏文集·博物馆卷》，北京：文物出版社，2009年。
曾昭燏：《曾昭燏文集·考古卷》，北京：文物出版社，2009年。
曾昭燏：《曾昭燏文集·日记书信卷》，北京：文物出版社，2013年。
曾昭燏、李济：《博物馆》，重庆：正中书局，1943年。
查晓英：《地质学与现代考古学知识在中国的传播》，《历史研究》2006年第4期。
张伯驹：《春游琐谈》，郑州：中州古籍出版社，1984年。
张崇山：《博物馆特展的根本问题和策略规划》，《博物馆学季刊》第17卷第1期，2003年。
张德彝：《随使英俄记》，《走向世界丛书》（Ⅷ），长沙：岳麓书社，1986年。
张尔平、曹希平：《地质调查所地质矿产陈列馆考析》，《中国科技史杂志》第28卷第3期，2007年。
张尔平、张复合：《兵马司胡同9号》，《建筑创作》2003年第1期。
张广存、焦德森：《1949年前山东博物馆发展概况》，《回顾与展望：中国博物馆发展百年——2005年中国博物馆学会学术讨论会文集》，北京：紫禁城出版社，2005年。
张厚璜、李祥耆：《巨鹿宋器丛录》，天津博物院石印本，1923年。
张謇：《上南皮相国请京师建设帝室博物馆议》，《南通博物苑文献集》，1985年。
张謇：《通州博物馆敬征通属先辈诗文集书画及所藏金石古器启》，《南通博物苑文献集》，1985年。
张謇：《上学部请设博览馆议》，《南通博物苑文献集》，1985年。
张謇：《张謇全集》，南京：江苏古籍出版社，1994年。

张九辰：《地质学与民国社会：中央地质调查所研究》，济南：山东教育出版社，2005年。
张维明：《顾颉刚先生与〈苏州史志笔记〉》，《传统文化研究》（第20辑），北京：群言出版社，2013年。
张文立：《日伪在东北地区创建的博物馆及其评价》，《中国博物馆》1992年第4期。
张文立：《张謇的建馆思想探析》，《回顾与展望：中国博物馆发展百年——2005年中国博物馆学会学术讨论会文集》，北京：紫禁城出版社，2005年。
张文立：《博物馆史研究：近三十年来中国的进展》，《中国博物馆》2008年第3期。
张新时：《中国科学院植物研究所70周年纪念文集》，北京：中国科学院植物研究所，1998年。
张以诚：《馆室虽微功非凡：漫话1916至1949年中国地质图书馆和博物馆》，《国土资源》2003年第11期。
章鸿钊：《中华地质调查私议》，《地学杂志》1912年第1、3、4期。
章鸿钊：《调查地质咨文》，《地学杂志》1912年第2期。
章鸿钊：《本所沿革》，《农商部地质研究所一览》，北京：京华印书局，1916年。
章鸿钊：《地质研究所师弟修业记》甲序，北京：京华印书局，1916年。
章祖蓉：《广州市立博物院筹建大事记要》，《中国博物馆》1991年第2期。
赵锦福：《震旦博物院参观记》，《科学趣味》第4卷第2期，1941年。
赵泉澄：《北京大学所藏档案的分析》，《中国近代经济史研究》1934年第2期。
赵惜时：《本馆庋藏之物品》，《河南博物馆馆刊》，1936年。
郑德坤：《五年来之华西大学博物馆》，华西协合大学博物馆油印本，1947年。
郑德坤：《郑德坤古史论集选》，北京：商务印书馆，2007年。
郑津春、李庆奎：《北疆博物院百年历史回顾》，《大众文艺》2011年第21期。
郑师许：《通俗考古学丛书编辑计划》，《考古社刊》第1期，1934年。
郑师许：《漆器考》，《上海市博物馆丛书》（丙类第三种），上海：中华书局，1936年。
郑师许：《铜鼓考略》，《上海市博物馆丛书》（丙类第二种），上海：中华书局，1936年。

郑师许：《为上海市博物馆接收晴韵馆收藏古钱小记》，《考古》第4期，1936年。
郑师许：《铜鼓考略追记》，《学术世界》第2卷第4期，1937年。
郑欣淼：《天府永藏：两岸故宫博物院文物藏品概述》，北京：紫禁城出版社，2008年。
郑欣淼：《紫禁内外》，北京：紫禁城出版社，2008年。
郑欣淼：《故宫纪事》，北京：紫禁城出版社，2013年。
郑振铎：《博物馆事业应该为科学研究服务——全国博物馆工作会议开幕辞》，《文物》1956年第6期。
郑重：《仰止亭畔收藏观止——收藏家叶恭绰》，《上海文博》2002年第2期。
中国博物馆协会：《中国博物馆一览》，北平，1936年。
中国博物馆学会：《回顾与展望：中国博物馆发展百年——2005年中国博物馆学会学术讨论会文集》，北京：紫禁城出版社，2005年。
中国科学院考古研究所：《辉县发掘报告》，《中国田野考古报告册》（第一号），北京：科学出版社，1956年。
中国社会科学院近代史研究所中华民国史研究室：《胡适往来书信选》，北京：中华书局，1979年。
中华人民共和国文化部全国博物馆工作会议秘书处：《全国博物馆工作会议与全国地志博物馆工作经验交流会议汇刊》，1956年。
重熙：《中国博物馆协会成立记》，《科学》第19卷第5期，1935年。
周培源：《六十年来的中国科学》，《红旗杂志》1979年第6期。
朱家溍：《故宫退食录》（上、下卷），北京：紫禁城出版社，2009年。
庄士敦著，陈时伟译：《紫禁城的黄昏》，北京：求实出版社，1989年。
宗绪盛：《民国时期的故宫博物院报告》，《北京观察》2014年第1期。

二、日文文献

《遣外使节日记纂辑》，1928年。
《新版博物馆学讲座》，东京：雄山阁。1978～1981年。
《新博物馆学シリーズ》（全7卷，别卷1卷），东京：树村房，1999～2001年。
《万延元年遣米使节史料集成》，1961年。

青木丰、矢岛国雄：《博物馆学人物史》，东京：雄山阁，2010～2012年。
朝仓无声：《见世物研究》，京都：思文阁，1977年。
安高启明：《歴史のなかのミュジアム: 驚異の部屋から大學博物館まで》，京都：昭和堂，2014年。
新井重三：《博物馆学讲座》（第一卷），东京：雄山阁，1983年。
伊藤寿朗：《博物馆学概论》，东京：学苑社，1978年。
伊藤寿朗：《市民のなかの博物馆》，东京：吉川弘文馆，1993年。
井上洋一：《町田久成》，东京：雄山阁，2010年。
梅原末治：《欧米蒐储支那古铜精华》，大阪：山中商会，1933年。
梅棹忠夫：《博物馆と美术馆》，东京：中公新书，1981年。
大出尚子：《"满洲国"博物馆事业の研究》，东京：汲古书院，2014年。
恩赐上野动物园：《恩赐上野动物园创立七十周年纪念小史》，1952年。
金山喜昭：《日本の博物馆史》，东京：庆友社，2001年。
加藤有次：《新版博物馆学讲座4　博物馆机能论》，东京：雄山阁，2000年。
久米邦武：《特命全权大使米欧回览实记》，1878年。
栗本锄云：《博物馆论》，《邮便报知新闻》第790号，1875年。
国立科学博物馆：《国立科学博物馆85年史》，1962年。
朽木ゆり子：《ハウス・オブ・ヤマナカ：东洋の至宝を欧米に売った美术商》，东京：新潮社，2011年。
椎名仙卓：《日本博物馆发达史》，东京：雄山阁，1988年。
椎名仙卓：《福泽谕吉の启蒙した博物馆》，《博物馆研究》第21卷第8号，1996年。
椎名仙卓：《日本博物馆成立史》，东京：雄山阁，2005年。
高桥雄造：《博物馆历史》，东京：法政大学出版社，2008年。
棚桥源太郎：《教育博物馆の意义》，《博物馆研究》第1卷第5期，1928年。
棚桥源太郎：《眼に诉へる教育机关》，东京：宝文馆，1930年。
棚桥源太郎：《乡土博物馆》，东京：刀江书院，1932年。
棚桥源太郎：《博物馆学纲要》，东京：理想社，1950年。
棚桥源太郎、宫本馨太郎：《棚桥先生の生涯と博物馆》，东京：六人社，1962年。

鹤田总一郎：《博物馆学入门》，东京：理想社，1956年。
纲千善教、高桥隆博：《博物馆学概说》，大阪：关西大学出版部，1998年。
东京国立博物馆：《东京国立博物馆略史》，1952年。
东京教育博物馆：《东京教育博物馆列品概览》，1940年。
鸟居龙藏：《苗族调查报告》，东京：帝国大学，1903年。
滨田耕作：《支那古玉概说》，《滨田耕作著作集》（第3卷），东京：同朋舍，1989年。
福泽谕吉：《西洋事情初编》，《福泽谕吉选集》（第一卷），东京：岩波书店，1980年。
福泽谕吉：《西洋事情外编》，《福泽谕吉选集》（第一卷），东京：岩波书店，1980年。
富士川金二：《博物馆学》，东京：成文堂，1971年。
藤冈谦二郎：《滨田青陵とその时代》，东京：学生社，1979年。
藤村俊太郎：《秘录北清事变》，东京：人物往来社，1967年。
松宫秀治：《ミュージムの思想》，东京：白水社，2009年。
中村浩：《博物馆学で何がわかるか》，东京：芙蓉书房，1999年。
染川香澄：《こどものための博物馆——世界の实例を见る》，东京：岩波书店，1994年。
西野嘉章：《博物馆学——フランスの文化と战略》，东京：东京大学出版会，1995年。
西野嘉章：《大学博物館——理念と実践と將来と》，东京：东京大学出版会，1996年。
家永真幸：《中国の博物馆受容に关する初步的检讨》，《东京医科齿科大学教养部研究纪要》第43号，2013年。
家永真幸：《清末中国における皇室コレクションの博物馆化》，《东京医科齿科大学教养部研究纪要》第44号，2014年。
水藤真：《博物馆学を学ぶ》，东京：山川出版社，2007年。
水野清一：《北支史迹调查旅行日记》，《东方学报》（京都）第7册，1936年。
吉开将人：《宣统十六年の清室古物问题（一）》，《北海道大学文学研究科纪要》第144期，2014年。

三、西文文献

Alexander E P. *Museum Masters: Their Museums and their Influences*. Nashville: The American Association for the States and Local History, 1983.

Alexander E P. *Museums in Motion: An Introduction to the History and Functions of the Museums*. Nashville: The American Association for the States and Local History, 1989.

Alexander E P. *The Museum in America*. Walnut Creek: AltaMira, 1997.

Anderson G. A Framework: Reinventing the Museum//Anderson G. *Reinventing the Museum: Historical and Contemporary Perspectives on the Paradigm Shift.* Walnut Creek: AltaMira, 2004.

Anderson G. *Reinventing the Museum: The Evolving Conversation on the Paradigm Shift.* Lanham: AltaMira, 2012.

Barrett J. *Museum and the Public Sphere.* Oxford: Wiley-Blackwell, 2012.

Bataille G. *Museum*, in Annette Michelson, trans., October, 1986.

Baumer F L. Intellectual History and Its Problems. *Journal of Modern History,* 1949, (21).

Bazin G. *The Museum Age,* Trans., Jane van Nuis Cahill. New York: Universe Books, 1967.

Beech J. University Beginnings. A Story of the West China Union University. *JWCBRS*, 1934, 6.

Bennett G. Wanderings in New South Wales ... *Being the Journal of a Naturalist during* 1832, 1833 and 1834, vol. 2. London: Richard Bentley, 1834.

Bennett T. *The Birth of the Museum: History, Theory, Politics.* New York and London: Routledge, 1995.

Bicknell S, Farmelo G. *Museums Studies in the 90s.* London: Science Museum, 1993.

Bouquet M. *Academic Anthropology and the Museum: Back to the Future*, New Directions in Anthropology, vol. 13. New York: Berghahn Books, 2001.

Boylan P J. Universities and Museums: Past, Present and Future. *Jouradas de Museos Universitarios*, Universititat d'Alacant, 1999, (1/2).

Braudel F. *La Méditerranée et le Monde Méditerranéen à l'Epoque de Philippe II.* Paris: Armand Colin, 1949.

Bridgman E C. Inaugural Address. *Journal of the Shanghai Society of Literary and Scientific Society,* 1858, (1).

Brown A R. *The Andaman Islanders.* Cambridge: Cambridge University Press, 1922.

Cameron D. A Viewpoint: The Museum as A Communications System and Implications for Museum Education. *Curator: The Museum Journal*, 11, 1968.

Cameron D. The Museum, A temple or the Forum. *Curator: The Museum Journal*, 14 (1), 1971.

Capra D L. *Soundings in Critical Theory.* Ithaca: Cornell University Press, 1989.

Charles F M. The Connoisseurship of Artifacts//Schlereth T J. *Material Culture Studies in America.* Walnut Creek: AltaMira Press, 1999.

Cheng T K. *Archaeological Studies in Szechwan.* Cambridge: Cambridge University Press, 1957.

Clark J D. *Prehistoric England.* London: Batsford, 1940.

Clark J D. *Prehistoric Europe: The Economic Basis.* London: Methuen, 1952.

Clark J D. *Excavations at Star Carr.* Cambridge: Cambridge University Press, 1954.

Cocks A S. *The Victoria and Albert Museum: The Making of the Collection.* Leicester: Windward, 1980.

Conn S. *Museums and American Intellectual Life*, 1876-1926. Chicago: The University of Chicago Press, 1998.

Conn S. *Do Museums Still Need Objects?* Philadelphia: University of Pennsylvania Press, 2009.

Conn S, Rydell R. World Fairs and Museums//MacDonald S. *A Companion to Museum Studies.* Oxford and Malden: Blackwell Publishing, 2006.

Coombes A E. *Reinventing Africa: Museums, Material Culture, and Popular Imagination in Late Victorian and Edwardian England.* New Haven: Yale University Press, 1994.

Cordier G. Le Musee de Yunnan-fou. *BEFEO*, 1915, 15 (1).

Cordier G. Musee de Yun-nan Fou. *BEFEO*, 1922, 22 (1).

Corrin L G. *Mining the Museum: An Installation by Fred Wilson*. Baltimore: The Contemporary & New York: The New Press, 1994.

Crane S A. Writing the Individual Back into Collective Memory. *American Historical Review*, 1997, 102 (5): 1372-1385.

Crane S A. *Collecting And Historical Consciousness in Early Nineteenth-Century Germany*. Ithaca NY: Cornell University Press, 2000.

Crane S A. *Museums and Memory*. Stanford: Stanford University Press, 2000.

Dana J C. *The Gloom of the Museum*. Woodstock, VT: Elm Tree Press, 1917//Anderson G. *Reinventing the Museum: The Evolving Conversation on the Paradigm Shift*. Lanham: AltaMira Press, 2012.

Darnton R. Intellectual and Cultural History//Kammen M. *The Past before Us: Contemporary Historical Writing in the United States*. Ithaca: Cornell University Press, 1980.

Deetz J. *Invitation to Archaeology*. Garden City, NY: American Museum of Natural History; Natural History Press, 1967.

Deetz J. *In Small Things Forgotten: The Archaeology of Early American Life*, Expanded and Revised edn. New York: Anchor Press/Doubleday, 1996.

Drissche B V D. University and universality in Belgium. *Museum International*, 2000, 52 (3).

Du H, Lee Y F, McClelland A S, et al. The Pearl River Delta: One Region, Three Systems// Cros H D, Lee Yok-shiu F. *Cultural Heritage Management in China: Preserving the Cities of the Pearl River Delta*. New York: Routledge, 2007.

Duffy T M. Holocaust Museum Concept. *Museum International*, 1997, 49 (1):54-58.

Duffy T M. Exhibiting Human Rights. *Peace Review*, 2000, 12 (2): 303-309.

Duncan C. *Civilizing Rituals: Inside the Public Art Museum*. London and New York: Routledge, 1995.

Duncan C, Wallach A. The Universal Survey Museum//Carbonell B M. *Museum Studies: An Anthology of Context*. Oxford: Blackwell Publishing Ltd., 2004.

Dye D S. The Szechwanese Use of their Water Resources for Agriculture. *JWCBRS*, 1929, 3.

Dye D S. Some Ancient Circles, Squares, Angles and Curves in Earth and in Stone in Szechwan, China. *JWCBRS*, 1931, 4.

Edgar J H. English-Giarung Vocabulary. *JWCBRS, Supplement to Vol. V*, 1932.

Edouwaye F, Kaplan S. Interdisciplinarity in Museology, *Museological Working Papers*, vol. 1. Paris and Stockholm: UNESCO, 1981.

Edouwaye F, Kaplan S. Making and Remaking National Identities//MacDonald S. *A Companion to Museum Studies.* Oxford: Blackwell Publishing, 2006.

Endacott G B. *A History of Hong Kong.* Hong Kong: Oxford University Press, 1977.

Findlen P. The Museum: Its Classical Etymology and Renaissance genealogy. *Journal of the History of Collection*, 1989,1 (1).

Findlen P. *Possessing Nature: Museums, Collecting, and Scientific Culture in Early Modern Italy.* Berkeley: University of California Press, 1994.

Findlen P. *A Fragmentary Past: The Making of Museums and the Making of the Renaissance Forthcoming.* Stanford: Stanford University Press, 2003.

Fleming E M. Artifact Study: A Proposed Model. *Winterthur Portfolio*, 1974, 9.

Flower W H. *A General Guide to the British Museum (Natural History)*. London: British Museum, 1887.

Forest R W. *The Importance of Art Museums in our Smaller Cities.* New York: American Federation of Arts, 1913.

Foucault M. *Language, Counter-Memory, Practice.* New York: Cornell University Press, 1977.

Goode G. *The Principles of Museum Administration.* York: Coultas and Volans, Exchange Printing Words, 1895.

Goode G. *A Memorial of George Brown Goode, together with a Selection of his Papers on Museums and on the History of Science in America, Annual Report of the Board of Regents of the Smithsonian Institution, for the Year ending June 30, 1897, Report of the U. S. National Museum.* 1901.

Gordon P. *What is Intellectual History? A Frankly Partisan Introduction to a Frequently Misunderstood Field.* Cambridge: Harvard University Press, 2012.

Graham D C. Notes on the Primitive Religion of the Chinese in Szechwan. *JWCBRS*, 1923, (1).

Graham D C. A Collecting Trip to Songpan. *JWCBRS*, 1925, (2).

Graham D C. A Trip to Tatsienlu. *JWCBRS*, 1925, (2).

Graham D C. A Collecting Trip to Washan and Mount Omei. *JWCBRS*, 1929, (3).

Graham D C. Ancient White Men's Graves in Szechwan Province. *JWCBRS*, 1932, (5).

Graham D C. A Collecting Trip to the Roof of the World. *JWCBRS*, 1932, (5).

Graham D C. A Summer Collecting Trip Among the Ch'iang People. *JWCBRS*, 1933, (6).

Graham D C. A Preliminary Report of the Hanchow Excavation. *JWCBRS*, 1934, (6) .

Graham D C. The Liu Li Ch'ang Kilnsite. *JWCBRS*, 1939, (11).

Graham D C. The Pottery of Ch'iun Lai. *JWCBRS*, 1939, (11) .

Graham D C. The West China Union University Museums. *JWCBRS*, 1934, (6).

Hamlish T. Preserving the Palace: Museums and the Making of Nationalism(s) in Twenty-century China. *Museum Anthropology*, 1995, 19 (2).

Hein H. *The Exploratorium: The Museum as Laboratory.* Washington, D. C.: Smithsonian Institution Press, 1990.

Heinich N, Pollak M. Du conservateur de musée à l'auteur d'expositions: l'invention d'une position singulière. *Sociologie Du Travail*, 1989, 31(1):29-49.

Higham J. *Writing American History: Essays on Modern Scholarship.* Bloomington: Indiana University Press, 1970.

Hill K. He knows me ... but not at the museum: women, natural history collecting and museum, 1880-1914//Dubley S H, Barnes A J. *Narrating Object, Collecting Stories.* London: Routledge, 2012.

Hodder I. *Reading the Past*. Cambridge: Cambridge University Press, 2003.

Hooper-Greenhill E. *Museums and the Shaping of Knowledge.* New York and London: Routledge, 1992.

Hooper-Greenhill E. *Museums and Their Visitors.* London and New York: Routledge, 1994.

Horne D. *The Great Museum: The Re-presentation of History.* London: Pluto Press, 1984.

Hudson K. *A Social History of Museum: What the Visitors Thought.* London: MacMillan, 1975.

Hudson K. *Museum for the 1980's: A Survey of World Trends.* Paris: UNESCO/London: Macmillan, 1977.

Hudson K. *Museum of Influence.* Cambridge and New York: Cambridge University Press, 1987 .

Impey O, MacGregor A. *The Origins of Museums: The Cabinet of Curiosities in Sixteenth- and Seventeenth-Century Europe.* Oxford: Clarendon Press, 1985.

Jurgens V A M. *The Karlbeck Syndicate 1930-1934: Collecting and Scholarship on Chinese Art in Sweden and Britain.* PhD thesis, University of London, 2010.

Kaplan F. *Museums and the Making of "Ourselves": The Role of Objects in National Identity.* London: Leicester University Press, 1994.

Karp I, Lavine S D. *Exhibiting Culture: The Poetics and Politics of Museum Display.* Washington: Smithsonian Institute Press, 1992.

Kaufman E N. Heritage and the Cultural Politics of Preservation. *Places*, 1998, 11 (3): 58-65.

Kaup J J. *Catalogue of Lophobranchiate Fish in the Collection of the British Museum.* London, 1856.

Kavanagh G. *Museum Languages: Objects and Texts.* Leicester and New York: Leicester University Press, 1991.

Kavanagh G. *Making Histories in Museums.* London And New York: Leicester University Press, 1996.

Kilborn L G. President's Address. *JWCBRS*, 1942, 14A.

Kingery W D. Introduction//Kingery W D. *Learning from Things: Method and Theory of Material Cultural Studies.* Washington and London: Smithsonian Institution Press, 1996.

LaCapra D. *Sounding in Critical Theory.* Ithaca: Cornell University Press, 1989.

Lawton T, Merrill L. *Freer: A Legacy of Art.* New York: Harry N. Abrams, 1993.

Leone M P, Potter P B. *The Recovery of Meaning.* Washington D. C.: Smithsonian Institution Press, 1994.

Leone M P, Silberman N A. *Invisible America: Unearthing our Hidden History.* New York: Henry Holt, 1995.

Liljestrand S H. Presidential Address, 1934. A Resume of Border Research and Researchers. *JWCBRS*, 1934, xiii, 6.

Loehr M. *Chinese Bronze Age Weapons: The Werner Jannings Collection in the Chinese National Palace Museum, Peking*. Ann Arbor: The University of Michigan Press, 1956.

Low T. What is a Museum?//Anderson G. *Reinventing the Museum: The Evolving Conversation on the Paradigm Shift*. Lanham: AltaMira, 2012.

Lu L D. *Museums in China: Power, Politics and Identities*. New York and London: Routledge, 2013.

MacDonald S. *The Politics of Display: Museums, Science, Culture*. London: Routledge, 1998.

MacDonald S. Collecting Practices//MacDonald S. *A Companion to Museum Studies*. Oxford: Blackwell Publishing, 2006.

MacDonald S. Exhibitions of Power and Powers of Exhibitions: An Introduction to the Politics of Display//MacDonald S. *The Politics of Display: Museums, Science, Culture*. London and New York: Routledge 1998.

MacDonald S. Expanding Museum Studies: An Introduction//MacDonald S. *A Companion to Museum Studies*. Oxford: Blackwell Publishing, 2006.

Malinowski B. *Argonauts of the Western Pacific*. London: Routledge & Kegan Paul, 1922.

Mason R. Cultural Theory and Museum Studies//MacDonald S. *A Companion to Museum Studies*. Oxford: Blackwell Publishing, 2006.

Mather F. Jr. *Atmosphere versus Art*, Atlantic Monthly, 146, 1930.

McLean K. *Planning for People in Museum Exhibition*. Washington: Association for Science-Technology Center, 1993.

McShine K. *The Museum as Muse: Artists Reflect*. New York: Museum of Modern Art, 1999.

Merriman N. The Crisis of Representation in Archaeological Museums//McManamon F P, Hatton A. *Cultural Resources Management in Contemporary Society: Perspectives on Managing and Presenting the Past*. London: Routledge, 2000.

Morrison R. *Memoirs of the Life and Labours.* London: Longman, Orme, Brown, and Longmans, 1839.

Morse W R. Presidential Address, 1933. *JWCBRS*, 1934, vi, 6.

Oppenheimer F. A Rationale for A Science Museum. *Curator*, 1968 (11): 206-209.

Pearce S. *Museum Studies in Material Culture.* Leicester and London: Leicester University Press, 1989.

Pearce S. *Objects of Knowledge.* London: Athlone, 1990.

Pearce S. *Museum, Object and Collection: A Culture Study.* Leicester and London: Leicester University Press, 1992.

Pearce S. *Museums, Objects and Collections.* Washington, D. C.: Smithsonian Institution Press, 1993.

Pearce S. Thinking about Things//Pearce S. *Interpreting Objects and Collections.* London: Routledge, 1994.

Pearce S. *On Collecting: An Investigation into Collecting in the European Tradition.* London: Routledge, 1995.

Pearce S. Museums of Anthropology or Museums as Anthropology?, *Anthropologica*, vol. 41, no. 1, anthropologie et musees, 1999.

Pitt-Rivers A. Typological Museums, as Exemplified by the Pitt-Rivers Museum at Oxford, and His Provincial Museum at Farnharm. Dorset. *Journal of the Society of Arts*, 1891 (40): 115-122.

Pomian K. *Collectionneurs, amateurs et curieux*, Paris-Venise: XVIe-XVIIIe siècle. Paris: Gallimard, 1987.

Prown J, Fleming E M. Style as Evidence. *Winterthur Portfolio*, 1980, 15 (3).

Prown J. Mind in Matter: An Introduction to Material Culture Theory and Method. *Winterthur Portfolio*, 1982, 17 (1).

Prown J. The Truth of Material Culture: History or Fiction?//Lubar S, Kingery W D. *History from Things: Essays on Material Culture.* Washington and London: Smithsonian Institution Press, 1993.

Puga R M. The First Museum in China: The British Museum of Macao(1829-1834) and Its Contribution to Nineteenth-Century British Natural Science. *Journal of the Royal Asiatic Society*, 2012, 22.

Reidemerster L. Neuerwerbungen der Ostasratischen Kunstabterlung. 1. *Bronzen. Museen B*, 1927, 48.

Renfrew C, Bahn P. *Archaeology: Theories, Methods and Practice.* New York: Thames and Hudson, 1991.

Renfrew C. *Loot, Legitimacy and Ownership.* London: Duckworth, 2000.

Roberts L. *Form Knowledge to Narrative: Educators and the Changing Museum.* Washington and London: Smithsonian Institution Press, 1997.

Sandell R, Janes R. *Museum Management and Marketing.* London and New York: Routledge, 2007.

Shapiro M. *The Museum: A Reference Guide.* New York: Greenwood, 1990.

Shapiro M. *Words, Script and Pictures: Semiotics of Visual Language.* New York: G. Braziller, 1996.

Schiffer M. *Behavioral Archaeology.* New York and London: Academic Press, 1976.

Schmidt K. The Function of the University Museum. *Museum News*, 1952(30): 5-8.

Schlereth T J. *Material Culture Studies in America.* Nashville: American Association for State and Local History, 1982.

Seling H. The Genesis of the Museum. *Architectural Review*, 1967.

Sewell W G. James Huston Edgar. An Appreciation and An Interpretation. *JWCBRS*, 1936, 8.

Seyd E. A University Museum and the General Public. *Museums Journal*, 1971(70): 180-182.

Sherman D, Rogoff I. *Museum Culture: Histories, Discourses, Spectacles.* Minneapolis: University of Minnesota Press, 1994.

Silverstone R. Heritage as Media: Some Implications for Research//Uzzell D. *Heritage Interpretation*, vol. 2: The Visitor experience. London: Frances Pinter, 1989.

Sowerby A C. The History of the Shanghai Museum. *The China Journal of Science and Arts*, 1933, 19 (5).

Stewart C S. *A Visit to the South Seas: In the U. States Ship Vincennes During the Years 1829 and 1830*, vol. 2. New York: John P. Haven, 1831.

Taylor B. *Art for the Nation: Exhibition and the London Public 1747-2001.* New Brunswick: Rutgers University Press, 1999.

Taylor M A. Mr. George Ruthven's Cabinet. *Museum Journal*, 1987, 84 (4).

Torrance T. Notes on the Cave Tombs and Ancient Burial Mounds of Western Szechwan. *JWCBRS*, 1931, 4.

Torrance T. The Basic Spiritual Conceptions of the Religion of the Ch'iang. *JWCBRS*, 1934, 6.

Torrance T. My Work Among the Tribes. *The Chinese Recorder*, April 1935.

Trigger B. Alternative Archaeologies: Nationalist, Colonialist, Imperialist. *Man*, new series, 1984, 19 (3).

Vergo P. *The New Museology*. London: Reaction Books, 1989.

Vogel S. Always True to the Objects in Our Fashion//Karp I, Lavine S D. *Exhibiting Culture: The Poetics and Politics of Museum Display.* Washington, D. C.: Smithsonian Institute Press, 1992.

Wallach A, Duncan C. The Museum of Modern Art as Late Capitalist Ritual: An Iconographic Analysis. *Marxist Perspectives*, 1978, 1(4): 28-51.

Wallach A. *Exhibition Contradiction: Essays on the Art Museum in the United States.* Boston: University of Massachusetts Press, 1998.

Walsh K. *The Representation of the Past: Musemns and Heritage in the Post-modern World.* London and New York: Routledge, 1992.

Weeks J. The Loneliness of the University Museum Curator. *Museum International*, 2000, 52(2).

Whitefield P. Museum in the History of Zoology. *Museums Journal*, 1970(70): 50-57/1971(71): 155-160.

Whitewright J S. Pioneer Museum Work in China. *The Museum's Journal*, February 1909.

Winchell N H. Museums and Their Purposes. *Science,* 1891, 18.

Wise G. The Contemporary Crisis in Intellectual History Studies. *Clio*, 1975, (5).

Wittlin A. *The Museum: Its History and its Tasks in Education.* London: Routledge and Kegan Paul, 1949.

Wittlin A. *Museums: In Search of Usable Future.* Cambridge: MIT Press, 1970.

致　谢

2012年新春，在翠湖边审读《暗流：1949年之前安阳之外的中国考古学传统》校样时，我颇感惊喜地发现了数笔尘封已久的关于1949年之前的云南博物馆事业的档案材料；不过，我也遗憾地意识到，这些材料无法立即纳入到当时的写作中。数月后，在国家图书馆翻阅《故宫周刊》、《河北第一博物院半月刊》和《河南博物馆馆刊》等旧刊时，我再度感受到发现的喜悦。随后，我密集地访问了多个省市的档案馆及早期博物馆旧址，认识到虽然不乏先进耕耘，但1949年之前的中国博物馆事业进程还大有梳理和阐发的空间。博物馆实践和博物馆学一直是我的研究兴趣所在。由于身处位置和理论立场原因，我尤其关注基于草根的土著考古学、社区博物馆和乡土历史，对作为“论坛”的博物馆有更直观的认识和更殷切的期许，这是我重整博物馆史，寻找被湮没的多元声音的最初动力。恰逢《暗流》出版后，责任编辑樊鑫先生鼓励我再作冯妇。我想，无论在材料上，还是在理论与方法上，写作1949年之前的中国博物馆史的时机已经成熟。

然而，写作因思想火光迸射而起，却需要以添柴加火，漫长燃烧的形式来完成。如果没有诸多师友的帮助，可能我还需耗费更长的时间、更多的精力在黑暗中摸索，甚至种种障碍可能导致写作搁浅。我尤其感谢北京故宫博物院宋玲平研究员、国家图书馆姜虹女士、辽宁省图书馆吴利薇研究员、中国社会科学院考古研究所常怀颖博士、四川大学博物馆周蜀蓉研究员等诸位在调查和搜集资料上的帮助。我也深谢中国文物报社曹兵武先生、人民日报社杨雪梅博士、中国社会科学院民族学与人类学研究所易华研究员、首都师范大学岳秀坤教授、北京民俗博物馆关昕先生、复旦大学韩昇教授、上海博物馆王樾先生、陈曾路先生和张经纬先生、《学术月刊》周奇博士、《东方早报》韩少华先生、《澎湃新闻》饶佳荣先生、四川大学王献华教授、佛罗里达大学来国龙教授等诸位始终不辍的鼓励和支持。我在日本创价大学度过了2014年的大部分时光，这是本书写作效率最高的时期，也是关键的重组重构时期，非常感谢创价大学川上喜彦、上野理惠和石塚久子等悉心安排和关照。感谢北海道大学吉开将人教授一直关心本书的写作进展，并热忱告知日本学界的相关研究。

在写作过程中，我曾经在不同场合，或整体或部分地讨论过本书的主旨或内容。感谢深圳华侨城艺术中心总监卢迎华女士的邀请，2014年2月，我在深圳作了题为“嘈杂的和声：1949年之前中国博物馆的多流格局”的演讲，这是我尝试表达本书的基本观点的最初路演。修改后的演讲文稿以《和声：1949年之前中国博物馆的众流格局》为题发表于《东方早报·艺术评论》。感谢会议主办方邀请，2015年11月，我于“南通博物苑110年暨中国博物馆事业发展110年学术研讨会”上作了题为“走出收藏史，走向思想史”的演讲，演讲文稿刊于《中国博物馆》杂志2015年第4期。这实际上是我重整早期博物馆史的理论基础的较为完整的表述。感谢《中国博物馆》杂志慷慨地允许我以此文为基础修订成为本书的绪论章。本书中，我没有讨论日据时期的关东都督府博物馆和台湾总督府博物馆，但并不意味着我忽略了特殊的殖民地博物馆类型，相反，2012~2013年对辽东半岛的回访促使我完成了提交给2013年ICOM-COMCOL会议的论文“A shifting identification: from Kanto Totofuku Museum to Lvshun Museum”。

本书的出版得到中山大学文科综合实验教学中心的支持，感谢平台负责人陈春声书记和郑君雷教授的襄助。本书的出版还得到创价大学中日友好学术研究资助的支持，谨表谢意。感谢加拿大皇家安大略博物馆沈辰教授慷慨赠予该馆收藏兴化寺壁画作为封面图像，令本书增色不少。感谢科学出版社文物考古分社闫向东社长和编辑樊鑫先生精益求精，使本书以更臻完善的面目呈现在读者面前。感谢故宫博物院徐婉玲女士和北京翰海拍卖有限公司陈为先生提供了不可或缺的图像资料。感谢我的学生宋敏怡、凌滟、吴迪思和赵珈艺帮助搜集、核对和整理了插图和参考文献。她们热心而细致地帮助我填补认识上的空白和疏漏，也纠正了手稿中不少令人汗颜的错误。

我还要感谢家母刘静文和妻子陈焕一如既往的理解和支持。

本书出版之时，适逢李伯谦先生八秩华诞，谨以本书以介眉寿。